清康熙本四書或問

第一册

宋 朱熹撰

清康熙間禦兒吕氏寶誥堂刻《朱子遺書》本

山東人民出版社·濟南

圖書在版編目（CIP）數據

清康熙本四書或問 /（宋）朱熹撰 .— 濟南 : 山東人民出版社 , 2024.3

（儒典）

ISBN 978-7-209-14309-7

Ⅰ . ①清… Ⅱ . ①朱… Ⅲ . ①四書 - 注釋 Ⅳ . ① B222.12

中國國家版本館 CIP 數據核字（2024）第 038790 號

項目統籌：胡長青

責任編輯：張艷艷

裝幀設計：武　斌

項目完成：文化藝術編輯室

清康熙本四書或問

〔宋〕朱熹撰

主管單位　山東出版傳媒股份有限公司

出版發行　山東人民出版社

出 版 人　胡長青

社　　址　濟南市市中區舜耕路517號

郵　　編　250003

電　　話　總編室（0531）82098914

市場部（0531）82098027

網　　址　http://www.sd-book.com.cn

印　　裝　山東華立印務有限公司

經　　銷　新華書店

規　　格　16開（160mm×240mm）

印　　張　60.5

字　　數　484千字

版　　次　2024年3月第1版

印　　次　2024年3月第1次

ISBN 978-7-209-14309-7

定　　價　144.00圓（全三册）

《儒典》選刊工作團隊

學術顧問　杜澤遜　李振聚　徐　泳

項目統籌　胡長青

責任編輯　劉　晨　劉嬌嬌　張艷艷

　　　　　呂士遠　趙　菲　劉一星

前言

中國是一個文明古國、文化大國，中華文化源遠流長，博大精深。在中國歷史上影響較大的是孔子創立的儒家思想，因此整理儒家經典、注解儒家經典，爲儒家經典的現代化闡釋提供权威、典范、精粹的典籍文本，是推進中華優秀傳統文化創造性轉化、創新性發展的奠基性工作和重要任務。

中國經學史是中國學術史的核心，歷史上創造的文本方面和經解方面的輝煌成果，大量失傳了。西漢是經學的第一個興盛期，除了當時非主流的《詩經》毛傳以外，其他經師的注釋後來全部失傳了。東漢的經解祇有鄭玄、何休等少數人的著作留存下來，其餘也大都失傳了。南北朝至隋朝興盛的義疏之學，其成果僅有皇侃《論語疏》幸存於日本。五代時期精心校刻的《九經》、北宋時期國子監重刻的《九經》以及校刻的單疏本，也全部失傳。南宋國子監刻的單疏本，我國僅存《周易正義》、《爾雅疏》、《春秋公羊疏》（三十卷殘存七卷）、《春秋穀梁疏》（十二卷殘存七卷），日本保存了《尚書正義》、《毛詩正義》、《禮記正義》（七十卷殘存八卷）、《周禮疏》（日本傳抄本）、《春秋公羊疏》（日本傳抄本）、《春秋正義》（日本傳抄本）。南宋兩浙東路茶鹽司刻八行本，我國保存下來的有《周禮疏》、《禮記正義》、《春秋左傳正義》（紹興府刻）、《論語注疏解經》（二十卷殘存十卷）、《孟子注疏解經》（存臺北『故宫』），日本保存有《周易注疏》《尚書正義》（凡兩部，其中一部被清楊守敬購歸）。南宋福建刻十行本，我國僅存《春秋穀梁注疏》、《春秋左傳注疏》（六十卷，一半在大陸，一半在臺灣），日本保存有《毛詩注疏》《春秋左傳注疏》。從這些情况可以看出，經書代表性的早期注釋和早期版本國内失傳嚴重，有的僅保存在東鄰日本。

鑒於這樣的現實，一百多年來我國學術界、出版界努力搜集影印了多種珍貴版本，但是在系統性、全面性和準確性方面都還存在一定的差距。例如唐代開成石經共十二部經典，石碑在明代嘉靖年間地震中受到損害，明代萬曆初年西安府學等學校師生曾把損失的文字補刻在另外的小石上，立於唐碑之旁。近年影印出版唐石經拓本多次，都是以唐代石刻與明代補刻割裂配補的裱本爲底本。由於明代補刻采用的是唐碑的字形，這種配補本難以區分唐刻與明代補刻，不便使用，亟需單獨影印唐碑拓本。

爲把幸存於世的、具有代表性的早期經解成果以及早期經典文本收集起來，系統地影印出版，我們規劃了《儒典》編纂出版項目。

《儒典》出版後受到文化學術界廣泛關注和好評，爲了滿足廣大讀者的需求，現陸續出版平裝單行本。共收録一百十一種元典，共計三百九十七册，收録底本大體可分爲八個系列：經注本（以開成石經、宋刊本爲主。開成石經僅有經文，無注，但它是用經注本删去注文形成的）、經注附釋文本、纂圖互注本、單疏本、八行本、十行本、宋元人經注系列、明清人經注系列。

《儒典》是王志民、杜澤遜先生主編的。本次出版單行本，特請杜澤遜、李振聚、徐泳先生幫助酌定選目。特此説明。

二〇二四年二月二十八日

目錄

第一册

第二册

第三册

大學或問卷之一

朱熹著

經一章

或問大學之道吾子以爲大人之學何也曰此對小子之學言之也曰敢問其爲小子之學何也曰愚於序文已畧陳之而古法之宜於今者亦既輯而爲書矣學者不可以不之考也曰吾聞君子務其遠者大者小人務其近者小者今子方將語人以大學之道而又欲其考乎小學之書何也曰學之大小固有不同然其爲道則一而已是以方其幼也不習之於小學則無以收其放心養其德性而爲大學之基本及其長也不進之於大學則無以察夫義理措諸事業而收小學之成功是則學

之大小。所以不同。特以少長所習之異宜。而有高下淺深先後緩急之殊。非若古今之辨。義利之分。判然如薰蕕冰炭之相反。而不可以相入也。今使幼學之士。必先有以自盡乎洒掃應對進退之間。禮樂射御書數之習。俟其既長。而後進乎明德新民以止於至善。是乃次第之當然。又何爲而不可哉。曰。幼學之士。以子之言。而得循序漸進。以免於躐等陵節之病。則誠幸矣。若其年之既長。而不及乎此者。欲反從事於小學。則恐其不免於扞格不勝勤苦難成之患。欲直從事於大學。則又恐其失序無本。而不能以自達也。則如之何。曰。是其歲月之已逝者。則固不可得而復追矣。若其工夫之次第條目。則豈遂不可得而復補耶。蓋吾聞之。敬之一字。聖學之所以成始而成終者也爲小學者不由乎此固無以涵養本原而謹夫洒掃應對進退之節與夫六藝之教爲大學者不由乎此亦無以開發聰明進德修業而致夫明德新民之功也是以程子發明格物之道而必以是爲說焉不幸過時而後學者誠能用力於此以進乎大而不害兼補乎其小則其所以進者將不患於無本而不能以自達矣其或摧頽已甚而不足以有所兼則其所以固其肌膚之會筋骸之束而養其良知良能之本者亦可以得之於此而不患其失之於前也顧以七年之病而求三年之艾非百倍其功不足以致之若徒歸咎於既往而所以補之於後者又不能以自力則吾見其扞格勤苦日有甚焉而身心顛倒眩瞀迷惑終無以

爲致知力行之地矣况欲有以及乎天下國家也哉曰然則所謂敬者又若何而用力耶曰程子於此甞以主一無適言之矣甞以整齊嚴肅言之矣至其門人謝氏之説則又有所謂常惺惺法者焉尹氏之説則又有所謂其心收斂不容一物者焉觀是數説足以見其用力之方矣曰敬之所以爲學之始者然矣其所以爲學之終也奈何曰敬者一心之主宰而萬事之本根也知其所以用力之方則知小學之不能無頼於此以爲始知小學之頼此以始則夫大學之不能無頼乎此以爲終者可以一以貫之而無疑矣蓋此心既立由是格物致知以盡事物之理則所謂尊德性而道問學由是誠意正心以修其身則所謂先立其大者而小者不能奪由

是齊家治國以及乎天下。則所謂修己以安百姓。篤恭而天下平。是皆未始一日而離乎敬也。然則敬之一字。豈非聖學始終之要也哉。曰。然則此篇所謂在明明德在新民在止於至善者。亦可得而聞其說之詳乎。曰。天道流行。發育萬物。其所以爲造化者。陰陽五行而已。而所謂陰陽五行者。又必有是理而後有是氣。及其生物則又必因是氣之聚而後有是形。故人物之生。必得是理。然後有以爲健順仁義禮智之性。必得是氣。然後有以爲魂魄五臟百骸之身。周子所謂無極之眞。二五之精。妙合而凝者。正謂是也。然以其理而言之。則萬物一原。固無人物貴賤之殊。以其氣而言之。則得其正且通者爲人。得其偏且塞者爲物。是以或貴或賤而不能齊也。彼賤而爲物者，既梏於形氣之偏塞，而無以充其本體之全矣。唯人之生，乃得其氣之正且通者，而其性爲最貴。故其方寸之間，虛靈洞徹，萬理咸備，蓋其所以異於禽獸者，正在於此，而其所以可爲堯舜而能參天地以贊化育者，亦不外焉，是則所謂明德者也。然其通也，或不能無清濁之異；其正也，或不能無美惡之殊。故其所賦之質，清者智而濁者愚，美者賢而惡者不肖，又有不能同者。必其上智大賢之資，乃能全其本體而無少不明，其有不及乎此，則其所謂明德者，已不能無蔽而失其全矣。況乎又以氣質有蔽之心，接乎事物無窮之變，則其目之欲色，耳之欲聲，口之欲味，鼻之欲臭，四肢之欲安佚，所以害乎其德者，又豈可勝言也哉。二者相因。反覆深固。是以此德之明。日益昏昧。而此心之靈。其所知者。不過情欲利害之私而已。是則雖曰有人之形而實何以遠於禽獸。雖曰可以爲堯舜而參天地。而亦不能有以自充矣。然而本明之體。得之於天。終有不可得而昧者。是以雖其昏蔽之極。而介然之頃。一有覺焉則即此空隙之中。而其本體已洞然矣。是以聖人施教。既已養之於小學之中。而復開之以大學之道。其必先之以格物致知之說者。所以使之即其所養之中。而因其所發以啟其明之之端也。繼之以誠意正心修身之目者。則又所以使之因其已明之端。而反之於身以致其明之之實也。夫既有以啟其明之之端。而又有以致其明之之實。則吾之所得於天而未嘗不明者。豈不超然無有氣質物欲之累而復得其本體之全哉是則所謂明明德者而非有所作爲於性分之外也然其所謂明德者又人人之所同得而非有我之得私也向也俱爲物欲之所蔽則其賢愚之分固無以大相遠者今吾既幸有以自明矣則視彼衆人之同得乎此而不能自明者方且甘心迷惑沒溺於卑汚苟賤之中而不自知也豈不爲之惻然而思有以救之哉故必推吾之所自明者以及之始於齊家中於治國而終及於平天下使彼有是明德而不能自明者亦皆有以自明而去其舊染之汚焉是則所謂新民者而亦非有所付畀增益之也然德之在己而當明與其在民而當新者則又皆非人力之所爲而吾之所以明而新之者又非可以私意

苟且而爲也。是其所以得之於天。而見於日用之間者。固已莫不各有本然一定之則。程子所謂以其義理精微之極。有不可得而名者。故姑以至善目之。而傳所謂君之仁。臣之敬。子之孝。父之慈。與人交之信。乃其目之大者也。衆人之心。固莫不有是。而或不能知。學者雖或知之。而亦鮮能必至於是而不去。此爲大學之教者所以慮其理雖粗復而有不純。已雖粗克而有不盡。且將無以盡夫修己治人之道。故必指是而言。以爲明德新民之標的也。欲明德而新民者。誠能求必至是而不容其少有過不及之差焉。則其所以去人欲而復天理者。無毫髮之遺恨矣。大抵大學一篇之指。總而言之。不出乎八事。而八事之要。總而言之。又不出乎此三者。此愚所以斷然以爲大學之綱領而無疑也然自孟子没而道學不得其傳世之君子各以其意之所便者爲學於是乃有不務明其明德而徒以政教法度爲足以新民者又有愛身獨善自謂足以明其明德而不屑乎新民者又有畧知二者之當務顧乃安於小成狃於近利而不求止於至善之所在者是皆不考乎此篇之過其能成已成物而不謬者鮮矣曰程子之改親爲新也何所據子之從之又何所考而必其然邪且以已意輕改經文恐非傳疑之義奈何曰若無所考而輒改之則誠若吾子之譏矣今親民云者以文義推之則無理新民云者以傳文考之則有據程子於此其所以處之者亦已審矣矧未嘗去其本文而但曰某當作某是乃漢儒釋

經不得已之變例而亦何害於傳疑邪若必以不改爲是則世葢有承誤踵訛心知非是而故爲穿鑿附會以求其說之必通者矣其侮聖言而誤後學也益甚亦何足取以爲法邪曰知止而后有定定而后能靜靜而后能安安而后能慮慮而后能得何也曰此推本上文之意言明德新民所以止於至善之中也葢明德新民固皆欲其止於至善然非先有以知夫至善之所在則不能有以得其所當止者而止之如射者固欲其中夫正鵠然不先有以知其正鵠之所在則不能有以得其所當中者而中之也知止云者物格知至而於天下之事皆有以知其至善之所在是則吾所當止之地也能知所止則方寸之間事事物物皆有定理矣理既有定則

無以動其心而能靜矣。心既能靜則無所擇於地而能安矣。能安。則日用之間。從容閒暇。事至物來。有以揆之而能慮矣。能慮。則隨事觀理。極深研幾。無不各得其所止之地而止之矣。然既眞知所止。則其必得所止。固已不甚相遠。其間四節。葢亦推言其所以然之故。有此四者。非如孔子之志學。以至從心。孟子之善信以至聖神實有等級之相懸。爲終身經歷之次序也。曰。物有本末事有終始知所先後則近道矣。何也。曰。此結上文兩節之意也。明德新民兩物。而内外相對。故曰本末。知止能得一事。而首尾相因。故曰終始。誠知先其本而後其末。先其始而後其終也。則其進爲有序。而至於道也不遠矣。曰。古之欲明明德於天下者先治其國欲治其國者先齊其家欲齊其家者先修其身欲修其身者先正其心欲正其心者先誠其意欲誠其意者先致其知致知在格物。何也。曰。此言大學之序其詳如此。蓋綱領之條目也。格物致知誠意正心修身者。明明德之事也。齊家治國平天下者。新民之事也。格物致知。所以求知至善之所在。自誠意以至於平天下。所以求得夫至善而止之也。所謂明明德於天下者。自明其明德。而推以新民。使天下之人。皆有以明其明德也。人皆有以明其明德。則各誠其意。各正其心。各修其身。各親其親。各長其長。而天下無不平矣。然天下之本在國。故欲平天下者。必先有以治其國。國之本在家。故欲治國者。必先有以齊其家。家之本在身。故欲齊家者。必先有以修其身。至於身之主則心也。一有不得其本然之正則身無所主。雖欲勉強以修之。亦不可得而修矣故欲修身者必先有以正其心。而心之發則意也。一有私欲雜乎其中。而爲善去惡。或有未實。則心爲所累。雖欲勉強以正之。亦不可得而正矣。故欲正心者。必先有以誠其意。若夫知則心之神明。妙衆理而宰萬物者也。人莫不有。而或不能使其表裏洞然。無所不盡。則隱微之間。眞妄錯雜。雖欲勉強以誠之。亦不可得而誠矣。故欲誠意者。必先有以致其知。致者。推致之謂。如喪致乎哀之致。言推之而至於盡也。至於天下之物。則必各有所以然之故。與其所當然之則。所謂理也。人莫不知。而或不能使其精粗隱顯。究極無餘。則理所未窮。知必有蔽。雖欲勉強以致之。

亦不可得而致矣。故致知之道。在乎即事觀理。以格夫物。格者。極至之謂。如格於文祖之格。言窮之而至其極也。此大學之條目。聖賢相傳。所以教人爲學之次第。至爲纖悉。然漢魏以來。諸儒之論。未聞有及之者。至唐韓子。乃能援以爲說。而見於原道之篇。則庶幾其有聞矣。然其言極於正心誠意。而無曰致知格物云者。則是不探其端而驟語其次。亦未免於擇焉不精。語焉不詳之病矣。何乃以是而議荀楊哉。曰物格而后知至知至而后意誠意誠而后心正心正而后身修身修而后家齊家齊而后國治國治而后天下平。何也。曰此覆說上文之意也。物格者。事物之理。各有以詣其極而無餘之謂也。理之在物者。既詣其極而無餘。則知之在我者。亦隨所詣而無不盡矣。知無不盡則心之所發能一於理。而無自欺矣。意不自欺。則心之本體。物不能動。而無不正矣。心得其正。則身之所處。不至陷於所偏。而無不修矣。身無不修。則推之天下國家。亦舉而措之耳。豈外此而求之智謀功利之末哉。曰篇首之言明明德以新民爲對。則固專以自明爲言矣。後段於平天下者。復以明明德言之。則似新民之事。亦在其中。何其言之不一而辨之不明邪。曰篇首三言者。大學之綱領也。而以其賓主對待先後次第言之。則明明德者。又三言之綱領也。至此後段。然後極其體用之全。而一言以舉之。以見夫天下雖大。而吾心之體無不該。事物雖多。而吾心之用無不貫。蓋必析之。有以極其精而不亂。然後合之。有以盡其大而無餘。此又言之序也。曰自天子以至於庶人壹是皆以修身爲本其本亂而末治者否矣其所厚者薄而其所薄者厚未之有也。何也。曰此結上文兩節之意也。以身對天下國家而言。則身爲本。而天下國家爲末。以家對國與天下而言。則其理雖未嘗不一。然其厚薄之分。亦不容無等差矣。故不能格物致知。以誠意正心而修其身。則本必亂而末不可治。不親其親。不長其長。則所厚者薄而無以及人之親長。此皆必然之理也。孟子所謂於所厚者薄。無所不薄。其言蓋亦本於此云。曰治國平天下者天子諸侯之事也。卿大夫以下。蓋無與焉。今大學之教。乃例以明明德於天下爲言。豈不爲思出其位。犯非其分。而何以得爲爲己之學哉。曰天之明命有生之所同得非有我之得私也是以君子之心豁然大公其視天下無一物而非吾心之所當愛無一事而非吾職之所當爲雖或勢在匹夫之賤而所以堯舜其君堯舜其民者亦未嘗不在其分內也又况大學之教乃爲天子之元子衆子公侯卿大夫士之適子與國之俊選而設是皆將有天下國家之責而不可辭者則其所以素教而預養之者安得不以天下國家爲己事之當然而預求有以正其本清其源哉後世教學不明爲人君父者慮不足以及此而苟循於目前是以天下之治日常少亂日常多而敗國之君亡家之主常接迹於當世亦可悲矣論者不此之監而反以聖法爲疑亦獨何哉大抵以學者而視天下之事以爲己事之所當

然而爲之。則雖甲兵錢穀籩豆有司之事。皆爲己也。以其可以求知於世而爲之。則雖割股廬墓弊車羸馬。亦爲人耳。善乎張子敬夫之言曰。爲己者無所爲而然者也。此其語意之深切。蓋有前賢所未發者。學者以是而日自省焉。則有以察乎善利之閒而無毫釐之差矣。曰子謂正經。蓋夫子之言而曾子述之。其傳則曾子之意而門人記之。何以知其然也。曰正經辭約而理備。言近而指遠。非聖人不能及也。然以其無他左驗。且意其或出於古昔先民之言也。故疑之而不敢質。至於傳文。或引曾子之言。而又多與中庸孟子者合。則知其成於曾氏門人之手。而子思以授孟子無疑也。蓋中庸之所謂明善。卽格物致知之功。其曰誠身。卽誠意正心修身之效也。孟子之所謂知性者物格也盡心者知至也存心養性修身者。誠意正心修身也。其他如謹獨之云。不慊之說。義利之分。恒言之序。亦無不脗合焉者。故程子以爲孔氏之遺書。學者之先務而論孟猶處其次焉。亦可見矣。曰程子之先是書而後論孟。又且不及乎中庸何也。曰是書垂世立教之大典。通爲天下後世而言者也。論孟應機接物之微言。或因一時一事而發者也。是以是書之規模雖大。然其首尾該備。而綱領可尋。節目分明而工夫有序。無非切於學者之日用。論孟之爲人雖切然而問者非一人。記者非一手。或先後淺深之無序。或抑揚進退之不齊。其間蓋有非初學日用之所及者。此程子所以先是書後論孟。蓋以其難易緩急言之。而非以聖人之言爲有優劣也。至於中庸，則又聖門傳授極致之言，尤非後學之所易得而聞者。故程子之教，未遽及之，豈不又以爲論孟既通，然後可以及此乎？蓋不先乎大學，無以提挈綱領而盡論孟之精微；不參之論孟，無以融貫會通而極中庸之歸趣。然不會其極於中庸，則又何以建立大本，經綸大經，而讀天下之書，論天下之事哉？以是觀之，則務講學者，固不可不急於四書；而讀四書者，又不可不先於大學，亦已明矣。今之教者，乃或棄此不務，而反以他說先焉，其不溺於虛空，流於功利，而得罪於聖門者幾希矣。

大學或問卷之一

大學或問卷之二

朱熹著

傳十章

或問一章而下。以至三章之半。鄭本元在沒世不忘之下。而程子乃以次於此謂知之至也之文。子獨何以知其不然。而遂以爲傳之首章也。曰以經統傳。以傳附經。則其次第可知。而二說之不然審矣。曰然則其曰克明德者。何也。曰此言文王能明其德也。蓋人莫不知德之當明而欲明之。然氣稟拘之於前。物欲蔽之於後。是以雖欲明之而有不克也。文王之心。渾然天理。亦無待於克之而自明矣。然猶云爾者。亦見其獨能明之。而他人不能。又以見夫未能明者之不可不致其克之之功也。曰顧諟天之明命何也曰人受天地之中以生故人之明德非他也即天之所以命我而至善之所存也是其全體大用蓋無時而不發見於日用之間人惟不察於此是以汩於人欲而不知所以自明常目在之而眞若見其參於前倚於衡也則成性存存而道義出矣曰克明峻德何也曰言堯能明其大德也曰是三者固皆自明之事也然其言之亦有序乎曰康誥通言明德而已太甲則明天之未始不爲人而人之未始不爲天也帝典則專言成德之事而極其大焉其言之淺深亦略有序矣

或問盤之有銘何也曰盤者常用之器銘者自警之辭也古之聖賢兢兢業業固無時而不戒謹恐懼然猶恐其

有所息忽而或忘之也是以於其常用之器各因其事而刻銘以致戒焉欲其常接乎目每警乎心而不至於忽忘也曰然則沐浴之盤而其所刻之辭如此何也曰人之有是德猶其有是身也德之本明猶其身之本潔也德之明而利欲昏之猶身之潔而塵垢汚之也一旦存養省察之功眞有以去其前日利欲之昏而日新焉則亦猶其疏瀹澡雪而有以去其前日塵垢之汚也然既新矣而所以新之之功不繼則利欲之交將復有如前日之昏猶既潔矣而所以潔之之功不繼則塵垢之集將復有如前日之汚也故必因其已新而日日新之又日新之使其存養省察之功無少間斷則明德常明而不復爲利欲之昏亦如人之一日沐浴而日日沐浴

又無日而不沐浴使其疏瀹澡雪之功無少間斷則身常潔清而不復爲舊染之污也昔成湯所以反之而至於聖者正惟有得於此故稱其德者有曰不邇聲色不殖貨利又曰以義制事以禮制心有曰從諫弗咈改過不吝又曰與人不求備撿身若不及此皆足以見其日新之實至於所謂聖敬日躋云者則其言愈約而意愈切矣然本湯之所以得此又其學於伊尹而有發焉故伊尹自謂與湯咸有一德而於復政太甲之初復以終始惟一時乃日新爲丁寧之戒蓋於是時太甲方且自怨自艾於桐處仁遷義而歸是亦所謂苟日新者故復推其嘗以告於湯者告之欲其日進乎此無所間斷而有以繼其烈祖之成德也其意亦深切矣其後周之武

王踐阼之初受師尚父丹書之戒曰敬勝怠者吉怠勝敬者滅義勝欲者從欲勝義者凶退而於其几席觴豆刀劍戸牖莫不銘焉葢聞湯之風而興起者今其遺語尚幸頗見於禮書願治之君志學之士皆不可以莫之考也曰此言新民其引此何也曰此自其本而言之葢以是爲自新之至而新民之端也曰康誥之言作新民何也曰武王之封康叔也以商之餘民染紂汙俗而失其本心也故作康誥之書而告之以此欲其有以鼓舞而作興之使之振奮踴躍以去其惡而遷於善舍其舊而進乎新也然此豈聲色號令之所及哉亦自新而已矣曰孔氏小序以康誥爲成王周公之書而子以武王言之何也曰此五峰胡氏之說也葢嘗因而考之其曰

朕弟寡兄云者皆爲武王之自言乃得事理之實而其他證亦多小序之言不足深信於此可見然非此書大義所關故不暇於致詳當別爲讀書者言之耳曰詩之言周雖舊邦其命維新何也曰言周之有邦自后稷以來千有餘年至於文王聖德日新而民亦丕變故天命之以有天下是其邦雖舊而命則新也葢民之視效在君而天之視聽在民君德既新則民德必新民德既新則天命之新亦不旋日矣曰所謂君子無所不用其極者何也曰此結上文詩書之意也葢盤銘言自新也康誥言新民也文王之詩自新新民之極也故曰君子無所不用其極極卽至善之云也用其極者求其止於是而已矣

或問此引玄鳥之詩何也曰此以民之止於邦畿而明物之各有所止也曰引緜蠻之詩而系以孔子之言孔子何以有是言也曰此夫子說詩之辭也蓋曰鳥於其欲止之時猶知其當止之處豈可人爲萬物之靈而反不如鳥之能知所止而止之乎其所以發明人當知止之義亦深切矣曰引文王之詩而繼以君臣父子與國人交之所止何也曰此因聖人之止以明至善之所在也蓋天生烝民有物有則是以萬物庶事莫不各有當止之所但所居之位不同則所止之善不一故爲人君則其所當止者在於仁爲人臣則其所當止者在於敬爲人子則其所當止者在於孝爲人父則其所當止者在於慈與國人交則其所當止者在於信是皆天理人倫

之極致發於人心之不容已者而文王之所以爲法於天下可傳於後世者亦不能加毫末於是焉但衆人類爲氣稟物欲之所昏故不能常敬而失其所止唯聖人之心表裏洞然無有一毫之蔽故連續光明自無不敬而所止者莫非至善不待知所止而後得所止也故傳引此詩而歷陳所止之實使天下後世得以取法焉學者於此誠有以見其發於本心之不容已者而緝熙之使其連續光明無少間斷則其敬止之功是亦文王而已矣詩所謂上天之載無聲無臭儀刑文王萬邦作孚正此意也曰子之說詩既以敬止之止爲語助之辭而於此書又以爲所止之義何也曰古人引詩斷章或姑借其辭以明己意未必皆取本文之義也曰五者之目

詞約而義該矣。子之說乃復有所謂究其精微之藴而推類以通之者，何其言之衍而不切耶？曰：舉其德之要而總名之，則一言足矣。論其所以爲是一言者，則其始終本末豈一言之所能盡哉？得其名而不得其所以名，則仁或流於姑息，敬或墮於阿諛，孝或陷父，而慈或敗子。且其爲信，亦未必不爲尾生白公之爲也。又況傳之所陳，姑以見物各有止之凡例，其於大倫之目，猶且闕其二焉。苟不推類以通之，則亦何以盡天下之理哉？曰：復引淇澳之詩何也？曰：上言止於至善之理備矣，然其所以求之之方，與其得之之驗，則未之及，故又引此詩以發明之也。夫如切如磋，言其所以講於學者已精而益求其精也；如琢如磨，言其所以修於身者已密而益求其密也此其所以擇善固執日就月將而得止於至善之由也恂慄者嚴敬之存乎中也威儀者輝光之著乎外也此其所以睟面盎背施於四體而爲止於至善之驗也盛德至善民不能忘蓋人心之所同然聖人既先得之而其充盛宣著又如此是以民皆仰之而不能忘也盛德以身之所得而言也至善以理之所極而言也切磋琢磨求其止於是而已矣曰切磋琢磨何以爲學問自修之別也曰骨角脉理可尋而切磋之功易所謂始條理之事也玉石渾全堅確而琢磨之功難所謂終條理之事也曰引烈文之詩而言前王之沒世不忘何也曰賢其賢者聞而知之仰其德業之盛也親其親者子孫保之思其覆育之恩也樂其樂者含哺鼓腹而

安其樂也。利其利者。耕田鑿井而享其利也。此皆先王盛德至善之餘澤。故雖已沒世而人猶思之。愈久而不能忘也。上文之引淇澳。以明明德之得所止言之。而發新民之端也。此引烈文。以新民之得所止言之。而著明明德之效也。曰淇澳烈文二節。鄭本元在誠意章後。而程子置之卒章之中。子獨何以知其不然而屬之此也。曰二家所繫。文意不屬。故有不得而從者。且以所謂道盛德至善沒世不忘者推之。則知其當屬乎此也。

或問聽訟一章。鄭本元在止於信之後。正心修身之前。程子又進而寘之經文之下。此謂知之至也之上。子不之從而寘之於此。何也。曰以傳之結語考之。則其爲釋本末之義可知矣。以經之本文乘之。則其當屬於此可見矣二家之説有未安者故不得而從也曰然則聽訟無訟於明德新民之義何所當也曰聖人德盛仁熟所以自明者皆極天下之至善故能大有以畏服其民之心志而使之不敢盡其無實之辭是以雖其聽訟無以異於衆人而自無訟之可聽蓋己德既明而民德自新則德其本之明效也或不能然而欲區區於分爭辨訟之間以求新民之效其亦末矣此傳者釋經之意也曰然則其不論夫終始者何也曰古人釋經取其大略未必如是之屑屑也且此章之下有闕文焉又安知其非本有而并失之也邪

或問此謂知本其一爲聽訟章之結語則聞命矣其一鄭本元在經文之後此謂知之至也之前而程子以爲衍

文。何也。曰以其複出而他無所繫也。曰此謂知之至也鄭本元隨此謂知本繫於經文之後。而下屬誠意之前。程子則去其上句之複。而附此句於聽訟知本之章。以屬明德之上。是必皆有說矣。子獨何據以知其皆不盡然。而有所取舍於其間邪。曰此無以他求爲也。考之經文。初無再論知本知至之云者。則知屬之經後者之不然矣。觀於聽訟之章。既以知本結之。而其中間又無知至之說。則知再結聽訟者之不然矣。且其下文所屬明德之章。自當爲傳文之首。又安得以此而先之乎。故愚於此。皆有所不能無疑者。獨程子上句之所刪。鄭氏下文之所屬。則以經傳之次求之而有合焉。是以不得而異也。曰然則子何以知其爲釋知至之結語。而又知其上之當有闕文也。曰：以文義與下文推之，而知其釋知至也；以句法推之，而知其爲結語也；以傳之例推之，而知其有闕文也。曰：此經之序，自誠意以下，其義明而傳悉矣。獨其所謂格物致知者，字義不明而傳復闕焉，且爲最初用力之地，而無復上文語緒之可尋也。子乃自謂取程子之意以補之，則程子之言何以見其必合於經意，而子之言又似不盡出於程子，何耶？曰：或問於程子曰：學何爲而可以有覺也？程子曰：學莫先於致知，能致其知，則思日益明，至於久而後有覺爾。書所謂思曰睿，睿作聖；董子所謂勉强學問，則聞見博而智益明，正謂此也。學而無覺，則亦何以學爲也哉！或問：忠信則可勉矣，而致知爲難，奈何？程子曰：誠敬固不可以不勉，然天下之理。不先知之。亦未有能勉以行之者也。故大學之序。先致知而後誠意。其等有不可躐者。苟無聖人之聰明睿知。而徒欲勉焉以踐其行事之迹。則亦安能如彼之動容周旋無不中禮也哉。惟其燭理之明。乃能不待勉强而自樂循理爾。夫人之性本無不善。循理而行。宜無難者。惟其知之不至。而但欲以力爲之。是以苦其難而不知其樂耳。知之而至。則循理爲樂。不循理爲不樂。何苦而不循理以害吾樂邪。昔嘗見有談虎傷人者。衆莫不聞。而其間一人神色獨變。問其所以。乃嘗傷於虎者也。夫虎能傷人。人孰不知。然聞之有懼有不懼者。知之有眞有不眞也。學者之知道。必如此人之知虎。然後爲至耳。若曰知不善之不可爲而猶或爲之。則亦未嘗眞知而已矣此兩條者皆言格物致知所以當先而不可後之意也又有問進修之術何先者程子曰莫先於正心誠意然欲誠意必先致知而欲致知又在格物致盡也格至也凡有一物必有一理窮而致之所謂格物者也然而格物亦非一端如或讀書講明道義或論古今人物而別其是非或應接事物而處其當否皆窮理也曰格物者必物物而格之耶將止格一物而萬理皆通耶曰一物格而萬理通雖顏子亦未至此惟今日而格一物焉明日又格一物焉積習既多然後脫然有貫通處耳又曰自一身之中以至萬物之理理會得多自當豁然有箇覺處又曰窮理者非謂必盡窮天下之理又非謂止窮得一理便到但積累多後自當脫然有

悟處。又曰格物非欲盡窮天下之物，但於一事上窮盡。其他可以類推。至於言孝，則當求其所以爲孝者如何。若一事上窮不得，且别窮一事，或先其易者，或先其難者，各隨人淺深。譬如千蹊萬徑，皆可以適國，但得一道而入，則可以推類而通其餘矣。蓋萬物各具一理，而萬理同出一原，此所以可推而無不通也。又曰物必有理，皆所當窮。若天地之所以高深，鬼神之所以幽顯是也。若曰天，吾知其高而已矣，地，吾知其深而已矣，鬼神，吾知其幽且顯而已矣，則是已然之詞，又何理之可窮哉。又曰如欲爲孝，則當知所以爲孝之道，如何而爲奉養之宜，如何而爲溫凊之節，莫不窮究，然後能之，非獨守夫孝之一字而可得也。或問觀物察已者，豈因見物而反求諸己乎。曰不必然也。物我一理。纔明彼。即曉此。此合內外之道也。語其大。天地之所以高厚。語其小。至一物之所以然。皆學者所宜致思也。曰然則先求之四端可乎。曰求之情性。固切於身。然一草一木。亦皆有理。不可不察。又曰致知之要。當知至善之所在。如父止於慈子止於孝之類。若不務此。而徒欲汎然以觀萬物之理則吾恐其如大軍之游騎出太遠而無所歸也。又曰格物莫若察之於身。其得之尤切。此九條者。皆言格物致知所當用力之地與其次第工程也。又曰格物窮理。但立誠意以格之。其遲速則在乎人之明暗耳。又曰入道莫如敬。未有能致知而不在敬者。又曰涵養須用敬。進學則在致知。又曰致知在乎所養。養知莫過於寡欲。又曰格物者，適道之始，思欲格物，則固已近道矣。是何也？以收其心而不放也。此五條者，又言涵養本原之功，所以爲格物致知之本者也。凡程子之爲説者，不過如此。其於格物致知之傳詳矣。今也尋其義理，既無可疑，考其字義，亦皆有據，至以他書論之，則文言所謂學聚問辨，中庸所謂明善擇善，孟子所謂知性知天，又皆在乎固守力行之先，而可以驗夫大學始教之功爲有在乎此也。愚嘗反覆考之，而有以信其必然，是以竊取其意以補傳文之闕，不然，則又安敢犯不韙之罪，爲無證之言，以自託於聖經賢傳之間乎？曰：然則吾子之意，亦可得而悉聞之乎？曰：吾聞之也，天道流行，造化發育，凡有聲色貌象而盈於天地之間者，皆物也。既有是物，則其所以爲是物者。莫不各有當然之則而自不容已。是皆得於天之所賦。而非人之所能爲也。今且以其至切而近者言之。則心之爲物實主於身。其體則有仁義禮智之性。其用則有惻隱羞惡恭敬是非之情。渾然在中。隨感而應。各有攸主而不可亂也。次而及於身之所具。則有口鼻耳目四肢之用。又次而及於身之所接。則有君臣父子夫婦長幼朋友之常。是皆必有當然之則而自不容已。所謂理也。外而至於人。則人之理不異於己也。遠而至於物。則物之理不異於人也。極其大。則天地之運古今之變不能外也。盡於小。則一塵之微一息之頃不能遺也。是乃上帝所降之衷。烝民所秉之彝。劉子所謂天地之中。夫子所謂性與天道。子思所謂天命之性孟子所謂仁義之心，程子所謂天然自有之中，張子所謂萬物之一原，邵子所謂道之形體者。但其氣質有清濁偏正之殊，物欲有淺深厚薄之異，是以人之與物，賢之與愚，相爲懸絶而不能同耳。以其理之同，故以一人之心，而於天下萬物之理，無不能知；以其稟之異，故於其理，或有所不能窮也。理有未窮，故其知有不盡；知有不盡，則其心之所發，必不能純於義理，而無雜乎物欲之私。此其所以意有不誠，心有不正，身有不修，而天下國家不可得而治也。昔者聖人蓋有憂之，是以於其始教，爲之小學，而使之習於誠敬，則所以收其放心，養其德性者，已無所不用其至矣。及其進乎大學，則又使之即夫事物之中，因其所知之理，推而究之，以各到乎其極則吾之知識亦得以周遍精切而無不盡也若其用力之方則或考之事爲之著或察之念慮之微或求之文字之中或索之講論之際使於身心性情之德人倫日用之常以至天地鬼神之變鳥獸草木之宜自其一物之中莫不有以見其所當然而不容已與其所以然而不可易者必其表裏精粗無所不盡而又益推其類以通之至於一日脫然而貫通焉則於天下之物皆有以究其義理精微之所極而吾之聰明睿智亦皆有以極其心之本體而無不盡矣此愚之所以補乎本傳闕文之意雖不能盡用程子之言然其指趣要歸則不合者鮮矣讀者其亦深考而實識之哉曰然則子之爲學不求諸心而求諸迹不求之內而求之外吾恐聖賢之

學。不如是之淺近而支離也。曰。人之所以爲學。心與理而已矣。心雖主乎一身。而其體之虛靈。足以管乎天下之理。理雖散在萬物。而其用之微妙。實不外乎一人之心。初不可以內外精粗而論也。然或不知此心之靈。而無以存之。則昏昧雜擾。而無以窮衆理之妙。不知衆理之妙。而無以窮之。則偏狹固滯。而無以盡此心之全。此其理勢之相須。蓋亦有必然者。是以聖人設教。使人默識此心之靈。而存之於端莊靜一之中。以爲窮理之本。使人知有衆理之妙。而窮之於學問思辨之際。以致盡心之功。巨細相涵。動靜交養。初未嘗有內外精粗之擇。及其眞積力久。而豁然貫通焉。則亦有以知其渾然一致。而果無內外精粗之可言矣。今必以是爲淺近支離而欲藏形匿影別爲一種幽深恍惚艱難阻絶之論務使學者莽然措其心於文字言語之外而曰道必如此然後可以得之則是近世佛學詖淫邪遁之尤者而欲移之以亂古人明德新民之實學其亦誤矣曰近世大儒有爲格物致知之説者曰格猶扞也禦也能扞禦外物而後能知至道也又有推其説者曰人生而靜其性本無不善而有爲不善者外物誘之也所謂格物以致其知者亦曰扞去外物之誘而本然之善自明耳是其爲説不亦善乎曰天生烝民有物有則則物之與道固未始相離也今曰禦外物而後可以知至道則是絶父子而後可以知孝慈離君臣而後可以知仁敬也是安有此理哉若曰所謂外物者不善之誘耳非指君臣父

子而言也則夫外物之誘人莫甚於飲食男女之欲然推其本則固亦莫非人之所當有而不能無者也但於其間自有天理人欲之辨而不可以毫釐差耳惟其徒有是物而不能察於吾之所以行乎其間者孰爲天理孰爲人欲是以無以致其克復之功而物之誘於外者得以奪乎天理之本然也今不即物以窮其原而徒惡物之誘乎已乃欲一切扞而去之則是必閉口枵腹然後可以得飲食之正絕滅種類然後可以全夫婦之别也是雖裔戎無君無父之教有不能充其說者況乎聖人大中至正之道而得以此亂之哉曰自程子以格物爲窮理而其學者傳之見於文字多矣是亦有以發其師說而有助於後學者耶曰程子之說切於已而不遺

於物本於行事之實而不廢文字之功極其大而不畧其小究其精而不忽其粗學者循是而用力焉則既不務博而陷於支離亦不徑約而流於狂妄既不舍其積累之漸而其所謂豁然貫通者又非見聞思慮之可及也是以說經之意入德之方其亦可謂反復詳備而無俟於發明矣若其門人雖曰祖其師說然以愚考之則恐其皆未足以及此也蓋有以必窮萬物之理同出於一爲格物知萬物同出乎一理爲知至如合內外之道則天人物我爲一通晝夜之道則死生幽明爲一達哀樂好惡之情則人與鳥獸魚鼈爲一求屈伸消長之變則天地山川草木爲一者似矣然其欲必窮萬物之理而專指外物則於理之在已者有不明矣但求衆物比

類之同而不究一物性情之異則於理之精微者有不察矣不欲其異而不免乎四說之異必欲其同而未極乎一原之同則徒有牽合之勞而不睹貫通之妙矣其於程子之說何如哉又有以爲窮理只是尋箇是處然必以恕爲本而又先其大者則一處理通而觸處皆通者其曰尋箇是處者則得矣而曰以恕爲本則是求仁之方而非窮理之務也又曰先其大者則不若先其近者之切也又曰一處通而一切通則又顔子之所不能及程子之所不敢言非若類推積累之可以循序而必至也又有以爲天下之物不可勝窮然皆備於我而非從外得也所謂格物亦曰反身而誠則天下之物無不在我者是亦似矣然反身而誠乃爲物格知至以後之

事。言其窮理之至。無所不盡。故凡天下之理反求諸身皆有以見其如目視耳聽手持足行之畢具於此。而無毫髮之不實耳。固非以是方爲格物之事。亦不謂但務反求諸身。而天下之理。自然無不誠也。中庸之言明善。卽物格知至之事。其言誠身。卽意誠心正之功。故不明乎善。則有反諸身而不誠者。其功夫地位。固有序而不可誣矣。今爲格物之說。又安得遽以是而爲言哉。又有以今日格一物。明日格一物。爲非程子之言者。則諸家所記程子之言。此類非一。不容皆誤。且其爲說。正中庸學問思辨弗得弗措之事。無所咈於理者。不知何所病而疑之也。豈其習於持敬之約。而厭夫觀理之煩耶。抑直以己所未聞。而不信他人之所聞也。夫持敬觀理不可偏廢。程子固已言之。若以已偶未聞而遂不之信，則以有子之似聖人，而速貧速朽之論，猶不能無待於子游而後定。今又安得遽以一人之所未聞而盡廢衆人之所共聞者哉。又有以爲物物致察而宛轉歸己，如察天行以自強，察地勢以厚德者，亦似矣。然其曰物物致察，則是不察程子所謂不必盡窮天下之物也。又曰宛轉歸己，則是不察程子所謂物我一理，纔明彼卽曉此之意也。又曰察天行以自強，察地勢以厚德，則是但欲因其已定之名，擬其已著之迹，而未嘗如程子所謂求其所以然，與其所以爲者之妙也。獨有所謂卽事卽物，不厭不棄，而身親格之，以精其知者，爲得致字向裏之意。而其曰格之之道，必立志以定其本，居敬以持其志，志立乎事物之表。敬行乎事物之内而知乃可精者又有以合乎所謂未有致知而不在敬者之指。但其語意頗傷急迫。既不能盡其全體規模之大。又無以見其從容潛玩積久貫通之功耳。嗚呼程子之言。其答問反復之詳且明也如彼。而其門人之所以爲説者乃如此。雖或僅有一二之合焉。而不免於猶有所未盡也。是亦不待七十子喪而大義已乖矣。尚何望其能有所發而有助於後學哉。間獨惟念昔聞延平先生之教。以爲爲學之初。且當常存此心。勿爲他事所勝。凡遇一事。即當且就此事。反復推尋以究其理。待此一事融釋脱落。然後循序少進而别窮一事。如此既久。積累之多。胸中自當有灑然處。非文字言語之所及也。詳味此言。雖其規模之大。條理之密。若不逮於程子。然其工夫之漸次。意味之深切。則有非他說所能及者。惟嘗實用力於此者。爲能有以識之。未易以口舌爭也。曰然則所謂格物致知之學。與世之所謂博物洽聞者奚以異。曰此以反身窮理爲主。而必究其本末是非之極摯。彼以徇外誇多爲務。而不覈其表裏眞妄之實。然必究其極。是以知愈博而心愈明。不覈其實。是以識愈多而心愈窒。此正爲己爲人之所以分。不可不察也。

或問六章之指。其詳猶有可得而言者耶。曰天下之道二。善與惡而已矣。然揆厥所元。而循其次第。則善者天命所賦之本然。惡者物欲所生之邪穢也。是以人之常性莫不有善而無惡。其本心莫不好善而惡惡。然既有是形體之累而又爲氣稟之拘是以物欲之私得以蔽之。而天命之本然者不得而著。其於事物之理固有瞢然不知其善惡之所在者。亦有僅識其粗。而不能真知其可好可惡之極者。夫不知善之真可好。則其好善也。雖曰好之。而未能無不好者以拒之於内。不知惡之真可惡。則其惡惡也。雖曰惡之。而未能無不惡者以挽之於中。是以不免於苟焉以自欺。而意之所發有不誠者。夫好善而不誠。則非惟不足以爲善。而反有以賊乎其善。惡惡而不誠。則非惟不足以去惡。而適所以長乎其惡。是則其爲害也。徒有甚焉而何益之有哉。聖人於此。蓋有憂之。故爲大學之教。而必首之以格物致知之目。以開明其心術。使既有以識夫善惡之所在。與其可好可惡之必然矣。至此而復進之以必誠其意之說焉。則又欲其謹之於幽獨隱微之奥。以禁止其苟且自欺之萌。而凡其心之所發。如曰好善。則必由中及外。無一毫之不好也。如曰惡惡。則必由中及外。無一毫之不惡也。夫好善而中無不好。則是其好之也。如好好色之眞欲以快乎巳之目。初非爲人而好之也。惡惡而中無不惡。則是其惡之也。如惡惡臭之眞欲以足乎巳之鼻。初非爲人而惡之也。所發之實既如此矣。而須臾之頃。纖芥之微。念念相承。又無敢有少間斷焉。則庶乎内外昭融。表裏澄徹。而心無不正。身無不修矣。若彼小人幽隱之間。實爲不善。而猶欲外托於善以自葢。則亦不可謂其全然不知善惡之所在。但以不知其眞可好惡而又不能謹之於獨以禁止其苟且自欺之萌是以淪陷至於如此而不自知耳此章之說其詳如此是固宜爲自修之先務矣然非有以開其知識之眞則不能有以致其好惡之實故必曰欲誠其意者先致其知又曰致知而后意誠然猶不敢恃其知之已至而聽其所自爲也故又曰必誠其意必謹其獨而毋自欺焉則大學工夫次第相承首尾爲一而不假他術以雜乎其間亦可見矣後此皆然今不復重出也曰然則慊之爲義或以爲少又以爲恨與此不同何也曰慊之爲字有作嗛者而字書以爲口銜物也然則慊亦但爲心有所銜之意而其爲快爲足爲恨爲少則以所言之異而別之耳孟子所謂慊於心樂毅所謂慊於志則以銜其快與足之意而言

者也孟子所謂吾何慊漢書所謂嗛栗姬則以銜其恨與少之意而言者也讀者各隨所指而觀之則既並行而不悖矣字書又以其訓快與足者讀與愜同則義愈明而音又異尤不患於無別也

或問人之有心本以應物而此章之傳以爲有所喜怒憂懼便爲不得其正然則其爲心也必如槁木之不復生死灰之不復然乃爲得其正耶曰人之一心湛然虛明如鑑之空如衡之平以爲一身之主者固其眞體之本然而喜怒憂懼隨感而應妍蚩俯仰因物賦形者亦其用之所不能無者也故其未感之時至虛至靜所謂鑑空衡平之體雖鬼神有不得窺其際者固無得失之可議及其感物之際而所應者又皆中節則其鑑空衡平

之用流行不滯正大光明是乃所以爲天下之達道亦何不得其正之法哉唯其事物之來有所不察應之既或不能無失且又不能不與俱往則其喜怒憂懼必有動乎中者而此心之用始有不得其正者耳傳者之意固非以心之應物便爲不得其正而必如枯木死灰然後乃爲得其正也惟是此心之靈既曰一身之主苟得其正而無不在是則耳目鼻口四肢百骸莫不有所聽命以供其事而其動靜語默出入起居惟吾所使而無不合於理如其不然則身在於此而心馳於彼血肉之軀無所管攝其不爲仰面貪看鳥回頭錯應人者幾希矣孔子所謂操則存舍則亡孟子所謂求其放心從其大體者蓋皆謂此學者可不深念而屢省之哉

或問八章之辟舊讀爲譬而今讀爲僻何也曰舊音舊說以上章例之而不合也以下文逆之而不通也是以間者竊以類例文意求之而得其說如此蓋曰人之常情於此五者一有所向則失其好惡之平而陷於一偏是以身有不修不能齊其家耳蓋偏於愛則溺焉而不知其惡矣偏於惡則阻焉而不知其善矣是其身之所接好惡取舍之間將無一當於理者而况於閨門之內恩常掩義亦何以勝其情愛暱比之私而能有以齊之哉曰凡是五者皆身與物接所不能無而亦既有當然之則矣今曰一有所向便爲偏倚而身不修則是必其接物之際此心漠然都無親疏之等貴賤之別然後得免於偏也且心既正矣則宜其身之無不修今乃猶有若

是之偏何哉。曰不然也。此章之義。實承上章。其立文命意。大抵相似。蓋以爲身與事接而後或有所偏。非以爲一與事接而必有所偏。所謂心正而后身修。亦曰心得其正。乃能修身。非謂此心一正。則身不待檢而自修也。

曰親愛賤惡畏敬哀矜。固人心之所宜有。若夫傲惰則凶德也。曾謂本心而有如是之則哉。曰敖之爲凶德也。正以其先有是心。不度所施而無所不敖爾。若因人之可敖而敖之。則是常情所宜有。而事理之當然也。今有人焉。其親且舊未至於可親而愛也。其位與德未至於可畏而敬也。其窮未至於可哀。而其惡未至於可賤也。其言無足去取。而其行無足是非也。則視之泛然如塗之人而已爾。又其下者。則夫子之取瑟而歌。孟子之隱几而臥。蓋亦因其有以自取。而非吾故有敖之之意。亦安得而遽謂之凶德哉。又况此章之旨。乃爲慮其因有所重而陷於一偏者發其言。雖曰有所敖惰而其意則正欲人之於此更加詳審。雖曰所當敖惰而猶不敢肆其敖惰之心也。亦何病哉。

或問如保赤子。何也。曰。程子有言。赤子未能自言其意。而爲之母者。慈愛之心出於至誠。則凡所以求其意者。雖或不中而不至於大相遠矣。豈待學而後能哉。若民則非如赤子之不能自言矣。而使之者反不能無失於其心。則以本無慈愛之實。而於此有不察耳。傳之言此。蓋以明夫使衆之道。不過自其慈幼者而推之。而慈幼之心。又非外鑠而有待於强爲也。事君之孝。事長之弟。亦何以異於此哉。既舉其細則大者可知矣。曰仁讓言家貪戾言人。何也。曰善必積而後成。惡雖小而可懼。古人之深戒也。書所謂爾惟德罔小。萬邦惟慶。爾惟不德罔大墜厥宗。亦是意爾。曰此章本言上行下效。有不期然而然者。今曰有諸己而後求諸人。無諸己而後非諸人。則是猶有待於勸勉程督而後化。且內適自修。而遽欲望人之皆有己。方僅免而遂欲責人以必無也。曰此爲治其國者言之。則推吾所有與民共由其條教法令之施。賞善罰惡之政。固有理所當然而不可已者。但以所令反其所好。則民不從。故又推本言之。欲其先成於己而有以責人。固非謂其專務修己。都不治人。而拱手以俟其自化。亦非謂其矜己之長。愧人之短。而脅之以必從也。故先君子之言曰。有諸己不必求諸人。以爲求諸人而無諸己。則不可也。無諸己不必非諸人。以爲非諸人而有諸己。則不可也。正此意也。曰然則未能有善。而遂不求人之善。未能去惡。而遂不非人之惡。斯不亦恕而終身可行乎哉。曰恕字之旨。以如心爲義。蓋曰如治己之心以治人。如愛己之心以愛人。而非苟然姑息之謂也。然人之爲心。必嘗窮理以正之。使其所以治己愛己者。皆出於正。然後可以即是推之以及於人。而恕之爲道有可言者。故大學之傳。最後兩章。始及於此。則其用力之序亦可見矣。至即此章而論之。則欲如治己之心以治人者。又不過以強於自治爲本。蓋能強於自治。至於有善而可以求人之善。無惡而可以非人之惡。然後推己及人使之亦如我之所以自治而自治焉則表端景正源潔流淸而治己治人無不盡其道矣所以終身力此而無不可行之時也今乃不然而直欲以其不肖之身爲標準視吾治教所當及者一以姑息待之不相訓誥不相禁戒將使天下之人皆如己之不肖而淪胥以陷焉是乃大亂之道而豈所謂終身可行之恕焉近世名卿之言有曰人雖至愚責人則明雖有聰明恕己則昏苟能以責人之心責己恕己之心恕人則不患不至於聖賢矣此言近厚世亦多稱之者但恕字之義本以如心而得故可以施之於人而不可以施之於己今曰恕己則昏則是己知其如此矣而又曰以恕己之心恕人則是既不知自治其昏而遂推以及人使其亦

將如我之昏而後已也。乃欲由此以入聖賢之域，豈不誤哉？藉令其意但爲欲反此心以恕於人，則亦止可以言下章愛人之事，而於此章治人之意，與夫中庸以人治人之說，則皆有未合者。蓋其爲恕雖同，而一以及人爲主，一以自治爲主，則二者之間毫釐之異，正學者所當深察而明辨也。若漢之光武，亦賢君也，一旦以無罪黜其妻，其臣郅惲不能力陳大義以救其失，而姑爲緩辭以慰解之，是乃所謂不能三年而緦功是察，放飯流歠而齒決是惲者。光武乃謂惲爲善恕己量主，則其失又甚遠，而大啟爲人臣者不肯責難陳善以賊其君之罪。一字之義有所不明，而其禍乃至於此，可不謹哉！曰：既結上文而復引詩者三，何也？曰：古人言必引詩，蓋取其嗟嘆咏歌優游厭飫有以感發人之善心非徒取彼之文證此之義而已也夫以此章所論齊家治國之事文具而意足矣復三引詩非能於其所論之外别有所發明也然嘗試讀之則反復吟咏之閒意味深長義理通暢使人心融神會有不知手舞而足蹈者是則引詩之助與爲多焉葢不獨此他凡引詩云者皆以是求之則引者之意可見而詩之爲用亦得矣曰三詩亦有序乎曰首言家人次言兄弟終言四國亦刑于寡妻至于兄弟以御于家邦之意也

或問上章論齊家治國之道既以孝弟慈爲言矣此論治國平天下之道而復以是爲言何也曰三者人道之大端衆心之所同得者也自家以及國自國以及天下雖

有大小之殊。然其道不過如此而已。但前章專以已推而人化爲言。此章又申言之。以見人心之所同而不能已者如此。是以君子不唯有以化之。而又有以處之也。蓋人之所以爲心者。雖曰未嘗不同。然貴賤殊勢。賢愚異稟。苟非在上之君子。眞知實蹈。有以倡之。則下之有是心者。亦無所感而興起矣。幸其有以倡焉而興起矣。然上之人乃或不能察彼之心。而失其所以處之之道。則彼其所興起者。或不得遂而反有不均之歎。是以君子察其心之所同。而得夫絜矩之道。然後有以處此而遂其興起之善端也。曰。何以言絜之爲度也。曰。此莊子所謂絜之百圍。賈子所謂度長絜大者也。前此諸儒蓋莫之省。而強訓以挈。殊無意謂。先友太史范公乃獨推此以言之。而後其理可得而通也。蓋絜度也矩所以爲方也。以己之心度人之心。知人之所惡者不異乎己則不敢以己之所惡者施之於人。使吾之身一處乎此則上下四方。物我之際。各得其分。不相侵越。而各就其中。校其所占之地。則其廣狹長短。又皆平均如一。截然方正。而無有餘不足之處。是則所謂絜矩者也。夫爲天下國家而所以處心制事者一出於此。則天地之間。將無一物不得其所。而凡天下之欲爲孝弟不倍者。皆得以自盡其心。而無不均之歎矣。天下其有不平者乎。然君子之所以有此。亦豈自外至而強爲之哉。亦曰物格知至。故有以通天下之志。而知千萬人之心。卽一人之心。意誠心正。故有以勝一己之私。而能以一人之心爲千萬人之心。其如此而已矣。一有私意存乎其間。則一膜之外。便爲胡越。雖欲絜矩。亦將有所隔礙而不能通矣。若趙由之爲守則易尉。而爲尉則陵守。王肅之方於事上而好人佞己。推其所由。蓋出於此。而充其類。則雖桀紂盜跖之所爲。亦將何所不至哉。曰。然則絜矩之云。是則所謂恕者已乎。曰。此固前章所謂如愛己之心以愛人者也。夫子所謂終身可行。程子所謂充拓得去。則天地變化而草木蕃。充拓不去。則天地閉而賢人隱。皆以其可以推之而無不通耳。然必自其窮理正心者而推之。則吾之愛惡取舍皆得其正。而其所推以及人者。亦無不得其正。是以上下四方以此度之。而莫不截然各得其分。若於理有未明而心有未正。則吾之所欲者未必其所當欲吾之所惡者未必其所當惡乃不察此。而遽欲以是爲施於人之準則。則其意雖公而事則私。是將見其物我相侵。彼此交病。而雖庭除之內。跬步之間亦且參商矛盾而不可行矣。尚何終身之望哉。是以聖賢凡言恕者。又必以忠爲本。而程子亦言忠恕兩言。如形與影。欲去其一而不可得。蓋惟忠而後所如之心始得其正。是亦此篇先後本末之意也。然則君子之學。可不謹其序哉。曰自身而家。自家而國。自國而天下。均爲推己及人之事。而傳之所以釋之者。一事自爲一說。若有不能相通焉者。何也。曰此以勢之遠邇。事之先後。而所施有不同耳。實非有異事也。蓋必審於接物好惡不偏。然後有以正倫理篤恩義而齊其家。其家已齊。事皆可法。然後有以立標準爲教誨而治其國。其國已治。民知興起。然後可以推己度物舉此加彼而平天下。此以其遠近先後而施有不同者也。然自國以上。則治於內者嚴密而精詳。自國以下。則治於外者廣博而周遍。亦可見其本末實一物。首尾實一身矣。何名爲異說哉。曰

所謂民之父母者。何也。曰君子有絜矩之道。故能以己之好惡。知民之好惡。又能以民之好惡爲己之好惡也。夫好其所好而與之聚之。惡其所惡而不以施焉。則上之愛下。眞猶父母之愛其子矣。彼民之親其上。豈不亦猶子之愛其父母哉。曰此所引節南山之詩何也。曰言在尊位者。人所觀仰。不可不謹。若人君恣己徇私。不與天下同其好惡。則爲天下僇如桀紂幽厲也。曰得衆得

國。失衆失國何也。曰言能絜矩則民父母之而得衆得國矣。不能絜矩。則爲天下僇。而失衆失國矣。曰所謂先慎乎德何也。曰上言有國者不可不謹。此言其所謹而當先者。尤在於德也。德即所謂明德。所以謹之。亦曰格物致知誠意正心以修其身而已矣。曰此其深言務財用而失民。何也。曰有德而有人。有土。則因天分地。不患乎無財用矣。然不知本末而無絜矩之心。則未有不爭鬬其民。而施之以劫奪之教者也。易大傳曰。何以聚人曰財。春秋外傳曰王人者將以導利而布之上下者也。故財聚於上。則民散於下矣。財散於下。則民歸於上矣。言悖而出者。亦悖而入。貨悖而入者。亦悖而出。鄭氏以爲君有逆命。則民有逆辭。上貪於利。則下人侵畔。得其旨矣。曰前既言命之不易矣，此又言命之不常，何也？曰以天命之重而致其丁寧之意，亦承上文而言之也。蓋善則得之者，有德而有人之謂也。不善則失之者，悖入而悖出之謂也。然則命之不常，乃人之所自爲耳，可不謹哉！曰其引秦誓何也？曰言好善之利及其子孫，不好善之害流於後世，亦由絜矩與否之異也。曰媢疾之人誠可惡矣。然仁人惡之之深，至於如此，得無疾之已甚之亂耶？曰小人爲惡，千條萬端，其可惡者，不但媢疾一事而已。仁人不深惡乎彼，而獨深惡乎此者，以其有害於善人，使民不得被其澤，而其流禍之長，及於後世而未已也。然非殺人於貨之盜，則罪不至死，故亦放流之而已。然又念夫彼此之勢雖殊，而苦樂之情則一。今此惡人放而不遠，則其爲害雖得不施於此，而彼所放之地，其民復何罪焉？故不敢以己之所惡施之於人，而必遠而置之無人之境，以禦魑魅而後已，蓋不惟保安善人，使不蒙其害，亦所以禁伏凶人，使不得稔其惡，雖因彼之善惡而有好惡之殊，然所以仁之之意，亦未嘗不行乎其閒也。此其爲禦亂之術至矣，而何致亂之有？曰：迸之爲屏，何也？曰：古字之通用者多矣。漢石刻詞有引尊五美屏四惡者，而以尊爲遵，以屏爲迸，則其證也。曰：仁人之能愛人能惡人，何也？曰：仁人者，私欲不萌，而天下之公在我，是以是非不謬，而舉措得宜也。曰：命之爲慢與其爲怠也，孰得？曰：大凡疑義，所以決之，不過乎義理、文勢、事證三者而已。今此二字，欲以義理、文勢決之則皆通。欲以事證決之則無考。蓋不可以深求矣。若使其於義理事實之大者有所鄉背。而不可以不究。猶當視其緩急以爲先後。况於此等字既兩通。而於事義無大得失。則亦何必苦心極力以求之。徒費日而無所益乎。以是而推他亦皆可見矣。曰好善惡惡。人之性然也。有拂人之性者。何哉。曰不仁之人。阿黨媢疾。有以陷溺其心。是以其所好惡戾於常性如此。與民之父母能好惡人者正相反。使其能勝私而絜矩。則不至於是矣。曰忠信驕泰之所以爲得失者何也。曰忠信者盡己之心而不違於物。絜矩之本也。驕泰則恣己徇私。以人從欲不得與人同好惡矣。曰上文深陳財用之失民矣。此復言生財之道。何也。曰此所謂有土而有財者也。夫洪範八政。食貨爲先。子貢問政。而夫子告之。亦以足食爲首。葢生民之道。不可一日而無者。聖人豈輕之哉。特以爲國者以利爲利。則必至於剝民以自奉。而有悖出之禍。故深言其害以爲戒耳。至於崇本節用。有國之常政。所以厚下而足民者。則固未嘗廢也。吕氏之說。得其旨矣。有子曰百姓足。君孰與不足。孟子曰無政事。則財用不足。正此意也。然孟子所謂政事。則所以告齊梁之君使之制民之產者是已。豈若後世頭會箕斂厲民自養之云哉。曰仁者以財發身。不仁者以身發財。何也。曰仁者不私其有。故財散民聚而身尊。不仁者惟利是圖。故捐身賈禍以崇貨也。然亦卽財貨而以其效言之爾。非謂仁者眞有以財發身之意也。曰未有府庫財非其財者。

何也。曰上好仁。則下好義矣。下好義。則事有終矣。事有終。則爲君者安富尊榮。而府庫之財可長保矣。此以財發身之效也。上不好仁。則下不好義。下不好義。則其事不終。是將爲天下僇之不暇。而况府庫之財。又豈得爲吾之財乎。若商紂以自焚而起鉅橋鹿臺之財。德宗以出走而豐瓊林大盈之積。皆以身發財之效也。曰其引孟獻子之言。何也。曰雞豚牛羊。民之所畜養以爲利者也。既已食君之祿而享民之奉矣。則不當復與之爭。此公儀子所以拔園葵。去織婦。而董子因有與之齒者去其角。傅之翼者兩其足之喻。皆絜矩之義也。聚斂之臣剝民之膏血以奉上。而民被其殃。盜臣竊君之府庫以自私。而禍不及下。仁者之心。至誠惻怛。寧亡已之財而不忍傷民之力所以與其有聚斂之臣寧有盜臣亦絜矩之義也昔孔子以臧文仲之妾織蒲而直斥其不仁以冉求聚斂於季氏而欲鳴鼓以聲其罪以聖人之宏大兼容溫良博愛而所以責二子者疾痛深切不少假借如此其意亦可見矣曰國不以利爲利以義爲利何也曰以利爲利則上下交征不奪不饜以義爲利則不遺其親不後其君蓋惟義之安而自無所不利矣程子曰聖人以義爲利義之所安即利之所在正謂此也孟子分別義利拔本塞源之意其傳蓋亦出於此云曰此其言菑害並至無如之何何也曰怨已結於民心則非一朝一夕之可解矣聖賢深探其實而極言之欲人有以審於未然而不爲無及於事之悔也以此爲防人猶

有用桑羊孔僅宇文融楊矜陳京裴延齡之徒以敗其國者故陸宣公之言曰民者邦之本財者民之心其心傷則其本傷其本傷則枝榦凋瘁而根柢蹷拔矣呂正獻公之言曰小人聚斂以佐人主之欲人主不悟以為有利於國而不知其終為害也賞其納忠而不知其大不忠也嘉其任怨而不知其怨歸於上也嗚呼若二公之言則可謂深得此章之指者矣有國家者可不監哉曰此章之文程子多所更定而子獨以舊文為正者何也曰此章之義博故傳言之詳然其實則不過好惡義利之兩端而已但以欲致其詳故所言已足而復更端以廣其意是以二義相循間見層出有似於易置而錯陳耳然徐而考之則其端緒接續脉絡貫通而丁寧反

復爲人深切之意又自別見於言外不可易也必欲二說中判以類相從自始至終畫爲兩節則其界辨雖若有餘而意味或反不足此不可不察也

大學或問卷之二

中庸或問卷之一

朱熹著

或問名篇之義程子專以不偏爲言呂氏專以無過不及爲說二者固不同矣子乃合而言之何也曰中一名而有二義程子固言之矣今以其說推之不偏不倚云者程子所謂在中之義未發之前無所偏倚之名也無過不及者程子所謂中之道也見諸行事各得其中之名也蓋不偏不倚猶立而不近四旁心之體地之中也無過不及猶行而不先不後理之當事之中也故於未發之大本則取不偏不倚之名於已發而時中則取無過不及之義語固各有當也然方其未發雖未有無過不及之可名而所以爲無過不及之本體實在於是及其

發而得中也。雖其所主不能不偏於一事。然其所以無過不及者。是乃無偏倚者之所爲。而於一事之中。亦未嘗有所偏倚也。故程子又曰。言和則中在其中。言中則含喜怒哀樂在其中。而呂氏亦云。當其未發。此心至虛。無所偏倚。故謂之中。以此心而應萬事之變。無往而非中矣。是則二義雖殊。而實相爲體用。此愚於名篇之義所以不得取此而遺彼也。曰。庸字之義。程子以不易言之。而子以爲平常。何也。曰。唯其平常。故可常而不可易。若驚世駭俗之事。則可暫而不可得爲常矣。二說雖殊。其致一也。但謂之不易。則必要於久而後見。不若謂之平常。則直驗於今之無所詭異。而其常久而不可易者可兼舉也。況中庸之云。上與高明爲對。而下與無忌憚者相反。其曰庸德之行庸言之謹。又以見夫雖細微而不敢忽。則其名篇之義。以不易而爲言者。又孰若平常之爲切乎。曰然則所謂平常。將不爲淺近苟且之云乎。曰不然也。所謂平常。亦曰事理之當然而無所詭異云爾是固非有甚高難行之事。而亦豈同流合汙之謂哉。既曰當然。則自君臣父子日用之常。推而至於堯舜之禪授湯武之放伐。其變無窮。亦無適而非平常矣。曰此篇首章先明中和之義。次章乃及中庸之說。至其名篇。乃不曰中和而曰中庸者。何哉。曰中和之中。其義雖精而中庸之中。實兼體用。且其所謂庸者。又有平常之意焉。則比之中和。其所該者尤廣。而於一篇大指精粗本末。無所不盡。此其所以不曰中和而曰中庸也。曰張子之言如何。曰其曰須句句理會。使其言互相發明者。眞讀書之要法。不但可施於此篇也。曰呂氏爲己爲人之說如何。曰爲人者程子以爲欲見知於人者是也。呂氏以志於功名言之。而謂今之學者未及乎此。則是以爲人爲及物之事。而涉獵徼幸以求濟其私者。又下此一等也。殊不知夫子所謂爲人者。正指此下等人爾。若曰未能成己而遽欲成物。此特可坐以不能知所先後之罪。原其設心猶愛而公視彼。欲求人知以濟一己之私。而後學者不可同日語矣。至其所謂立喜怒哀樂未發之中以爲之本。使學者擇善而固執之者。亦曰欲使學者務先存養以爲窮理之地耳。而語之未瑩。乃似聖人雖立此中以爲大本。使人以是爲準而取中焉。則中者豈聖人之所強立。而未發之際。亦豈若學者有所擇取於其間哉。但其全章大指。則有以切中今時學者之病。覽者誠能三復而致思焉。亦可以感悟而興起矣。

第一章至第十一章

或問天命之謂性率性之謂道修道之謂教何也曰此先明性道教之所以名。以見其本皆出乎天。而實不外於我也。天命之謂性。言天之所以命乎人者。是則人之所以爲性也。蓋天之所以賦與萬物而不能自已者。命也。吾之得乎是命以生而莫非全體者。性也。故以命言之則曰元亨利貞。而四時五行。庶類萬化。莫不由是而出。以性言之。則曰仁義禮智。而四端五典。萬物萬事之理。無不統於其間。蓋在天在人。雖有性命之分。而其理則未嘗不一。在人在物。雖有氣稟之異。而其理則未嘗不同。此吾之性所以純粹至善。而非若荀揚韓子之所云也。率性之謂道。言循其所得乎天以生者。則事事物物。莫不自然各有當行之路。是則所謂道也。蓋天命之性。仁義禮智而已。循其仁之性。則自父子之親。以至於仁民愛物。皆道也。循其義之性。則自君臣之分。以至於敬長尊賢。亦道也。循其禮之性。則恭敬辭讓之節文。皆道也。循其智之性。則是非邪正之分別。亦道也。蓋所謂性者。無一理之不具。故所謂道者。不待外求而無所不備。所謂性者。無一物之不得。故所謂道者。不假人爲而無所不周。雖鳥獸草木之生。僅得形氣之偏而不能有以通貫乎全體。然其知覺運動。榮悴開落。亦皆循其性而各有自然之理焉。至於虎狼之父子。蜂蟻之君臣。豺獺之報本。雎雄之有別。則其形氣之所偏又反有以存其義理之所得。尤可以見天命之本然。初無間隔。而所謂道者。亦未嘗不在是也。是豈有待於人爲而亦豈人之所得爲哉。修道之謂教。言聖人因是道而品節之。以立法垂訓於天下。是則所謂教也。蓋天命之性。率性之道。皆理之自然而人物之所同得者也。人雖得其形氣之正。然其清濁厚薄之稟。亦有不能不異者。是以賢知者或失之過。愚不肖者或不能及。而得於此者。亦或不能無失於彼。是以私意人欲或生其間。而於所謂性者。不免有所昏蔽錯雜而無以全其所受之正。性有不全。則於所謂道者。因亦有所乖戾舛逆而無以適乎所行之宜。惟聖人之心。清明純粹。天理渾然無所虧闕故能因其道之所在。而爲之品節防範以立教於天下。使夫過不及者有以取中焉。蓋有以辨其親疏之殺而使之各盡其情。則仁之爲教立矣。有以別其貴賤之等。而使之各盡其分。則義之爲教行矣。爲之制度文爲。使之有以守而不失。則禮之爲教得矣。爲之開導禁止。使之有以別而不差。則知之爲教明矣。夫如是是以人無知愚。事無大小。皆得有所持循據守以去其人欲之私而復乎天理之正。推而至於天下之物。則亦順其所欲違其所惡。因其材質之宜以致其用。制其取用之節以遂其生。皆有政事之施焉。此則聖人所以財成天地之道。而致其彌縫輔贊之功。然亦未始外乎人之所受乎天者而強爲之也。子思以是三言著於篇首。雖曰姑以釋夫三者之名義。然學者能因其所指而反身以驗之。則其所知豈獨名義之間而已哉。蓋有得乎天命之說。則知天之所以與我者。無一理之不備。而釋氏之所謂空者非性矣。有以得乎率性之說。則知我之所得乎天者。無一物之不該。而老氏之所謂無者非道矣。有以得乎修道之說。則知聖人之所以教我者。莫非因其所固有而去其所本無。背其所至難而從其所甚易。而凡世儒之訓詁詞章。管商之權謀功利。老佛之清淨寂滅。與夫百家衆技之支離偏曲。皆非所以爲教矣。由是以往。因其所固有之不可昧者。而益致其學問思辨之功。因其所甚易之不能已者。而益致其持守推行之力。則夫天命之性。率性之道。豈不昭然日用之閒。而修道之教。又將由我而後立矣。曰率性修道之說不同。孰爲是邪。曰程子之論率性。正就私意人欲未萌之處。指其自然發見各有條理者而言。以見道之所以得名。非指修爲而言也。呂氏良心之發以下。至安能致是一節。亦甚精密。但謂人雖受天地之中以生。而梏於形體。又爲私意小知所撓。故與天地不相似。而發不中節。必有以不失其所受乎天者。然後爲道。則所謂道者。又在修爲之後。而反由教以得之。非復子思程子所指人欲未萌自然發見之意矣。游氏所謂無容私焉。則道在我。楊氏所謂率之而已者。似亦皆有呂氏之病也。至於修道。則程子養之以福。修而求復之云。却似未合子思本文之意。獨其一條所謂循此修之各得其分而引舜事以通結之者爲得其旨。故其門人亦多祖之。但所引舜事。或非論語本文之意耳。呂氏所謂先王制禮。達之天下。傳之後世者得之。但其本說率性之道處已失其指。而於此又推本之。以爲率性而行。雖已中節。而所稟不能無過不及。若能心誠求之。自然不中不遠。但欲達之天下。傳之後世。所以又當修道而立教焉。則爲太繁複而失本文之意耳。改本又以時位不同爲言。似亦不親切也。曰。楊氏所論王氏之失如何。曰。王氏之言固爲多病。然此所云天使我有是者。猶曰上帝降衷云爾。豈眞以爲有或使之者哉。其曰在天爲命。在人爲性。則程子亦云。而楊氏又自言之。蓋無悖於理者。今乃指爲王氏之失不惟似同浴而譏課程。亦近於意有不平而反爲至公之累矣且以率性之道。爲順性命之理。文意亦不相似若游氏以遁天倍情爲非性。則又不若楊氏人欲非性之云也曰然則呂游楊侯四子之説孰優。曰此非後學之所敢言也。但以程子之言論之。則於呂稱其深潛縝密。於游稱其穎悟溫厚。謂楊不及游。而亦每稱其穎悟。謂侯生之言。但可隔壁聽。今且熟復其言。究覈其意。而以此語證之。則其高下淺深亦可見矣。過此以往。則非後學所敢言也。

或問既曰道也者不可須臾離也可離非道也是故君子戒慎乎其所不睹恐懼乎其所不聞矣而又曰莫見乎隱莫顯乎微故君子慎其獨也何也曰此因論率性之

道以明由教而入者其始當如此蓋兩事也其先言道不可離而君子必戒謹恐懼乎其所不睹不聞者所以言道之無所不在無時不然學者當無須臾毫忽之不謹而周防之以全其本然之體也又言莫見乎隱莫顯乎微而君子必慎其獨者所以言隱微之間人所不見而已獨知之則其事之纖悉無不顯著又有甚於他人之知者學者尤當隨其念之方萌而致察焉以謹其善惡之幾也蓋所謂道者率性而已性無不有故道無不在大而父子君臣小而動靜食息不假人力之爲而莫不各有當然不易之理所謂道也是乃天下人物之所共由充塞天地貫徹古今而取諸至近則常不外乎吾之一心循之則治失之則亂蓋無須臾之頃可得而暫

離也若其可以暫合暫離而於事無所損益則是人力私智之所爲者而非率性之謂矣聖人之所修以爲教者因其不可離者而品節之也君子之所由以爲學者因其不可離者而持守之也是以日用之間須臾之頃持守工夫一有不至則所謂不可離者雖未嘗不在我而人欲間之則亦判然二物而不相管矣是則雖曰有人之形而其違禽獸也何遠哉是以君子戒慎乎其目之所不及見恐懼乎其耳之所不及聞瞭然心目之間常若見其不可離者而不敢有須臾之間以流於人欲之私而陷於禽獸之域若書之言防怨而曰不見是圖禮之言事親而曰聽於無聲視於無形蓋不待其徵於色發於聲然後有以用其力也夫既已如此矣則又以

謂道固無所不在。而幽隱之閒。乃他人之所不見而已所獨見。道固無時不然。而細微之事。乃他人之所不聞而已所獨聞。是皆常情所忽。以爲可以欺天罔人而不必謹者。而不知吾心之靈皎如日月。既已知之。則其毫髮之閒。無所潛遁。又有甚於他人之知矣。又况既有是心藏伏之久。則其見於聲音容貌之閒。發於行事施爲之實。必有暴著而不可揜者。又不止於念慮之差而已也。是以君子既戒懼乎耳目之所不及。則此心常明。不爲物蔽。而於此尤不敢不致其謹焉。必使其幾微之際無一毫人欲之萌。而純乎義理之發。則下學之功盡善全美。而無須臾之閒矣。二者相須。皆反躬爲已遏人欲存天理之實事。蓋體道之功。莫有先於此者。亦莫有切於此者。故子思於此首以爲言。以見君子之學。必由此而入也。曰。諸家之說。皆以戒慎不睹。恐懼不聞。即爲謹獨之意。子乃分之以爲兩事。無乃破碎支離之甚耶。曰。既言道不可離。則是無適而不在矣。而又言莫見乎隱。莫顯乎微。則是要切之處。尤在於隱微也。既言戒謹不睹。恐懼不聞。則是無處而不謹矣。又言謹獨。則是其所謹者。尤在於獨也。是固不容於不異矣。若其同爲一事。則其爲言。又何必若是之重複耶。且此書卒章潛雖伏矣。不愧屋漏。亦兩言之。正與此相首尾。但諸家皆不之察。獨程子嘗有不愧屋漏與謹獨。是持養氣象之言。其於二者之間。特加與字。是固已分爲兩事。而當時聽者有未察耳。曰。子又安知不睹不聞之不爲獨乎。曰。其所不睹不聞者，己之所不睹不聞也。故上言道不可離，而下言君子自其平常之處，無所不用其戒懼，而極言之以至於此也。獨者，人之所不睹不聞也。故上言莫見乎隱，莫顯乎微，而下言君子之所謹者，尤在於此幽隱之地也。是其語勢自相唱和，各有血脉，理甚分明。如曰是兩條者，皆爲謹獨之意，則是持守之功無所施於平常之處，而專在幽隱之間也。且雖免於破碎之譏，而其繁複偏滯而無所當，亦甚矣。曰：程子所謂隱微之際，若與吕氏改本及游楊氏不同，而子一之，何邪？曰：以理言之，則三家不若程子之盡；以心言之，則程子不若三家之密。是固若有不同者矣。然必有是理，然後有是心；有是心而後有是理，則亦初無異指也。合而言之，亦何不可之有哉。曰。他說如何。曰。呂氏舊本所論道不可離者得之。但專以過不及爲離道。則似未盡耳。其論天地之中性與天道一節。最其用意深處。然經文所指不睹不聞隱微之間者。乃欲使人戒懼乎此。而不使人欲之私得以萌動於其間耳。非欲使人虛空其心。反觀於此。以求見夫所謂中者而遂執之。以爲應事之準則也。呂氏既失其指。而所引用不得於言。必有事焉。參前倚衡之語亦非論孟本文之意。至謂隱微之間。有昭昭而不可欺感之而能應者。則固心之謂矣。而又曰正惟虛心以求則庶乎見之。是又別以一心而求此一心。見此一心也。豈不誤之甚哉。若楊氏無適非道之云。則善矣。然其言似亦有所未盡。蓋衣食作息。視聽舉履。皆物也。其所以如此之義理準則。乃道也。若曰所謂道者。不外乎物。而人在天地之間。不能違物而獨立。是以無適而不有義理之準則。不可須臾去之而不由。則是中庸之旨也。若便指物以爲道。而曰人不能須臾而離此百姓。特日用而不知耳。則是不惟昧於形而上下之別。而墮於釋氏作用。是性之失。且使學者誤謂道無不在。雖欲離之而不可得。吾既知之。則雖猖狂妄行。亦無適而不爲道。則其爲害。將有不可勝言者。不但文義之失而已也。曰呂氏之書。今有二本。子之所謂舊本。則無疑矣。所謂改本則陳忠肅公所謂程氏明道夫子之言。而爲之序者。子於石氏集解雖嘗辨之。而論者猶或以爲非程夫子不能及也。奈何。曰是則愚嘗聞之劉李二先生矣。舊本者呂氏太學講堂之初本也。改本者。其後所修之別本也。陳公之序。蓋爲傳者所誤而失之。及其兄孫幾叟具以所聞告之。然後自覺其非。則其書已行而不及改矣。近見胡仁仲所記侯師聖語。亦與此合。蓋幾叟之師楊氏。實與呂氏同出程門。師聖則程子之內弟。而劉李之於幾叟。仁仲之於師聖。又皆親見而親聞之。是豈胸臆私見口舌浮辨所得而奪哉。若更以其言考之。則二書詳略。雖或不同。然其語意實相表裏。如人之形貌。昔腴今瘠。而其部位神采初不異也。豈可不察而遽謂之兩人哉。又況改本厭前之詳。而有意於略。故其詞雖約。而未免反有刻露峭急之病。至於詞義之間。失其本指。則未能改於其舊者。尚多有之。校之明道平日之言。平易從容而自然精切者。又不趨碔砆之與美玉也。於此而猶不辨焉。則其於道之淺深。固不問而可知矣。

或問喜怒哀樂之未發謂之中發而皆中節謂之和中也者天下之大本也和也者天下之達道也致中和天地位焉萬物育焉何也曰此推本天命之性以明由教而入者其始之所發端終之所至極皆不外於吾心也蓋天命之性萬理具焉喜怒哀樂各有攸當方其未發渾然在中無所偏倚故謂之中及其發而皆得其當無所乖戾故謂之和謂之中者所以狀性之德道之體也以其天地萬物之理無所不該故曰天下之大本謂之和者所以著情之正道之用也以其古今人物之所共由故曰天下之達道蓋天命之性純粹至善而具於人心

者其體用之全本皆如此不以聖愚而有加損也然靜而不知所以存之則天理昧而大本有所不立矣動而不知所以節之則人欲肆而達道有所不行矣惟君子自其不睹不聞之前而所以戒謹恐懼者愈嚴愈敬以至於無一毫之偏倚而守之常不失焉則爲有以致其中而大本之立日以益固矣尤於隱微幽獨之際而所以謹其善惡之幾者愈精愈密以至於無一毫之差謬而行之每不違焉則爲有以致其和而達道之行日以益廣矣致者用力推致而極其至之謂致焉而極其至至於靜而無一息之不中則吾心正而天地之心亦正故陰陽動靜各止其所而天地於此乎位矣動而無一事之不和則吾氣順而天地之氣亦順故充塞無間驩

欣交通而萬物於此乎奇矣此萬化之本原一心之妙用聖神之能事學問之極功固有非始學所當議者然射者之的行者之歸亦學者立志之初所當知也故此章雖爲一篇開卷之首然子思之言亦必至此而後已焉其指深矣曰然則中和果二物乎曰觀其一體一用之名則安得不二察其一體一用之實則此爲彼體彼爲此用如耳目之能視聽視聽之由耳目初非有二物也曰天地位萬物育諸家皆以其理言子獨以其事論然則自古衰亂之世所以病乎中和者多矣天地之位萬物之育豈以是而失其常邪曰三辰失行山崩川竭則不必天翻地覆然後爲不位矣兵亂凶荒胎殰卵殈則不必人消物盡然後爲不育矣凡若此者豈非不中

不和之所致而又安可誣哉今以事言者固以爲有是
理而後有是事彼以理言者亦非以爲無是事而徒有
是理也但其言之不備有以啓後學之疑不若直以事
言而理在其中之爲盡耳曰然則當其不位不育之時
豈無聖賢生於其世而其所以致夫中和者乃不能有
以救其一二何邪曰善惡感通之理亦及其力之所至
而止耳彼達而在上者既曰有以病之則夫災異之變
又豈窮而在下者所能救也哉但能致中和於一身則
天下雖亂而吾身之天地萬物不害爲安泰其不能者
天下雖治而吾身之天地萬物不害爲乖錯其間一家
一國莫不皆然此又不可不知耳曰二者之爲實事可
也而分中和以屬焉將不又爲破碎之甚邪曰世固未

有能致中而不足於和者亦未有能致和而不本於中者也未有天地已位而萬物不育者亦未有天地不位而萬物自育者也特據其效而推本其所以然則各有所從來而不可紊耳曰子思之言中和如此而周子之言則曰中者和也中節也天下之達道也乃舉中而合之於和然則又將何以爲天下之大本也邪曰子思之所謂中以未發而言也周子之所謂中以時中而言也愚於篇首已辨之矣學者涵泳而别識之見其竝行而不相悖焉可也曰程呂問答如何曰考之文集則是其書益不完矣然程子初謂凡言心者皆指已發而言而後書乃自以爲未當向非呂氏問之之審而不完之中又失此書則此言之未當學者何自而知之乎以此又

知聖賢之言固有發端而未竟者學者尤當虛心悉意以審其歸未可執其一言而遽以爲定也其說中字因過不及而立名又似併指時中之中而與在中之義少異蓋未發之時在中之義謂之無所偏倚則可謂之無過不及則方此之時未有中節不中節之可言也無過不及之名亦何自而立乎又其下文皆以不偏不倚爲言則此語者亦或未得爲定論也呂氏又引允執厥中以明未發之旨則程子之說書也固謂允執厥中所以行之蓋其所謂中者乃指時中之中而非未發之中也呂氏又謂求之喜怒哀樂未發之時則程子所以答蘇季明之問又已有既思即是已發之說矣凡此皆其決不以呂說爲然者獨不知其於此何故略無所辨學者

亦嘗詳之未可見其不辨而遽以爲是也曰然則程子卒以赤子之心爲已發何也曰衆人之心莫不有未發之時亦莫不有已發之時不以老稚賢愚而有別也但孟子所指赤子之心純一無僞者乃因其發而後可見若未發則純一無僞又不足以名之而亦非獨赤子之心爲然矣是以程子雖改夫心皆已發之一言而以赤子之心爲已發則不可得而改也曰程子明鏡止水之云固以聖人之心爲異乎赤子之心矣然則此其爲未發者邪曰聖人之心未發則爲水鏡之體既發則爲水鏡之用亦非獨指未發而言也曰諸說如何曰程子備矣但其答蘇季明之後章記錄多失本眞答問不相對値如耳無聞目無見之答以下文若無事時須見須聞

之說參之其誤必矣蓋未發之時但爲未有喜怒哀樂之偏耳若其目之有見耳之有聞則當愈益精明而不可亂豈若心不在焉而遂廢耳目之用哉其言靜時既有知覺豈可言靜而引復以見天地之心爲說亦不可曉蓋當至靜之時但有能知覺者而未有所知覺也故以爲靜中有物則可而便以纔思即是已發爲比則未可以爲坤卦純陰而不爲無陽則可而便以復之一陽已動爲比則未可也所謂無時不中者所謂善觀者却於已發之際觀之者則語雖要切而其文意亦不能無斷續至於動上求靜之云則問者又轉而之他矣其答動字靜字之問答敬何以用功之問答思慮不定之問以至若無事時須見須聞之說則皆精當但其曰當祭

祀時無所見聞則古人之制祭服而設旒纊雖曰欲其不得廣視雜聽而致其精一然非以是爲眞足以全蔽其聰明使之一無見聞也若曰履之有絇以爲行戒尊之有禁以爲酒戒然初未嘗以是而遂不行不飲也若使當祭之時眞爲旒纊所塞遂如聾瞽則是禮容樂節皆不能知亦將何以致其誠意交於鬼神哉程子之言決不如是之過也至其答過而不留之問則又有若不相值而可疑者大抵此條最多謬誤蓋聽他人之問而從旁竊記非唯未了答者之意而亦未悉問者之情是以致此亂道而誤人耳然而有幸其間紕漏顯然尚可尋繹以別其僞獨微言之湮沒者遂不復傳爲可惜耳

呂氏此章之說尤多可疑如引屢空貨殖及心爲甚者

其於彼此蓋兩失之其曰由空而後見夫中是又前章虛心以求之說也其不陷而入浮屠者幾希矣蓋其病根正在欲於未發之前求見夫所謂中者而執之是以屢言之而病愈甚殊不知經文所謂致中和者亦曰當其未發此心至虛如鏡之明如水之止則但當敬以存之而不使其小有偏倚至於事物之來此心發見喜怒哀樂各有攸當則又當敬以察之而不使其小有差忒而已未有如是之說也且曰未發之前則宜其不待著意推求而瞭然心目之間矣一有求之之心則是便爲已發固已不得而見之況欲從而執之則其爲偏倚亦甚矣又何中之可得乎且夫未發已發日用之間固有自然之機不假人力方其未發本自寂然固無所事於

執及其當發則又當卽事卽物隨感而應亦安得塊然不動而執此未發之中耶此爲義理之根本於此有差則無所不差矣此呂氏之說所以條理紊亂援引乖剌而不勝其可疑也程子譏之以爲不識大本豈不信哉楊氏所謂未發之時以心驗之則中之義自見執而勿失無人欲之私焉則發必中節矣又曰須於未發之際能體所謂中其曰驗之體之執之則亦呂氏之失也其曰其慟其喜中固自若疑與程子所云言和則中在其中者相似然細推之則程子之意正謂喜怒哀樂已發之處見得未發之理發見在此一事一物之中各無偏倚過不及之差乃時中之中而非渾然在中之中也若楊氏之云中固自若而又引莊周出怒不怒之言以明

之則是以爲聖人方當喜怒哀樂之時其心漠然同於木石而姑外示如此之形凡所云爲皆不復出於中心之誠矣大抵楊氏之言多雜於佛老故其失類如此其曰當論其中否不當論其有無則至論也

或問此其稱仲尼曰何也曰首章夫子之意而子思言之故此以下又引夫子之言以證之也曰孫可以字其祖乎曰古者生無爵死無謚則子孫之於祖考亦名之而已矣周人冠則字而尊其名死則謚而諱其名則固已彌文矣然未有諱其字者也故儀禮饋食之祝詞曰適爾皇祖伯某父乃直以字而面命之況孔子爵不應謚而子孫又不得稱其字以別之則將謂之何哉若曰孔子則外之之辭而又孔姓之通稱若曰夫子則又當時

衆人相呼之通號也不曰仲尼而何以哉曰君子所以中庸小人之所以反之者何也曰中庸者無過不及而平常之理葢天命人心之正也唯君子爲能知其在我而戒謹恐懼以無失其當然故能隨時而得中小人則不知有此而無所忌憚故其心每反乎此而不中不常也曰小人之中庸王肅程子悉加反字葢疊上文之語然諸說皆謂小人實反中庸而不自知其爲非乃敢自以爲中庸而居之不疑如漢之胡廣唐之呂溫柳宗元者則其所謂中庸是乃所以爲無忌憚也如此則不煩增字而理亦通矣曰小人之情狀固有若此者矣但以文勢考之則恐未然葢論一篇之通體則此章乃引夫子所言之首章且當略舉大端以分別君子小人之趨

向未嘗遽及此意之隱微也若論一章之語脉則上文方言君子中庸而小人反之其下且當平解兩句之義以盡其意不應偏解上句而不解下句又遽别生他説也故疑王肅所傳之本爲得其正而未必肅之所增程子從之亦不爲無所據而臆決也諸説皆從鄭本雖非本文之意然所以發明小人之情狀則亦曲盡其妙而足以警乎鄉原亂德之奸矣今存吕氏以備觀考他不能盡録也

或問民鮮能久或以爲民鮮能久於中庸之德而以下文不能朞月守者證之何如曰不然此章方承上章小人反中庸之意而泛論之未遽及夫不能久也下章自能擇中庸者言之乃可責其不能久耳兩章各是發明一

義不當遽以彼而證此也且論語無能字而所謂矣者又已然之辭故程子釋之以爲民鮮有此中庸之德則其與不能朞月守者不同文意益明白矣曰此書非一時之言也章之先後又安得有次序乎曰言之固無序矣子思取之而著於此則其次第行列決有意謂不應雜置而錯陳之也故凡此書之例皆文斷而意屬讀者先因其文之所斷以求本章之說徐次其意之所屬以考相承之序則有以各盡其一章之意而不失夫全篇之旨矣然程子亦有久行之說則疑出於其門人之所記蓋不能無差繆而自世教衰之一條乃論語解而程子之手筆也諸家之說固皆不察乎此然呂氏所謂厭常喜新質薄氣弱者則有以切中學者不能固守之病

讀者諷誦朞月之章而自省焉則亦足以有警矣侯氏所謂民不識中故鮮能久若識得中則手動足履無非中者則其疎濶又益甚矣如曰若識得中則手動足履皆有自然之中而不可離則庶幾耳

或問此其言道之不行不明何也曰此亦承上章民鮮能久矣之意也曰知愚之過不及宜若道之所以不明也賢不肖之過不及宜若道之所以不行也今其互言之何也曰測度深微揣摩事變能知君子之所不必知者知者之過乎中也昏昧蹇淺不能知君子之所當知者愚者之不及乎中也知之過者既惟知是務而以道爲不足行愚者又不知所以行也此道之所以不行也刻意尚行驚世駭俗能行君子之所不必行者賢者之過

乎中也卑汚苟賤不能行君子之所當行者不肖者之不及乎中也賢之過者旣唯行是務而以道爲不足知不肖者又不求所以知也此道之所以不明也然道之所謂中者是乃天命人心之正當然不易之理固不外乎人生日用之間特行而不著習而不察是以不知其至而失之耳故曰人莫不飲食也鮮能知味也知味之正則必嗜之而不厭矣知道之中則必守之而不失矣

或問此其稱舜之大知何也曰此亦承上章之意言如舜之知而不過則道之所以行也蓋不自恃其聰明而樂取諸人者如此則非知者之過矣又能執兩端而用其中則非愚者之不及矣此舜之知所以爲大而非他人之所及也兩端之說呂楊爲優程子以爲執持過不及

之兩端使民不得行則恐非文意矣蓋當衆論不同之際未知其孰爲過孰爲不及而孰爲中也故必兼總衆說以執其不同之極處而求其義理之至當然後有以知夫無過不及之在此而在所當行若其未然則又安能先識彼兩端者之爲過不及而不可行哉

或問七章之說曰此以上句起下句如詩之興耳或以二句各爲一事言之則失之也

或問此其稱回之賢何也曰承上章不能朞月守者而言知回之賢而不過則道之所以明也蓋能擇乎中庸則無賢者之過矣服膺弗失則非不肖者之不及矣然則兹賢也乃其所以爲知也歟曰諸說如何曰程子所引屢空張子所引未見其止皆非論語之本意唯吕氏之

論顔子有曰隨其所至盡其所得據而守之則拳拳服膺而不敢失勉而進之則既竭吾才而不敢緩此所以恍惚前後而不可爲象求見聖人之止欲罷而不能也此數言者乃爲親切確實而足以見其深潛縝密之意學者所宜諷誦而服行也但求見聖人之止一句文義亦未安耳侯氏曰中庸豈可擇擇則二矣其務爲過高而不顧經文義理之實也亦甚矣哉

或問中庸不可能何也曰此亦承上章之意以三者之難明中庸之尤難也蓋三者之事亦知仁勇之屬而人之所難然皆必取於行而無擇於義且或出於氣質之偏事勢之迫未必從容而中節也若曰中庸則雖無難知難行之事然天理渾然無過不及苟一毫之私意有所

未盡則雖欲擇而守之而擬議之間忽已堕於過與不及之偏而不自知矣此其所以雖若甚易而實不可能也故程子以克己最難言之其旨深矣游氏以舜爲絕學無爲而楊氏亦謂有能斯有爲之者其違道遠矣循天下固然之理而行其所無事焉夫何能之有則皆老佛之餘緒而楊氏下章所論不知不能爲道遠人之意亦非儒者之言也二公學於程氏之門號稱高第而其言乃如此殊不可曉也已

或問此其記子路之問強何也曰亦承上章之意以明擇中庸而守之非強不能而所謂強者又非世俗之所謂強也葢強者力有以勝人之名也凡人和而無節則必至於流中立而無依則必至於倚國有道而富貴或不

能不改其平素國無道而貧賤或不能久處乎窮約非持守之力有以勝人者其孰能及之故此四者汝子路之所當強也南方之強不及強者也北方之強過乎強者也四者之強強之中也子路好勇故聖人之言所以長其善而救其失者類如此曰和與物同故疑於流而以不流爲強中立本無所依又何疑於倚而以不倚爲強哉曰中立固無所依也然凡物之情唯強者爲能無所依而獨立弱而無所依則其不傾側而偃仆者幾希矣此中立之所以疑於必倚而不倚之所以爲強也曰諸説如何曰大意則皆得之惟以矯爲矯揉之矯以南方之強爲矯哉之強與顔子之強以抑而強者爲子路之強與北方之強者爲未然耳

或問十一章素隱之說曰呂氏從鄭註以素爲傃固有未安唯其舊說有謂無德而隱爲素隱者於義略通又以遯世不見知之語反之似亦有據但素字之義與後章素其位之素不應頓異則又若有可疑者獨漢書藝文志劉歆論神仙家流引此而以素爲索顔氏又釋之以爲求索隱暗之事則二字之義既明而與下文行怪二字語勢亦相類其說近是蓋當時所傳本猶未誤至鄭氏時乃失之耳游氏所謂離人而立於獨與夫未發有念之云皆非儒者之語也

中庸或問卷之一

中庸或問卷之二

朱熹著

第十二章至第二十章

或問十二章之説曰道之用廣而其體則微密而不可見所謂費而隱也即其近而言之男女居室人道之常雖愚不肖亦能知而行之極其遠而言之則天下之大事物之多聖人亦容有不盡知盡能者也然非獨聖人有所不知不能也天能生覆而不能形載地能形載而不能生覆至於氣化流行則陰陽寒暑吉凶災祥不能盡得其正者尤多此所以雖以天地之大而人猶有憾也夫自夫婦之愚不肖所能知行至於聖人天地之所不能盡道蓋無所不在也故君子之語道也其大至於天

地聖人所不能盡而道無不包則天下莫能載矣其小至於愚夫愚婦之所能知能行而道無不體則天下莫能破矣道之在天下其用之廣如此可謂費矣而其所用之體則不離乎此而有非視聽之所及者此所以爲費而隱也子思之言至此極矣然猶以爲不足以盡其意也故又引詩以明之曰鳶飛戾天魚躍於淵所以言道之體用上下昭著而無所不在也造端乎夫婦極其近小而言之察乎天地極其遠大而言也蓋夫婦之際隱微之間尤可見道不可離處知其造端乎此則其所以戒謹恐懼之實無不至矣易首乾坤而重咸恒詩首關雎而戒淫泆書記釐降禮謹大昏皆此意也曰諸說如何曰程子至矣張子以聖人爲夷惠之徒既已失之

又曰君子之道達諸天故聖人有所不知夫婦之智淆諸物故聖人有所不與則又析其不知不能而兩之皆不可曉也已曰諸家皆以夫婦之能知能行者爲道之費聖人之所不知不能而天地有憾者爲道之隱其於文義協矣若從程子之說則使章內專言費而不及隱恐其有未安也曰謂不知不能爲隱似矣若天地有憾鳶飛魚躍察乎天地而欲亦謂之隱則恐未然且隱之爲言正以其非言語指陳之可及耳故獨舉費而隱常默具乎其中若於費外别有隱而可言則已不得爲隱矣程子之云又何疑耶曰然則程子所謂鳶飛魚躍子思喫緊爲人處與必有事焉而勿正心之意同活潑潑地者何也曰道之流行發見於天地之間無所不在在

上則鳶之飛而戾於天者此也在下則魚之躍而出於淵者此也其在人則日用之間人倫之際夫婦之所知所能而聖人有所不知不能者亦此也此其流行發見於上下之間者可謂著矣子思於此指而言之惟欲學者於此默而識之則爲有以洞見道體之妙而無疑而程子以爲子思喫緊爲人處者正以示人之意爲莫切於此也其曰與必有事焉而勿正心之意同活潑潑地則又以明道之體用流行發見充塞天地亘古亘今雖未嘗有一毫之空闕一息之間斷然其在人而見諸日用之間者則初不外乎此心故必此心之存而後有以自覺也必有事焉而勿正心活潑潑地亦曰此心之存而全體呈露妙用顯行無所滯礙云爾非必仰而視乎

鳶之飛俯而觀乎魚之躍然後可以得之也抑孟子此言固爲精密然但爲學者集義養氣而發耳至於程子借以爲言則又以發明學者洞見道體之妙非但如孟子之意而已也蓋此一言雖若二事然其實則必有事焉半詞之間已盡其意善用力者苟能於此超然默會則道體之妙已躍如矣何待下句而後足於言邪聖賢特恐學者用力之過而反爲所累故更以下句解之欲其雖有所事而不爲所累耳非謂必有事焉之外又當別設此念以爲正心之防也曰然則其所謂活潑潑地者毋乃釋氏之遺意耶曰此但俚俗之常談釋氏蓋嘗言之而吾亦言之耳彼固不得而專之也况吾之所言雖與彼同而所形容實與彼異若出於吾之所謂則夫

道之體用固無不在然鳶而必戾于天魚而必躍于淵是君君臣臣父父子子各止其所而不可亂也若如釋氏之云則鳶可以躍淵而魚可以戾天矣是安可同日而語哉且子思以夫婦言之所以明人事之至近而天理在焉釋氏則舉此而絕之矣又安可同年而語哉曰呂氏以下如何曰呂氏分此以上論中以下論庸又謂費則常道隱則至道恐皆未安謝氏旣曰非是極其上下而言矣又曰非指鳶魚而言蓋曰子思之引此詩姑借二物以明道體無所不在之實非以是爲窮其上下之極而形其無所不包之量也又非以是二物專爲形其無所不在之體而欲學者之必觀乎此也此其發明程子之意蓋有非一時同門之士所得聞者而又别以

夫子與點之意明之則其爲說益以精矣但所謂察見天理者但非本文之訓而於程子之意亦未免小失之耳游氏之說其不可曉者尤多如以良知良能之所自出爲道之費則良知良能者不得爲道而在道之外矣又以不可知不可能者爲道之隱則所謂道者乃無用之長物而人亦無所賴於道矣所引天地明察似於彼此文意兩皆失之至於所謂七聖皆迷之地則莊生邪遁荒唐之語尤非所以論中庸也楊氏以大而化之非智力所及爲聖人不知不能以祁寒暑雨雖天地不能易其節爲道之不可能而人所以有憾於天地則於文義既有所不通而又曰人雖有憾而道固自若則其失愈遠矣其曰非體物而不遺者其孰能察之其用體字

察字又皆非經文之正意也大抵此章若從諸家以聖人不知不能爲隱則其爲說之弊必至於此而後已嘗試循其說而體驗之若有以使人神識飛揚眩瞀迷惑而無所底止子思之意其不出此也必矣唯侯氏不知不能之說最爲明白但所引聖而不可知者孟子本謂人所不能測耳非此文之意也其他又有大不可曉者亦不足深論也

或問十三章之說子以爲以人治人爲以彼人之道還治彼人善矣又謂責其所能知能行而引張子之說以實之則無乃流於姑息之論而所謂人之道者不得爲道之全也邪曰上章固言之矣夫婦之所能知能行者道也聖人之所不知不能而天地猶有憾者亦道也然自

人而言則夫婦之所能知能行者人之所切於身而不可須臾離者也至於天地聖人所不能及則其求之當有漸次而或非日用之所急矣然則責人而先其切於身之不可離者後其有漸而不急者是乃行遠自邇升高自卑之序使其由是而不已焉則人道之全亦將可以馴致今必以是爲姑息而遽欲盡道以責於人吾見其失先後之序違緩急之宜人之受責者將至於有所不堪而道之無窮則終非一人一日之所能盡也是亦兩失之而已焉爾曰子臣弟友之絶句何也曰夫子之意葢曰我之所責乎子之事已者如此而反求乎已之所以事父則未能如此也所責乎臣之事君者如此而反求乎已之所以事君則未能如此也所責乎弟之事

已者如此而反求乎己之所以事兄則未能如此也所責乎朋友之施己者如此而反求乎己之所以先施於彼者則未能如此也於是以其所以責彼者自責於庸言庸行之間蓋不待求之於他而吾之所以自修之則具於此矣今或不得其讀而以父君兄之四字爲絕句則於文意有所不通而其義亦何所當哉曰諸說如何曰諸家說論語者多引此章以明一以貫之之義說此章者又引論語以釋違道不遠之意一矛一盾終不相謀而牽合不置學者蓋深病之及深考乎程子之言有所謂動以天者然後知二者之爲忠恕其迹雖同而所以爲忠恕者其心實異非其知德之深知言之至其孰能判然如此而無疑哉然盡己推己乃忠恕之所以名

而正謂此章違道不遠之事若動以天而一以貫之則不待盡己而至誠者自無息不待推己而萬物已各得其所矣曾子之言蓋指其不可名之妙而借其可名之粗以名之學者默識於言意之表則亦足以互相發明而不害其爲同也餘說雖多大槩放此推此意以觀之則其爲得失自可見矣違道不遠如齊師違穀七里之違非背而去之之謂愚固已言之矣諸說於此多所未合則不察文義而强爲之說之過也夫齊師違穀七里而穀人不知則非昔已在穀而今始去之也蓋曰自此而去以至於穀纔七里耳孟子所云夜氣不足以存則其違禽獸不遠矣非謂昔本禽獸而今始違之也亦曰自此而去以入於禽獸不遠耳蓋所謂道者當然之理

而已根於人心而見諸行事不待勉而能也然唯盡已之心而推以及人可以得其當然之實而施無不當不然則求之愈遠而愈不近矣此所以自是忠恕而往以至於道獨爲不遠其曰違者非背而去[illegible]之謂也程子又謂事上之道莫若忠待下之道莫若恕此則不可曉者若姑以所重言之則似亦不爲無理若究其極則忠之與恕初不相離程子所謂要除一箇除不得而謝氏以爲猶形影者已可見矣今析爲二事而兩用之則是果有無恕之忠無忠之恕而所以事上接下者皆出於強爲而不由乎中矣豈忠恕之謂哉是於程子他說殊不相似意其記錄之或誤不然則一時有爲言之而非正爲忠恕發也張子二說皆深得之但虛者仁之原忠

恕與仁俱生之語若未嘗耳呂氏改本大略不盡經意

舊本乃推張子之言而詳實有味但柯猶在外以下爲

未盡善若易之曰所謂則者猶在所執之柯而不在所

伐之柯故執柯者必有睨視之勞而猶以爲遠也若夫

以人治人則異於是蓋衆人之道止在衆人之身若以

其所及知者責其知以其所能行者責其行人改即止

不厚望焉則不必睨視之勞而所以治之之則不遠於

彼而得之矣忠者誠有是心而不自欺也恕者推待己

之心以及人也推其誠心以及於人則其所以愛人之

道不遠於我而得之矣至於事父事君事兄交友皆以

所求乎人者責乎己之所未能則其所以治己之道亦

不遠於心而得之矣夫四者固皆衆人之所能而聖人

乃自謂未能者亦曰未能如其所以責人者耳此見聖人之心純亦不已而道之體用其大天下莫能載其小天下莫能破舜之所以盡事親之道必至乎瞽瞍厎豫者蓋爲此也如此然後屬乎庸者常道之云則庶乎其無病矣且其曰有餘而盡之則道雖繼而不行又不若游氏所引恥躬不逮爲得其文意也謝氏侯氏所論論語之忠恕獨得程子之意但程子所謂天地之不恕亦曰天地之化生生不窮特以氣幾闔闢有通有塞故當其通也天地變化草木蕃則有似於恕當其塞也天地閉而賢人隱則有似於不恕耳其曰不恕非若人之閉於私欲而實有忮害之心也謝氏推明其說乃謂天地之有不恕乃因人而然則其說有未究者蓋若以爲人

不致中則天地有時而不位人不致和則萬物有時而不育是謂天地之氣因人之不恕而有似於不恕則可若曰天地因人之不恕而實有不恕之心則是彼爲人者既以忮心失恕而自絕於天矣爲天地者反效其所爲以自己其於穆之命也豈不誤哉游氏之說其病尤多至謂道無物我之間而忠恕將以至於忘己忘物則爲己違道而猶未遠也是則老莊之遺意而遠人甚矣豈中庸之旨哉楊氏又謂以人爲道則與道二而遠於道故戒人不可以爲道如執柯以伐柯則與柯二故睨而視之猶以爲遠則其違經背理又有甚焉使經而曰人而爲道則遠人故君子不可以爲道則其說信矣今經文如此而其說乃如彼既於文義有所不通而推其

意又將使道爲無用之物人無入道之門而聖人之教人以爲道者反爲誤人而有害於道是安有此理哉既又曰自道言之則不可爲自求仁言之則忠恕者莫近焉則已自知其有所不通而復爲是說以救之然終亦矛盾而無所合是皆流於異端之說不但毫釐之差而已也侯氏固多疎濶其引顏子樂道之說愚於論語已辨之矣至於四者未能之說獨以爲若止謂恕己以及人則是聖人將使天下皆無父子君臣矣此則諸家皆所不及蓋近世果有不得其讀而輙爲之說曰此君子以一己之難克而知天下皆可恕之人也嗚呼此非所謂將使天下皆無父子君臣者乎侯氏之言於是乎驗矣

或問十四章之說曰此章文義無可疑者而張子所謂當知無天下國家皆非之理者尤爲切至呂子說雖不免時有小失然其大體則皆平正慤實而有餘味也游氏說亦條暢而存亡得喪窮通好醜之說尤善但楊氏以反身而誠爲不願乎外則本文之意初未及此而詭遇得禽亦非行險徼幸之謂也侯氏所辨常總默識自得之說甚當近世佛者妄以吾言傳著其說而指意乖刺如此類者多矣甚可笑也但侯氏所以自爲說者却有未善若曰識者知其理之如此而已得者無所不足於吾心而已則豈不明白眞實而足以服其心乎

或問十五章之說曰章首二句承上章而言道雖無所不在而其進之則有序也其下引詩與夫子之言乃指一

事以明之非以二句之義爲止於此也諸説惟吕氏爲詳實然亦不察此而反以章首二言發明引詩之意則失之矣

或問鬼神之説其詳奈何曰鬼神之義孔子所以告宰予者見於祭義之篇其説已詳而鄭氏釋之亦已明矣其以口鼻之嘘吸者爲魂耳目之精明者爲魄蓋指血氣之類以明之程子張子更以陰陽造化爲説則其意又廣而天地萬物之屈伸往來皆在其中矣蓋陽魂爲神陰魄爲鬼是以其在人也陰陽合則魂凝魄聚而有生陰陽判則魂升爲神魄降爲鬼易大傳所謂精氣爲物遊魂爲變故知鬼神之情狀者正以明此而書所謂徂落者亦以其升降爲言耳若又以其往來者言之則來

者方伸而爲神往者既屈而爲鬼葢二氣之分實一氣之運故陽主伸陰主屈而錯綜以言亦各得其義焉學者熟玩而精察之如謝氏所謂做題目入思議者則庶乎有以識之矣曰諸說如何曰吕氏推本張子之說尤爲詳備但改本有所屈者不亡一句乃形潰反原之意張子他書亦有是說而程子數辨其非東見錄中所謂不必以既反之氣復爲方伸之氣者其類可考也謝氏說則善矣但歸根之云似亦微有反原之累耳游楊之說皆有不可曉者唯妙萬物而無不在一語便是而以其他語考之不知其於是理之實果何如也侯氏曰鬼神形而下者非誠也鬼神之德則誠也按經文本贊鬼神之德之盛如下文所云而結之曰誠之不可揜如此

則是以為鬼神之德所以盛者蓋以其誠耳非以誠自為一物而別為鬼神之德也今侯氏乃析鬼神與其德為二物而以形而上下言之乍讀如可喜者而細以經文事理求之則失之遠矣程子所謂只好隔壁聽者其謂此類也夫曰子之以幹事明體物何也曰天下之物莫非鬼神之所為也故鬼神為物之體而物無不待是而有者然曰為物之體則物先乎氣必曰體物然後見其氣先乎物而言順耳幹猶木之有榦必先有此而後枝葉有所附而生焉貞之幹事亦猶是也

或問十七章之說曰程子張子呂氏之說備矣楊氏所辨孔子不受命之意則亦程子所謂非常理者盡之而侯氏所推以謂舜得其常而孔子不得其常者尤明白也

至於顔跖壽夭之不齊則亦不得其常而已楊氏乃忘其所以論孔子之意而更援老聃之言以爲顔子雖夭而不亾者存則反爲衍說而非吾儒之所宜言矣且其所謂不亾者果何物哉若曰天命之性則是古今聖愚公共之物而非顔子所能專若曰氣散而其精神魂魄猶有存者則是物而不化之意猶有滯於冥漠之間尤非所以語顔子也侯氏所謂孔子不得其常者善矣然又以爲天於孔子固已培之則不免有自相矛盾處蓋德爲聖人者固孔子之所以爲栽者也至於祿也位也壽也則天之所當以培乎孔子者而以適丁氣數之衰是以雖欲培之而有所未能及爾是亦所謂不得其常者何假復爲異說以汨之哉

或問十八章十九章之說曰呂氏楊氏之說於禮之節文度數詳矣其閒有不同者讀者詳之可也游氏引泰誓武成以爲文王未嘗稱王之證深有補於名教然歐陽蘇氏之書亦已有是說矣郊禘呂游不同然合而觀之亦表裏之說也曰昭穆之昭世讀爲韶今從本字何也曰昭之爲言明也以其南面而向明也其讀爲韶先儒以爲晉避諱而改之然禮書亦有作佋字者則假借而通用耳曰其爲向明何也曰此不可以空言曉也今且假設諸侯之廟以明之蓋周禮建國之神位左宗廟則五廟皆在公宮之東南矣其制則孫毓以爲外爲都宮太祖在北二昭二穆以次而南是也蓋太祖之廟始封之君居之昭之北廟二世之君居之穆之北廟三世之

君居之昭之南廟四世之君居之穆之南廟五世之君居之廟皆南向各有門堂寢室而牆宇四周焉太祖之廟百世不遷自餘四廟則六世之後每一易世而一遷其遷之也新主祔于其班之南廟南廟之主遷於北廟北廟親盡則遷其主於太廟之西夾室而謂之祧凡廟主在本廟之室中皆東向及其祫于太廟之室中則惟太祖東向自如而爲最尊之位羣昭之入乎此者皆列於北牖下而南向羣穆之入乎此者皆列於南牖下而北向南向者取其向明故謂之昭北向者取其深遠故謂之穆蓋羣廟之列則左爲昭而右爲穆祫祭之位則北爲昭而南爲穆也曰六世之後二世之主既祧則三世爲昭而四世爲穆五世爲昭而六世爲穆乎曰不然

也昭常爲昭穆常爲穆禮家之説有明文矣葢二世祧則四世遷昭之北廟六世祔昭之南廟矣三世祧則五世遷穆之北廟七世祔穆之南廟矣昭者祔則穆者不遷穆者祔則昭者不動此所以祔必以班尸必以孫而子孫之列亦以爲序若武王謂文王爲穆考成王稱武王爲昭考則自其始祔而已然而春秋傳以管蔡郕霍爲文之昭邘晉應韓爲武之穆則雖其旣遠而猶不易也豈其交錯彼此若是之紛紛哉曰廟之始立也二世昭而三世穆四世昭而五世穆則固當以左爲尊而右爲卑矣今乃三世穆而四世昭五世穆而六世昭是則右反爲尊而左反爲卑矣而可乎曰不然也宗廟之制但以左右爲昭穆而不以昭穆爲尊卑故五廟同爲都

宮則昭常在左穆常在右而外有以不失其序一世自爲一廟則昭不見穆穆不見昭而内有以各全其尊必大祫而會於一室然後序其尊卑之次則凡已毁未毁之主又畢陳而無所易唯四時之祫不陳毁廟之主則高祖有時而在穆其禮未有考焉意或如此則高之上無昭而特設位於祖之西禰之下無穆而特設位於曾之東也與曰然則毁廟云者何也曰春秋傳曰壞廟之道易檐可也改塗可也説者以爲將納新主示有所加耳非盡徹而悉去之也曰然則天子之廟其制若何曰唐之文祖虞之神宗商之七世三宗其詳今不可考獨周制猶有可言然而漢儒之記又已有不同矣謂后稷始封文武受命而王故三廟不毁與親廟四而七者諸

儒之說也謂三昭三穆與太祖之廟而七文武爲宗不在數中者劉歆之說也雖其數之不同然其位置遷次宜亦與諸侯之廟無甚異者但如諸儒之說則武王初有天下之時后稷爲太祖而組紺居昭之北廟太王居穆之北廟王季居昭之南廟文王居穆之南廟猶爲五廟而已至成王時則組紺祧王季遷而武王祔至康王時則太王祧文王遷而成王祔至昭王時則王季祧武王遷而康王祔自此以上亦皆且爲五廟而祧者藏于太祖之廟至穆王時則文王親盡當祧而以有功當宗故別立一廟於西北而謂之文世室於是成王遷昭王祔而爲六廟矣至共王時則武王親盡當祧而亦以有功當宗故別立一廟於東北謂之武世室於是康王遷

穆王祔而爲七廟矣自是之後則穆之祧者藏於文世室昭之祧者藏於武世室而不復藏於太廟矣如劉歆之說則周自武王克商即增立二廟于二昭二穆之上以祀高圉亞圉如前遞遷至于懿王而始立文世室於三穆之上至孝王時始立武世室於三昭之上此爲少不同耳曰然則諸儒與劉歆之說孰爲是曰前代說者多是劉歆愚亦意其或然也曰祖功宗德之說尚矣而程子獨以爲如此則是爲子孫者得擇其先祖而祭之也子亦嘗考之乎曰商之三宗周之世室見於經典皆有明文而功德有無之實天下後世自有公論若必以此爲嫌則秦政之惡夫子議父臣議君而除謚法者不爲過矣且程子晚年嘗論本朝廟制亦謂太祖太宗皆

當爲百世不遷之廟以此而推則知前說若非記者之誤則或出於一時之言而未必其終身之定論也曰然則大夫士之制柰何曰大夫三廟則視諸侯而殺其二然其太祖昭穆之位猶諸侯也適士二廟則視大夫而殺其一官師一廟則視大夫而殺其二然其門堂寢室之備猶大夫也曰廟之爲數降殺以兩而其制不降何也曰降也天子之山節藻梲複廟重檐諸侯固有所不得爲者也諸侯之黝堊斲礱大夫有不得爲者矣大夫之倉楹斲桷士又不得爲矣曷爲而不降哉獨門堂寢室之合然後可名於宮則其制有不得而殺耳蓋由命士以上父子皆異宮生也異宮而死不得異廟則有不得盡其事生事存之心者是以不得而降也曰然則後

世公私之廟皆爲同堂異室而以西爲上者何也曰由漢明帝始也夫漢之爲禮略矣然其始也諸帝之廟皆自營之各爲一處雖衍其都宫之制昭穆之位不復如古然猶不失其獨專一廟之尊也至於明帝不知禮義之正而務爲抑損之私遺詔藏主於光烈皇后更衣别室而其臣子不敢有加焉魏晉循之遂不能革而先王宗廟之禮始盡廢矣降及近世諸侯無國大夫無邑則雖同堂異室之制猶不能備獨天子之尊可以無所不致顧乃梏於漢明非禮之禮而不得以致其備物之孝蓋其别爲一室則深廣之度或不足以陳鼎俎而其合爲一廟則所以尊其太祖者既褻而不嚴所以事其親廟者又厭而不尊是皆無以盡其事生事存之心而當

世宗廟之禮亦爲虚文矣宗廟之禮既爲虚文而事生事存之心有終不能以自已者於是原廟之儀不得不盛然亦至於我朝而後都宫别殿前門後寢始略如古者宗廟之制是其沿襲之變不惟窮鄉賤士有不得聞而自南渡之後故都淪没權宜草創無復舊章則雖朝廷之上禮官博士老師宿儒亦莫有能知其原者幸而或有一二知經學古之人乃能私議而竊歎之然於前世則徒知譏孝惠之飾非責叔孫通之舞禮而於孝明之亂命與其臣子之苟從則未有正其罪者於今之世則又徒知論其惑異端狥流俗之爲陋而不知本其事生事存之心有不得伸於宗廟者是以不能不自致於此也抑嘗觀於陸佃之譏而知神祖之嘗有意於此然

而考於史籍則未見其有紀焉若曰未及營表故不得書則後日之秉史筆者卽前日承詔討論之臣也所宜深探遺旨特書總序以昭示來世而略無一詞以及之豈天未欲使斯人者復見二帝三王之盛故厄其事而嗇其傳耶嗚呼惜哉然陸氏所定昭穆之次又與前說不同而張琥之議庶幾近之讀者更詳考之則當知所擇矣

或問二十章蒲盧之說何以廢舊說而從沈氏也曰蒲盧之爲果蠃他無所考且於上下文義亦不甚通惟沈氏之說乃與地道敏樹之云者相應故不得而不從耳曰沈說固爲善矣然夏小正十月玄雉入於淮爲蜃而其傳曰蜃者蒲盧也則似亦以蒲盧爲變化之意而舊說

未爲無所據也曰此亦彼書之傳文耳其他蓋多穿鑿不足據信疑亦出於後世迂儒之筆或反取諸此而附合之决非孔子所見夏時之本文也且又以蜃爲蒲盧則不應二物而一名若以蒲盧爲變化則又不必解爲果蠃矣况此等瑣碎既非大義所繫又無明文可證則姑闕之其亦可也何必詳考而深辨之耶曰達道達德有三知三行之不同而其致則一何也曰此氣質之異而性則同也生而知者生而神靈不待教而於此無不知也安而行之安於義理不待習而於此無所咈也此人之禀氣清明賦質純粹天理渾然無所虧喪者也學而知者有所不知則學以知之雖非生知而不待困也利而行者眞知其利而必行之雖有未安而不待勉也

此得淸之多而未能無蔽得粹之多而未能無雜天理小失而能亟反之者也困而知者生而不明學而未達困心衡慮而後知之者也勉强而行者不獲所安未知其利勉力强矯而行之者也此則昏蔽駁雜天理幾亡久而後能反之者也此三等者其氣質之稟亦不同矣然其性之本則善而已故及其知之而成功也則其所知所至無少異焉亦復其初而已矣曰張子呂楊侯氏皆以生知安行爲仁學知利行爲知困知勉行爲勇其說善矣子之不從何也曰安行可以爲仁矣然生而知之則知之大而非仁之屬也利行可以爲知矣然學而知之則知之次而非知之大也且上文三者之目固有次序而篇首諸章以舜明知以回明仁以子路明勇其

語知也不卑矣夫豈專以學知利行者爲足以當之乎故今以其分而言則三知爲智三行爲仁所以勉而不息以至於知之成功之一爲勇以其等而言則以生知安行者主於知而爲智學知利行者主於行而爲仁困知勉行者主於强而爲勇又通三近而言則又以三知爲智三行爲仁而三近爲勇之次則亦庶乎其曲盡也歟曰九經之說奈何曰不一其內則無以制其外不齊其外則無以養其內靜而不存則無以立其本動而不察則無以勝其私故齋明盛服非禮不動則內外交養而動靜不違所以爲修身之要也信讒邪則任賢不專徇貨色則好賢不篤賈捐之所謂後宮盛色則賢者隱微佞人用事則諍臣杜口蓋持衡之勢此重則彼輕理

固然矣故去讒遠色賤貨而一於貴德所以爲勸賢之道也親之欲其貴愛之欲其富兄弟婚姻欲其無相遠故尊位重祿同其好惡所以爲勸親親之道也大臣不親細事則以道事君者得以自盡故官屬衆盛足任使令所以爲勸大臣之道也盡其誠而恤其私則士無仰事俯育之累而樂趨事功故忠信重祿所以爲勸士之道也人情莫不欲逸亦莫不欲富故時使薄斂所以爲勸百姓之道也日省月試以程其能旣稟稱事以償其勞則不信度作淫巧者無所容隋者勉而能者勸矣爲之授節以送其往待以委積以迎其來因能授任以嘉其善不强其所不欲以矜其不能則天下之旅皆悅而願出於其塗矣無後者續之已滅者封之治其亂使上

下相安持其危使大小相恤朝聘有節而不勞其力貢賜有度而不匱其財則天下諸侯皆竭其忠力以蕃衛王室而無倍畔之心矣凡此九經其事不同然總其實不出乎修身尊賢親親三者而已敬大臣體羣臣則自尊賢之等而推之也子庶民來百工柔遠人懷諸侯則自親親之殺而推之也至於所以尊賢而親親則又豈無所自而推之哉亦曰修身之至然後有以各當其理而無所悖耳曰親親而不言任之以事者何也曰此親親尊賢並行不悖之道也苟以親親之故不問賢否而輕屬任之不幸而或不勝焉治之則傷恩不治則廢法是以富之貴之親之厚之而不曰任之以事是乃所以親愛而保全之也若親而賢則自當置之大臣之位而

尊之敬之矣豈但富貴之而已哉觀於管蔡監商而周公不免於有過及其致辟之後則惟康叔聃季相與夾輔王室而五叔者有土而無官焉則聖人之意亦可見矣曰子謂信任大臣而無以間之故臨事而不眩使大臣而賢也則可其或不幸而有趙高朱异虞世基李林甫之徒焉則鄒陽所謂偏聽生奸獨任成亂范雎所謂妒賢嫉能御下蔽上以成其私而主不覺悟者亦安得而不慮耶曰不然也彼其所以至此正坐不知此經之義而然耳使其明於此義而能以修身爲本則固視明聽聰而不可欺以賢否矣能以尊賢爲先則其所置以爲大臣者必不雜以如是之人矣不幸而或失之則亦亟求其人以易之而已豈有知其必能爲姦以敗國顧

猶置之大臣之位使之姑以奉行文書爲職業而又恃小臣之察以防之哉夫勞於求賢而逸於得人任則不疑而疑則不任此古之聖君賢相所以誠意交孚兩盡其道而有以共成正大光明之業也如其不然吾恐上之所以猜防畏備者愈密而其爲眩愈甚下之所以欺罔蒙蔽者愈巧而其爲害愈深不幸而臣之姦遂則其禍固有不可勝言者幸而主之威勝則夫所謂偏聽獨任御下蔽上之姦將不在於大臣而移於左右其爲國家之禍尤有不可勝言者矣嗚呼危哉曰子何以言柔遠人之爲無忘賓旅也曰以其列於懷諸侯之上也舊說以爲蕃國之諸侯則以遠先近而非其序書言柔遠能邇而又言蠻夷率服則所謂柔遠亦不止謂服四夷

也況愚所謂授節委積者比長遺人懷方氏之官掌之於經有明文耶曰楊氏之說有虛器之云者二而其指意所出若有不同者焉何也曰固也是其前段主於誠意故以爲有法度而無誠意則法度爲虛器正言以發之也其後段主於格物故以爲若但知誠意而不知治天下國家之道則是直以先王之典章文物爲虛器而不之講反語以詰之也此其不同審矣但其下文所引明道先生之言則又若主於誠意而與前段相應其於本段上文之意則雖亦可以宛轉而說合之然終不免於迂回而難通也豈記者之誤耶然楊氏他書首尾衡決亦多有類此者殊不可曉也曰所謂前定何也曰先立乎誠也先立乎誠則言有物而不躓矣事有實而不

困矣行有常而不疚矣道有本而不窮矣諸説惟游氏誠定之云得其要張子以精義入神爲言是則所謂明善者也曰在下獲上明善誠身之説奈何曰夫在下位而不獲乎上則無以安其位而行其志故民不可治然欲獲乎上又不以諛説取容也其道在信乎友而已蓋不信乎友則志行不孚而名譽不聞故上不見知然欲信乎友又不可以便佞苟合也其道在悅乎親而已蓋不悅乎親則所厚者薄而無所不薄故友不見信然欲順乎親又不可以阿意曲從也其道在誠乎身而已蓋反身不誠則外有事親之禮而内無愛敬之實故親不見悅然欲誠乎身又不可以襲取强爲也其道在明乎善而已蓋不能格物致知以眞知至善之所在則好善

必不能如好好色惡惡必不能如惡惡臭雖欲勉焉以誠其身而身不可得而誠矣此必然之理也故夫子言此而其下文郎以天道人道擇善固執者繼之蓋擇善所以明善固執所以誠身擇之之明則大學所謂物格而知至也執之之固則大學所謂意誠而心正身修也知至則反諸身者將無一毫之不實意誠心正而身修則順親信友獲上治民將無所施而不利而達道達德九經凡事亦一以貫之而無遺矣曰諸說如何曰此章之說雖多然亦無大得失惟楊氏反身之說爲未安耳蓋反身而誠者物格知至而反之於身則所明之善無不實有如前所謂如惡惡臭如好好色者而其所行自無内外隱顯之殊耳若知有未至則反之而不誠者多

矣安得直謂但能反求諸身則不待求之於外而萬物之理皆備於我而無不誠哉況格物之功正在卽事卽物而各求其理今乃反欲離去事物而專務求之於身尤非大學之本意矣曰誠之爲義其詳可得而聞乎曰難言也姑以其名義言之則眞實無妄之云也若事理之得此名則亦隨其所指之大小而皆有取乎眞實無妄之意耳葢以自然之理言之則天地之間惟天理爲至實而無妄故天理得誠之名若所謂天之道鬼神之德是也以德言之則有生之類惟聖人之心爲至實而無妄故聖人得誠之名若所謂不勉而中不思而得者是也至於隨事而言則一念之實亦誠也一言之實亦誠也一行之實亦誠也是其大小雖有不同然其義之

所歸則未始不在於實也曰然則天理聖人之所以若是其實者何也曰一則純二則雜純則誠雜則妄此常物之大情也夫天之所以爲天也冲漠無朕而萬理兼該無所不具然其爲體則一而已矣未始有物以雜之也是以無聲無臭無思無爲而一元之氣春秋冬夏晝夜昏明百千萬年未嘗有一息之繆天下之物洪纖巨細飛潛動植亦莫不各得其性命之正以生而未嘗有二毫之差此天理之所以爲實而不妄者也若夫人物之生性命之正固亦莫非天理之實但以氣質之偏口鼻耳目四肢之好得以蔽之而私欲生焉是以當其惻隱之發而忮害雜之則所以爲仁者有不實矣當其羞惡之發而貪昧雜之則所以爲義者有不實矣此常人

之心所以雖欲勉於爲善而内外隱顯常不免於二致其甚至於詐僞欺罔而卒墮於小人之歸則以其二者雜之故也惟聖人氣質清純渾然天理初無人欲之私以病之是以仁則表裏皆仁而無一毫之不仁義則表裏皆義而無一毫之不義其爲德也固舉天下之善而無一事之或遺而其爲善也又極天下之實而無一毫之不滿此其所以不勉不思從容中道而動容周旋莫不中節也曰然則常人未免於私欲而無以實其德者柰何曰聖人固已言之亦曰擇善而固執之耳夫於天下之事皆有以知其如是爲善而不能不爲知其如是爲惡而不能不去則其爲善去惡之心固已篤矣於是而又加以固執之功雖其不睹不聞之間亦必戒謹恐

懼而不敢懈則凡所謂私欲者出而無所施於外入而無所藏於中自將消磨泯滅不得以爲吾之病而吾之德又何患於不實哉是則所謂誠之者也曰然則大學論小人之陰惡陽善而以誠於中者目之何也曰若是者自其天理之大體觀之則其爲善也誠虛矣自其人欲之私分觀之則其爲惡也何實如之而安得不謂之誠哉但非天理眞實無妄之本然則其誠也適所以虛其本然之善而反爲不誠耳曰諸說如何曰周子至矣其上章以天道言其下章以人道言愚於通書之說亦旣略言之矣程子無妄之云至矣其他說亦各有所發明讀者深玩而默識焉則諸家之是非得失不能出乎此矣曰學問思辨亦有序乎曰學之博然後有以備事

物之理故能參伍之以得所疑而有問問之審然後有以盡師友之情故能反復之以發其端而可思思之謹則精而不雜故能有所自得而可以施其辨辨之明則斷而不差故能無所疑惑而可以見於行行之篤則凡所學問思辨而得之者又皆必踐其實而不爲空言矣此五者之序也曰呂氏之説之詳不亦善乎曰呂氏此章最爲詳實然深考之則亦未免乎有病蓋君子之於天下必欲無一理之不通無一事之不能故不可以不學而其學不可以不博及其積累而貫通焉然後有以深造乎約而一以貫之非其博學之初已有造約之心而姑從事於博以爲之地也至於學而不能無疑則不可以不問而其問也或粗略而不審則其疑不能盡決

而與不問無以異矣故其問之不可以不審若曰成心亾而後可進則是疑之説也非疑而問問而審之説也學也問也得於外者也若專恃此而不反之心以驗其實則察之不精信之不篤而守之不固矣故必思索以精之然後心與理熟而彼此爲一然使其思也或太多而不專則亦泛濫而無益或太深而不止則又過苦而有傷皆非思之善也故其思也又必貴於能謹非獨爲反之於身知其爲何事何物而已也其餘則皆得之而所論變化氣質者尤有功也曰何以言誠爲此篇之樞紐也曰誠者實而已矣天命云者實理之原也性其在物之實體道其當然之實用而教也者又因其體用之實而品節之也不可離者此理之實也隱之見微之顯

實之存亡而不可揜者也戒謹恐懼而謹其獨焉所以實乎此理之實也中和云者所以狀此實理之體用也天地位萬物育則所以極此實理之功效也中庸云者實理之適可而平常者也過與不及不見實理而妄行者也費而隱者言實理之用廣而體微也鳶飛魚躍流動充滿夫豈無實而有是哉道不遠人以下至於大舜文武周公之事孔子之言皆實理應用之當然而鬼神之不可揜則又其發見之所以然也聖人於此因以其無一毫之不實而至於如此之盛其示人也亦欲其必以其實而無一毫之僞也蓋自然而實者天也必期於實者人而天也誠明以下累章之意皆所以反復乎此而語其所以至於正大經而立大本參天地而贊化育

則亦眞實無妄之極功也卒章尚絅之云又本其務實之初心而言也內省者謹獨克己之功不愧屋漏者戒謹恐懼而無已可克之事皆所以實乎此之序也時靡有爭變也百辟刑之化也無聲無臭又極乎天命之性實理之原而言也蓋此篇大指專以發明實理之本然欲人之實此理而無妄故其言雖多而其樞紐不越乎誠之一言也嗚呼深哉

中庸或問卷之二

中庸或問卷之三

朱熹著

第二十一章至第三十三章

或問誠明之説曰程子諸説皆學者所傳録其以内外道行爲誠明似不親切唯先明諸心一條以知語明以行語誠爲得其訓乃顔子好學論中語而程子之手筆也亦可以見彼記録者之不能無失矣張子葢以性教分爲學之兩塗而不以論聖賢之品第故有由誠至明之語程子之辨雖已得之然未究其立言本意之所以失也其曰誠即明也恐亦不能無誤吕氏性教二字得之而於誠字以至簡至易行其所無事爲説則似未得其本旨也且於性教皆以至於實然不易之地爲言則至

於云者非所以言性之之事而不易云者亦非所以申實然之說也然其過於游楊則遠矣

或問至誠盡性諸說如何曰程子以盡己之忠盡物之信爲盡其性蓋因其事而極言之非正解此文之意今不得而錄也其論贊天地之化育而曰不可以贊助言論窮理盡性以至於命而曰卽窮理便是至於命則亦若有可疑者蓋嘗竊論之天下之理未嘗不一而語其分則未嘗不殊此自然之勢也蓋人生天地之間稟天地之氣其體卽天地之體其心卽天地之心以理而言是豈有二物哉故凡天下之事雖若人之所爲而其所以爲之者莫非天地之所爲也又況聖人純於義理而無人欲之私則其所以代天而理物者乃以天地之心而

贊天地之化尤不見其有彼此之間也若以其分言之則天之所爲固非人之所及而人之所爲又有天地之所不及者其事固不同也但分殊之狀人莫不知而理之一致多或未察故程子之言發明理一之義多而及於分殊者少蓋抑揚之勢不得不然然亦不無少失其平矣唯其所謂只是一理而天人所爲各自有分乃爲全備而不偏而讀者亦莫之省也至於窮理至命盡人盡物之說則程張之論雖有不同然亦以此而推之則其說初亦未嘗甚異也蓋以理言之則精粗本末初無二致固不容有漸次當如程子之論若以其事而言則其親疎遠近淺深先後又不容於無別當如張子之言也呂游楊說皆善而呂尤確實楊氏萬物皆備云者又

前章格物誠身之意然於此論之則反求於身又有所不足言也皆失之矣

或問致曲之說曰人性雖同而氣稟或異自其性而言之則人自孩提聖人之質悉已完具以其氣而言之則惟聖人爲能舉其全體而無所不盡上章所言至誠盡性是也若其次則善端所發隨其所稟之厚薄或仁或義或孝或弟而不能同矣自非各因其發見之偏一一推之以至乎其極使其薄者厚而異者同則不能有以貫通乎全體而復其初即此章所謂致曲而孟子所謂擴充其四端者是也程子之言大意如此但其所論不詳且以由基之射爲說故有疑於專務推致其氣質之所偏厚而無隨事用力悉有衆善之意又以形爲參前倚

衡所立卓爾之意則亦若以爲巳之所自見而無與於人也豈其記者之略而失之與至於明動變化之說則無以易矣若張子之說以明爲兼照動爲徙義變爲通變化爲無滯則皆以其進乎內者言之失其旨矣蓋進德之序由中達外乃理之自然如上章之說亦自己而人自人而物各有次序不應專於內而遺其外也且夫進乎內之節目亦安得如是之繁促哉游氏說亦得之但說致曲二字不同非本意耳楊氏既以光輝發外爲明矣而又引明則誠矣則似以明爲通明之明既以鶴鳴子和爲動矣而又曰化非學問篤行所及則似以化爲大而化之之化此其文意不相承續而於明動之間本文之外別生無物不誠一節以就至誠動物之意尤

不可曉今固不能盡錄然亦不可不辨也

或問至誠如神之説曰呂氏得之矣其論動乎四體爲威儀之則者尤爲確實游氏心合於氣氣合於神之云非儒者之言也且心無形而氣有物若之何而反以是爲妙哉程子用便近二之論蓋因異端之説如蜀山人董五經之徒亦有能前知者故就之而論其優劣非以其不用而不知者爲真可貴而賢於至誠之前知也至誠前知乃因其事理朕兆之已形而得之如所謂不逆詐不億不信而常先覺者非有術數推驗之煩意想測度之私也亦何害其爲一哉

或問二十五章之説曰自成自道如程子説乃與下文相應游楊皆以無待而然論之其説雖高然於此爲無所

當且又老莊之遺意也誠者物之終始不誠無物之義亦惟程子之言爲至當然其言太略故讀者或不能曉請得而推言之葢誠之爲言實而已矣然此篇之言有以理之實而言者如曰誠不可揜之類是也有以心之實而言者如曰反身不誠之類是也讀者各隨其文意之所指而尋之則其義各得矣所謂誠者物之終始不誠無物者以理言之則天地之理至實而無一息之妄故自古及今無一物之不實而一物之中自始至終皆實理之所爲也以心言之則聖人之心亦至實而無一息之妄故從生至死無一事之不實而一事之中自始至終皆實心之所爲也此所謂誠者物之終始者然也苟未至於聖人而其本心之實者猶未免於間斷則自

其實有是心之初以至未有間斷之前所爲無不實者及其間斷則自其間斷之後以至未相接續之前凡所云爲皆無實之可言雖有其事亦無以異於無有矣如曰三月不違則三月之間所爲皆實而三月之後未免於無實蓋不違之終始即其事之終始也日月至焉則至此之時所爲皆實而去此之後未免於無實蓋至焉之終始即其物之終始也是則所謂不誠無物者然也以是言之則在天者本無不實之理故凡物之生於理者必有是理方有是物未有無其理而徒有不實之物者也在人者或有不實之心故凡物之出於心者必有是心之實乃有是物之實未有無其心之實而能有其物之實者也程子所謂徹頭徹尾者蓋如此其餘諸說

大抵皆知誠之在天爲實理而不知其在人爲實心是以爲說太高而往往至於交互差錯以失經文之本意正猶知愛之不足以盡仁而凡言仁者遂至於無事之可訓其亦誤矣呂氏所論子貢子思所言之異亦善而猶有未盡者蓋子貢之言生於知子思之言主於行故各就其所重而有賓主之分亦不但爲成德入德之殊而已也楊氏說物之終始直以天行二字爲解蓋本於易終則有始天行也之說假借依託無所發明楊氏之言蓋多類此最說經之大病也又謂誠則形而有物不誠則輟而無物亦未安誠之有物蓋不待形而有不誠之無物亦不待其輟而後無也其曰由四時之運已則成物之功廢蓋亦輟而後無之意而又直以天無不實

之理喻夫人有不實之心，其取譬也亦不親切矣。彼四時之運，夫豈有時而已者哉？

或問二十六章之説。曰：此章之説最爲繁雜。如游、楊無息不息之辨，恐未然。若如其言，則不息則久以下至何地位，然後爲無息耶？游氏又以得一形容不二之意，亦假借之類也，字雖密而意則疎矣。呂氏所謂不已其命、不已其德，意雖無爽，而語亦有病。蓋天道聖人之所以不息，皆實理之自然，雖欲已之而不可得。今曰不已其命、不已其德，則是有意於不已，而非所以明聖人天道之自然矣。又以積天之昭昭以至於無窮，譬夫人之充其良心以至於與天地合德，意則甚善，而此章所謂至誠無息以至於博厚高明，乃聖人久於其道而天下化成之事其所積而成者乃其氣象功效之謂若鄭氏所謂至誠之德著於四方者是已非謂在己之德亦待積而後成也故章末引文王之詩以證之夫豈積累漸次之謂哉若如呂氏之說則是因無息然後至於誠由不已然後純於天道也失其旨矣楊氏動以天故無息之語甚善其曰天地之道聖人之德無二致焉顧方論聖人之事而又曰天地之道可一言而盡蓋未覺其語之更端耳至謂天之所以爲天文王之所以爲文皆原於不已則亦猶呂氏之失也大抵聖賢之言內外精粗各有攸當而無非極致近世諸儒乃或不察乎此而於其外者皆欲引而納之於內於其粗者皆或推而致之於精若致曲之明動變化此章之博厚高明蓋不勝其煩碎

穿鑿而於其本指失之愈遠學者不可以不察也

或問二十七章之說曰程張備矣張子所論逐句爲義一條甚爲切於文義故呂氏因之然須更以游楊二說足之則其義始備耳游氏分別至道至德爲得之雖優優大哉之説爲未善而以無方無體離形去智爲極高明之意又以人德地德天德爲德性廣大高明之分則其失愈遠矣楊氏之說亦不可曉蓋道者自然之路德者人之所得故禮者道體之節文必其人之有德然後乃能行之也今乃以禮爲德而欲以凝夫道則旣誤矣而又曰道非禮則蕩而無止禮非道則梏於儀章器數之末而有所不行則是所謂道者乃爲虛無恍惚元無準則之物所謂德者又不足以凝道而反有所待於道也

其諸老氏之言乎誤益甚矣温故知新敦厚崇禮諸説但以二句相對明其不可偏廢大意固然然細分之則温故然後有以知新而温故又不可不知新敦厚然後有以崇禮而敦厚又不可不崇禮此則諸説之所遺也大抵此五句承章首道體大小而言故一句之内皆具大小二意如德性也廣大也高明也故也厚也道之大也問學也精微也中庸也新也禮也道之小也尊之道之致之盡之極之道之温之知之敦之崇之所以修是德而凝是道也以其於道之大小無所不體故居上居下在治在亂無所不宜此又一章之通旨也

或問子思之時周室衰微禮樂失官制度不行於天下久矣其曰同軌同文何耶曰當是之時周室雖衰而人猶

以爲天下之共主諸侯雖有不臣之心然方彼此爭雄不能相尚下及六國之未亡猶未有能更姓改物而定天下於一者也則周之文軌孰得而變之哉曰周之車軌書文何以能若是其必同也曰古之有天下者必改正朔易服色殊徽號以新天下之耳目而一其心志若三代之異尚其見於書傳者詳矣軌者車之轍迹也周人尚輿而制作之法領於冬官其輿之廣六尺六寸故其轍迹之在地者相距之間廣狹如一無有遠邇莫不齊同凡爲車者必合乎此然後可以行乎方內而無不通不合乎此則不惟有司得以討之而其行於道路自將偏倚杌隉而跬步不前亦不待禁而自不爲矣古語所謂閉門造車出門合轍蓋言其法之同而春秋傳所

謂同軌畢至者則以言其四海之内政令所及者無不來也文者書之點畫形象也周禮司徒教民道藝而書居其一又有外史掌達書名於四方而大行人之法則又每九歲而一諭焉其制度之詳如此是以雖其末流海内分裂而猶不得變也必至於秦滅六國而其號令法制有以同於天下然後車以六尺爲度書以小篆隸書爲法而周制始改爾孰謂子思之時而遽然哉

或問二十九章之說曰三重諸說不同雖程子亦因鄭註然於文義皆不通唯吕氏一說爲得之耳至於上下焉者則吕氏亦失之惜乎其不因上句以推之而爲是矛盾也曰然則上焉者以時言下焉者以位言宜不得爲一說且又安知下焉者之不爲霸者事耶曰以王天下

者而言則位不可以復上矣以霸者之事而言則其善又不足稱也亦何疑哉曰此章文義多近似而若可以相易者其有辨乎曰有三王以迹言者也故曰不謬言與其已行者無所差也天地以道言者也故曰不悖言與其自然者無所拂也鬼神無形而難知故曰無疑謂幽有以驗乎明也後聖未至而難料故曰不惑謂遠有以驗乎近也動舉一身兼行與言而言之也道者人所共由兼法與則而言之也法謂法度人之所當守也則謂準則人之所取正也遠者悅其德之廣被故企而慕之近者習其行之有常故久而安之也

或問小德大德之說曰以天地言之則高下散殊者小德之川流於穆不已者大德之敦化以聖人言之則物各

付物者小德之川流純亦不已者大德之敦化以此推之可見諸説之得失矣曰子之所謂兼内外該本末而言者何也曰是不可以一事言也姑以夫子已行之迹言之則由其書之有得夏時賛周易也由其行之有不時不食也迅雷風烈必變也以至於仕止久速之皆當其可也而其所以律天時之意可見矣由其書之有序禹貢述職方也由其行之有居魯而逢掖也居宋而章甫也以至於用舍行藏之所遇而安也而其襲水土之意可見矣若因是以推之則古先聖王之所以迎日推筴頒朔授民而其大至於禪授放伐各以其時者皆律天時之事也其所以體國經野方設居方而其廣至於昆蟲草木各遂其性者皆襲水土之事也使夫子而得

邦家也則亦何慊於是哉

或問至聖至誠之説曰楊氏以聰明睿知爲君德者得之而未盡其寬裕以下則失之葢聰明睿知者生知安行而首出庶物之資也容執敬别則仁義禮智之事也經綸以下諸家之説亦或得其文義但不知經綸之爲致和立本之爲致中知化之爲窮理以至於命且上於至誠者無所繫下於焉有所倚者無所屬則爲不得其綱領耳游氏以上章爲言至聖之德下章爲言至誠之道者得之其説自德者其用以下皆善

或問卒章之説曰承上三章既言聖人之德而極其盛矣子思懼夫學者求之於高遠玄妙之域輕自大而反失之也故反於其至近者而言之以示入德之方欲學者

先知用心於內不求人知然後可以謹獨誠身而馴致乎其極也君子篤恭而天下平而其所以平者無聲臭之可尋此至誠盛德自然之效而中庸之極功也故以是而終篇焉蓋以一篇而論之則天命之性率性之道修道之教與夫天地之所以位萬物之所以育者於此可見其實德以此章論之則所謂淡而不厭簡而文溫而理知遠之近知風之自知微之顯者於此可見其成功皆非空言也然其所以入乎此者則無他焉亦曰反身以謹獨而已矣故首章已發其意此章又申明而極言之其旨深哉其曰不顯亦充尚絅之心以至其極耳與詩之訓義不同蓋亦假借而言若大學敬止之例也諸說如何曰程子至矣呂氏既失其章旨又不得其絅

領條貫而於文義尤多未嘗如此章承上文聖誠之極致而反之以本乎下學之初心遂推言之以至其極而後已也而以爲皆言德成反本之事則既失其章旨矣此章凡八引詩自衣錦尚絅以至不顯惟德凡五條始學成德踈密淺深之序也自不大聲色以至無聲無臭凡三條皆所以贊夫不顯之德也今以不顯惟德通前三義而并言之又以後三條者亦通爲進德工夫淺深次第則又失其條理矣至以知風之自爲知見聞動作皆由心出以知微之顯爲知心之精微明達暴著以不動而敬不言而信爲人敬信之以貨色親長達諸天下爲篤恭而天下平以德爲誠之之事而猶有聲色至於無聲無臭然後誠一於天則又文義之未當者然也然

近世說者乃有深取其知風之自之說而以爲非程夫子不能言者益習於佛氏作用是性之談而不察夫了翁序文之誤耳學之不講其陋至此亦可憐也游氏所謂無藏於中無交於物泊然純素獨與神明居所謂離人而立於獨者皆非儒者之言不失足於人不失色於人不失口於人則又審於接物之事而非簡之謂也其論三知未免牽合之病其論德輶如毛以下則其失與呂氏同楊氏知風之自與呂氏舊本之說略同而其取證又皆太遠要當參取呂氏改本去其所謂見聞者而益以言語之得失動作之是非皆知其有所從來而不可不謹則庶乎其可耳以德輶如毛爲有德而未化則又呂游之失也侯氏說多疎濶惟以此章爲再叙入德

成德之序者獨爲得之也

中庸或問卷之三

論語或問卷之一

朱熹著

學而第一 凡十六章

或問學之爲效何也曰所謂學者有所效於彼而求其成於我之謂也以己之未知而效夫知者以求其知以己之未能而效夫能者以求其能皆學之事也曰習之爲鳥數飛何也曰說文文也習之字從羽從白月令所謂鷹乃學習是也學而時習何以說也曰言人既學而知且能矣而於其所知之理所能之事又以時反復而溫繹之如鳥之習飛然則其所學者熟而中心悅懌也蓋人而不學則無以知其所當知之理無以能其所當能之事固若冥行而已矣然學矣而不習則表裏扞格而

無以致其學之之道習矣而不時則工夫間斷而無以成其習之之功是其胷中雖欲勉焉以自進亦且枯燥生澁而無可嗜之味危殆杌棿而無可即之安矣故既學矣又必時習之則其心與理相涵而所知者益精身與事相安而所能者益固從容於朝夕俯仰之中凡其所學而知且能者必皆有以自得於心而不能以語諸人者是其中心油然悅懌之味雖芻豢之甘於口亦不足以喻其美矣此學之始也曰以善及人而信從者衆若何而樂耶曰理義人心之所同然非有我之得私也向也吾獨得之雖足以爲說矣然以之告人而人莫之信以之率人而人莫之從則是獨擅乎此理而舉世倀倀不得於其心之所同也是猶十人同食一人既飽而

九人不下哅則吾之所說雖淺亦易爲而能達於外耶今吾之學所以得於己者既足以及人人之信而從者又如此其衆也則將皆有以得其心之所同然者而吾之所得不獨爲一己之私矣夫我之善有以及於彼彼之心有以得乎我吾之所知者彼亦從而知之也吾之所能者彼亦從而能之也則其歡忻交通宣揚發暢雖宫商相宣律呂諧和亦不足以方其樂矣是學之中也

曰人不知而不慍何以爲君子也曰常人之情人不知而不能不慍者有待於外也若聖門之學則以爲己而已本非爲是以求人之知也人知之人不知之亦何加損於我哉然人雖或聞此矣而信之有不篤養之有不厚守之有不固則居之不安而臨事未必果能眞不動

也。今也人不見知而處之泰然。且略無纖芥含怒不平之意。非成德之君子。其孰能之。自是日進而不已焉。則不怨不尤。下學上達。雖至於聖人可也。此學之終也。曰。學有大小。此所謂學者其大學耶。曰。不然也。學而習。習而說。凡學皆然。不以大小而有間也。且灑埽應對之事。正門人小子所宜先也。聖人豈略之哉。曰。程子之於習有兩義焉。何也。曰。重復思繹者。以知者言也。所學在我者。以能者言也。學之爲道。不越乎兩端矣。然諸說或槩舉其凡而不指其目。或各指其一而不能相兼。惟程子則先後兩言。皆指其目而有相發之功焉。然諸說如范謝楊尹。就其所指。亦各有所發明。但范氏所引性習近遠及伊尹之言。則與此章文意爲不類耳。因時習之所以說。諸說孰近。曰夫習而熟。熟而說。脉絡貫通。最爲精切。程子所謂浹洽者是巳。而袒其說者。皆莫知以爲言。其次則惟范氏之所謂串。尹氏之所謂自得者近之。然范氏本爲知所以修身治人而說。則不待習之串而巳說矣。其後復引兌卦之象。乃有比於說而未正夫說之說。則是所謂習而串者。又未足以盡夫說也。其自爲矛盾益甚矣。或以爲德聚而說者。語意亦疎。或借理義悅心之云以爲說。則理義之可說。乃人心之同然。不待習而後得也。或借習矣不察之云以爲說。則察之與習巳爲二事。而其於說又不相關也。且此並緣假借。最釋經之大病。蓋或文句偶同。而旨意實異。或志意略似。而向背實殊。或反以彼之難而釋此之易。或強以彼之有而形此之無。使意已親者。引之而反疏。義已明者。引之而反暗。甚則彼此俱昧。而欲互以相明。如獐邊之鹿。鹿邊之獐。循環無端而卒無所決其偶值文意之適同而無前數者之患。亦不免為倚重於人。而取信於外。終不若出於吾之所親見而自言者之的確而真實也。至於周氏獨以習熟為言。則似矣。顧亦以為熟而察。察而說。則首尾衡決。氣脉不通。而不復有所發明也。豈其以習熟為常言而習察有經據。故必借而雜之其閒然後為慊耶。曰謝氏朋來之意如何。曰不止其所而放乎言外以為高。此最謝氏之大弊也。曰朋來之樂奈何。曰以為樂其可以取益。以為樂其相與講學。則我方資彼以為益。彼又安能自遠而來哉。以為樂其義理之不二。則是未能自信而藉外以爲樂也。以爲樂於才大而友遠。以爲樂於充實輝光而聞譽有以致之。則是以此自幸而有驕吝之私也。至於知不講之爲憂。則知講學以爲樂。則正前所謂以彼之有。形此之無者。夫樂與不樂。決於吾心可矣。豈待此而後判耶。惟以程子之言求之。然後見夫可樂之實耳。且其以善及人而信從者衆之云。纔九字爾。而無一字之虛設也。非見之明而驗之實。其孰能與於此。其次則游氏所謂成物者爲近之。但必引三樂以爲言。則又墮於假借之病耳。曰然則程子所謂不見是而無悶者非耶。且古人之言必引詩書以爲證何哉。曰程子所謂易語。非其立意之所恃。而古人之引經。亦吾說已立。而資彼以爲助耳。非初無所主。而藉彼以立也。且又有一說焉。嘗讀胡氏春秋獲麟之卒章。幾無一語之出於己。而讀者不覺其爲他人之辭也。若此者。又安得以假借而病之耶。曰。說樂皆出於心。而程子有內外之辨。何也。曰。程子非以樂爲在外也。以爲積滿於中而發越乎外耳。說則方得於內而未能達乎外也。或不及此而反其言。則失之甚矣。曰。不慍之說孰爲得之。曰。君子之學。固不求人之知。亦非有意於求人之不知也。然有實者人自知之。豈必有求知之心。然後人得以知之耶。此所謂人不知者。正以宜見知而或有不然者耳。而或者乃以聖人之事當之。則已過高而失之矣。至其爲說。又謂上焉者存其德。修其身。故人莫得而知之。下焉者爲善以求知。而後人得以知焉。則亦疏且戾矣。且其以潛龍無悶爲聖人之德，有諸內而形諸外，乃下焉者之事。則是乾之六爻，獨初九爲盛德，至於九二之德博而化，則旣少貶，而九五之萬物咸覩，反爲下焉者之爲矣。世豈有此理哉。有引老聃知我者希，則我貴以爲說者，則又過高而有自私之病。夫君子固不求人之知，然豈有幸人之不知而自喜其身之貴者哉。異端之言，大率如此，引者豈偶未之思與。又引孔顏之樂以明此句之義，亦猶聖者能之之云耳。又有謂不慍則其自待厚者，又有謂安於命故不慍者，皆非。夫君子之不慍，自見其無可慍耳，豈以自待之厚與廹於不得已而後然哉。又有引不念舊惡以明之者，則非其類。又有以遺佚不怨、阨窮不憫當之，則亦已大高矣。又有以爲旣說且樂便能不慍者，則其說似亦大快，不若程子、楊氏爲得之也。至論其所以然者，則尹氏爲尤切，使人之始學即知是說以立其心，則庶乎其無慕於外矣。曰：有信於始中終爲此章之說者何如？曰：是其言之也約，未有以見其得失，然亦無所當於文義矣。曰：是諸先生君子之說，子程子則不容議矣，敢問餘說之大體得失何如？曰：是亦豈區區之所敢議，然嘗竊揣之，則其寬平正大者，或失於未精；整峻嚴恪者，或苦於未暢；通達奇偉者，或有過高之病；醞藉敷腴者，或有柔緩之失；而清和靡密者，又未免牽合支離之患也。惟周氏敦厚易直，雖言不皆中，而頗有醲郁之風；尹氏平淡簡約，雖意有不周，而其精實之味爲不可及耳。若張子之學，雖原於程氏，然其博學詳說。精思力行。而自得之功多矣。故凡其說皆淡約嚴重。意味淵永。自成一家之言。雖或有賢知之過。如程子之所譏者。然其大體非諸人所能及也。曰謝楊之書傳者不同何也。曰謝氏之書。今本出於胡氏。蓋其所裁定者。比舊爲差約。然語脉亦有不貫處。顧無大害。不復追正爾。楊氏書乃其所自筆削。前後三本。今此乃其中本。然亦有改之而反不如舊者。如此章初本未有承挺貫蝨兩句。文意自完。中本增之。則語涉空幻。而上下文意亦齟齬而不屬矣。後本改爲持弓矢審固。正己而後發。雖則稍就平實。又覺其辭意煩澁。而未免齟齬之病殊不可曉也。

或問仁何以爲愛之理也。曰人稟五行之秀以生。故其爲心也。未發則其仁義禮智信之性以爲之體，已發則有惻隱羞惡恭敬是非誠實之情以爲之用。蓋木神曰仁。則愛之理也。而其發爲惻隱。火神曰禮。則敬之理也。而其發爲恭敬。金神曰義。則宜之理也。而其發爲羞惡。水神曰智。則別之理也。而其發爲是非。土神曰信。則實有之理也。而其發爲忠信。是皆天理之固然。人心之所以爲妙也。仁之所以爲愛之理。於此其可推矣。或曰然則程子以孝弟爲行仁之本而又曰論性則以仁爲孝弟之本何也。曰仁之爲性。愛之理也。其見於用。則事親從兄。仁民愛物。皆其爲之之事也。此論性而以仁爲孝弟之本者然也。但親者我之所自出。兄者同出而先我故事親而孝。從兄而弟。乃愛之先見而尤切。人苟能之。則必有不好犯上作亂之效。若君子以此爲務而力行之。至於行成而德立。則自親親而仁民。自仁民而愛物。其愛有差等。其施有漸次。而爲仁之道。生生而不窮矣。又豈特不好犯上作亂而已哉。此孝弟所以爲行仁之本也。曰然則所謂性中只有仁義禮智而無孝弟者又何耶。曰此亦以爲自性而言。則始有四者之名而未有孝弟之目耳。非謂孝弟之理。不本於性而生於外也。曰然則君子之務孝弟特以爲爲仁之地也耶。曰不然。仁者天之所以與我而不可不爲之理也。孝弟者天之所以命我而不能不然之事也。但人爲物誘。而忘其所受乎天者。故於其不能不然者。或怠焉而不之務。於此不務。則於其所不可不爲者。亦無所本而不能以自行矣。故有子以孝弟爲爲仁之本蓋以爲是皆吾心之所固有吾事之所必然。但其理有本末之殊。而爲之有先後之序。必此本先立。而後其末乃有自而生耳非謂本欲爲彼。而姑先借此以爲之地也。大率聖賢之言若此類者甚衆。皆以是說求之。則不失其立言之旨矣曰然則義禮智信爲之亦有本耶。曰有。請問之曰亦孝弟而已矣。但以愛親而言。則爲仁之本也。其順乎親則爲義之本也。其敬乎親。則爲禮之本也。其知此者。則爲知之本也。其誠此者。則爲信之本也。蓋人之所爲五常百行之本。無不在於此。孟子之論仁義禮智禮樂之實者。正爲是爾此其所以爲至德要道也歟。曰諸家之說如何。曰范說大槩得之。但所引修身正心誠意者。爲衍說耳。孝弟自爲人道之大端。非以其可以誠意而先之也。且所謂誠意者。欲其造次顛沛之間。思慮隱微之際。必以誠實而無一毫自欺之心。又豈獨於孝弟一事爲然哉。爲是說者。既不察乎論語之文。又不考乎大學之意。其亦甚矣。謝氏則正與程子說中或人所問由孝弟可以至仁者相似。而反乎程子之說者也。但其意不主乎爲仁。而主乎知仁。比之或說。其失益遠耳。蓋其平日論仁。嘗以活者爲仁。死者爲不仁。但能識此活物。乃爲知仁。而後可以加操存踐履之功。不能識此。則雖能躬行力踐。極於純熟。而終未足以爲仁也。夫謂活者爲仁。死者爲不仁。可矣。必識此。然後可以爲仁。則其爲說之誤也。其誤如此。故其於旁引四條者。皆有若不知仁。則但爲其事而已之說。而又以孝弟特爲近仁而非仁也。夫四條者。皆所以求仁之術。謂之非仁猶可也。若孝弟則固仁之發而最親者。如木之根。水之源。豈可謂根近木而非木。源近水而非水哉。其曰以事親從兄充之。則何往而非仁。又以不好犯上作亂。特爲閭巷之人。由而不知之事。必其深念自省。而有以察夫事親從兄之時之心。然後爲知仁。皆此意也。夫曰由孝弟充之而後爲仁。則是孝弟非仁。必其識此活物而充之。然後爲仁也。故又以爲閭巷之人。徒能謹於事親從兄。而不識其爲活物。則終不可以入道。必其潛聽默伺於事親從兄之時。幸而得其所謂活物者。然後可以爲知仁也。然直曰知仁而不曰爲仁。則又并與其擴充之云者而忘矣。必如其說。則是方其事親從兄之際。又以一心察此一心。而求識夫活物。其所重者。乃在乎活物。而不在乎父兄。其所以事而從之。特以求夫活物。而初非以爲吾事之當然也。此蓋源於佛學之餘習。而非聖門之本意。觀其論此。而呂進伯以爲猶釋氏之所謂禪。彼乃欣然受之而不辭。則可見矣。又所謂人心之不僞。莫如事親從兄者亦非是。有子之意。乃論其當然之要。非論其僞不僞也。且若專以孝弟爲不僞。則五常百行。豈皆出於人爲之僞耶。曰然則程子之論手足頑痺爲不仁者奈何。曰是固所謂愛之理者。與謝氏活者之說相似。而其所以用力者不同。學者不可不察也。蓋人能事親而孝。從兄而弟。則是吾之所謂愛之理者。常存不息。而爲仁之本。於此乎在也。事親而不知所謂孝。從兄而不知所謂弟。則是吾之本心。頑然不仁。而應乎事者。皆不得其當。如手足之痺頑矣。仁與不仁。皆必責之踐履之實。非若謝氏反因孝弟以求活物。幸其瞥然見之。而遂以爲得仁也。曰游氏以下諸說得失願卒聞之。曰游氏說不好犯上作亂者得之。其論爲仁之本。則失程子之意矣。楊氏舉彼加此之說得之。其引有犯無隱。則非本文之旨矣。其曰務本之一事。蓋以務本爲泛言。而孝弟爲指其事耳。然曰一事。則似有大務本而小孝弟之意。亦其言之小疵也。周氏進於道者不可曉。豈非猶有惑志於老氏失道而後德。失德而後仁之說耶。

或問子於前章既以仁爲愛之理矣。於此又以爲心之德何哉。曰。仁之道大。不可以一言而盡也。程子論乾四德。而曰四德之元。猶五常之仁。偏言則一事。專言則包四者。推此而言。則可見矣。蓋仁也者。五常之首也。而包四者。惻隱之體也。而貫四端。故仁之爲義。偏言之。則曰愛之理。前章所言之類是也。專言之。則曰心之德。此章所言之類是也。其實愛之理。所以爲心之德。是以聖門之學。必以求仁爲要。而語其所以行之者。則必以孝弟爲先。論其所以賊之者。則必以巧言令色爲甚。記語者所以列此二章於首章之次。而其序又如此。欲學者知仁之爲急。而識其所當務。與其所可戒也。曰。夫子所謂鮮仁。程子乃以非仁釋之。何也。曰。夫子之言。所謂辭不迫切而意已獨至者也。程子則懼夫讀者之不察。而於巧言令色之中。求少許之仁焉。是以推本聖人之意。直斷其不仁。以解害辭之惑也。說經如此。其可謂有功矣而後之說者。猶紛紛然置曲說於其間。其亦不察也夫。曰范氏之說如何曰聖人之意。所謂鮮矣仁者。蓋曰如是之人。少有仁者之云耳。非謂如是之人。其仁少也今曰有時而仁。又曰其心未必不仁。則失之矣。夫人心本皆仁。雖或賊之而豈可以多少論哉。且曰有時。則又不在乎心而在乎時矣。又曰爲利而其心未必不仁。則豈有其心爲利而猶得爲仁者耶。是皆牽於鮮之爲少。而不察乎聖言婉微之體。是以曲爲之說而失之。觀夫程子之言。則可以見其得失矣。曰呂氏之說。不亦善乎曰言固欲巧而不可巧其言。色固欲令而不可令其色。今曰

欲巧欲令而不明此意。則已疎矣。且徒以修之內外爲

別。而不知爲己爲人之有異。亦未足以定取舍之極也。

蓋誠爲己也。則修於外者。乃所以養其內。而不患本之

不立。誠爲人也。則其飾乎外者。安得謂之修。其爲害又

豈但本之不立而已哉。曰。謝氏之說所引多端而不爲

判決。子以其意爲如何也。曰。彼其所引若多端者。然一

言以蔽之。亦曰爲己爲人之不同而已。蓋意誠在於爲

己。則容貌辭氣之間。無非持養用力之地。一有意於爲

人。而求其說己。則心失其正。而鮮仁矣。故夫子告顏淵

以克己復禮之目。不過視聽言動之間。而曾子所言君

子所貴乎道者。亦在於容色辭氣四者而已。所謂遜以

出之。情信辭巧者。但不欲其直情徑行以招悖入之患

而已至於詩人所謂令儀令色者則大賢成德能遠暴慢之效鄉黨之所記恂恂怡怡者則聖人盛德之至動容周旋中禮之妙也若夫小人訏以為直色厲內荏則雖若與為巧令者不同然覈其矯情飾偽之心則實巧令之尤者耳學者於謝氏之說以是辯之庶乎其得之也但所謂出詞氣者則非曾子之意請及其本章而論之曰游楊周氏之說如何曰游氏大抵不切而其所謂誠敬偽諂者名義皆若未當其曰不絕其為仁者則又若范氏之失而小不同也楊氏所謂便儇皎厲者其初本也意本甚正而其次本乃引表記以為說則本末倒置而非聖人之意矣彼雖託於夫子之言其流傳之有誤乎嘗援據而不擇是非其累有如此者且不察乎巧

令之所以爲巧令者。亦若呂氏之失。其曰非盡不仁者。又若范游之失而復小不同也。蓋范氏乃以一人而言。游氏以二人惡有淺深而言。楊氏則直以善惡相對而言耳。若周氏者其庶幾乎。然其曰違仁多矣。似亦失程子本意。而狂者蕩愚者詐以下不可曉。豈其辭之未達者與。

或問程子所謂盡己之謂忠。以實之謂信何也。曰盡己之心而無隱。所謂忠也。以其出乎內者而言也。以事之實而無違。所謂信也。以其驗乎外者而言也。然未有忠而不信。未有信而不出乎忠者也。故又曰發己自盡謂忠。循物無違謂信。此表裏之謂也。亦此之謂而加密焉爾。曰程子又謂忠信者以人言之。要之則實理者何也。曰前章五常之目已具此意矣。請復詳之。夫信之爲信，實有之理也。凡性之所謂仁義禮智，皆實有而无妄者，信也。所謂實理者是也。其見於用，則出於心而自盡者，謂之忠；以循物而無違者，謂之信。而凡四端之發，皆必以是爲主焉。所謂以人言之是也。蓋五行之氣，各居乎一方而王一時，唯土無不在，故居中央而分王於四季，是乃天理之本然，而人之所稟以生者，莫不象之。此人之所以克肖天地而爲萬物之靈也。曰：傳不習乎之說，不從程子范尹而從謝楊周氏，何也？曰：以文義考之則然。且先忠信而後傳習，亦後章餘力學文之意。或曰：諸說何如？曰：謝說九流皆出於聖，此蓋襲史遷之說。又謂謀而忠，交而信，傳而習，爲直知道無二致，人已爲一，而膠於無我者。則過之。又謂諶非臨事而諶。信非踐言而信。亦皆失於太高而非事實。少有餘味也。游說雖非曾子之事。然深有警於學者。但以處己接人。正心應物。分而爲二。則失之耳。蓋閒居獨處固有所謂不動而敬。不言而信者。今曰立行無不信。則固以其循物無違者言之。而無不言不動之謂也。豈有接人之際。猶有不忠不信之累。而遽可謂之立行無不信。處己無可憾者乎。就使其立行之云。或出於一時立言之差。而失其本章之所謂。則誠内形外。初無二致。未有正心處己無不忠信。至於内省一無可憾。接人之際。反入於不忠不信而自不悟者也。至於正心誠意。則又初無專於内而不通乎外之限。且既曰無須臾忘矣。則宜其動静語默無一息之或違也。若應物之際，又遽失念如違仁，則其所省正心誠意無須臾忘者，又安在耶。細考其說，似未免於老釋之弊，惜乎其爲於爲巳而擇之不精，以至此也。楊氏傳習之說得之，至於違仁違道之別，則吾有不知其說者矣。周氏內則見道於忠信，外則見道於傳習，亦不可曉，豈其謂道別爲一物而於此見之，亦如二章之失耶。且此章正爲力行體道之實，亦不當以見道爲說也。

或問道之爲治何也。曰：道者，治之理也，以爲政者之心而言也。曰：然則曷爲不言治。曰：治者，政教號令之爲，治之事也。夫子之所言者，心也，非事也。若范氏以魯變至道爲言，則其失既遠，至其卒章，又以當之而未及夫教爲言，則其自相矛盾又甚矣。游氏引養引恬之說，似以道爲引導之義。然與孔氏書傳不合。豈新義之云耶。然下文五者亦非引導之事。其說不得通矣。曰千乘之說包氏馬氏孰爲得耶。曰此義蓋嘗考之。疑馬氏爲可據蓋如馬氏之說。則八百家而出車一乘。如包氏之說。則八十家而出車一乘。凡車一乘。甲士步卒合七十五人。而馬牛兵甲糧糗芻茭具焉。恐非八十家之力所能給也。然與荀子王制之說不同。疑孟子未嘗盡見班爵分土之籍。特以傳聞言之。故不能無小謬。若王制則固非三代古書。其亦無足據矣。曰五者之目。諸說孰爲得之。曰程子張子至矣。楊氏之說。曲折詳備。周氏以愛人爲主。而四者爲之先後。雖非本文之意。然其說亦善。尹氏後世不能先此以下。蓋本二夫子之意而其卒章尤切也。

若范氏則疎而不切。謝氏以子路何必讀書之言爲是。嘗於本章辯之。其曰古人得百里之地而君之皆能以朝諸侯有天下。則千乘之國。亦足以用心者。則又若以爲小國寡民。本不足治。特以其治之之道與天下同。而治之之效有如此者。然後勉而治之耳。蓋其素論嘗有不屑卑近之意。是以其言多類此。若如其說則其所以敬事而愛民者。亦豈出於誠心哉。曰節用愛人游楊之說不同孰爲得耶。曰互相發明而義各有當也。蓋楊氏之說。胡氏發明之爲尤詳。胡氏曰節用者愛人之本也然愛人者其名畢衆故慕之而易道節用者其事切己故憚之而難行徒以愛人之名揚于衆而不能以節用之實本諸己則雖曰愛人而人終不蒙其愛矣而游氏所譏則申子韓侯弊袴之說耳。

或問六章之說。曰程子范游尹氏得之。但程子本立而文自至者。失之太快耳。所謂盡得孝弟。然後讀書。亦曰盡夫爲子爲弟者平日所當爲之事耳。非謂盡孝弟之道。如所謂孝弟之至者。然後可以讀書也。若謝氏所謂盡孝弟之則。正謂孝弟之至。而其言過矣。必若是而後學文。則豈復有學文之日乎。范氏以汎愛衆爲以所愛及所不愛。謝氏以爲充其無害人之心。皆非是。此但爲汎愛衆人而無忿疾忮害之心。若游氏所謂處衆而汎愛衆人者也。未嘗遽及此也。此所謂行有餘力。但謂行此數事而有餘暇之力耳。而游氏去其力字。則亦若謝氏盡孝弟之云矣。夫是數者。終身由之。而常患於不足。又何如而爲有餘乎。曰他說如何。曰謝氏以學文爲游於藝。似亦太輕。程子以爲讀書。則凡所以講乎先王之道。

以爲修己治人之方者。皆在其中矣。豈特游於藝而已哉。楊氏以文學爲餘事。意亦類此。至於專以推其所爲說。蓋亦便於假借而不悟其所包之有不盡也。周氏語意亦若繁冗。然自多識前言往行以下則佳。若游氏之敷陳詳盡。有以發究後世棄本逐末之弊。而蘇氏之說。又有以正近世好高躐等之失。則尤讀者所宜詳味也。蘇氏曰：孝弟仁信，本也。行有餘力，則以學文。此孔子所以教人也。蓋口不賢者自是以寡過，而賢者自是以無所不至也。故曰下學而上達，雖孔子亦然。今之教人者，不亦異乎？引之極高，示之極深，未嘗養之於學，游之於藝也，而遽告之矣。教者未必能，而學者未必信，則亦妄相從而已。少而習之，長而行之，務以誕相勝也。風俗之壞，必自此始矣。

或問七章之說。曰：此章諸說。大旨略同。而程子游尹氏爲優。惟賢賢易色。當從舊說。蓋孔子兩言未見好德如好色。而中庸亦以遠色爲勸賢之事。則古人之言其以德色相爲消長也舊矣。范謝之說。於此爲得。但范氏論好賢色之優劣失之。而謝氏便以如好色爲易色。亦非是。所謂如好色者。特孔子責人之緩辭。非以爲既好色而且好德也。呂氏謂此所未學者文耳。質具而文不足。非所患也。此意亦疏。子夏所謂未學。豈特文而已乎。質具而文不足。特比之以文滅質者爲愈耳。以爲非所患而止於是焉。則亦非聖門之所許矣。子夏蓋疾時人之不務本實而徒事空言。且以爲是非學者不能耳。然其言抑揚之間。若有過中之弊。故胡氏病之。而周氏亦以爲有激而言。蓋得之矣。范氏以本立質美言之。輕重之間似得其適。但語少倒耳。呂氏之說乃因子夏之言而又過之者讀者於此亦不可以不察也謝氏所謂長幼必能有序夫婦必能有別者旣橫溢而旁出其由大舜爲法聖人生知則又失於過高矣楊氏尊賢親親之說巧矣然子夏之言未必有此意也必若其言則上章所言之序又何說以通之乎

或問八章張子學則不固之說如何曰此蓋古註舊說而張子從之但文勢若有反戾而不安者蓋曰不重則不威則當曰不學則固若曰學則不固則當曰重則有威且學之爲功又豈止於不固而已哉呂楊之說蓋亦如此而楊氏所謂可與權者則又過之且以夫子之言推之則學而後可與適道適道然後可與立權豈易遽言也哉曰范氏忠信之說如何曰是亦以內外爲言若程

子之意者。但其以誠訓忠。則爲未精耳。程子誠忠之辨見於第七篇之二十四章。考之則可見其得失矣。曰呂氏以主爲託者如何。曰觀上下文意。皆在己之事。恐其未應及此。且夫子所以對樊遲崇德之問者亦云。而以徙義繼之。則又如何而可通也。曰謝氏以主忠信爲不言而信如何。曰是亦過高而失之矣。然不獨此而已。凡其所謂忠信者皆然。蓋得於程子實理之云。而於其所謂以人言之者。則有所略而不察也。曰謝氏所謂改過之說如何。曰仁義者。心之正也。不仁不義者。行之失也。既不幸而陷於不仁不義矣。不知則已。既知之。則其可以憚改而不復於仁義之正乎。蓋其理有所不得。則其心有所不安。故不容憚改以自棄於小人之域耳。非曰知其無常而後改之也。且如謝氏之言，則善之與惡勢均體敵，而無賓主輕重之分，既可以忽然而爲善，則亦可以暫時而爲惡矣。蓋其意急於勸勉而誘人之改過，而不知其言之失於輕也。曰：謝氏所謂此章非論生知安行，如何？曰：聖人之言，皆爲學者而言也，若生知安行，則固無所待於聖人之言矣，豈獨此章而已哉？謝氏獨以此章爲非論生知安行者，則其於他章，宜其每每過高而失之也。且人之爲過，亦有淺深，不必專以過而改爲困而學之事，以其所引顔淵、季路之事觀之，亦自可見。蓋此章之説，惟游氏爲無病，而楊氏取友改過之説亦善，詳味之可見。曰：不如己之説，程子、周、尹氏以爲不忠信者，楊氏亦以爲合志同方者，如何？曰：此蓋不欲自謂人不如己而生自滿之心且慮夫必勝己者而後友之則勝己者又將視我爲不勝己而不吾友耳其意已善矣然考之不詳而慮之或過則亦不得而不論也蓋人之賢否優劣隱之於心則有準則非彼我好惡之私所能蔽也故學者之心雖不敢輕謂人不如己然至於接人待物之際或親或疏或高或下亦有不容以分別爲嫌者故於齒德之殊絶者則尊而師之於賢於己者則尚而友之其不若己者雖不當就而求之以爲吾友然亦必有矜而容之勉而進之是皆理勢之自然非我之敢爲自滿而亦未嘗輕以絶人也彼賢於我者其視我者亦若是耳又何自棄我爲哉且世之陋者之所以樂以不若己者爲友者其故亦可知已蓋樂於縱恣故

憚直諒者之正己而不敢親安於淺陋故忌多聞者之少己而不肯問至於凡庸闒茸之流則喜其臨己而足以爲高便僻佞柔之徒則說其下己而足以自肆也夫其所以定取舍者如是是以賢智日遠而所與居者無非廝役徒隸之人雖有美才良質亦且忽不自知而墮於小人之歸矣是則聖人安得不一言以警之然亦曷嘗使之輕爲自滿而謂人莫己若也蘇氏之說蓋得其略蘇氏曰世之陋者樂以不己若者爲友則自足而日損故以此戒之是謂不以文害辭不以辭害意如必勝己而後友則勝己者亦不吾友矣而謝氏所引申顏事亦甚善

或問九章之說曰程子游氏善矣范氏愼字之說非是其曰使民勿倍勿忘亦非也君子之愼終追遠乃吾事所當然吾心之不可已者豈爲敎民而後爲之哉若謂曾

子之行一於孝而及此則爲得之謝氏之說於歸厚之義無所當且歸字之義正謂民歸於厚耳今曰已德歸厚似亦美於文也楊氏因歸厚之文而引惟民生厚因物有遷以就夫反其生之說則亦巧矣然詳曾子意恐不如是之支也尹氏蓋總程子之說而改大爲事則失之矣此外又有蘇氏洪氏之說亦可觀焉蘇氏曰略於喪祭則背死忘生者衆而俗薄矣洪氏曰曾子之學以忠信孝弟爲本故其言如此

或問夫子未嘗求聞諸侯之政而子貢有夫子求之之說何也曰此就子禽之言借其求字而反言之以明夫子之未嘗求如孟子之言伊尹以堯舜之道要湯也若謂夫子欲聞其政而爲是卑巽以求之則失之矣楊氏以爲聖人求之在我正謂此病又謂暴慢侈泰人所忌嫉

則雖欲求之而不可得者。雖足以警夫如是之人。然其說之流。亦將有求容患失之恥。學者尤不可以不知也。呂氏真以爲求而人與之。則又甚矣。曰他說之得失奈何。曰范氏之說。皆非所以言聖人。謝氏以爲此一節論學成而光輝著見。亦非本旨。以爲因是足以見之可也。其論聖人之容。夸張迫急。而於文義之間。多不暇擇。如以溫爲淸和之發之類。皆非是。細考之可見矣。又與周氏皆引吾其與聞之爲說。恐亦未然。此言至於是邦。則非其居魯時矣。大抵此章說之善者。莫踰於程子。而胡氏亦有所發明也。胡氏曰凡人未見聖若不克見既見聖亦不克由聖彼既語夫子以政矣未聞一君舉國以聽其所爲然是亦可以爲之兆也而聖人一言不契則委而去之未嘗留戀在齊時行道之必雖篤而未嘗屈道以信身也曰程子之訓五德。三說不同。如何。曰前說訓其體之言也。後說推其用與效之言也。尹氏雜而用之，已失其旨，又於不侮無欲之下，各以也字係焉，其失愈甚矣。

或問十一章之說。曰：觀志觀行，范氏以爲子觀父之志行者善矣，然以文勢觀之，恐不得如其說也。蓋觀志而能承之，觀行而能述之，乃可爲孝。此特曰觀而已，恐未應遽以孝許之也。且以下文三年無改者推之，則父之志行亦容或有未盡善者，正使實能承述，亦豈遽得以孝稱也哉。謝、楊、周氏蓋用舊說，而晁氏、洪氏之說亦當。晁氏曰：三年無改於父之道，此觀行之一節也。○洪氏曰：父没雖可以行其志，然改父之道於三年之中，則無愛親之心，而其行亦不足觀矣。三年無改於父之道，程子之說不明，范、楊、周氏爲一說，謝、游、尹氏爲一說，而小不同。蓋尹氏得其用心之本而游氏得其制事之宜二説相須爲不可易意者程氏亦若尹氏之云也謝氏則過之矣夫孝子居喪思慕哀痛則誠有不可堪者然視不明聽不聰行不正不知哀君子病之豈有三年之久視其父之所爲有不可不改者顧乃恍然惘然如醉眠夢魘而恬不知省而可以爲孝乎范楊周氏之説則所不改者乃子道也非父道也若以於字爲言則於之爲字未見施之如此其重者曰必若尹游之説則夫子之言得無有所不盡者乎曰爲人子者本以守父之道不忍有改爲之心至有所遇之不同則隨其輕重而以義制之耳三年而改者意其有爲而言也其不可改則終身不改固不待言其不可以待三年者則又非常之變亦不可以預言矣

善讀者推類而求之。或終身不改。或三年而改。或甚不得已。則不待三年而改。顧其所遇如何。但不忍之心則不可無耳。或曰。昔謝方明承代前人。不易其政。其必宜改則以漸變之。使無迹可尋。爲人子者不幸而父之過有當必改者。以是爲法而隱忍遷就於義理之中。不亦可乎。曰。吾嘗聞之師矣。以爲此其意則固善矣。然用心每每如此。卽駸駸然所失却多。必不得已。但當至誠哀痛以改之而已。何必隱忍遷就之云乎。至哉此言。足以警學者用心之微矣。

或問小大由之。諸說不同。而皆屬之下文。今獨從程子而屬之上文。何也。曰。以上文考之。旣曰禮之用和爲貴。則所謂斯爲美者。皆指禮與和而言也。今若以爲由禮。則上固云和是豈得越和而指禮且小大之事。正欲其一由於禮。豈有一由於禮而反至於不可行耶。若以爲由和。則上之所謂和者。又未始離於禮也。亦不得遺禮而主和矣。且既曰由和而有不可行。則其曰不以禮節之亦不可行者。不亦重復之甚乎。若楊氏之意。則以小大由和。爲不知和而和者。與小大雖能知和而和而不以禮節者爲兩說。等其說雖足以巧免重復之弊。然小大由之一句。亦未見其必爲由和也。故此章之說。惟程子爲得之。而范周尹氏皆祖其說。蓋亦不可易也。曰。若如范氏之說。則遂以樂爲禮之用可乎。曰。樂記有之。天高地下。萬物散殊。而禮制行矣。流而不息。合同而化。而樂興焉。則其相爲體用也。古有是言矣。曰。謝氏之說如何。

曰其論禮之有和者善矣。蓋曰禮之所以有是品節之詳者。皆出於人心自然之節。聖人制禮。特使人由是以中其節。而非以人之所不欲者強之也。故行之雖或甚苦。而自有不失其和。若不本於此。而徒勉強於儀貌之閒。則是徒禮而無和矣。此說蓋得之。但其曰爲禮至於難從。則不若夷俟踞肆之愈。則其抗激之弊。又有甚焉者耳。其論季氏之祭。爲有禮而無和者。亦恐未然。詳禮家之說。正謂季氏之祭。舒肆不肅。故遲緩至此。及子路爲宰。而室事交乎戶。堂事交乎堦。室事者祭時堂事者儐尸則宗祝有司各供其事。而無前日之失。然則豈和不足之謂哉。請問楊氏之說曰。本文之意。蓋曰禮之用。以和爲貴耳。今曰用和。則旣失其旨矣。又引履和而至。以明以和爲貴之義，恐亦非易意也。詳易之文，蓋曰履之爲卦，君臣上下，各履其位而得其和者也。和則疑於夷易而非儼至之義，然各得其所而不亂焉，則是乃所以爲至也。其下八卦之說，其例皆然，不應獨以和而至爲和而後不可以有加也。其下云云，則前已辨之矣。

或問所謂約信而合宜，則言必可踐，何也？曰：人之約信，固欲其言之必踐也。然其始也，或不度其宜焉，則所言將有不可踐者矣。以爲義有不可而遂不踐，則失其信；以爲信之所在而必踐焉，則害於義。二者無一可也。若約信之始，而又求其近於義焉，則其言無不可踐，而無二者之失矣。或曰：然則葉公所云復言非信者，何耶？曰：此特爲人之不顧義理，輕言而必復者發，以開其自新之路耳。若信之名，則正以復其言而得之也。今不警其言不近義之差於前，而責其復必其言之失於後，顧與信之所以得名者而亂之則亦矯枉過其直矣諸家乃引之以釋此何以爲信不近義則言有不必復者是乃使人不度於義而輕發其言以開誕謾欺僞之習其弊且將無所不至非聖賢所以垂世立教之旨也曰爲恭而中節則能遠恥辱何也曰致敬於人固欲其遠於恥辱然不合於節文則或過或不及皆所以自取恥辱惟致恭而必求其近於禮焉則其可遠恥辱也必矣或曰先儒又有以爲恭而近禮然後君子行之以遠恥辱若非禮之恭則寧身被困辱而不爲也其說何如曰此其意善矣然亦非有子之意也有子之意本爲謹其言行以防後患於未然之前所謂言必慮其所終行必稽其所弊者也豈使人不戒於初而徐討之於已然之後崎嶇

反側。如或者之言哉。曰因是二者因不失所親則爲可宗何也。曰信近義矣。恭近禮矣。而或失其所親焉。則亦不足尚也。故必因此二者而又得其所親。然後爲可宗耳。楊氏之說蓋如此。且此章前有孝弟謹信而親仁之說。厚重忠信而友勝己之說。後又有不求安飽敏行慎言而就正有道之說。其與此章之意。亦相表裏也。或曰因猶依也。宗主也。言人欲有所依。必度其人之賢而後依之。則在我不失其所親。而彼亦可以爲宗主矣。此說小異而亦可通。更思之可也。曰諸說不同者非一。其得失奈何。曰程子四說。大率相似。其意蓋曰。爲信而言終可復。則其信爲近於義矣。爲恭而能遠恥辱。則其恭爲近於禮矣。因恭信而不失其近於禮義。則亦可宗矣。此文義固亦可通。但語意曲折、似稍費力。而遠恥辱之意尤不分明。蓋其本意固以爲不合禮而自取辱者。然於文未有所見。則安知不有苟爲卑巽以求免乎恥辱者。而冀其得近於禮者耶。此由不先求近乎禮義。而僥其言之終可復。且旣遠乎恥辱而後卜之。是以其說至於若是迂遠而難通也。張子信恭之說。已辨於前。可宗之說。蓋亦類此。至引此章以蒙上章之義。則是將以復言遠恥可宗爲和。而不復言不遠恥不失所親爲禮也。夫遠恥可宗之爲和可也。若以復言爲和而不復爲禮。則無乃反其類之甚乎。呂氏上二句本張子說。而下一句自爲一義。則尤迂晦而不通矣。謝氏復字之說。與上文信字殊不相干。恭近禮而遠恥辱之說。則得之矣。因不失其親一句與呂氏略相似特可宗之云爲少異耳范楊周氏大意皆得之而皆不免於小失蓋徒憂復言之害義而不察乎有子之言意之所重乃在乎不復之害信也是以其大意雖若得之而終未免近乎張子之說至恭近於禮之說則皆得之但范周所引恭而無禮則勞者爲不切耳楊氏推說兩句以及聖人理固如此然聖賢之言本爲學者而發自與聖人不同若　每事如此推說則亦不勝其費於辭矣末句之說惟楊氏爲得范氏既不可曉而周氏又因程子之言前固已論之矣

或問十四章之說曰尹氏最善范呂侯周氏說次之但謹言之說范呂皆以爲恥躬不逮之意侯氏又但戒於多言則未盡聖人之意夫所以謹於言者豈徒爲是二者

而已哉。范氏就有道之說，似亦太輕。若論主善爲師，固當如此，但非此章之旨耳。又引孔文子之好學以配孔顏，而歎知學者之鮮，則其輕重亦不倫矣。若文子之所謂學，則亦豈難知哉？且好學、下問自兩事，亦非以下問而得爲好學也。侯氏以無字爲非禁止之辭，是矣。其曰與不字不同，則不字亦非禁止之辭也，疑或有誤字。不然，則不可曉矣。周氏貪之本也一句，未有所當。其他則皆善也。此外則胡氏及張敬夫之說亦善。胡氏曰：食期飽，居期安，人之情也，而聖人之言如此，豈反人之情而强其所難亦曰有志於學，則不當以此爲念耳。食必求飽，居必求安，役役焉惟口體之奉，而無所不至焉，其分於道也，不亦遠乎？○張敬夫曰：世固有不徇物欲而勉於言行者，然其所學毫釐之差，則其所謂敏者有非所當敏，而所謂愼者有非所當愼，其弊有不可勝言者矣。若謝氏之說，則過高甚矣。不求安飽，本文亦謂志其大者而不留情於此耳。未遽及乎孔顏曾孟之事也。孟子五鼎乃謂其喪祭之禮。非若主父偃所謂五鼎食也。其論斂愼大意。既不的當。而務爲誇張隱秘。使人不可曉。然以其後改之說考之。則所謂斂者可見。又以其平日之言推之。則所謂謹者。又不過曰出辭氣而已耳。若但如此則胡爲其不直言之。而必爲是枝蔓之辭乎。然夫子斂謹之云。恐亦未遽及此也。就有道而正焉。亦方謂夫學者求師取友之時耳。顏孟之云。乃其終身事業之所就豈遽責之於此時哉。楊氏引終日不違求其放心等語以明不求安飽之說。亦大過矣。夫未得有道而正焉。則未知其何以爲仁而志之如此。其切已能從事於仁如此其切。則又何爲方且就正於人而考其是非哉。大凡此章本意。且爲學者大槩立志修身求師取友而言。而諸公推之大過以至於此。其亦誤矣。孟子所謂不敢不飽者。乃晉平公食於亥唐之家不敢以其尊貴而略賢者之禮耳。非亥唐之食而飽也。楊氏所引似亦誤矣。

或問何以知無諂無驕之爲子貢質其學也。曰常人貧則必諂富則必驕。今能若此。則可謂有志而能自強矣。子貢雖未免於貨殖。然以其志之所存。與其學之所至。庶乎其不諂不驕者。故以質之夫子而審其淺深也。曰然則切磋琢磨之别其詳可得聞乎。曰古之工事。不可考也。以今言之。則治骨角者。切以刀。磋以鑢。治玉石者。琢以錐鑿。而磨以沙石也。大抵切琢成形。磋磨入細。以理推之。古今當亦不相遠耳。曰大學之傳。亦引此詩而以道學自修釋之、今諸家引爲此章之説而予不然何也、曰古人引詩。斷章取義。姑以發已之志而已或疎或密。或同或異。不能齊也。彼傳所釋。蓋亦以精粗爲言。然於詩文。則磋琢二字有不協者。今必引以釋此。不亦拘之甚哉。曰然則蘇氏之釋亦若此矣子剽其説而沒其名何耶、蘇氏曰磋者切之至者也磨者琢之詳者也切之可矣而復磋之琢之可矣而復磨之君子之學也欲其見可而不止也往者其已言者也來者其未言者也子貢言貧而無諂富而無驕此之所謂可者蓋貧則防其諂也富而防其驕也紛紛乎自防之不給孔子曰貧而樂富而好禮夫貧而樂雖欲諂不可得也富而好禮雖欲驕亦不可得也豈不賢於彼二言哉然亦未可以爲至也自是而上見可而不止則必有至焉者矣子貢得是二言而識其所未言者故孔子予之 曰蘇氏之説。於文意最爲得之。吾之説。誠不異乎彼矣。然其大旨。則有不同焉者。故不得據以爲説也。蓋彼謂樂而好禮。未足爲至。自是而不已。則是將有至焉者矣。而吾謂以貧富而爲言。則至於樂與好禮而無以加矣。夫蘇氏之意。豈以爲將有志乎貧富者。然後爲至耶。此老佛之餘。而非孔子之意矣。故胡氏非之曰。貧而樂。非顔子不能。富而好禮。非周公不能。夫子所以誘掖子貢者高矣。猶以爲未至。則孰可以爲至者耶。其說當矣。曰。諸說大旨則皆異乎子之云矣。其亦有可論者耶。曰。無諂無驕。程叔子以爲能處其分。與伯子所論樂與好禮。互相發明者。皆善矣。然以樂與好禮爲隨貧富而爲之者。亦以爲能自修。則似皆未安也。夫好禮以爲修治可也。樂則豈修治之謂耶。周尹氏以爲非自修不能者。其說若可通矣。然於其斯之謂與者。又有所不協。范楊氏與周尹同。而以道學自修分屬樂與好禮而言。則又加密矣。然其所不協者終亦不能以強協也。謝氏以問學成德爲言。亦倣大學程子之意。乃必以成德易夫自修。則固知夫貧樂之非自修所及而避之也。其論問學成德之不同。則亦有未盡者。夫子之意。本但以無諂無驕。僅爲能處其分。而未有以進於道。若樂而好禮。則其造道入德之深。有非前人之所及耳。非必以接於人而後見者爲不足。求於己而自得者爲有餘也。況不諂之士。豈必皆出於人。而不驕之士。亦豈必皆出於吝哉。周氏之說。蓋必類夫謝氏物我之云。然因人不爲之說。則又益疎矣。至於告往知來。其說亦多不通。如程子說。則子貢第能詠歎夫子之言。未有以見其知來者。如范楊尹氏說。則反若告往而知來者。如謝氏說則子貢第能形容夫子所言之階級亦未有以見其知來也大抵此章諸說皆不得其文義故說雖精而終有不合也若范氏以爲外有餘而內不足故以無諂無驕爲善亦非是使子貢而果不免於如此則亦不足以知無諂無驕之爲美者矣呂氏之說不見於語解而見於文集豈其少時未定之論也與此外則曾氏張敬夫之說亦有可觀者曾氏曰以貧故無諂以富故無驕貧富之道耳樂非以貧好禮非以富出於情性而貧富不能解也○張敬夫曰安於無諂無驕而不知進學固未足貴而所謂無諂無驕者學者亦非可忽也居貧而有一毫求之之意居富而有一毫自恃之心皆諂與驕也此病未除而曰吾樂與好禮未之聞也必也無諂無驕而後樂與好禮可得而進焉又不可以不知也

或問十六章之說曰尹氏善矣范楊亦佳但知人之說二家各得其一偏而范氏未有不知之云楊氏求爲可知

之說則非此章之所指矣呂氏充知有命之說皆非至論謝氏之說旣非本文意而又不免驕吝之私亦猶其首章不慍之云也侯周氏上句似范氏下句似呂謝皆已辨於前矣

論語或問卷之一

論語或問卷第二

朱熹著

爲政第二 凡二十四章

或問北辰之爲樞何也曰天圓而動包乎地外地方而靜處乎天中故天之形半覆乎地上半繞乎地下而左旋不息其樞紐不動之處則在乎南北之端焉謂之極者猶屋脊之謂極也然南極低入地三十六度故周回七十二度常隱不見北極高出地三十六度故周回七十二度常見不隱北極之星正在常見不隱七十二度之中常居其所而不動其旁則經星隨天左旋日月五緯右轉更迭隱見皆若環繞而歸向之知此則知天樞之説而聖人所以取譬者亦可見矣謝氏以爲以其所建

周於十二辰之舍則是北斗非北辰也曰諸說如何曰程子張子范尹得之呂氏意亦謹嚴但所以語夫德者則粗矣謝氏由誤認北辰爲北斗故有無爲而爲推吾所存之說其失聖人取譬之本旨楊氏所謂中心守正周氏所謂居中不移似皆便以居其所爲有德之譬亦恐未然詳聖人之意但以爲有德然後能無爲而天下歸之如北辰之不動而衆星拱之耳非以北辰爲有居中之德也二家又皆以中而不遷有定次而不移故謂之辰亦恐非是辰蓋天象之名耳

或問二章之義曰程子范氏正矣曰或謂詩三百篇雖有美惡怨刺之不同然皆發乎情而止乎禮義者也此其所以爲思無邪者與曰此詩序之言也然愚嘗竊有疑

焉。夫變風鄭衛之詩。發乎情則有矣。而其不止乎禮義者。亦豈少哉。或曰。然則夫子删詩何取於此而不之去也。曰。夫子之存之也。特以見夫一時之事。四方之俗。使讀者考焉。以監其得失。而心得以卒歸於正焉爾。非盡以爲合於禮義而使人法之也。曰。是亦安知其非當時賢者所作。以刺夫爲此之人。故其言雖邪而義則不害其爲正乎。曰。詩雖或主於譎諫。然其譏是人也。亦必優游含蓄。微示所以譏之之意。然後其人有以覺悟而懲創焉。若但探其隱匿而播揚之。既無陳善閉邪之方。又無懇切諷諭之誠。則正恐未能有益於其人。而吾之言固已墮於媟慢刻薄之流。而先得罪於名教矣。夫子亦何取乎爾哉。曰。然則詩之不正者多矣。又可以思無邪之一言而盡斷之耶曰吾固言之矣聖人之意固將使人考焉以監其得失而心得以卒歸於正爾非欲使人習焉而效其所爲也則其爲義夫亦豈不卒歸於思無邪之一言耶或又曰然則思無邪之一言者其讀詩之法耶曰夫子所謂一言以蔽之者非謂是也然誠能是也則治心修身讀書窮理無適而不可又豈但讀詩之法而已哉曰諸說如何曰大旨則皆失之而就其中又有甚可疑者如謝氏專以先王之澤爲言而其所引之詩不過怨而不怒之一端耳其於夫子特舉思無邪之一言以警學者於思慮隱微之際者亦太踈而不近矣楊氏所以辨蘇氏者善矣然謂詩皆出乎國史則序詩者固已失之而楊氏又因荆舒新義之說以國史爲國

人之文勝者。則其失愈遠矣。其後所著三經義辨。蓋嘗辨之。豈爲此說之時。其尚論有未定者與。周氏專以美刺爲言。其失近於謝氏尹氏主於删詩而言。以爲凡夫子之所取者。皆思無邪之言也。是亦不考於詩而已矣。

或問三章之說曰。楊侯周氏得之。但楊說以爲有德禮。則刑政在其中者。意則甚善。而微有異乎此章之意。不若周氏之得其本旨也。侯氏以道爲治。於政猶可通。於德則無所當矣。范呂謝尹氏皆以苟免爲言。殊失文意。蓋所謂免。正以其革面而不敢爲非。眞有以免於罪戾耳。豈冒犯不義。以至於犯上作亂。而脫漏憲綱以幸免於刑誅之謂哉。若以說專任政刑之弊。其流必至於此。則可矣。呂氏謂先治內以格其非心。亦非此章之意。蓋與范氏皆有廢罷政刑而專任德禮之意。恐董子所謂承天意以從事者，亦不至如是之偏也。謝氏所謂先後表裏者，則庶幾得之矣。

或問大學之道何道也？曰：格物致知誠意正心修身齊家治國平天下之道，其說具於大學之篇矣。曰：聖人生而知之，其必十有五而後志於學，何也？曰：程子以爲夫子立法以勉進後人之辭是也，楊周尹氏蓋守其說。特周氏血氣之說無所當，而所謂知所嚮者爲大輕耳。蓋其於此章，通以血氣爲言，而語皆輕。至於下文兩節，則意愈疎而言愈輕也。張子以爲聖人之學真有次第，而自志學之年，固已明道，因以爲天已定，而所以爲天不窮。譬之，則恐其理之不通也。蓋聖人生知安行，渾然天理固不應年十有五乃志於學。其後不應又必累年而後一進也。若天之無窮，則自古至今，曷嘗見其加益而有所進哉？其不得引以爲比明矣。謝氏以爲聖人爲童子時已知從心所欲不踰矩之妙，特行之未熟，故必由志學而漸進。蓋亦近乎張子之説。若如其言，則是聖人之所以爲聖，固有徒生知而不能安行者，雖或不思而得而未至於不勉而中也。然則所謂自誠而明者，又何必聖人而後可以當之乎？其曰生知非物物而知之，有所未知亦當學而知之，則程子嘗言之矣。然所未知者，不過指夫名器事物之間，非以爲義理之本原亦待學而後知也。又曰安行非物物而安之，有所未安，亦當學而安之，則是聖人之義理物欲猶未免交戰乎胸中也。而可乎哉。至於范氏以爲聖人有與人異者而又有與人同者。則其說依阿兩可而不可曉矣。呂氏不言聖人學者之分。其意殆亦若張子之云。其以信有諸已爲志學之說。則非孟子本文之意。意者其曰信知善之固有於我云爾。此以學者言之。則無不可。若以聖人言之。則亦誤矣。曰所謂立者何也。曰自志乎學。積十五年進修持守之功。而其所立之地。確然堅固。物莫能搖也。程子呂謝之說得之。至於張子范氏必以禮言。則少拘矣。張子所謂器於禮以成性而非强立之謂。則又必以爲聖人之事而極其言之過也。曰所謂不惑者何也。曰既立矣。加以十年玩索涵養之功。而知見明徹。無所滯礙也。蓋於事物之理。幾微之際。毫釐之辨。無不判然於胷中。若程子張子范呂謝氏之說是也。但、范氏引孟子不動心爲比。似亦小差。蓋曰不惑而後能不動心則可耳。曰、所謂天命者何也。曰、無所疑惑。而充積十年。所知益精所見益徹。而至於是也。蓋天道運行。賦與萬物。莫非至善無妄之理而不已焉。是則所謂天命者也。物之所得是之謂性。性之所具。是之謂理。其名雖殊。其實則一而已。故學至於不惑而又進焉。則理無不窮。性無不盡。而有以知此矣。曰、然則程子之直以窮理盡性言之何也。曰、程子之意。蓋以理也性也命也。初非二物而有是言耳。夫三者固非二物。然隨其所在而言。則亦不能無小分別。蓋理以事別。性以人殊。命則天道之全。而性之所以爲性。理之所以爲理者也。自天命者而觀之。則性理云者小德之川流自性者而觀之則天命云者大德之敦化也故自窮理盡性而知天命雖非有漸次階級之可言然其爲先後則亦不能無毫忽之間也亦猶不惑之與不動心雖其相去不能以髮然以此訓彼則有所未可耳周氏之説蓋亦放此然以孟子知性則知天者驗之前説益明白矣曰他説奈何曰程子所謂生而知之者當矣若張子所謂知天之命則過也范氏學易之云尤無所謂吾於本章已略記所疑矣謝氏所謂理之所自來性之所自出又似以理性與命眞爲二物其曰與之無間則又有張子至命之嫌而非知之所能及矣其曰與道爲二者猶此意也楊氏所論世人皆知窮達有命而信之不篤乃其知之未至者得之矣然又以爲孔

子所知殆不止此。則未知其所止果何謂也。但以爲窮達之命耶。則所知云者。又若別有所屬。以爲賦受萬物之命耶。則與上文不相應。而但欲其信夫窮達之有命。則亦不待知此而後能也。曰然則命有二乎。曰命一也。但聖賢之言。有以其理而言者。有以其氣而言者。以理言者。此章之云是也。以氣言者。窮達有命云者是也。讀者各隨其語意而推之。則各得其當而不亂矣。曰所謂耳順何也。曰其義則程子張子言之詳矣。其序則自知天命又加十年。若用力若不用力。而自至於此。蓋其德盛仁熟而幾於化也。然程子之意主於貫通。張子之意主於神速。而程子最後一說。又與張子相似。蓋義不害於兩通也。其曰不思而得者引據尤精。所謂滯於迹者。

豈以其猶必耳有所聞然後心有所通爲未免滯於有形之累。而不若從心所欲不自踰矩之渾然無迹也乎。至張子後說。所謂盡人物之性者。則恐其未安也。范氏所言疎略。無以知其意之所指。若曰耳之所聞。無不有以別其是非可否之理。則可。若曰橫耳所聞。更無姦聲。則恐其言之過也。然誠有以別其是非可否之理焉。則謂之無姦聲亦可。但恐其或出於列禦寇莊周之謂。則不可耳。呂氏周氏蓋皆祖其師之初説。謝氏所謂內外兩忘者。則又非儒者所當言也。曰。從心所欲不踰矩何也。曰。此聖人大而化之。心與理一。渾然無私欲之間而然也。自耳順及此十年之間。無所用力。而從容自到。如春融凍釋。蓋有莫知其所以然而然者。此聖人之德之至而聖人之道所以爲終也曰從心之從舊讀爲縱且至心字而句絶諸先生之說皆如此而今獨不然何也曰經之本文作從而陸氏無別音則舊固讀如本字爾讀如縱者乃近世[illegible]俗流傳之誤而諸先生偶未察耳以理言之則有心於縱亦豈聖人與天爲一從容中道之謂哉范氏雖不以從心爲絶句然其音讀亦不免於誤也若其大義則程子張子固不害於得之但張子兼不息不勉而言不若程子之分之爲當耳其論不夢周公迂回難通殊不可曉曰諸說如何曰范氏之說殊無倫次而養血氣一其德致命遂志等語尤不可曉且與其下文所引舜孔子事亦相反不知其果何謂也呂謝楊說皆善但從字之讀則皆失之耳程子謂五十知天

命而未至命七十然後至於命何也曰至命之云言其與天爲一而已五十知命誠有所未至也然易大傳之言窮理盡性以至於命則以易書所發之理言之爲言亦蒙上文窮盡之云而繫之耳非指聖人所造之地也然古今以爲聖人之事者亦多故程子因之蓋不害於理也

或問三家僭禮其於夫子之三言者其有考乎曰魯之三家殯設撥則其葬也僭而不禮矣以雍徹則其祭也僭而不禮矣其事生之僭雖不可考然亦可想而知矣嗚呼彼爲是者其心豈不以爲是足以尊榮其親而爲莫大之孝夫豈知一違於禮則反置其親於僭叛不臣之域而自陷於莫大之不孝哉夫子因其問孝而知其有

愛親之心。故以此告之。庶其有所感發而能自改也。雖然聖人亦豈務爲險語以中人之隱。而脅之以遷善哉。亦循理而言。而物情事變。自有所不得遁焉耳。嗚呼此其所以爲聖人之言也與。曰諸說如何曰程子以告懿子者。爲告衆人之言。蓋以其所包之廣。而未及乎孟氏之僭禮也。雖於其事有所未合。然直以理而觀之。則聖人此言。固亦無所施而不可也。范尹則以此章爲箴懿子之失矣。然不得其事之實。而以其事君者推之。則亦疏矣。又以懿子力不能問。而夫子復以告之。蓋亦或有此意。然不直告而因樊遲以及之。則亦無問一而告二之瀆矣。呂氏以仁言之。亦過高而傷贅。其言僭禮之意則善。而考之亦未詳也。謝氏通以性與天道并釋四章之意亦高矣。然聖人之言。何者而非性與天道之發。不特此章爲然也。其論葬祭以禮。遺事實而騖高遠。亦若其前篇所論朋來忠信之病也。又以樊遲非不知此特問之以質其目者。其待樊遲。似亦少過矣。以聖言之淵懿如此。而樊遲平日又非敏悟通達之才。亦何以知其非有所不知也耶。楊氏之言。爲世之貧賤而愛親者言則得之矣。以爲夫子告孟孫之意。則恐其未然也。然亦可以見聖言所包之廣。而爲程說之驗矣。周氏之說雖約。庶幾得之。

或問六章之說。曰：此章惟謝氏之說。切於人心。使學者知有所警省而用其力。若如諸說之意。則夫子於武伯之問。何不直告之曰。不爲不義。以貽父母之憂。可謂孝矣。

而頗爲是迂昧不切之語以告之。反若使之必致疾以憂其親。而後可以爲孝者。是豈聖人平日教人敬身謹疾之意哉。

或問父母至尊親。犬馬至卑賤。聖人之言豈若是之不倫乎。曰此設戒之言也。故特以其尊卑懸絶之甚者明之所以深著夫能養而不敬者之罪耳。謝氏言之已詳。學者考之可也。曾氏引孟子愛而不敬獸畜之也。亦其明驗。諸説於此疎略。惟范尹氏之説犬馬皆能有養。則犬馬之有力於人。初無致養之意。恐聖言取譬必不若是其拙也。此殆欲避前説之嫌而遷就之耳。

或問色難之説不同。何也。曰二説固不同矣。然務承順其親之色。則必有和氣婉容矣。有和氣婉容。則必承順顔色者矣。但以文義考之。則似當以程子楊周氏說爲正。而程子後說。則似有闕文誤字而不可解也。謝氏於服勞具饌。又皆以爲孝焉。則亦似失立言之意矣。楊周亦以二子之失爲言。然不若程子之言爲盡矣。

或問九章之說。曰。程子至矣。其以私爲自得爲中心者。亦密矣。但以燕私言之。則尤足以見其隱顯一致之實耳。然程子於退省二字。意亦不同。前說以爲孔子省之。而後說以爲顏子之自省。恐當以前說爲正。發字之義亦然。蓋以爲開發者二。以爲發明者一。亦恐當以二說爲正也。蓋若以爲顏子退省。乃有發明。則是無違之時。初未了了也。以爲開發。則未知其以爲顏子心有開發。以爲孔子發之耶。若曰顏子心有開發。則當云亦可謂能有所開發，而不當云亦足以發。若以爲孔子發之，如憤悱啓發之云，則雖於文義可通，而其語意乃若以顏子爲僅可開發，而視他人爲全不足教者，恐聖人之辭氣不如是之驕倨而忽易也。范氏專以顏子退與門人講論爲說，蓋用古註，然亦狹矣。夫子所以省顏子之私者，豈獨其講論之云乎？謝氏不違之說，以爲觀書不如聽言之切，固有此理，然遂爲觀書決不足以得聖賢深微之意，則聖人之立言垂教，又何望於後世聞而知之者？且不可復有其人矣。其論顏子之不違，不言其義理之契合，而專以神受爲說，不知方以耳聽，若之何而又以神者受之也？不言其氣稟之高明，而專以好篤心虛爲言，則亦得其然而不得其所以然者矣。然好篤心虛之說於學者猶有所益。神受之云。則或能使馳騖怳忽而流於怪誕之域。其爲害將有不可勝言者矣。楊氏教不凌節云者亦得之。然非聖人陰以告顔子而不欲使衆人得聞之也。蓋或偶因其問答而詳言之。以至於終日耳。謝侯氏皆以爲聖人言此。欲以證其察之之詳。而發門人之進。恐亦或有此意。周氏又以爲欲門人觀顔子之朝夕者尤善。而亦皆少偏。蓋雖聖人之於顔子固有不待省而知者。然蓋必常有省焉。非全無事實而妄爲此言。以爲教於門人也。曾氏胡氏張敬夫之說亦善。曾氏曰入乎耳著乎心默而識之故不違如愚退而察其履踐則布乎四體形乎動靜故足以發胡氏曰顔子之質鄰於生知故聞夫子之言心通默識不復問辨反如愚蒙之未達者及侍坐而退夫子察其燕私則其視聽言動皆能以聖人所教隨用發見然後知向之所謂愚者乃所謂上智也然聖人久矣知顔子之不愚矣而必曰退而省其私之云者所以見其非無證之空言且以明進德之功必由内外相參隱顯一致欲學者之慎其獨也嗚呼夫子與回言終日則言多矣而今存者無幾可勝惜哉張敬夫曰夫子之言顔子皆能體之於日用之間所以夫子退而省其私而知其足以發明斯道乃其請事斯語之驗也

或問十章之說曰唯程子得之范氏之說則疎矣人之易見者莫如行事難知者莫如用心今先視其用心而後察其行事且歸趣之云又迫夫所安者之地矣今以歸趣語所由而所安者乃特爲所處之是非則其輕重淺深無一當其所者矣呂氏亦疎其以所由爲昔者所經由者則尤有所不通也謝氏説似甚雜然細考之意亦貫通但上二句恐有未當而引何莫由斯道也殊不可曉蓋已贅矣所安之云則得之然兼君子小人而言亦似非此章之本旨至曰小人何嘗一日不在於善則其

進小人也亦驟矣。楊氏三句大抵略似謝意。然引左氏之言。以釋以字之義。而謂所以爲才。則其支離遷就抑又甚矣。周氏亦然。尹氏則又似范氏說而小不同。然亦不必論矣。蘇氏說亦得之。但所安之云。亦如謝說耳。蘇氏曰見其所爲者誠善矣則未如其所自爲之者果善乎所自爲之者果善矣則未如其能久而安之乎惡亦如之至於久而安之則其爲善惡也决矣小人有幸而中於善君子有不幸而入於惡然終不可以易其人者所自爲之者非也

或問學必溫故而後可知新乎。抑溫故者必貴於知新乎。豈爲師之道亦足於此而已乎。曰。故者。昔之所已得者也。新者。今之所始得者也。昔之所得。雖曰既爲吾有。然不時加反復尋繹之功。則亦未免廢忘荒落之患。而無所據以知新矣。然徒能溫故。而不能索其義理之所以

然者。則見聞雖富。誦說雖勤。而口耳文字之外。略無毫髮意見。譬若無源之水。其出有窮。亦將何以授業解惑而待學者無已之求哉。學記所謂記誦之學不足以爲人師者。正謂此耳。若能尋繹其所已得者。而每有得於其所未得者焉。則譬諸觀人。昨日識其面。而今日識其心矣。於以爲師。其庶矣乎。夫子之言。所謂可云者。正所以明夫未至此者不足以爲師。非以爲能如是而爲師有餘也。且昔程子晚而自言。吾年二十時解釋經義。與今無異。然其意味。則今之視昔爲不同矣。此溫故知新之大者。學者以是爲的而深求之。則足以見夫義理之無窮。而亦將不暇於爲師矣。程子惡夫氣象之狹而爲斯言。可師之說美則美矣。其無乃非本文之意乎。至引子夏之言。則其文義亦有倒置而錯陳者當於本章論之耳。范楊周氏說亦放此。而楊氏又并夫子子思之意而一之。則其牽合甚矣。呂氏據程子專以多聞爲師之事。失之尤遠。審究其說。則記誦之學。何爲而不足以爲師乎。謝氏過高不實。於此尤甚。至引高明中庸廣大精微以爲極致。而不察其理所謂分殊者。則亦誤矣。夫聖賢所以言之如是之詳者。正以謂學者各極其功而無所偏廢。則兩得之。槩以爲同而不察其異。則將有兩失之患耳。

或問十二章之說。曰程子尹氏得之矣。范氏大意亦善。其語意繁雜。其引形而上下之云。亦無所當於此章之意矣。且聖人敎人。先盡其小者近者。而後進夫遠者大者。

但君子不溺其心。於是而有以貫通之焉耳。若曰以道爲本。而忘夫小者近者。則是離物以求道。而又爲子游之譏子夏也。必以形而上下爲言。則聖人亦豈教人以遺器而取道者哉。游氏意亦類此。而語涉老莊。則尤虛泛而不實矣。楊氏引楊雄大器之言。以釋不器之義。是徒喜其有據。而不悟其施安之失所也。彼規矩準繩。雖方圓平直之所自出。然亦各專其用而不能相通。豈不器之謂哉。侯氏所引語自倒置。於大義若有所偏。蓋若曰不器。故不可小知而可大受。則所包者廣。而不專於一事。今直以不可小知而可大受爲不器。則意專在是而不盡乎不器之理矣。周氏之說。則亦支而無所當也。

或問十三章之說。曰。程子凡三說。而兩意其首末兩說則一意也。中一說又自爲一意。而其語有不可解者。以其所謂因子貢多言而發者推之。恐亦若范周氏之說也。與范周之說也則當矣。而周尤明白。謝氏說中語意雜亂。尤不可曉。以其所謂所有雖不言而可喻及德諧頑嚚能讓千乘之國者推之。則爲不待言而人信從之之意。以行其所言言其所行者推之。則又若范周之說則本文初無人信從之之云者。不知其何故重復言之。以至於繁而不殺如此也。今姑論而闕之。不敢以意斷也。楊氏疎矣。君子切己之事多矣。夫子曾不及之。而以此爲說。何耶。且曰先行而不言。何人固無以知其爲他人矣。以爲他人。則所謂其言者又安得爲己之言耶。蓋與其所引孟子文勢自有不同者。不得強取以爲證也。且子貢之言語。乃善於辭令耳。初未嘗以言干世。如史氏之所記亡吳霸越之辨也。告之以此亦何爲哉。尹氏之説不明。豈亦程子中説之意與。

或問十四章之説。曰程子之解善矣。但其曰周而不比比故不周。則語勢若不倫者。然周而不比比而不周者本文之意也。比故不周者推其意而言之者也。程子之意豈其以是互相發歟。諸家得失亦以是推之可也。一説以周爲周旋。則亦以世俗之説發明徧及之義耳。其周字固非若奉以周旋之云。其語意又非委曲以成就一人之事。若宗魯所謂以周氏子之周也。范氏所引是與比周。則正此之謂也。以爲小人於不善亦周而同於徧及之義。則非也。義之與比。恐不爲親比於人而言。然如易所謂外比於賢，亦以理之所當親，之非有昵比之私，則固不害其爲周徧之道也。今謂君子於善亦比而同於阿黨之意，則又非矣。若謝氏、張敬夫之說，則皆足以推明程子之意矣。張敬夫曰：君子內恕以及人，其於親疎遠近賢愚，處之無不得其分，蓋其心無不溥焉，所謂周也。若小人則有所偏繫而失其正，其所親昵皆私情也。周則不比，比則不周，天理人欲不並立也。曰：舊說以忠信爲周，奈何？曰：忠信非以訓周也，忠信則無彼此於人，周之道也。楊氏之說得之矣。

或問學思罔殆之辨，既曰昏且危矣，而又繫以無得不安之說，不已贅乎？曰：罔者其心昏昧，雖安於所安，而無自得之見；殆者其心危迫，雖得其所得，而無可卽之安。此固兼夫內外始終而言，而後足以盡夫罔殆之義也。昏以心言，無得者無得於理，而卒於罔也。危以事言，不安者。不安於理。而卒於殆也。考之精義。則程子范謝楊尹氏言之詳矣。但程子以殆爲勞。未有所考。又以爲無進故殆。於文義亦不切也。范氏則語多不瑩。而其章末亦有闕文。謝氏不可不兩進者。賢於溫故知新之說遠矣。以思爲知及之。亦似少過。彼其所以思者。正謂知有所未及耳。其引六言六蔽者亦不相類。若呂氏以罔爲如網之無綱。則失之矣。罔之得名。正以其惑禽獸而取之。使之罔焉而無所覺耳。至游氏之說。則所謂思者。非以思夫義理之所在。特兀然癡坐。如釋子禪觀之爲耳。以罔爲不能爲已而無實。殆爲不足以涉事而不安。亦皆生於思字之失。遂疑學非爲已之事。思有遺物之蔽而不悟聖人所謂學與思者。初不在於是也。彼其親見先

覺得聞後學之所不聞而差失有如此者可不戒哉周氏意雖正而語差欠其間不能無失云

或問攻乎異端之說曰程子范尹之言正矣自張子呂謝楊周氏皆誤以攻爲攻擊之攻而其所以爲說者亦不同也曰其不同奈何曰張子之言若有是孔非孟之意與其平日之言行有大不相似者蓋不可曉然謂孔子不闢異端則其考之亦不詳矣當時所謂異端固未有以見其爲誰氏姑以楊墨論之如墨氏之無父則悖德悖禮之訓固以深闢之矣楊氏之無君則潔身亂倫之戒又已深闢之矣若以好辨爲孟子之疵則彼世俗之毀譽又豈君子之所屑意哉若呂氏之所以爲說者則善矣然亦非也蓋不務反經而徒與之角其無涯之辨

固所以自若然孰觀異端之害而不一言以正之則亦何以若習俗之蔽而反之於經哉蓋正道異端如水火之相勝彼盛則此衰此強則彼弱反經固所當務而不可以徒反異端固不必辨然亦有不可不辨者孰觀孟子所以答公都子好辨之問者則可見矣謝氏以夫子爲不闢異端則亦若張子之云也然其所謂姑存而無害者吾恐聖人之憂天下慮後世不如是之淺且近也謂其識吾之門墻能以善意從我則於異端不待言而判者其乖於事理益以甚矣夫吾之所以闢之正爲其不識吾之門墻而陷於彼之邪說耶若既識於正而從我矣則又何闢之云乎楊氏歸斯受之之說亦正類此周氏則又并與子夏孟子之言而失其旨是數說者豈其

猶有取乎老佛之言。故欲曲吾説以衞之而不知其失聖人之本意。以至於此耶。

或問十七章之説。曰。程子尹氏之言實矣。其次則范楊氏近之。但范氏所謂强其所不知以爲不知者。求之子路平日之言。似無此事。又引禹之行水爲言。則讀是知之知爲去聲。恐亦未安。且曰必由其誠者。又與行其所無事之意初不相似也。謝氏之説則新矣。然尤非本文之意。其曰能充是非之心者。似亦以知爲智。然所謂充其是非之心者。亦曰善善惡惡。不以毫髮之私而亂其眞耳。豈此之謂哉。周氏無大得失。但直以知爲智。不知其傳寫之誤耶。抑亦若范謝之云也。

或問子張學干祿而夫子告之如此何也。曰。人之處已接物。莫大於言行。而聞見者。所以爲言與行之資也。然積之不多。則孤陋卑淺。無以參驗。而知所疑殆。知而不闕。則冒昧苟且。無所依據。而流於繆妄。能闕疑殆。則庶幾矣。顧於其餘。遂以爲已信已安。而無事於謹。則言行之間。物我交戾。而尤悔之積。有不能免。是將無以行乎州里。尚何祿之可干哉。誠反是而觀之。則夫子之所以告子張者。其意亦可知矣。然自寡聞見而積之多。多聞見而擇之審。擇之審而猶曰謹其餘焉。則其反身亦切矣。而聖人之訓。猶曰僅足以寡尤悔而已。蓋未敢以爲絕無也。聖人之於言行之際。其重之如此。而推本所從。有始有卒。又如此。學者亦可以盡心矣。曰。然則是果何以得祿耶。聖人教人。眞使以是求祿耶。曰。程子言之詳矣。

蓋先王之世，教民以德行道藝而賓興之，故士能謹其言行，則有得祿之道。然聖人之意，則以爲君子亦修其在我者而已。其得與不得，非所計也。故曰祿在其中，如曰仁在其中，樂在其中，直在其中，餒在其中，皆本爲此而反得彼之辭也。豈真教之以是而求祿哉？嗚呼！三代之時，先王之法行於上者既如彼，聖人之教行於下者又如此，是雖欲人才之不成，風俗之不厚，蓋亦不可得矣。正使士之不賢者，或不免於外慕，有司之不明者，或不足以爲得人，然其所以相求者，蓋猶出於修身謹行之意。一得其人，則其法固萬世不易之良法也。豈若後世專以詞藝取人，而不考其言行之素，使士之賢者猶不免急於彼而緩於此，有司之良者，每恨無以必得行藝才業之人而其不賢且良者則固皆以爲當然而不之怪也然則人材風俗之所成就又安得不愧於古上之人亦何重於此而不之革哉曰諸説如何曰程子張子范呂楊氏得之但程子所引謀道不謀食者恐於文義反類不通當於本章辨之耳范氏以修身干祿爲二事則失聖人之意而楊氏以子張爲琴張則亦考之不詳也謝氏以見爲識見之見尤爲自尤之尤似皆未當又謂寡尤寡悔爲非特言滿天下無口過行滿天下無怨惡而已則其輕重倒置殊不可曉其論得祿之道又有斷然取必之意尤失聖人之深旨也游氏尤字之説不若程張之安周氏餘字之説亦非是尹氏因程子説大槩亦善但程子之解略舉經文例不必盡尹氏不能

補而因之，似便以闕疑殆爲謹言行者，則於其餘二字意有所不盡矣，學者詳之。

或問十九章之說。曰：程子至矣。諸說大略無甚異，而楊氏語意尤相似，然曰當人心，不若其曰得義者之有準則也。曰：當是時也，三家專魯，哀公豈得而擅舉錯之權哉？曰：胡氏有言，使公復問孰爲枉直，而付舉錯之柄於夫子，必有所處矣。民心旣服，公室自張，何至乞師於越而卒以旅死哉？此言得之矣。

或問二十章之說。曰：諸說皆得之，而楊氏爲密。但范氏以夫子爲君大夫有問，必以正對，爲急於民而然。然夫子於他人之問，亦未嘗不以正對也，豈必急於民而後然哉？謝氏敬忠二義，文意不明，似有爲政者自致其敬忠以率民之意然與下句文勢不類計亦不至若是之踈也但得自養之云則過於本文之意而失之明矣周氏問其說甚善但以爲使民勸於敬忠則非文意耳尹氏大意亦善但語勢倒置不免有病張敬夫之說其亦偶中其失者與

或問二十一章之說曰引書之義唯程子楊侯氏得之但兼孝友而一言之則恐非夫子專舉孝乎而言之本意耳張子以有政爲有政之人范謝尹氏皆以爲施之於家而有政則非也謝氏又讀孝乎屬之下句尤失之矣是亦爲政夫子蓋曰彼以是爲可推以爲政則我之爲是是亦未嘗不爲政耳范謝尹氏之說近之張子楊侯周氏皆謂眞有爲政之效則失之矣曰聖人未嘗忘天

下。今不爲政而其言如此將不爲獨善之私耶曰聖人未嘗不欲仕而亦不求仕也況定公之初陽虎用事又非可仕之時也然此意有難以告或人者故特告之以此而爲政之本實不外焉舉而措之則愾乎天下矣嗚呼此所以爲聖人之言歟。

或問二十二章之說曰楊尹氏說爲近之諸說皆以有諸已者爲言則非但不究此章之旨又將并與孟子之意而失之矣游氏以中有主爲言亦非文義夫言而有信夫子固常言之矣曷爲其必舍此而務鑿焉以爲淺乎且其曰大德小德所由以進之屬皆欲就車取義亦大泥矣聖人之言如天地之生萬物豈若是其譊譊拘拘也曰然則楊氏以倚衡之說亦因車而發耳而不病焉何

也曰是其意以言忠信者爲主而蔓衍以及此耳其所爲説者初不主於此也若進德之云則正其所專恃以爲説者亦不得同日而語矣

或問何謂三綱曰按邢疏白虎通云君爲臣綱父爲子綱夫爲妻綱大者爲綱小者爲紀所以張理上下整齊人道也何謂五常曰仁義禮智信也首篇詳矣何謂文質曰夏尚忠商尚質周尚文也何謂三統曰王者受命而改正朔所以新民之視聽也故夏以建寅之月爲正謂之人統商以建丑之月爲正謂之地統周以建子之月爲正謂之天統孔氏以爲商湯始改正朔而周因之鄭氏以爲自古帝王皆然蓋不可考然以理求之疑孔氏爲得之也曰子於是既取夫馬氏之説矣其下有曰物

類相召世數相生其變有常皆可預知者非馬說耶何不錄也曰以疏例考之非馬氏也是何晏不曉其文義而妄改易之耶曰何以知其不曉也曰馬氏之說雖約然其義則可推而知也蓋以所因爲主而御夫損益之變故雖損益之無窮而其不能甚異可知今是說者乃遺其所因而專以損益爲言則夫損益之變又豈有常而可預知者耶此雖其不察於文義之失然跡其所由殆亦源於祖尚浮虛捐棄禮法故其議論之際不自知其逐末忘本而至於斯也曰夫子之言以三代之事言之可矣若以繼周者言之則秦不能因周之禮而損益之矣漢繼秦而反因秦禮以爲損益然則夫子之言其不驗乎曰不然也秦滅先王之法漢懲亡秦之禍皆非

欲因其禮而損益之者。然其所謂君臣父子夫婦之實則秦不能有以甚異乎周。而漢亦不能有以甚異乎秦也。至於秦之罷侯置守。廢德任刑。漢之苛解與民休息。亦皆損有餘補不足。其勢有不得而不然者。然卒亦不能變其所因之大體也。推之萬世。亦莫不然。雖昏狂乖亂之極。不能出此。但其得失有多少之差耳。然則夫子之言。豈可謂之不驗乎。曰然則諸家之說皆不出此何也。曰何晏誤之也。然至於胡氏吳氏而獨得之。則理之所在。亦有不可得而誤者矣。前此楊氏略有此意。而其說不若二家之明且決也。吳氏曰凡稱可知者若曰其大略不能甚異也三綱五常天下之達道夏以是而爲夏商以是而爲商周以是而爲周商雖不期於因夏而必至於因夏周雖不期於因商而必至於因商世異事殊不過就其已行已成之閒或少損以裁其過或少益以救其不及而皆不能易其

大體前乎夏者固不能甚異於夏則後乎周者亦豈能甚異於周哉雖千萬世其不能外乎此者必矣

或問見義不爲或以承上文而言之何如曰此非相因之文。范呂周氏之説得之矣。謝亦以相因爲言。且失之過。而其所論鬼神之意。則學者所宜深考也。楊氏謂見義不爲。故餒而無勇。則語倒而意亦支。周氏自朝夕惟義之知以下。亦不免有此失也。

論語或問卷之二

論語或問卷之三

朱熹著

八佾第三凡二十六章

或問八佾舊說有謂上下通以八人爲佾者何如曰是不可考矣。然以理意求之舞位必方，豈其佾少而人多如此哉。曰或以忍爲容忍之忍聖人辭氣豈其若是之廹哉。曰未必然也。然胡氏曰聖人量同天地以恕待人惟於亂臣賊子則治之甚嚴。其法備於春秋所以扶大倫立人紀也。若以此說通之則亦無可疑者但恐本意未必然耳。曰孰不可忍呂說如何曰聖人方欲極言其僭叛不臣之心，不應反却而譏其僭諸侯之小罪也。是與孰不知禮之云文義亦有不同者矣。

或問二章之說同此無異說但范氏以爲成王賜魯以王禮惟得以祀周公者未有考然以魯之郊祀觀之則初不爲周公之廟而設也恐其說亦不得通矣謝氏以爲聖人所傷不在於禮樂語勢激切有過乎事理之實者又以兩章爲有不仁不智之異則亦似未安耳

或問三章之說曰程子至矣張子之意以爲不仁之人僭亂悖逆之心無所不至然禮樂制數則有一定而不可易者少有干犯人必知之故曰其如禮樂何耳此亦一意然恐不若程子之安也范氏雜用程張之意不知其何以通之至以愛人自愛爲言則其所以語仁者又大淺矣呂氏以下皆祖程說而游氏周氏尤爲詳盡謝氏所謂以何爲此者險怪極矣而其所謂亦足以僭禮亦

足以敦樂者。反若緩而不切之辭。一何輕重之不倫也。耶。至其所謂顛沛造次必於是。非仁者不能。語亦倒置。楊氏不主於仁而主於禮樂。則徒見禮樂之盛。非不仁者所能舉。而未見不仁者之所以不能與於禮樂之實也。

或問四章之説。曰程子、張子至矣。但張子易字之説恐未安。范氏引據訓釋之功。所發明於奢易二字尤多。但遂以儉戚爲禮之本。則失之耳。謝、周、尹氏皆祖程説。但謝氏情性之説爲未當。禮之恭敬。喪之哀痛。夫亦非出於情耶。但得情之正而合乎性之理耳。若如其説。則是性善情惡。而判然不可以相入也。而可乎。周與謝氏略同。但所引二事。則不若謝之爲得。而謝氏朝祥暮歌之云。

亦有所未盡耳。尹氏則約取程說而補其未備，最爲有功。讀者以其說而參之程子，則可見矣。楊氏直以儉戚爲本者，似亦簡便，但考之夫子之所論，則四者均在去取之閒，而儉戚爲差愈耳。似未嘗直以二者遂爲本也。其告林放，豈欲其因吾去取之意而有以默識夫本之所在也歟。

或問五章之說。曰：此義明白，但范、呂爲不同。然臣之不可無君，猶人之不可無首也。植遺腹，朝委裘，蓋出於一時之不得已，然自有中國以來，其能如是而不亂者，蓋亦希矣。聖人豈以是爲可常哉。周氏說似少異，而於文義有不通者，蓋特其辭之未瑩耳。

或問六章之說。曰：諸說大槩多同，惟謝氏祭則受福之云恐夫子嘗時之意未若是之巧曲而幽深也。楊氏所謂小貞吉者，恐亦未有此意。張敬夫以爲當冉有爲宰之時，始有是事，故夫子欲其救之，以爲之兆，其說幾是。楊氏又謂昭公失此，以至敗亡，其說尤誤。冉求爲宰，自哀公時也。

或問七章之說。曰：此章諸說各殊，而皆有未通者。如程子、周尹皆以射爲本無可爭，則既不察乎衆人之情。謝氏又以射有似乎君子者言之，則又遠於文義矣。若然，則其下文曷爲不遂以失諸正鵠反求諸身者言之，而必以揖遜之禮爲言耶。惟楊氏以射宜有爭，而君子不爭者近之。然直謂君子以射而不爭，則又未考乎其爭也君子之說也。揖讓而升下而飲之說，程子以下飲爲非下堂而飲。則合乎大射之説矣。然謂但爲離去射位而飲之。則又不考乎下而復升之説也。張子以爲禮無讓下之文是也。然謂亦無下飲之文。則亦未考乎既下而復升之説也。至謂自宜下而請飲於勝者。則亦無所據矣。謝周氏從禮記鄭注之讀。至下字而句絶。則既不足於辭。而其説之誤。張子又已辨之矣。其爭也君子。程子楊周尹氏皆以爲言君子其爭乎者。文勢牽強不安。張子以爲其爭也爭非謙遜。亦非文意。謝氏以爲其不爭也。乃所以爭爲君子。而引老氏之言以爲證。則又陷於巧譎之私。而大失聖人之意矣。若范氏之説。則其首尾文義既無一言之中。而又以是爲君子之所爭。則亦失之也。曰然則子之所謂射之有爭而爭也君子奈何。曰君子恭敬退讓。不與人爭。至於射。則皆欲中鵠以取勝也。然大射之儀。耦進三揖而後升堂。射畢又揖而降。勝者袒決遂。執張弓。不勝者襲脫決拾。却左手右加弛弓於其上。遂以執弣。揖如始升。及階。勝者先升堂。少右。不勝者進北面坐取豐上之觶。興立飲卒觶。坐奠於豐下。興揖先降。其雍容謙遜乃如是。是則雖曰有爭。而其爭也亦不失其爲君子之道矣。此則注疏舊說。而諸家失之。是以徒爲紛紛。而其說愈不明耳。曰此其猶曰君子而時中者何也。曰是其所謂君子者。亦曰有君子之心云爾。

或問子夏所引之詩。蓋衛風碩人之篇。或以云素以爲絢兮一句云者。夫子刪而去之也。曰刪詩者去其不合於義理者耳今此句之義夫子方有取焉而反見刪者何哉且碩人之詩四章而章皆七句不應此章獨多一句而見刪又不應因刪此句而并及他章例損一句以取齊也蓋不可知其爲何詩矣曰諸家之説如何曰舊説以素喻禮者失之遠矣程子始正其先後之序則得之然其曰質待禮素待畫者不若范謝楊説之爲協於文也周尹因之蓋亦誤矣張子之説迂滯難通又以二素字字同用異而義不相害亦無此理且白之受采見於禮書最爲明證曷爲舍此而必爲異説以强通之耶范氏以倩盼爲外有其容內有其質而以素爲德之譬絢爲容之譬謝氏以爲有素然後有倩盼之容周氏以爲有德而文之以婦容亦皆非是詩人之意但謂旣有倩

盼之質而又加以粉黛之飾夫子之意則以爲必有是質然後可加以飾耳起予之說程子尹氏語簡而意未明然恐其亦若楊周之説以子夏爲能發明夫子所言之意也然則皆有所未安者惟謝説近之然其所以爲説亦有過高之弊夫子本意但謂子夏之言足以有感發我之心耳

或問九章之説曰程子以徵爲成蓋從古注其意則曰無以證成吾言云爾吾能徵之意其亦若集注之云乎其以法度釋獻字之義蓋以獻通爲憲也其或有所考歟今不能知則姑存舊説焉可也張子蓋本中庸而言但聖人作爲自然審重非獨爲此而後不言也范氏專以無人爲言則似并以文獻皆爲指賢人者恐亦未安且

謂夫子以二代之禮無人而不可行然後從周亦非是設使二代之後足證夫子之言則夫子豈遂舍周禮而擅用二代之制乎且中庸固曰今用之吾從周蓋以有德無位而不敢作禮樂焉爾豈以二代之無證而後從周也哉呂氏則得之多矣但夫子自謂吾能言之則於制度文爲之實迹必有可以一二數者非但能言其制作之意而已也楊氏之說大抵支離就其說中推之固亦有可觀者但出而觀於聖賢立言之本意則往往無所當耳曰孔子所言之禮今有存者幾乎曰胡氏有言先儒言孔子嘗定禮樂今以此章之指觀之則三代之禮孔子欲爲一書而不果成也至於樂則與詩相須故樂正而雅頌各得其所然亦無全書矣疑其說之或然

也

或問先儒禘禮之說多矣獨取趙氏何也曰先儒以禘爲合祭於大廟上極其祖之所自出而下及毀廟未毀廟之主祫則合祭於太廟而不及祖之所自出也惟趙伯循引曾子問春秋傳以明祫之爲合如諸儒之說禘則直祭其祖之所自出而以其祖配之但設兩位而不及羣廟之主爲其尊遠不敢褻也此說最爲得之而其具於春秋纂例者詳矣其曰鬱鬯者何也曰禮家以爲釀秬爲酒煮鬱金香草和之其氣芬芳而條暢也曰孔子不欲觀之意諸說不同如何曰程子以僭禮言之當矣然不察乎失禮之中又失禮焉之說則是自其未灌之時已不足觀不必言既灌而往也又以逆祀爲言則又

異乎僭禮之說然如趙氏則禘祭本不合羣廟之主必如舊說則未有以見觀卽設主之孰先孰後亦恐其說之不通也謝尹從僭禮說范周從逆祀說其得失於此可見矣如楊氏則方灌之時已不足觀不必更言而往矣如呂氏則是既灌之後薦獻禮節又皆無實之繁文也聖人之意其亦必不然矣

或問十一章之說曰諸說皆善而各得其一偏蓋呂氏得其報本追遠之意游氏得其仁孝誠敬之心程子得其不王不禘之法此皆其說之善者也然游氏又兼郊社禘嘗言之其義雖廣而於此章之旨則不若程子呂氏之專也程子又有逆祀之說然纔一言之而僭禮之意尤備則疑當以多者爲正也謝氏專以交神明之道言

之似非此章答問之本意蓋或人之問未應及此而指掌云者又何以見其爲交神明之道哉其曰知鬼神之情狀則能以神道設教而天下服者其失益遠矣游氏所譏禮大義衆者正楊氏所引祭道之說游氏則旣偏矣而楊氏又以爲其義有至賾者而非度數之謂則亦失所引記文之本意也周氏以爲中庸之言與此不同而各有所當亦或未然蓋其專以逆祀爲說故覺此章義狹而不若中庸之廣耳然中庸實兼四祀而言郊所以事天社所以事地禘所以追遠嘗所以親親故其義誠有廣於此章者而此章發明追遠之意則與中庸之意亦未始不同也張敬夫將明程子之說而又自爲一說義亦有可觀今附於此張敬夫曰禮者天所秩也禘之爲禮惟天子得用之而諸侯不

得用蓋天理之所當然也天下萬事莫不皆然所當得爲者天之所爲也知此説者則於治天下也不難亦曰循其理而已矣

或問十二章之説曰諸説皆善而程子至矣但范氏有神非其鬼之説則失彼章之意彼所謂其鬼者通謂巳之所得祀者耳非專以先祖爲言也謝氏章首二句不可曉疑有誤脱其引伯高之事則甚善

或問十三章之説曰程子以奧喻貴臣者非是其釋夫子之答辭則諸家所不及也周氏因其貴臣之説誤矣范氏以奧爲祭之尊戶竈爲祭之小而以夫子特爲不媚竈而已者亦非是呂氏之説得之爲多惜乎其未及考於奧竈之禮謝氏於人無所媚之語不可曉其曰我寧媚於奧直求福於天者亦非楊氏直以媚竈爲逆理則

是以媚奧爲順理而復附於范氏之失矣聖人事君盡禮者天理之公也一有媚之之心則流於人欲之私矣豈聖人之所爲哉以爲順理誤矣又以天爲理之所自出語亦未瑩不若胡氏張氏之爲得也胡氏曰天即理也理無不在在人則人心之昭昭者是也○張敬夫曰智中所存一有不直則爲獲罪於天矣夫欲求媚是不直之甚者也斷言仰禱祠而論之而所以答其意者亦無不盡也自然則子之所論祀竈之禮何所據而言也曰月令夏三月其祀竈而鄭氏之注云爾也凡祭五祀尸竈門行中霤皆先設席於奧而設主奠俎於其所祭之處乃設饌迎尸於奧而孔疏以爲逸禮中霤之文蓋唐初猶有其書而今亡之也亦可惜哉

或問十四章之說曰諸說惟尹氏得之范氏以爲將措之宜當從周禮周氏以爲周禮大備後世無以加者以夫

子所以告顔淵者推之則固將有不盡從者而亦不得爲無以加矣謝氏侯氏以爲不敢不從則是以聖人之所不取而强從之也且監於二代郁郁乎文哉之語又將何所措乎楊氏以爲從其監於二代之意而非從其文則郁郁之歎亦將無所施也且立先代之後以統承先王蓋未有知其所由始者而虞夏之際已見於書傳矣豈獨周爲然乎大抵聖人不得其位固當從時王之禮而周禮之盛又非有所繆戾而不可從也設使夫子得位而有作焉竊意其從二代之禮固不能多於從周也

或問十五章之説曰程子至矣尹氏發明意尤詳備吕氏周氏之説恐亦或有此意然非其本也范氏以立宗廟爲教民孝則不本於有國者思念其親之誠心以每事

問爲敬鬼神。則又非聖人敬愼其事之本意。如謝氏之說。則是聖人本欲以是肆其詆訐於當時。旣而又託於敬愼之說以文之也。其必不然矣。楊氏以籩豆之事。夫子眞所不知。恐亦未安。夫籩豆之事。特非有位者所當察。於其問耳。豈謂可以初不識其名物。必待入廟而後問耶。侯氏蓋兼引程子呂氏之意。然亦雜矣。曰子何以如其爲始仕時也。曰以或人所稱鄹人之子者觀之。則其爲少賤之時無疑矣。曰繼此而復入。則將復問乎。曰問而復問。則不誠矣。惟其所未見而未及問者。則固將必問焉。而其前所已問而今當行者。則亦必復問而後從事也。

或問十六章之說。曰程子三說於文義皆未有暢者。范周尹氏因之恐其考之未詳也張子之說則善矣然以爲此乃爲力不同科之一事則於文未有所見謝氏以爲或主皮或不主皮以其力之不同者亦非是儀禮之言射固有此二類然此專以其不主皮者而言耳楊氏於此獨爲得之但專以容飾爲言而不主於中則於義亦若有所遺也

或問十七章之說曰此章之說皆無異義但范氏小體大體之說無所當而周氏疾之之說非子貢之本意耳若愛羊之說則范氏所謂省費者得之或以爲猶齊宣王之不忍於釁鍾之牛亦不然也謝氏曰三代以後文不足不可以與斯造語亦未盡

或問十八章之說曰諸說皆通但范氏推說非本意謝氏

鄙薄魯衛之君而以爲聖人爲此特以畏天命畏大人而然則亦不類聖人之心耳又謂孟子參校彼我未能合一亦恐未然孟子之所以不如孔子者正爲於理義有未合一耳彼之與我果若何而可合一乎尹氏用程子說而加歎字亦失其旨程子推將人所以不知夫子之故以爲由其如此而已非以夫子之言爲歎此事而發也集註所引樂山黃資政說最爲得之然亦本出程子之意此外則胡氏之說亦善胡氏曰聖人事君盡禮非自賢以駭俗內交以媚君也亦曰畏天命畏大人而已矣以子思孟子之言觀之則聖賢之分可見矣然仰遵夫子則作中和之德師法二子則強不弱之志二者審己所聞擇而從之可也

或問十九章之說曰范說大槩贊聖言之混成耳然謂未嘗以私意鑿則凡君子之言皆然蓋不待聖人而後然

也。今曰非賢者所及則過矣。其他則呂謝侯氏之說以君臣各盡其道而言之正也。楊周尹氏則爲君而言之爾。若爲臣而言則曰君之使臣雖不以禮而臣之事君亦豈可以不忠也哉。兩說之中呂氏尹氏各得其要。可以互相發明者也。至如謝氏所以爲說。則是別有貴治賤賤事貴之道。而無待於禮義。必爲君臣而後始以禮義相與也。而可乎。侯氏仁敬之說。既無所當。至謂知禮知忠。則誠敬之道立而仁矣。則語意尤不倫。而又幾於衍說也。定公以下數語則善。謝楊皆以飲食宴賜爲使臣之禮。似亦未盡。夫君所以使臣者。一事一物何往而非禮之所在哉。

或問二十章之說。曰。程子兩說皆引詩大序之文。以釋此章之義而謝楊周吳氏因之以今觀之序乃因夫子之言以爲說而不能無失其意者不若其第三說之云者與范氏直以詩之本文釋之之爲當也夫淫者樂之過而失其正者也傷者哀之甚而害於和者也今謂爲淫其色傷於善則亦失其義而贅於辭矣然范氏專以聲和爲言似亦未究其本原者謝氏雖引序文而所以爲說者又涉乎程子之三說尹氏又兼范說而言之不知其何以通之也楊氏引序文而不盡其意似已覺夫淫色傷善者之失其義也游氏既引序文乃不用程子之說而祖鄭氏王氏之義則又甚矣呂氏所謂惻怛至誠者似亦未深考乎詩之文也諸說多引發乎情止乎禮義者爲言以序考之此言乃爲變風而發然已頗有可

疑者。尤非所以論關雎也張敬夫所論性情之際亦有可觀今附於此張曰哀樂情之爲也而其理具於性樂而至於淫哀而至於傷則流於情而汩其性也樂而不淫哀而不傷發不踰節則性情之正也

或問使民戰栗或者以爲哀公之言信乎曰使是言果出於哀公則當以公曰發之而夫子之責宰予亦不若是之迂且晦矣曰蘇氏以爲公與宰我謀誅三桓而爲隱辭以相語則固無嫌於晦矣曰吾聞之昔嘗有以是問於尹子者尹子艴然不答既而曰說經而欲新奇則亦何所不至矣此言可畏也哉故此章之旨但當以程子張子范尹爲正若呂謝楊侯周氏之說則失之矣然程子張子皆以社當爲主蓋不可曉而楊氏遂事既往之云其失爲尤甚也曰胡氏以社爲祭地之禮然乎曰未

可知也然其言則有據矣存而考之可也胡氏曰書者祭地於社猶祀天於郊也故泰誓曰郊社不修而周公祀於新邑亦先用二牛於郊後用太牢於社也記曰天子將出類於上帝宜於社又曰郊所以明天道社所以神地道周禮以禋祀祀昊天上帝以血祭祭社稷而別無地示之位兩圭有邸舞雲門以祀天兩圭有邸舞咸池以祀地而別無祭社之說則以郊對社可知矣後世既立社又立北郊失之矣

或問三歸之爲臺名何也曰説苑有謂管仲築三歸之臺而韓非亦曰桓公使管仲有三歸之家是其證也曰舊説婦人謂嫁曰歸三歸云者一娶三姓而備九女如諸侯之制也且雖臺名安知其不以處是人而名之乎曰若此則爲僭上失禮與塞門反坫同科矣今夫子但以爲不儉則亦但爲極臺觀之侈而未至於僭也曰禮以大夫具官爲僭今管氏之官事不攝是也而夫子以與

三歸並稱、則亦安知其不爲僭哉。曰、禮家之言。若此者皆不可據也。如曰家不藏龜、則臧文仲之居蔡。亦僭禮而不仁矣。而夫子但譏其作虛器爲不智。則禮家之說又可盡信也耶。凡此類者。折衷以夫子之言可也。曰、或人聞器小而以爲儉。則似矣。聞其不儉而遽以爲知禮何哉。曰、當是時也。世方尊管仲之功而不敢議其失。故以爲凡管仲之所爲。則是禮之所存矣。又方文勝。故徒知儉而不及者之爲非禮。而不知奢而過者之尤失禮也。曰、謝楊之說如何。曰、夫子之小管仲。正以其用狹而量淺耳。用狹者其本也。量淺者其驗也。楊雄氏之言得其本。而所謂量淺者。亦在其中矣。故諸說者多遵用之。而程子所謂器大則自知禮。尹氏所謂器小可知者。皆兼夫量淺者而論之也。謝氏有見於量淺之說。而不究其所以淺。因失之矣。楊氏有見於用狹之意。而遂折夫量淺者。以爲所謂器小者。初不在此。則與謝氏之說胥失之也。蓋如謝說。則是當是時一狐裘三十年。豚肩不揜豆者。遂可爲大器矣。如楊說。則是苟有王佐之才。則雖三歸反坫。而不害其爲大器也。而可乎。故觀此章者。以楊子程子之說爲主。而以范尹氏說輔之。則其意得矣。然謝楊之說。亦不可廢。擇其善者而取之可也。

或問二十二章之說。曰程子范氏大意得之。翕純皦繹之義則謝氏得之爲多。楊氏純繹之義不當其物。皦如之說則又過深矣。此方論樂之音節。豈當遽及此乎。周氏之說蓋亦類此。楊氏又謂此孔子反魯樂得其所之意

亦恐未然味其語勢蓋將正樂而語之之辭耳侯尹無大病然細考之其文義亦有未盡善者

或問二十四章之說諸家皆以喪爲斯文之喪子獨以爲失位之喪何也曰此劉侍讀之說而蘇氏因之得其旨矣蓋封人亦曰何患於喪而已固未有以知其爲斯文之喪也且當是時夫子固無恙也二三子又何患於斯文之喪乎抑夫子之設教門人爲日久矣又何至是而始曰天將以夫子爲木鐸乎然蘇氏以天使夫子東西南北未嘗寧居如木鐸之徇於道路則亦恐未安也

或問二十五章之說曰程子第二說得之矣范氏謝氏各得一意而發明之尤爲詳備游氏之說亦善而於美善二字辨析尤有功周氏以盡美爲德則其說有不通者

矣曰程子釋傳之説如何曰樂記有之然程子蓋亦兼存之耳非專以此爲説也

或問辛章之説或以爲何所觀或以爲何足觀子獨以爲無所觀其事之得失何也曰此以其文意推而得之也蓋在上則以其量而觀其大小爲禮則以其敬而觀其淺深臨喪則以其哀而觀其厚薄今既無其本矣則雖欲觀之其將何以觀之乎彼曰何所觀何足觀者雖於大義可通然恐其未盡文意之曲折也

論語或問卷之三

清康熙本四書或問

第二册

宋 朱熹撰

清康熙間禦兒呂氏寶誥堂刻《朱子遺書》本

山東人民出版社·濟南

論語或問卷之四

朱熹著

里仁第四 凡二十六章

或問里仁之說孟子嘗引以明擇術之意矣今直以擇鄉言之何也曰鄭氏程叔子皆云爾矣以文義考之則擇云者不復指言所擇而特因上句以爲文恐聖人之本意止於如此而孟子之言姑借此以明彼耳然程子之意亦似以里爲人之擇里而居者則又非文意也程伯子張子及范謝楊氏多從孟子呂周尹氏又兼兩意以里仁爲譬喻之言胡氏又自爲一說義皆可通但恐或非本文之意耳讀者詳之胡氏曰里居也居仁如里安仁者也擇而處仁利仁者也

或問二章之說曰諸說皆善然其細微之間時猶有未安

者。如約樂之說，則謝氏之病爲多。如以約爲事、樂爲情而所性不存焉，惟體仁而盡性者，爲能無累於此。語意雖精，然細味之，似有性情不相管攝之意，而流於老佛之弊。其曰不仁者不知我之爲我，而以物爲我，則又甚矣。聖人之意，但謂不仁者不能安於義理，而固其所守耳。豈若是險怪而不平哉。楊氏於長久二字，則亦有功矣。然所謂未能敦仁者，乃利而未安之事，非直不仁也。刻意厲行，亦有志者之所爲，豈不仁者之所及哉。若通下文之義，而曰未能安仁利仁，而徒出於一時意氣之所爲而爲之，其處約也未必濫，則可矣。胡氏於此發明似得其本旨者。胡氏曰：舜之飯糗茹草，若將終身；衣袗衣鼓琴，若固有之。此安仁者之久處約長處樂也。原憲環堵，閔損汶上，魯之李文子、齊之晏平仲，此利仁者之久處約長處樂也。侯氏大意得之而語多繁複周氏其背自私之云則亦疎矣安仁利仁之說程子發明亦切至矣但若欲爲而爲之之類看利仁者則太淺矣若徒爲名而已則是豈其眞知仁之爲利者而亦何足以得爲仁之利哉范氏所謂有諸已而體之者恐未足以明安仁之意呂氏所謂向慕勉強者亦未及乎利仁也以中庸達德表記三仁之序考之可見矣謝氏之說則善矣然初不見利字之意而於所以安仁者亦未親切其他如曰樂天畏天由仁行仁生知學知者皆不能有所發明而畏天生知學知云者語尤不類周氏所謂自得者亦然惟尹氏二說雖約而皆不失其旨所謂泰者亦以其事而言非與矯爲對者也其語利仁則文義爲尤密矣

或問三章之説曰程子之言約而盡矣公者心之平也正者理之得也一言之中體用備矣范氏敬修可願之云亦曰如是之人仁者所好耳然可願之云若與所好者相亂亦其立言之疎也謝氏本無好惡人之心者過矣是非之心人皆有之而好惡之則又出於天賦之秉彝而不可易者豈仁者而反無之哉亦曰無私而當理焉可耳游氏之説則善矣但以仁者爲宅心於大中至正之地則是仁者之心初不中正而大中至正云者又自爲一處必以此心納於彼處而後得爲無私也而可乎且宅心之云見於書者與上文克知三有宅心者宜爲一説今之説者疑已失之然不過曰有以居是心而不爲事物侵動耳豈曰宅此心於一處哉楊氏會物於一

已者僧肇之言也夫謂無私心而自無物我之間可也若有意會物而又必於己焉則是物我未忘率彼以合乎此也且物之與己又若之何而可會哉此記佛者之言而較之猶未得爲極至之論況楊氏以儒者而數稱之則不可曉矣周氏詳潤而不甚切尹氏以公盡仁又得程子之說而不得其意者也曰然則游氏所謂智而未仁則不足以與此何如曰知及之矣而不足以與此者非謂懵然不知所好惡也私意人欲一有介乎其中則雖好惡之不差而其輕重淺深之間必不能無毫髮之偏者此所以必仁者而後能也

或問四章之說曰程子楊尹得之矣范氏之說太重志於仁者謂其有意乎此則可以爲已能如此則不可謝氏

以志仁爲知仁以去聲讀惡字則又誤矣蓋志仁則實有意於爲仁非但知之而已也且上章適言惟仁者能好人能惡人則仁人曷嘗無所好惡哉今曰無惡然則謂其獨有所好可乎故胡氏力排其說以爲貪無惡之美名失仁人之公道非知仁者蓋得之矣然此又或有說焉蓋仁固公矣而主於愛故仁者於物之當好者則欣然悅而好之有所不得不惡者則惻然不得已而惡之是以好惡各當其物而愛之理未嘗不行乎好惡之閒也以此而觀則胡氏之言其亦未免於偏與曰然則謝氏所謂惡人之惡如惡己之惡者如何曰此自覺其說之不安而爲是以補其闕耳然其語意有不可曉者今姑就其文而推之則易矣曰常人之情惡己之惡必

怨惡人之惡必深。然以怨己之心怨人則其惡之也必
不至於己甚。所以謂之無惡可也。果如此言。則是不惟
先昧己心。而又將不復以君子之道待天下之人也。以
此爲仁。不亦遠乎。不然則意其文之或誤也。若曰惡己
之惡。如惡人之惡。則於理爲庶幾矣。然與其上文不類
而亦非經之本意也。

或問五章諸說如何。曰。衆人固欲富貴矣。然立位以行道。
亦君子之所欲也。衆人固惡貧賤矣。然身困則道否。亦
君子之所惡也。欲富貴而惡貧賤。人之常情。君子小人
未嘗不同。君子所以異於人者。特以非義而得富貴。則
不處。不幸而得貧賤。則不去耳。此舊說之意。而范謝游
楊氏皆用之。惟程子意異。而侯尹氏獨守其說。愚嘗考

之以文義則舊說勝以意味則程子深然平心以觀程子之說於文義間有甚費力而卒不可通者恐不若從舊之爲安也若謝氏所謂君子樂富貴而悲貧賤者則已卑而不及於理若二章所謂何與我事者則又失於過高而有所略於事也楊氏所引趙孟之云若以孟子之意言之則非君子所以非道而得富貴則不處之意但未知其復以孟子之說爲如何若必合於此文而言之則吾恐其旣失於此而又叛於彼也然其後本已刊去之則亦豈自覺其所引之誤與其曰去其所以得貧賤之道則亦未安蓋旣曰君子則固無得貧賤之道矣設其有之則修身改過者乃吾事之當然初豈以是爲去貧賤之計也哉曰然則君子而有非道以得富貴者

何也曰是亦一時不期而得之非語其平日之素行也蓋如孔子主我衛卿可得行一不義殺一不辜而得天下之類耳曰去仁之說奈何曰范氏善矣然所謂存乎不仁則成不仁之名者非本文之正意也若然則又豈可謂去仁則無所成名乎謝氏去仁實亡之說亦善但其他辭冗雜有不勝辨者而又不足與辨也若以去仁以下二句繫之范說其名從之之後則兩長集矣其他諸家之說亦不親切今皆不能復辨也曰君子以爲終食造次顛沛言每進而加密何也曰吳氏嘗言之矣終食猶是無事之時造次則異於閒暇顛沛則又異造次矣呂氏之說蓋亦類此而其訓釋字義又加詳焉爾曰諸家之說如何曰程子至矣張子推說亦善范氏因可離非

道。而生可違非仁之說。其於彼此之文義。皆不審矣。夫道以人所共由而得名。故子思有可離非道之說。若仁則違與不違。在人而已。豈可謂可違非仁哉。其下文以如是則可以謂之學者。則尤未當矣。謝氏非有意於不違之說。過矣。而其所謂身之所在。仁斯從之。如形聲之有影響。則反析人與仁爲二物。而相隨者其亦疎矣。至謂終食之間。無放飯流歠者。則得其實。與周氏食不知味之說相表裏。雖經文本意。但謂無一食之頃然以食時言之而指其實。則此亦爲可據也。曰或以飲食必祭爲言。與此若無異者。而游楊皆斥其陋何也。曰是其說有二焉。若曰祭而必敬。則不違仁之一事也。游楊何譏焉。若但以其不忘本而加恩惠焉。以爲仁則信乎其陋矣然推本而言則制禮者之於此固亦其仁之發但不可專以此爲仁耳曰侯氏所謂仁不可離在知不知之間者如何曰其病與謝同而又甚焉者也知之非艱行之惟艱孰謂知之而遂無間之可離哉學者以是爲心吾恐其流於異端而無復操存踐履之功也周氏語多未瑩而李曰學者宜知所謂是則小怪矣楊氏雖亦有此意而繼之曰仁而已矣則義有所歸而不爲病也曰尹氏造次顛沛必於是爲純亦不已者如何曰此誦程子之言而失之者也程子曰純亦不已天德也造次顛沛必於是三月不違仁之氣象也又其次則日月至焉蓋以純亦不已爲聖人之事造次顛沛必於是爲顏子之事日月至焉爲學者之事凡三等也尹氏通上兩等

而一言之。其失也甚矣。

或問六章之說。曰。程子至矣。張子大意亦善。但以好惡爲一人之事。則經文有二者字。恐其本意或不然耳。范氏亦得之。而說其爲仁矣。與周尹氏皆自爲一句。而不屬之下文。則恐於文義有不通者。此言之意。蓋曰惡不仁者。其所以爲仁者。如下文所云耳。呂氏無以尚之。不加其身。未見力不足者。皆爲勝物之事。則非克己爲仁之意矣。謝氏所謂眞好惡者亦善。但生知之說太過。而無以尚之一句未安。不若遂以眞好惡者推之之爲善耳。楊周氏好仁之說類謝氏。惡不仁之說近呂氏。又謝氏所謂志。所謂此心。疑其指上文好惡者而言之。以爲如是之人用力於仁。則無力不足之患也。然好仁而無以尚之。惡不仁而不加乎身。則用力於仁也久矣。恐不得復以此爲説也。難易之説。則亦程子之意也。楊氏之失。前已辨之。其曰天下歸仁者。則又失之大快矣。旣以爲仁由己。何力不足之有。而又有人嘗用力以下之説。則又似眞有力不足者。而特夫子未之見。亦不知其説之所定也。尹氏之説。則尤貿亂而無序。蓋不可得而通矣。但曰用力以下之説。諸説不同。未有以屈其説而集註斷。而蓋有之矣。又曰力不足者而上繫於用力於仁之文。疑亦未安。奈何。曰是固嘗思之矣。如范氏説。則力不足者。爲能用力於仁。而其力不足以至於仁。而與畫焉者有間矣。夫子思其上者而不可得。故思其次而歎其未見耳。此則未見之云。與下文者不異矣。然聖人方疑未有用力於仁者。則且歎其未見此等之人。而未應遽歎夫未見其次之人。且其下文二句。又止因程說則又不免乎跨越之弊。此亦有所未能安者。呂謝楊說前已辨之矣。而周氏力不足之說則同於程子。而以下文二句。爲蓋有力不足之人。但我未之見。所以深言必無用力而不足之人也。此則蓋有之矣。不必有所越而繫乎一句之前矣。然未見之云。又未免其戾於前後之云也。是數說者。其前後得失如此。不可盡用。必不得已則力不足之云者。從范氏。而下文二句從周氏之訓。以指夫力不足之人。用程子之意。以不絕夫進善之路。其庶幾乎。然程子舊說。未敢遽廢。姑存此意而熟考之可也。曰子所謂無以尚之者何以言之也曰李氏之說然也李氏曰好仁好色舉天下之物未有以尚之者有以尚之則其好可移矣曰好仁者不幾於安乎曰謝氏之說蓋然然亦未也胡氏以好仁爲利之惡不仁爲强之者得之矣曰爲仁者亦用力乎曰蘇氏言之矣蘇氏曰仁之可好甚於美色不仁之可惡甚於惡臭而人終不如所趨避者物欲蔽塞之也解其蔽達其塞不用力可乎故又曰自勝者强又曰克己復禮爲仁

或問七章之說曰程子至矣尹氏又推明之亦盡矣前乎此者則有劉氏之說後乎此者又有吳氏之說焉劉侍讀曰周公使管叔監殷而管叔以殷畔魯昭公實不知禮而孔子以爲知禮實過也然周公愛其兄孔子厚其君是乃所以爲仁也吳說已見集註而楊氏亦因之但所引表記以爲說者則已支離矣曰諸說如何曰如范氏說則宜曰責小人以恕則可以爲仁而不必言知仁矣如呂氏說則宜曰

類族辨物。則仁術弘。而又不必專於觀過矣。如謝氏之
說。則但觀人之運動作爲。而識其運動作爲之所以然
者。卽可以知仁。而亦不必專於觀過矣。范呂旣疎。而謝
氏之失爲尤甚。蓋其論仁每以活者爲訓。知見爲先。遂
以此所謂知爲彼之知。此所謂仁爲彼之活。而誤焉耳。
曰。世有因謝氏之說而推之者。曰人能自觀其過則知
其所以觀此者。卽吾之仁。是說如何。曰此說最爲新奇
而可喜。吾亦嘗聞而悅之矣。然嘗以質之於師而曰不
然。旣又驗諸行事之實。而後知其果不然也。蓋方其無
事之時。不務涵養本原。而必欲求過以爲觀省之資。及
其觀之之際。則又不務速改其過。而徒欲藉之以爲知
仁之地。是旣失其所以求仁之方矣。且其觀之而欲知

觀者之爲仁也。方寸之地。俄頃之閒。有過者焉。有觀者焉。有知者焉。更相攫挐。迭相排逐。煩擾猝廹。應接不暇。蓋不勝其險薄狂恠。而於仁之意味。愈不得其彷彿。原其所以然者。蓋亦生於以覺爲仁。而謂愛非仁之說耳。夫有是性。必有是情。故仁之愛。知之覺。猶水之寒。火之熱也。程子謂不可以愛爲仁。蓋曰不可以情爲性。猶不可以寒爲水而已。然其所謂以仁爲愛體。愛爲仁用。則於其血脉之所係。未嘗不使之相爲流通也。故於有子之言以及此章之旨。未嘗不以愛爲言。至於以覺訓仁。則蓋嘗明斥其非矣。今宗本程氏而不深考於此。乃直謂覺爲仁。而深疾夫愛之說。則是謂熱爲水而惡言水之寒也。溺於新奇而不自知其陷於異端。誠以是說推之則庶乎其有以改矣。

或問朝聞夕死得無近於釋氏之說乎。曰：吾之所謂道者，固非彼之所謂道矣。且聖人之意，又特主於聞道之重，而非若彼之恃此以死也。曰：何也？曰：吾之所謂道者，君臣、父子、夫婦、昆弟、朋友當然之實理也。彼之所謂道，則以此爲幻爲妄而絕滅之，以求其所謂清淨寂滅者也。人事當然之實理，乃人之所以爲人而不可以不聞者，故朝聞之而夕死亦可以無憾。若彼之所謂清淨寂滅者，則初無所效於人生之日用，其急於聞之者，特懼夫死之將至，而欲倚是以敵之耳。是以爲吾之說者，行法俟命，而不求知死；爲彼之說者，坐亡立脫，變見萬端，而卒無補於世教之萬分也。故程子於此專以爲實見理義重於生。與夫知所以爲人者爲說。其旨亦深切矣。但所謂不虛生。死得是者。意若小偏耳。張子前說。大意與程子前說同。後改之說。則幾於釋氏之云。而呂氏又祖其說。亦誤矣。范說旣疎。而謝氏又不可曉。以意推之。其所謂道者。又若其論活者爲仁之說也。故又以爲不聞此而死。則謂生而死者爲吾身血氣之爲。聞此而死。則知生而死者。乃道之出乎生。入乎死。而無所復憂。若其果然。則與釋氏之言。尤不能有以異矣。楊氏與程子皆引易簀之事。然其意則有不同者。程子之意。蓋以道之重於生。明正之安於死。言有夫子所言之志。而後能有曾子所處之事耳。非以聞道便爲得正。亦非以聞道而得正者。便無餘事而可以死也。若楊氏旣以聞道爲得正。而又有無餘事之説焉，則是曾子將死而後始得聞夫所謂道者。既聞道而遽遂無餘事之可爲也，是亦生於不慮生死、得正之偏，而與此條之説不得爲同矣。周氏蓋亦生於不慮生之云者，而其所以爲説者，則賢於楊氏矣。尹氏誦程子之言，而以誠有所得者明夫實見實理之説，意義益明白矣。

或問恥惡衣惡食者，其爲未免於求飽求安之累者乎？曰：此固然也。然求飽與安者，猶有以適乎口體之實也。此則非以其不可衣且食也，特以其不美於觀聽而自愧焉。若謝氏所謂食前方丈，則對客泰然，疏食菜羹，則不能出諸其戶者，蓋其識趣卑凡，又在求飽與安者之下矣。志於道而猶不免乎是焉，則其志亦何足言哉。曰：諸說如何曰程子至矣范尹因之而范氏又能有所發明者也謝氏則別爲一說而意尤高遠楊氏周氏若皆以爲不能忘情而有慍焉者則吾已辨於前矣然周氏所謂其志分者覽者猶可以有取焉

或問十章之說曰此章諸說多誤蓋由音讀之學不明以適爲子適衞之適之故也惟呂氏以爲主謝氏以爲可似吾誰適從誰適與謀之適然呂氏之說不明而義之與比亦同衆說誤爲比於有義之人者獨謝氏爲不差而其所論老佛之失亦最明白也

或問十一章之說程子兩義不同何所據而爲取舍也曰以例求之凡言君子小人而相須者則君民之謂也如愛人與易使之類是也言君子小人而相反者則善惡之

謂也。如周比和同之類是也。以相反爲言。而上下章又且多義利之說。則固當爲善惡之類矣。況以君民爲說。則其懷惠之云。亦迂晦而不通矣。尹氏多本程說。而於此亦不之從。則又可見其亦有所未安矣。謝氏又自爲一說。而以是四者皆爲下懷其上之事。若曰君子賢其賢而親其親。小人樂其樂而利其利云爾。但彼因前王不忘之言而發。而此無所繫。則恐不得而同之耳。楊氏能言君子之不懷居矣。而未見懷德之意。以刑爲體。出於莊生之書。援以釋此。亦未足以爲據也。周氏蓋發明程子初說。然皆易懷爲安。則安惠云者。其說有不通矣。尹氏雖因謝氏之語。而實用程子第二說。是最爲得旨。樂善惡不善。猶曰好仁惡不仁也。必以刑爲言。則猶管仲所謂畏威如疾。申公巫臣所謂懼罰務去之之謂耳。大抵懷德之君子。不待懷刑而自安於善。懷土之小人特欲全其所保。而未必有逐利貪得之心。其爲善惡亦各有淺深矣。此外則蘇氏說亦佳。然必以利害爲言。則終不近聖賢氣象也。蘇氏曰懷安也君子安其所必安小人之所安有不安者矣德之可安也固於土法之可安也久於惠利在耳目之前而患在歲月之後者小人不知也

或問十二章之說曰程子至矣范氏亦爲得之但其語多病如乾之利物爲利之大放利而行爲利之小其比擬之不倫甚矣夫利物之與自利其爲善惡如陰陽水火之相反豈特有小大之殊哉若以乾道變化對夫解衣推食者而言之其可哉謝楊周氏之說是亦一道但非本文之意而謝周氏又并所謂躬自厚而薄責人者失

之耳此外則晁氏亦善晁氏曰依於義而行則此既宜之彼亦宜之雖傷不怨依於利而行則專利於此貽害於彼不勝怨也

或問十三章之說曰此章之旨諸家皆不能盡善今詳上句之說則范氏得之下句之說則李氏得之李氏曰能以禮讓然後能行禮不能以禮讓則雖禮文具在亦且如之何哉蓋以禮之繁文末節當世所尚皆時人所易行者至於辭讓之心則禮意之實而人所憚爲故言能以禮讓爲國而先民則其爲國也不難若不能以禮讓爲國而徒相與從事乎繁文末節之間則亦無以爲禮耳至於句讀之間諸說亦多不同往往多至讓字爲絕句而以爲國者屬之下文雖於上句爲通然施之下句則不通甚矣要之此但當爲三句而中句至國字爲絕乃安耳謝楊周說皆失之謝氏上句

猶可通而下句以如禮何者爲一身之禮則無所據矣且其上句之讀與下句文勢正相戾又與諸說不同也楊氏周氏以禮而讓之說則巧曲而支離矣李氏之讀恐亦未免此病也

或問十四章之說曰程子范氏皆以患無位爲患無位以行道所以立爲身有所立皆失其文義之所指矣謝氏專以才稱其位爲言其文義則似矣而君子之所以立乎其位者固當以德爲貴不當專以才而爲言也畏名喜名之說殊不近本文之意而其所謂至論者則過高甚矣我貴之說首篇之首蓋已辨之今不重出且所謂求爲可知云者正以爲字爲重而范謝語或遺之亦大疎略矣楊氏之說顛倒重復殊不可曉此章之意正爲

未有以立而患無位未有可知而患不知者言耳若有以立而有可知矣則又何患之有哉周氏無甚病然語亦多不切也曰未有位而先求所以立乎其位則先事而迎矣人不己知而必求爲可知則是乃所以患乎人之莫己知也聖人之言若此奈何曰此亦對待之言欲人之反求諸己耳蓋所以立乎其位者進於其道而已矣所以爲可知者勉於其實而已矣固非事事物物預爲防擬且爲皎皎之行而必其可知也若必以此爲嫌則將必如謝氏所謂至論者然後可然則無乃反爲過論也耶

或問一貫之旨夫子不俟曾子之問而呼以告之曾子無所問辨而唯焉以對何也曰曾子之學主於誠身其於

聖人一言一行之際蓋無不詳視審記而力行之也至是則其積之久行之熟日用之間所以應物處事者各有條理而無不盡矣所未達者特未知反求其本而得夫衆理之所自來然其下學之功亦至而將有以上達矣夫子於此蓋得之眉睫之間也故不俟其問而呼以告之若曰吾之所謂道者雖有精粗小大内外本末之殊然其所以爲道者則一而已矣曾子之心於是豁然而有以得夫衆理之所自來者故無所復疑而直應曰唯蓋不惟無待於問辨而亦不容有所稱贊也孟子所謂君子之教有如時雨化之者正謂此爾然以史記考之則夫子卒時曾子之年才二十有九耳其聞道之早蓋如此可畏也哉曰曾子於門人之問而以忠恕告之

何也曰夫子之告曾子也門人莫不聞之矣然獨曾子爲能默契其旨而他人不與。是以因夫子之出而問焉耳。然彼未及究夫衆目之殊。則所謂一者。亦將安所措哉。使曾子而非有以實得乎此。則必重以已意推繹聖言。而反益其惑矣。今乃不然。而直以忠恕告之。則雖未嘗誦言一貫之旨。而所以發明其實者。蓋無餘蘊。其曰而已矣者。邢氏以爲萬理一貫。更無他說之辭。亦得其文意者也。蓋盡已爲忠。道之體也。推已爲恕。道之用也。忠爲恕體。是以分殊而理未嘗不一。恕爲忠用。是以理一而分未嘗不殊。此聖人之道。所以同歸殊塗。一致百慮。而無不備。無不通也。以是爲言。正欲使門人不求之空言恍惚之中。而考諸聖人用心行事之實。有以默識而加勉強之功焉爾曰然則中庸所謂違道不遠者何也曰曾子之言忠恕自聖人之心而言也中庸所指則學者勉行之事爾其理雖同其分則異程子所以有動以天降一等之辨也學者第深考於其書則有以別乎此矣曰程子以來其門人為說者衆而亦有不同者何也曰程子發明曾子之意極精微矣蓋欲學者默而識之也而其論中庸之旨以為下學上達掠下教人則欲學者勉而進之爾蓋致知力行不可偏廢故其言每如此至其門人之說謝氏侯氏專明曾子默識之意楊氏尹氏獨推中庸勉強之說則各得其一偏而不能以相通矣學者正當兼取而並觀之則於夫子之心曾程之意庶幾其有以得之矣曰其所謂下學上達之義者何

也曰此謂中庸之言欲學者之下學乎忠恕而上達乎道也若此章之云則聖人之事而非有等級之可言矣曰兩程子之言忠而不異而言恕有不同者宜何從曰侯氏論之其去取之意得矣然其所以爲說者則語意支離而不及載於精義之書也以今論之則伯子之言舉植而不及動指氣而不及性必若叔子之言則庶乎耳曰然則天地亦盡己之心而推以及物乎曰此以天道著人事取其理之屬乎是者而分之耳若天之自然而無外則又何必己之盡而有待乎推以及物耶亦曰其本體之流行者在人則謂之忠由是而生物者在人則謂之恕耳曰推程子動以天之云者則聖人之忠恕爲動以天而賢人之忠恕爲動以人矣而又以忠爲天

道恕爲人道何耶且盡己推己均有涉乎人爲又何以有天人之分耶曰彼以聖賢而分也此以内外而分也盡己雖涉乎人爲然爲之在己而非有接乎物也縱横錯綜見其並行而不相悖者焉則於此無所疑矣曰程伯子以推己爲恕爲違道不遠之事而叔子以釋曾子之言何也曰恕之所以得名本以其推己而言也伯子特以聖人之恕爲無待乎推是以屬之學者之事叔子則以爲聖人之恕亦不過此但其所以推之自有不同耳二說雖異蓋不害其爲同也曰其引盡心知性之云何也曰是不可曉矣以一本之說驗之其關文耶然幷其一本之說而論之亦若未甚切於文義而與其別章之解不同蓋不可曉矣曰其曰冲漠無朕而萬象昭然

者又似以理之本末上下而言而與此章之旨不類何耶曰此亦縱横錯綜之言也蓋方其忠而恕之理已具及其恕而忠之理未嘗不行乎其間也體之於身則内外物我之間其亦不異乎此矣曰程子又言忠恕貫道若他人言之則不可信曾子言之則其盡也必矣者何也曰此疑記者之失也蓋其意若曰他人未盡忠恕而億度以言則其言雖或偶中而其所以言者有不足信若曾子乃以其實見而言則其必盡聖人之藴無疑也今記録不明乃似不知其言之是否而唯其人之信若侏儒之觀優者夫豈然哉曰其曰忠恕乃所以爲一而繼之曰言仁義亦可何也曰是乃所以爲一此言非程子不能言而曰言仁義亦可者亦非程子不敢言也蓋

以仁義言之則仁之成已猶忠也義之處物猶恕也是亦所以爲一而已矣曰然則其不曰仁義而必忠恕之云何也曰張子言之詳矣曰程子之引君子之道四者如何曰是則小誤以中庸之文推之則此四者乃反其所以責人者爲責己之事非欲苟自恕而并恕人也曰或又以謂忠恕非所以言聖人而欲易忠以誠易恕以仁其亦可乎曰聖人之忠則固誠之發也聖人之恕則固仁之施也然曰忠曰恕則見體用相因之意曰誠曰仁則皆該貫全體之謂而無以見夫體用之分矣曰諸說如何曰以忠固誠之屬也然以自然用力之或異則固不能無分别於其間故程子曰一心之謂誠盡心之謂忠則其辨亦已明矣且所謂忠者亦曰盡己之心而已矣

未遽及乎人也。今范氏曰：忠則無不誠矣。又曰：忠則在己，恕則在人，則其言皆無所當矣。夫忠恕之所以一貫正以其出於自然之理，而相爲表裏也。今呂氏曰：欲道之行於天下，非此不可，而又以二者皆爲待物之事，則其不察於此亦甚矣。夫聖門之學，升高自下，陟遐自邇，先博以文，而後約之以禮，始於繁悉，而終於簡易，固亦有其序而不可躐矣。夫子之所以告夫曾子、子貢者，正以其幾有以遍觀盡識乎此也。今謝氏乃謂夫子懼夫弟子之不能遍觀盡識，將無以入道，而告之以此，則是憂夫正途之迂遠，而示之以捷徑之易入也。且夫所謂道者，固亦未嘗離夫事物之間，又安得謂其不可以入道，而必告以一貫者，而後可哉？其以流而不息、萬物散殊言忠恕者。蓋推程子之意。然不言維天之命。則無以見夫流而不息者之爲體。不言乾道變化。則無以見夫萬物散殊者之所自來也。其論盡心知性者。恐非孟子之意。今未暇辨。至其誦程伯子充擴之語。則至矣。夫孔子之所謂一貫者。非曰貫彼我而一之也。亦曰其所以酬酢應變者。雖千變萬化而未嘗不一也。今游氏以天地一指萬物一馬。至人無已論之。則既失其旨矣。而又皆出乎異端之說。其擇焉而不精。亦甚矣哉。又謂忠恕未免乎違道。則又未察乎違道不遠云者。正以其自是而之道也。不遠云爾。豈背道之謂哉。又謂恕爲盡物。則恕其足以盡物矣。而恕之所以得名者。正自其未盡而足以盡者名之也。又謂反身而誠爲一貫之事。亦非也。

反身而誠。方謂反求諸身而萬理無不足耳。未及乎推以及物而無所不備之大也。又謂仲尼曾子所以授受門人有不得聞者。亦非也。夫師弟子相與處於一堂之上。其可爲呫囁耳語以私於一人哉。特學至者聞之而有得。其未至者雖聞而若弗聞耳。故門人之問以何謂爲辭。則固聞其言而不曉其所謂者也。若初不聞則又豈得而筆之於書耶。楊周尹氏之失。大槩類此。而侯氏又以爲孔顔子思孟子地位不同。其爲忠恕亦異。則亦有所未盡也。蓋以孔顔之忠論之。則此説可也。若中庸所謂忠恕。則非子思之言。而孔子所爲學者言之者也。且其告子貢仲弓。亦同曰己所不欲勿施於人耳。豈可謂孔子之恕。猶有待於勿施哉。其曰天未嘗一歲誤萬

物者其爲譬亦不切矣若曰一氣流行元無間息未嘗
少有僞妄雜乎其間也則得之矣

或問均是人也或爲君子而喻於義或爲小人而喻於利何也且程子楊周氏以爲淺喻而後篤好范氏以爲好之而後喻焉其不同何也曰論其所稟則有清濁之不同論其所習則有高卑之或異蓋不可以一說定也故有先喻之而好愈篤者有先好之而喻愈深者亦不可以一例拘也要知君子小人之分則不可易矣若周氏所謂其失在於用心之初者其切要之言與使非其用心之失則雖所稟之不善亦可以習而變矣然喻字之義惟呂氏之釋得之蓋心解通達則其幾微曲折無不盡矣程子范楊周氏大旨多善然或推其前或引其後

而正釋喻字之意殊少謝氏則自待甚恕而於君子小人之際初亦未甚剖判必其所喻之既分然後從而名之則其意與周氏正相反矣曰然則所謂君子小人之所喻者各爲一事耶將一事之中具此兩端而各隨其人之所見也曰是皆有之但君子深通於此而小人酷曉於彼耳曰對義言之則利爲不善對害言之則利非不善矣君子之所爲固非欲其不利何獨以喻利爲小人乎曰胡氏言之悉矣胡氏曰義固所以利也易所謂利者義之和者是也然自利爲之則反致不奪不饜之害自義爲之則蒙就義之利而遠於利之害矣孟子之告梁王意猶是也

或問十七章諸說如何曰謝氏得之楊氏周氏皆引大學而言則支離而無所當矣

或問諸家幾諫之說多以爲見微而諫者如何曰其說固

善矣然此章之語乃內則之節文耳以彼文考之則正所謂下氣怡色柔聲以諫者而曲禮亦有不顯諫之文焉則爲證也亦明矣且不以彼文推之則下文又敬不違將爲苟焉以從父之令者而勞而不怨亦將無所屬於上文矣曰諸說固失之矣其他文義亦有可論者乎曰范氏他說皆善所引曾子之言亦佳但恐其所以爲說者亦若見幾之云爾謝周尹氏他說則皆失之而楊氏於勞而不怨者遂略而不說不知其意果以爲何如也侯氏所謂不違幾諫之初心者得之矣

或問十九章之說曰范謝氏得之其次則侯氏亦可觀也

或問二十章之說曰胡氏得之矣范氏所謂各記所聞者或未必然也後有重出者皆放此楊氏於字之說已見

於首篇矣

或問二十一章之說曰侯尹得之楊周自爲一說亦通謝氏則恐非聖人之本意然事親者亦不可以不知也

或問二十二章之說曰范氏周氏得之諸家亦無異說惟謝氏爲不同恐非聖人之本意然於學者亦足以有警也

或問二十三章之說曰謝尹得之但所謂失之者本謂事之失而已謝氏乃以爲不外馳以失道約本謂斂束簡省而已尹氏乃以爲約之以禮則皆未安而周氏失之之說亦與謝氏相類也范侯皆以爲儉約之約恐聖人之意或不止此楊氏之說則太支離矣

或問二十四章之說曰此無異說但范氏所謂人性因所

有者未知其可意豈以爲氣質之稟有辨有訥而自修者則欲其訥而不欲其辨卽有以能行而不能言爲君子之所貴則其於義有所偏矣能言而不能行者固可賤矣而君子亦何必取於不能言者而貴之耶夫子之敎伯魚稱公西亦又曷爲不直使之爲君子之所貴而反出於其所賤之域耶謝氏所論禮樂進反之意則善矣但所謂在道不在物者不可曉豈以爲禮樂在於情性而外玉帛鍾鼓之謂乎然則未免有厭離事物而必求道於杳冥昏默之間之意其論訥言敏行者亦善矣然所謂心亦可謂之不放者亦不免有卑言行而貴心術之病也蓋訥言而敏行雖足以制於外而養其中然言訥則寡過行敏則有功亦非專爲欲心之不放而爲

是也楊氏所謂惡其取憎者失之尤甚聖人之意豈爲是而戒人以寡言哉其說之弊使學者以此爲心而不察乎理義之正則必將有閹然媚世而爲鄉愿之爲者矣周氏無他發明而侯氏尤疎濶尹氏所謂君子之志者則語雖緩而意切矣此外則胡氏之說亦有補也胡氏曰言而能訥者德則固訥人則信謀事則密不訥者反是行而能敏者善則速改過則勇應務則給不敏者反是敏與訥雖若出於天資然可習也言煩以訥矯之行緩以敏勵之由我而已不自變其氣質學豈有功哉

或問德不孤與易文言之意同否曰此泛言事理凡有德者必不孤立當有朋類聚來與爲鄰程子所謂事物莫不各以類聚凡爲善者以類應之說是也文言之云則以釋爻辭大字之意蓋言其德之盛爾程子所謂一德立而百善從之志於義理而心不安樂只是德孤者是

也。至於所謂與物同故不孤，則於易文此書之意皆不相似。其引易以說此書，又自與下文爲善類應者不合，蓋不可考。讀者擇其通者而從之，則類應之說無以易矣。故張子范氏亦同其說，而周氏兼而用之，前以德盛爲言，而後以類應爲說，於文義亦可通也。至於謝楊皆以孤爲孤特之孤，恐或近於程子物同之說，然以易之本文求之，既有所不通，而其說之流，將必有不顧理之是非，惟欲其易知而有親者，恐亦未免乎同流合汚之弊也。

或問卒章之說，曰：諸說皆善，但謝氏所謂期於功之必成者，以下文惟子與女以求助之云者例推之，則爲患失固寵之意耳。詳子游之言，本以警學者於幾微之際不

應遽指此等輩而言也。且若其言則是乃所以綢繆固結而不可解，事君者何自而辱，而交友者亦何自而疏哉

論語或問卷之五

朱熹著

公冶長第五凡二十七章

或問首章之說曰程子至矣張子不爲非義之說亦得之但以爲設辭則誤矣范氏以爲孔子欲妻以女而辨其非罪者失之然有罪無罪在我而已以下亦足以警世俗蕑賢附勢之私矣謝氏以爲聖人非予其子以爲可託則過於人情至於以智帥人之說則牽合甚矣且夫子之於公冶長特取其不爲非義而已豈遽及夫不爲桎梏而死哉苟如其言則凡繫於縲紲而能以知免者不問其有罪無罪皆聖人所取矣而可乎楊氏不累室家之說正與謝氏相反似又失之苟且而不及聖人之

意然施之今世亦足以破夫過計求全之惑也周氏論二子之優劣則賢於尹氏之無所分别矣胡氏所論後世婚姻之失尤爲有補胡氏曰聖人之於婚姻參度彼已如是之審所以能保終而無敝也後世或以富貴結或以急難合或憑媒妁兩美之言或因意氣一時之諾初未嘗深知二人之性行也雖然壻猶易見女最難知人多謹於擇壻不能愼於擇女逮德下衰又惟財色是迷而不恤家之隆替自内助始也可勝歎哉

或問二章之説曰范氏得之謝楊周氏亦善而胡氏吴氏亦有可取者胡氏曰家語云子賤少孔子四十九歲有才智仁愛爲單父宰民不忍欺以年計之孔子卒時子賤方年二十餘歲意其進師夫子退從諸弟子游而切磋以成其德者故夫子歎之如此吴氏曰説苑云子賤爲單父宰所父事者三人所兄事者五人所友者十一人皆教子賤以治人之術程子斯焉之訓有所未安侯氏蓋用其意則誤矣但范氏推言魯有君子而不用蓋以講筵開導及之非經之正意也

謝氏以曾多君子爲夫子之力事理固當出此然亦非此章之本旨也

或問三章之說曰程子以器爲尚飾之物恐非本意蓋器亦有不尚飾如陶匏者不得槩以尚飾目之也夫子所以稱子貢者正以其可用而已瑚璉之飾則盛矣然不言他器之華靡者則所取者乃在乎宗廟貴器爲重也若其後說所謂宗廟可觀之貴器則語意始不偏耳至與范氏皆以子貢爲自矜自賢則恐未必然亦見夫子之稱子賤而意其或可以庶幾焉耳范氏又直以器爲不通乎變而子貢小之恐當日答問之意亦未遽及此蓋但本稱其可用之實而今較其輕重則誠與其稱子賤者有差等耳楊氏說亦類此而加以抑揚之說則又

似子貢本能不器而夫子故抑之未能爲宗廟之貴器而夫子故揚之恐其說尤有所未安也謝周二說相似而謝氏甚焉其曰能輝光則何害爲不器則今固未能不器矣又安可遽以爲小成乎其曰何害爲形而上者則夫形而上者乃名理之辭而非指其地位之稱且又豈判然二物而可以去此而即彼乎諸說惟尹氏最爲平實其說雖約而所得多矣

或問四章之說曰程子之解善矣其後說以爲仁則佞不害惟不知仁則無所用佞者恐未安也大抵諸家皆不解此句之義故其說多不通呂氏口給之訓甚善但不仁而佞不若仁而不佞者亦太緩於辭而徒贅其說矣此其優劣又豈待較而知哉楊氏以爲佞者畏君子之

求諸非道而取憎則以佞爲諂諛之意此於字義旣已失之又特畏人之憎巳而不爲諂諛則其爲諂諛也大矣豈君子之心哉前篇第二十四章亦巳頗論之矣尹氏直以孔子許仲弓之仁亦不考於不知其仁之句而又并讀七字爲句之失也曰仲弓以德行名而子以爲未能全體不息於仁何也曰仁之難能甚矣以顔子之賢僅能三月不違而已則仲弓之未能全體而不息也亦何疑哉

或問漆雕開未能自信而程子以爲已見大意見道分明何也曰人惟不見其大者故安於小惟見之不明故若存若亡一出一入而不自知其所至之淺深也今開之不安於小如此則非見乎其大者不能矣卒然之間一

言之對若曰有所見而手有所指者且其驗之於身又如此其切而不容自欺也則其見道之明又爲如何然曰見大意則於其細微容或有所未盡曰見道分明則固未必見其反身而誠也曰程子又以開與曾點並稱敢問二子孰爲賢乎曰論其資禀之誠慤則開優於點語其見趣超詣脫然無毫髮之累則點賢於開然開之進則未已也曰諸說如何曰程子范謝得之而胡語亦可取也胡氏曰漆雕開之言如此蓋爲已之必勝而進道之志大也若楊氏以不自欺爲進乎信則有躐等而過予之失又以爲孔子見其如此而後使之仕則又非事序矣且既曰進乎信矣而又曰充之有未至者其與前章又若相矛盾也蓋不可曉矣曰程子所謂道著信便是止何也曰此言學者當

以漆雕開爲法而未可遽以信自許也見之未明守之未篤而輕自許焉則止於此而不能進矣曰其曰只是這箇理已上却難言者豈此理之上又有理之難言也曰不然也徹上徹下一理而已故曰只是這箇理但見之明養之至以至於德盛而仁熟焉則其所獨到有非言意之所及者豈曰此理之上復有一理而不可言哉孟子所謂能與人規矩不能使人巧者意亦如此耳曰其以子使開仕爲求祿則似以開爲未足乎仕者又曰其仕有餘則又與前說若不同者何也曰所謂求祿之仕正以其於此有未信者而明夫非若聖賢之達可行於天下而後行者也然以其篤志如此則夫子平日亦豈全不知其短長而姑使之爲餔啜計耶使效一官修

一職而無愧於其祿焉則宜亦已有餘矣

或問六章之說曰程子得之矣但其曰譏無賢君者不若呂氏周氏之爲善也然呂氏不忍絕中國無所取材之說則未安不若周氏之完善矣程子又於佛肸之召有示人以迹之言而引此章以爲比今范氏於此章亦因以爲說焉則恐其未必然也夫道固無所往而不在然直言其無所不在可也亦何必故爲是說然後可以明之耶既爲是說[illegible]之而卒不往則又惡在其能明也若曰自今觀之可[illegible]見海之可浮夷之可居亂人之或可從則可矣以爲聖人之言先有此意則恐其不容有此安排計較之心也謝氏以浮海爲設言亦非是聖人欲稱子路之勇而可共患難蓋一言而足矣又何必迂

回宛轉曲爲是說然後足以信之耶且夫子之言正爲憂則違之不得已而去耳豈憤世過中之謂哉又謂聖人豈終乘桴浮海者亦未然也逢萌管寧遭漢之亂皆嘗浮海而居夷矣使夫子而甚不獲已焉則其浮而去也豈終爲虛言哉但度其未至於是所以雖有此歎而卒不行也子路則不能度於此而遽喜焉所以有無所取材之譏也好勇過我無所取材正抑揚之辭也未有楊氏所謂聖人之勇不可過之意然自今觀之則亦可以爲偏勝過中之戒矣

或問七章之說曰諸說皆未有卓然不可易之論范氏泛譏三子并與其材而不之取過也治賦爲宰與賓客言皆有國家者所不可廢之事雖當隆盛之時仕天子之

朝亦豈能一無事於此而直以從容風議爲高哉此與前篇訥言之說大率相似蓋元祐議論意趣多類此此所以墮於一偏之見既不足以救當時之弊而又反啓後來之禍也又以三子爲有顧乎其外固不足以爲仁恐亦未然三子之於仁固亦勉焉而未能至耳謝侯皆以仁爲覺者故皆以爲三子之材之發爲仁而特未能有其全體但謝氏引子貢問管仲及聖人語道不若諸子之漫無統紀者則未有以知其旨意之所在而侯氏所謂觀其進退周旋則其仁可知者尤可見其歸於覺之說也又謂夫子恐武伯不識仁又謂子路盡仁而仁止於是者則其顧慮忖度尤不近聖人之氣象也其他如云使武伯知仁通上下則知三子之仁而可以知爲

仁之方者皆可疑使聖人之意果出於此則何爲不直告以通上下之云者而爲是溟涬滉瀁之說以逃之耶楊氏雜引論孟之言旨意向背亦不相入如道二仁與不仁而已矣此謂趨嚮善惡之分極於細微而終於廣大之言也君子而有不仁者此謂勉慕於仁而力有未至未能無有毫髮之間斷者而言也若以趨嚮之極而言則雖曰未仁不害其爲小人若以其毫髮間斷言之則雖曰不仁亦豈害其爲君子哉今曰君子固有不仁者而又謂不可正言其不仁則亦自相戾矣且聖人之言豈其計畫籌度至於如此然後出之哉周氏亦以三子之事爲非仁不能矣又謂其器重道遠而非三子之所及首尾衡決蓋不可曉矣至尹氏則幾矣然所謂盡

仁之道斯謂之仁者亦不親切讀者但以此篇四章之
說通之則其說曉然不待辭費而決矣
或問八章之說曰諸說皆同但惟周氏以與爲許他皆以
與爲及恐未安耳程說第四條不喻以下恐說之者誤
不若第三條語爲完也范氏以子貢爲知足以知之而
仁不能及者非此章之意也夫子貢之對而夫子與之
者正以其知不及而言耳豈遽及夫仁哉又謂子貢晝
焉亦無所據呂氏論知十知二最善胡氏又推明之亦
得其旨胡氏曰聞一知十舉始知終無不盡也聞志學則知從心不踰矩之妙聞可欲之善則知聖而不可知之神此上知之資生知之亞也聞一知二者序而進類而達也語以出告反面而知昏定晨省語以徐行後長而知天顯克恭此中人以上之資學而知之之才也子貢平日以已方回見其不可企及故稱之如此
謝氏以知十知二爲材品之高下而非造道入德之謂

故夫子與不如回者亦以材言而未害於其造道入德之實也爲是說者新則新矣其未免於過也歟其他大抵皆祖程子說亦無大得失也

或問程子謝周尹氏晝寢之說如何曰前乎此者劉侍讀嘗言之矣蓋以寢爲寢室之寢而非眠寢也曰然則然乎曰以其文義推之恐其未必然也况晝居於内未有以見其必爲邇聲色者遽以耽惑責之則其探人之私而發揚之亦大不恕矣故范楊氏皆從舊說蓋知當晝而寢其怠惰自棄之罪爲顯然而可責也諸家多以朽木糞墻爲譬其質惡者亦不然也若其質之本然則亦哀矜之而已矣豈當若是其切責之乎聽言觀行夫子亦設此以警學者耳謝楊以爲誠然者誤矣周氏又以

今昔爲言亦未得爲通論也

或問申棖之剛曰諸説皆善而蘇氏亦有味蘇氏曰有志而未免於慾者其志嘗屈於慾惟無慾者能以剛自遂但張子范蘇楊氏之説失之緩不若程子謝周氏之言緊而切也范氏無心之説已辨於前篇之十章矣

或問十一章程子之説不同何也曰第一條出於程子之手筆其言最爲的當其他則傳録之間亦容有誤矣曰然則其語仁恕之别奈何曰以無言者自然而不待禁止也以勿言者禁止之辭勉強之意也此仁與恕之辨也范氏以下皆失之也惟楊氏則語太簡而未有以知其意之所在也

或問文章性命之説曰程子張子呂氏以爲聖人未嘗不

言性命但其旨淵奧學者非自得之則雖聞而不喻也此說善矣然考之論語之書則聖人之言性命者蓋鮮焉故門人又記之曰子罕言利與命與仁竊恐子貢之本意亦不過於如此也范氏以爲聖人教人各因其材性與天道實未嘗以語子貢則亦近矣但不察乎罕言之旨而以爲聖人之教有屏人附耳而後及之者則誤矣抑如子貢者夫子嘗告以一以貫之矣又告以天何言哉矣又告之以知我其天矣則固不可謂未嘗以告之謝氏楊氏以爲性命之微聖人未嘗言而無著見於文章之中要在學者默識而自得之則亦誤矣使聖人果絕口而未嘗言也則學者何以知夫性與天道之目而求所以自得之若其曉然號於衆曰吾有所謂性與

天道者在乎不言之中而欲學者之自得則其言之已甚而又駸駸乎佛老之意矣安得謂之未嘗言而不可聞哉游氏以性與天道爲有精粗之别而謂夫人論性之妙則預於天道而雖聖人有所不知非但子貢不得聞也則又甚焉夫謂論性而預於天道非但不成義理而亦不成文辭且聖人旣不能知矣又若何而能論之耶亦不待辨說而知其不通矣彼其親炙先覺之門而一旦差謬至於如此學者可不深切爲戒而精思力行以求盡其心傳之實耶

或問子路恐聞之說曰諸說皆得之惟謝氏爲異蓋其說每以知爲重而行爲輕故反以聖賢力行之意爲知道之具其亦誤矣至於吳氏之說則又可以補諸說之未

備也吳氏曰子路勇矣然一於敢行不復罹思於其間有不能無失者故夫子嘗以其兼人而退之

或問孔圉之得謚以文何也曰先王之制謚以尊名節以一惠故人生雖有衆善及其死則但取其一以爲謚而不盡舉其餘也以是推之則其爲人或不能無善惡之雜者獨舉其善而遺其惡是亦謚法之所許也蓋聖人忠孝之意所以爲其子孫之地與銘器者稱美而不稱惡同旨惟其無善之可稱而純於惡焉則名之曰幽厲有不能已耳曰諸説如何曰范氏以敏爲敏行之敏不若呂氏以爲不敏之敏者得之范氏又引舜以爲説則過矣呂氏所謂物相雜者求之亦太過矣其他諸説皆得其大意而吳氏之説意義尤備吳氏曰孔圉之行如此然孔子責人以恕居其國不非其大夫又戒子貢以方人故止以所長稱之

或問十五章之說曰范氏善矣惟所謂陳善閉邪者恐孔子之意未必及此也謝氏所謂難以一事言蓋至理當如此而引文王事以明之者亦過高矣凡觀書者於此等處正當反求諸已而驗之踐履之間惟愈近而愈卑則其體之愈實若但廣求證左推致高遠則恐其無益於爲已之實而徒爲口耳之資也至以子産爲成人則其許之亦太高矣尹氏之失蓋亦類此惟范氏爲得其輕重之宜爾曰是四事者亦有序耶曰行已恭則其事上非有容悅之私而能敬矣惠於民而後使之以義焉則民雖勞而不怨矣

或問十六章之說曰程子至矣范楊亦爲得之蓋久而其敬不衰耳非久而加敬也謝氏意則善矣然謂非有意

於久交者辭意俱病又以盛德而有常者語晏嬰則恐
其未足以當之也

或問十七章之說曰張子楊氏得之若程子范楊尹之說則吾於管氏之章已辨之矣程子采地之說恐其或誤也謝氏又謂文仲不知僭上害禮之事於我何益則是僭上失禮之事若爲之而有益則爲之也而可乎

或問十八章之說曰諸說各有發明然似皆未得其所安獨程子之言則至矣而亦或有未備者焉請得推其意而極論之蓋子文之質近於好仁者文子之質近於惡不仁者而其事皆卓然非常人之所能及也子張之行有難能者故疑以爲仁而問之而孔子則以爲是亦忠清而已至於仁則未知其何以得之也蓋仁者心之德

而天之理也自非至誠盡性通貫全體如天地一元之
氣化育流行無少間息不足以名之今子文仕於蠻荆
執其政柄至於再三既不能革其僭王之號又不能止
其猾夏之心至於滅弦伐隨之事至乃以身爲之而不
知其爲罪文子立於淫亂之朝既不能正君以禦亂又
不能先事而潔身至於篡弑之禍已作又不能上告天
子下請方伯以討其賊去國三年又無故而自還復與
亂臣共事此二人者平日之所爲止於如此其不得爲
仁也明矣若據子張之問兢其一節而論之則子文三
仕未知其所以行者何說三巳未知其所以止者何爲
告新令尹則又未知所以言者何事而所謂無喜愠者
又特不見於色而已亦安知其心之果無喜愠耶至於

文子則其去國之時未知其果能脫然而無所累於心耶抑其恐畏躁廹特出於不得已而有所未能忘懷也是又皆未足以見其有合於仁者之意則指其事實而言之不過命之以忠清而無以加矣若之何而可輕以仁許之耶然聖人之言辭不廹切而意已獨至雖不輕許而亦不輕絕也學者因其言而反以求之則於仁之理與人之所以得是名者庶幾其可默識乎程子之意大槩恐出於此但其謂夫子不信子文無慍之事而獨指舊政告新爲忠則恐或未然也曰程子又謂子文若果無喜慍則何以知其非仁然則古者遁世之人後世異端之學蓋有能是者已亦可遂以仁許之耶曰程子之意亦曰若子文之心其至公無私果如此則必有以

盡心之德全天之理而五常百行無不貫通耳若徒能心如木石無所喜慍而所爲有不合於理者焉則又何仁之可言哉曰程子以爲二子之事聖人爲之亦曰忠清而已何也曰其事則謂之忠清誠有不可易者若聖人之心則豈有一事之非仁哉但遂以忠清爲仁則不可耳曰然則夷齊三仁之見許於夫子何也曰此三仁者考事察言以求其心則其中洞然無復一毫私欲之累其亦異乎二子之爲矣故程子以爲比干之忠見得時便是仁亦此意也曰諸說之得失奈何曰人之仁與不仁論其心如何耳范氏以必有以及於天下然後爲伍何其言之戾邪比干之忠伯夷之清固亦未能有以及於天下也而況窮居一介之士終身何可以有望於

仁也那呂氏以子文不知進退之義文子不知去就之義文子之失又不專在於亂作而後去之一節也且詳其意似亦以不知似矣然子文楚之宗臣無必退之義知之云釋未知之意而未有以驗其必然也使出於此則其失又甚矣謝氏又以二子爲質厚之人不待學問而自能入德其忠其清固亦非仁不能但不可遂以忠清爲仁如答孟武伯之意耳前章辨之已詳此不復出也楊氏以文子爲事君人而又謂其不爲容悅孟子本文之意似不如此所以謂之事君人者正以其事是君則爲容悅而無所擇於義理也若不爲容悅則又安得謂之事君人哉且孟子所謂容悅特謂求容於君求悅於君耳楊氏以釋子文之喜色似以爲容悅之貌者於

文義尤不通也又以比干伯夷爲仁而謂仁不可以迹論則其意蓋曰比干伯夷之仁在心子文文子之事在迹故雖相似而不得爲仁耳然比干伯夷之所以爲仁正以推迹之曲折以知其心之隱微而得之耳若欲舍迹而惟心之論則所謂心者又何所因而可見乎程子之譏文子正以心迹之不可判耳楊氏蓋亦闢其說矣而反爲此論何耶且其爲說與范氏之下者正相反而其失則均若銖較而寸度之則恐反不若范說之爲實也侯氏所謂理之得者可以言德而非所以名仁之義又且得於三者而獨不得於仁豈又以仁爲覺於是三者之云乎至色有歉於心以下全體踐形之說則其意之所指殊不可知以大槩而觀之則其遠於聖人之意

而出於强爲一偏之說亦可想而知矣其論二子之所爲又直以爲未事而不知爲臣爲仁之道蓋以失夫未知之說而與上文全體一事之云者了無系屬又不知其以何而爲說也至謂二子不知爲仁之道使聖人爲之亦只可謂之清忠則又以巳之意附於程子之說而不知其有不同者也程子蓋謂聖人之行或有出於忠清者耳夫豈以聖人爲不知爲仁之道如侯氏之云哉

或問十九章之說曰程子嘗以使晉之說則狹矣且以傳考之亦未見其再慮而當之實也其謂思至於再則巳審三則私意起者則至矣蓋天下之事以義理斷之則是非當否再思而巳審以私意揣之則利害得喪萬變而無窮思止於再者欲人之以義制事而不汨於利害

之私也且以文子言之其每事三思如使晉而求遭喪之禮以行可謂審矣然宣公弑立則爲之如齊納賂而請會及公薨未葬則又背之而逐其所任之臣豈非思之之過而反牽於計較之私也與曰諸說如何曰此特爲臨事之思耳范氏通以學問求道之思爲言誤矣周公仰而思之亦爲其有不合耳若事理曉然者又何待於如是耶謝氏再思之說善矣然亦有所未盡若因其說而益之曰始也擇於可否之間以爲可也徐思之而果可焉則行有不可焉則止始也擇於可否之間以爲不可也徐思之而果不可焉則止有可焉則行則庶幾其全耳若楊氏之說則又略矣若是則皆爲一思而已何名爲再哉

或問二十章之說曰武子之事見於左氏之書者可考矣若曰邦無道而佯爲暗默以免其身則是無以異於張禹孔光之徒而夫子亦何取哉大抵此章之說皆不考其事實故多失之惟程子意圓而理備若張子則固以武子爲暗默而罪之范謝則直以暗默爲當然而謝氏計較利害之間幾有流於爲我之意則又甚矣楊氏過高無實則其失聖人之意又益遠云

或問二十一章之說曰程子之說善矣然以孟子之說考之恐其或未然也蓋孟子所謂進取即此所謂斐然成章者也孟子所謂不忘其初即此所謂不知所以裁之者也特所傳聞之有異辭爾豈得彼爲一說而此又自爲一說耶范呂成章之說亦與孟子不合又如所謂不

成章不達者亦豈立言之謂乎但范氏似以爲裁其性行之過而呂氏似以爲裁其立言之非則范氏爲長耳謝氏大意近之但其言多病耳夫夫子之初心固在於行道而不在於傳道然豈其牢關固拒而不宥以一言稍發其秘乎且其志雖在於行道而得英材而教之其樂初亦不相妨也狂狷雖不中道然以聖人教人不倦之心恐亦無厭而薄之之意也況必若是而得邦家爲則教不素明材不素具其亦將何以自輔而有爲耶其後所引孟子之文亦非此章之意蓋其以簡爲狷之誤也呂氏亦然則又有過不及之說近於得之而意有未備亦非是當於本章辨之耳楊氏又私淑諸人恐孟子本文亦非教人之事也

或問夷齊之不念舊惡何也曰蘇氏蓋嘗言之然無所考未敢斷以爲必然也蘇氏曰夷齊之事遠矣傳失其辭意其出也父子之間有間言焉若申生之事與不若是則又何惡之可念哉曰其不念而怨希也奈何曰程子之言詳矣其於扣馬蓋不決然以爲無也但以其諫辭爲不可信耳范呂皆以怨爲人怨以文考之恐亦未當而范氏所謂樂天順理則太寬而不切呂氏所謂淸能遠怨者與此章所指亦無所合而適相反矣謝氏始以橫逆彎弓爲言而結之以攻人之惡則文意殊不相類楊氏則又直以公天下之善惡爲言則全非此章之意矣如是則他人之惡何必淡念而又何以新舊之擇乎所引所過者化亦非孟子本意

或問微生乞醯之說曰程子范氏之說至矣楊氏亦爲得

之則不察其幾而失之也曰或有謂直非中庸之行微生之事夫子蓋美之者然乎曰爲是說者新則新矣然卽其言以觀之有以知其無正大之情也夫醯非難得之物或乞於我而我無之則直答以無而已彼將去而求之他人豈患其不得哉設其有急難之用而不知可得之處則告之可也求之而不得焉則往助其求可也今微生高之乞諸鄰也必不告以求者之意其與之也必不告以得之之所其掠美行私左右異態如此夫子尚何美之云哉善乎沂國王文正公之言曰恩欲已出怨使誰當至哉斯言其亦異乎微生之用心矣且直之爲言在昔聖賢未有以爲非美德者特惡其直而失於絞訐而已今槩以直爲非中庸之行吾不知其何所取

而爲斯言耶然則斯人之所謂中庸者乃胡廣之中庸
而非子思之中庸必也

或問左丘明非傳春秋者耶曰未可知也啖趙陸氏辨之
於纂例詳矣程子蓋因其說而范呂楊氏則固以爲當
世之人也先友鄧著作名世考之氏姓書曰此人蓋左
丘姓而明名傳春秋者乃左氏耳鄧名名世字元至云

或問二十五章之指曰程子之言無餘蘊矣學者宜熟讀
而深味之不可但玩其文而已也曰然則其以顏子之
心爲出於有心疑若以聖人爲無心者不亦淪於空寂
之弊乎曰是其言心亦若意之云爾且安知其非紀錄
之或誤乎曰其言孔顏天理性分之别而不及子路以
今觀之亦有以補其闕耶曰吾意子路之言其或志氣

之發也歟曰其以子路爲亞於浴沂者何也曰取其胷懷灑落無所繫累於物而言耳謝氏毎稱子路揀難割舍底要不做便不做以爲眞百世之師者豈其有見於此歟世之學者不察於此輙以好勇議之以爲是特賁育之倫耳其亦誤矣張子亦猶程子之意也但三樂之云立語稍疎而所謂合內外而成其仁者則亦善形容聖人之志者范氏蓋祖述程子之意但其所以論子路者則太卑矣其亦未察於程子亞於浴沂之論乎若吕氏之語則亦皆未足以明聖賢之意謝氏以有志爲至道之病而欲二子於不篤不捐之閒有所省發此正老佛之餘論也又以夫子所言爲非志而聊以荅子路之問則其言亦太容易矣蓋其所論浴沂御風何思何慮

之屬矻矻如此豈非有所發於玩物喪志之一言而不知其反以至於斯乎瞧子壽嘗論此以爲如謝氏者未免爲程門之醉人蓋得之矣學者不可以不戒也其後說則差約矣然其曰更不作用者亦猶此說之意也游氏之說則亦太支離矣而於文義亦不通也楊氏專以志之廣狹爲言則徒校其量而未及實指其體也又以二子皆爲志於仁者之事則淺乎其知二子而於顔氏尤非所以名之也尹氏獨超然謹誦師說而無所增損於其間夫豈其不能言哉蓋必有默識於其言而深知其不可易者矣此外則張敬夫廣推程子之說其意亦善張曰人之不仁病於有己故雖衣服車馬之間此意未嘗不存焉子路蓋欲先去其私於事物之間者其志可謂篤而用工亦實矣至於顔子則幾於廓然太公而無物我之間矣然猶所謂誠之者人之道也至於孔

子則純乎天矣物各付物止於其分而無不得焉此誠者天之道也然而學者有志於求仁則子路之事亦不可忽要當如此用力然後顏子之事可以馴致若慕高遠而忽卑近則亦妄意躐等終身無所成就而已耳

或問二十六章之說曰程子至矣范楊亦善但尹氏述程說而去其首句則直以知過爲非難者其亦誤矣謝氏以見其過爲見他人之過則於文義有不通以內自訟爲內省之比則省之於訟其用力亦不同矣張子有言人有過則曰觀其黨否疾已甚否內自訟否其意亦若謝氏而觀其黨則若范氏之說也此恐亦未安也

或問卒章之說曰程子之意渾而語勢小戾其曰忠信質也猶曰所謂忠信以其生質而言耳語生質則不異於人猶曰語生質則人之忠信固有與聖人同者耳今其語不分明似以爲聖人之質全與衆人無異者則失之

矣范呂皆以爲聖人必待學而知蓋不悟此爲設辭以勉人學之意也且夫子之言亦曰必有忠信如丘者耳非謂事事皆如已也呂氏遂亦以忠信爲聖人之質則又誤矣若使果有聖人之質自無不學之理正使初無文字師友之傳亦不害其獨知先覺也其言自盡不欺以下則善謝氏忠信又如其前說之云其失甚明今不復辨如楊氏說則亦人人皆有聖質不待積十室而後或有之也然其論夫子不以聖賢自居以下則善尹氏用程子說而人誰無質之云亦不免呂楊之誤其於程子之言蓋有所未察者矣胡氏之說亦有所發明云胡氏曰十室之邑尚有忠信如孔子者況以天下之大萬民之衆千歲之遠其可以學而入聖者宜亦多矣然自孟子之後以至于今讀書學問者不絕於世而求如曾閔者不能以一二數則以不知孔子所好之學而好之耳

論語或問卷之六

朱熹著

雍也第六凡二十九章

或問仲弓之有人君之度何以知其然耶曰以前篇不佞之譏後章居敬行簡之對而有以知其然也謝氏以爲簡以臨之莊以涖之蓋近之矣然其深厚廣博宜在人上之意則未之發也曰諸說如何曰才德之云足以兼仲弓之所長矣然此曰南面而不曰爲政則疑其主於德而言也范氏之證亦爲得之謝楊遂以仲弓爲仁則亦未達乎前篇夫子所以對或人之文意耳

或問子桑伯子何人也曰胡氏以爲莊子所稱子桑戶與孟子反子琴張爲友者蓋老氏之流也然家語亦云孔

子見其不衣冠而處則固略於禮法如莊生之所稱矣曰夫子以子桑伯子爲可而又以簡稱之何也曰程子之說得之矣謝氏以爲亦可南面則恐失之游楊旣不見程子未盡善之意尹氏又因未盡善之說而專指其居敬爲言若是則不復得以可爲言矣大率夫子之意但言其人之可而以其簡者明其所以可雖不正言其居簡之失而所謂可者固有未盡善之之意矣仲弓乃能默契聖人之微旨而分别其居敬居簡之不同夫子所以深許之也曰居敬居簡之不同何也曰持身以敬則心不放逸而義禮著明故其所以見於事者自然操得其要而無煩擾之患若所以處身者旣務於簡而所以行之者又一切以簡爲事則是義理準則旣不素明

於内而紀綱法度又無所持循於外也太簡之弊將有不可勝言者矣程子之言蓋已曲盡其旨熟考而深思之可也若范氏專以簡爲臨民之道則是居敬者無與乎臨民而内外判矣且子桑伯子之行簡其於堯舜之事又豈可同日而語哉謝氏似以居敬爲舉其大居簡爲略其細疑亦未安夫君子無衆寡無小大無敢慢敬豈獨爲舉其大哉且居敬而行簡者自然理得而不煩之謂亦非有所略也有所略則與不事事者無以異矣游氏語若有未密者楊氏簡而廉之說亦贅而且狹矣曰仲弓以居簡行簡爲太簡而程子以爲不簡何也曰程子以其有心於簡而言耳然内無道揆外無法守苟以無事於一時可也久則蠹弊生焉將不勝其多事矣

曰范氏之說如何曰此亦記一時之言耳未必有相發明之意也謝氏說蓋亦此意而辭差緩然夫子之許仲弓以南面者又非以其知此而許之也

或問韓子不貳過之說如何曰愚嘗聞之師矣曰程子云不貳過者念慮小差隨即氷釋不復形於心術之間若如韓子之言則是心常有過而直遏閉之使不形於事爾亦何足以爲顏子乎蓋其所論過字則是而所以爲不貳者則非學者不可不審而别之也曰此章諸說如何曰程子詳且盡矣其曰微有差失便能知之纔知之便更不萌作者尤善張子之說本皆與程子同後乃易其遷怒之說則既非文義之所安而又皆曰不使焉則亦恐非所以語顏子也范氏所謂性不移於怒者理則

善矣而於文義有所未安其曰知幾則亦猶韓子之說云爾謝氏大意如曰不患有過過不害其爲改則檢身之意亦太疎矣游氏不遷怒之說亦程子之意而其論不貳過則猶范氏之云也又以聖人寂然不動故無過然則謂凡有動者皆過也而可乎至以不遷不貳爲有正心修巳之別則說益以支矣又槩以能自強者語之則於顏子之事亦無所當也夫顏子之賢利仁蓋不足以言之又何自強之有哉所謂絶學亦老氏之語若聖人則固不待學然亦未嘗絶學也楊氏求放心之說意亦善矣然謂顏子之學止於如此則恐未然蓋顏子之不遷不貳乃其終身好學之所就未至於是則雖欲勉學而力行之政恐未易可至豈能求放心而遽可至是

哉

或問四章之指曰程張備矣若范氏循理之云則非所以語孔子周急不繼富乃義理之當然亦無使人可繼之意至其後說則善呂說亦善但皆不見爲使爲宰所以取與辭受之當然非獨以富不富分不分而言也謝氏示人之說恐未嘗有此意以張子之說觀之可見祿秩之說亦恐未然以程子之說觀之可見游氏食功之說支矣而其於相賙之說則得之楊氏淡議世之君子以嗇與爲吝寡取爲廉者其意則亦善矣而其語有相戾之嫌以文勢考之若曰以嗇與爲吝則其下宜曰多取爲貪以寡取爲廉則其上宜曰以多與爲惠其文意乃相應耳抑其大意亦頗有未安者蓋聖人以義制事雖

極謹嚴而其宏裕寬大優暇廉退之意又未嘗不行乎其間也故雖以富爲不當繼而不直拒冉子之請雖以祿爲當受而不責原憲之辭且又教以及人而不曰以爲私積也若徒知彼之說而不察乎此則其流之弊將使實吝者得託於一介不與之說以蓋其陋實貪者得託於受堯天下之說以便其私至於輕財重義淸苦廉遜之人則必衆疾而共排之以爲是皆不近人情而欺世以盜名者此其爲害且將舉一世而溺之汚穢沉濁之中不但有如所譏之紛紛者而已也故愚嘗竊以爲學者未得中行不幸而過寧與毋吝寧介毋貪則庶其不失聖人之意曾氏蓋亦得此意者其說當矣曾氏曰或問冉求之請夫子不與可乎曰請而不與則固與而不至於傷惠則可矣此外則胡氏之說亦

胡氏曰冉子爲其母請聖人所以重違而少予之也善

或問五章之說曰范楊之說當矣程子欲去曰字蓋嫌於與其子言而斥其父之惡而欲用子產子賤之例故爾蘇氏以爲此其論仲弓云爾非與仲弓言也此說得之矣蓋以論語考之其歎顏淵未見其止乃顏淵死後之言而亦以謂曰起之非必親與之言而後得用此例也張子之說蓋亦避程子之嫌然果如此則當就一物之身而取譬不當以父子而言也且凡祭祀之犧牲通謂之用今以勿用爲不用於大祀而山川之次祀取之則其說蓋勞而於義益無所當矣而呂氏尹氏皆祖之不其誤與

或曰仁人心也則心與仁宜一矣而又曰心不違仁則心

之與仁又若二物焉者何也曰孟子之言非以仁訓心也蓋以仁爲心之德也人有是心則有是德矣然私欲亂之則或有是心而不能有是德此衆人之心所以每至於違仁也克己復禮私欲不萌則即是心而是德存焉此顔子之心所以不違於仁也故所謂違仁者非有兩物而相去也所謂不違者非有兩物而相依也深體而默識於言意之表則庶乎其得之矣曰其以三月期何也曰顔子之於仁熟矣然以其猶有待於不違而後一也是以至於踰時之久而或不能無念慮之差焉然其復不遠則其心之本然者又未嘗有所失也向使天假之年大而化之則其心與仁無待於不違而常一而又豈復可以三月期哉曰日月至焉者何也曰此言諸

子從事於仁或能終日而不失或能終月而不失也大抵此章之說程張侯尹得之爲多然程子之解以得善弗失言之似與此章文意不協未能識其何意也其解日月至焉者則密矣至其所改周伯溫說與夫所見規模意味氣象之云則非其身親而實有之亦豈能發明至此耶張子內外賓主之云蓋曰不違者仁在內而我爲主也日月至者仁在外而我爲客也誠如此辨則其不安於客而求爲主於內必矣故曰使心意勉勉循循而不能已而其曰過此幾非在我者則豈以爲用功至此而極矣過此以往則必德盛仁熟而自至而非吾力之所能與也與范氏無他異說呂氏徒贊仁道之大而不言其所以大固爲疎略又謂賢人身之可久而已是

使凡身之者絶望於不息而終於可久之域也其曰氣不能守者蓋將以明夫顔子之不能不違者非出於本源之病至謂必致養其氣而成性然後能不繫所禀之盛衰則其説反忘本以徇末而非顔子之事矣大抵持志養氣内外夾持之功在衆人則可謂云爾巳矣至於顔子之未達一間則程子所謂直是峻絶又大段著力不得者乃爲得之非可以常情測度也其以自強不息者爲大而化之之事又以顔子爲幾於賢人之德則其於地位之淺深亦舛矣游氏以仁爲人心則仁之與心非二物矣然曰不可須臾離而謂人心不可一日不依於仁則心之與仁又爲二物而或相離或相依也是其爲説亦自相矛盾而不可通矣至以用力於仁爲行仁

不違仁爲以仁存心而有内外難易之别則其離内外判心迹而倍其師說益甚矣且以仁存心亦豈不違仁之謂耶楊侯不遠而復之說蓋自其旣違而旋復之際言之雖無害於本文之意然學者正當於其不違之際而體焉乃可見其所以用功之意味耳

或問七章之說曰程子之言至矣范氏胡氏亦庶幾矣胡氏曰求爲季氏宰久矣此問從政謂可使爲大夫否也蓋宰有家事而已大夫則與聞國政也然康子卒不能與三子同升諸公此魯之所以卒不競也呂氏之訓不甚親切然亦無病謝氏之云則季康子未必有此意也楊氏所引以釋果達之云者非聖言之本意考之本章可見藝之爲言能其事之謂爾亦不必拘以六藝之目也

或問八章之說曰程子范氏得之矣謝氏之說麄厲感奮

若不近聖賢氣象者而吾獨有取焉亦以其足以立懦夫之志而已楊氏惟顔閔不仕之説原於程子而失之孔門之不仕者如曾晳漆雕開之徒必多有之不但二子而已也

或問伯牛之疾先儒以爲癩信乎曰以淮南子而言耳其信否則不可知也其曰命者何如也曰有生之初氣質之稟蓋有一定而不可易者孟子所謂莫之致而至者也范氏楊氏言之詳矣然范氏引易而言則不類而又曰能盡人之道則能窮理盡性以至於命則益錯亂而非其序矣曰不入其室而自牖執其手何也曰舊注以爲惡疾不欲見人未必然也欒肇以爲禮病者居北牖君視之則遷南牖欲令君入而南面也孔子視伯牛疾

時伯牛家以此禮尊孔子而孔子不敢當故不復入其室止於牖下取其手而執之理或然矣

或問顏樂之說曰程子之言詳矣然其言皆若有所指若而卒不正言以實之所謂引而不發躍如也學者所宜詳味也若必正言以實之則語滯而意不圓矣范氏疎淺類非所以語顏子然其富貴能㪅之說則亦得乎言外之意也吕氏以理義悅心言之尤非所以語顏子者謝氏心不與物交之說求顏子用心所在而不可得之說則又流而入於老佛之門者耳獨楊氏之說爲庶幾乎程子者耳曰然則程子答鮮于侁之問其意何也曰程子蓋曰顏子之心無少私欲天理渾然是以日用動靜之間從容自得而無適不樂不待以道爲可樂然後

樂也若范氏呂氏之說蓋皆未免乎佛老之蔽而王公信伯論之則又以爲心上一毫不留若有心樂道則有著矣道亦無可樂莊子所謂至樂無樂是也以是爲說則又流於異端之學而不若樂道之雖淺而猶有據也彼其及門升堂親受音旨而其差失有若此者而况於後世之傳聞者哉程子所謂顏子之樂仁而已者則胡氏張氏發明之尤詳

或問十一章之說曰張子呂謝楊尹之說皆得之但張子以中道而廢爲顏子之事則過矣又以樂正子爲信道亦非孟子有諸己之意楊氏引求也退故進之爲說亦非是所謂今汝畫者乃責其不勉之辭而非誘進之之意也若程子范氏之說意則善矣然以其說推之則覺

其三句止是一意而徒然煩複恐非聖言之本旨也

或問十二章之說曰程子至矣諸說皆不能出於其間而謝說利非必殖貨者尤可以警學者用心之微也洪氏之說亦善也洪氏曰讀論語者必先知其言之先後若參也魯必先於一唯之對也片言折獄必後於由之行詐也子張未仁必先於能行五者也子夏切問近思必後於小人儒也門人所記初無次序不可以不考也

或問十三章之說曰范楊謝氏皆善而其間不能無小得失也行不由徑乃其所行之實事非以設譬而已但既有正塗則自不當由徑然亦必不至如程子所譏之迂耳曰不在其位不謀其政然則滅明之所謂公事者何事也曰以士民之分言之則凡飲酒讀法而羣至乎有司者公事也以邑宰之知已而訪問焉則凡一邑之間

利病休戚之所關而當以告於有司者亦公事也以是而至其室亦何嫌之有且既曰得人矣則安知其不已受署而爲之屬乎去古既遠風俗之變不可知固有不可以懸料而盡知者然大意其無煦濡媚說之私則亦可見矣

或問孟之反何人也曰胡氏以爲卽莊子所謂孟子反蓋聞老氏懦弱謙下之風而悅之者也曰諸說如何曰此本無異說而諸家橫出他意以汩之殊不可曉若范氏衆必有爭功必有矜之說夫讓而不伐理之當然非爲有爭有伐而後以是爲美也謝氏之說尤爲過之夫操無欲上人之心固足以抑夫好勝之私矣然人之私意多端發見亦各不同豈有但持此一行而便可必得大

道之理孟之反之行固可爲法然遂以爲但師孟之反而可則恐非夫子之意也范氏於此復爲得之夫子之意如是而已呂氏說亦費力夫子所言未有加人一等之意也楊氏之說尤失本旨此言其不伐之美豈論其功耶以此爲言不但非夫子之意亦非孟之反之意也尹氏辭約意盡優於衆說若更以又爲乃則盡善矣

或問十五章程子說與本文而字若有戾焉曷若從范氏之說無鮀之佞而獨有朝之美者爲協於文耶曰巧言令色衰世之所同好不得而輕重於其間也且其立言猶書所謂無虐惸獨而畏高明者聖人豈使人不虐惸獨而獨畏高明哉曰諸說如何曰謝氏所謂善觀世之治亂者非聖人之本旨也楊氏之說若以非巧言令色

不足以避遊談之禍者尤恐未然遊談相傾乃戰國之事夫子之時未有是也且夫子之言本豈有此意哉侯氏改字之說則其不解甚矣

或問十六章之說曰諸先生之說其理淺矣然以文義考之則洪氏爲得曰何也曰何莫之云猶曰何莫學夫詩耳若直以出不能不由戶譬夫行之不能不由道則世之悖理犯義而不由於道者爲不少矣又何說以該之耶程子之云終身由之而不知其道亦嘗以爲世又有不知而不能由者矣何獨於此而不然耶若范氏之說則是賢人之行與衆人不異特其知之爲異耳豈有此理哉

或問十七章之說曰謝氏美矣然聖人本言文質不可以

相勝而謝氏專以觀人爲言故其說雖高而於文義首尾皆所不合其引子貢文質之言亦非是且使學者無復矯揉損益之矣殆非聖人之本意也得其旨者其楊氏乎

或問十八章之說曰程伯子之言約而盡矣蓋上生字爲始生之生下生字爲生存之生雖若不同而意實相足蓋曰天之生是人也實理自然初無委曲彼乃不能順是而猶能保其終焉是其免特幸而已矣叔子之意當亦類此而語不分明似并以上生字爲生存之生者其於義理固亦可通但於上句文義差不甚協耳張子於兩生字義亦皆爲生存之生而又增入吉凶其非正之說蓋欲以對下文幸免爲二事者然於上句本文之意

則無所當矣范說人之性善故其生直者合於程伯子之意矣而其下文生字皆以爲生出之生則與本文殊不合不知其偶用此字而不計其同異耶抑直以生直之生亦爲生出之生也大凡其說自罔無如也以下皆不可曉吾聞范公莊敬誠實而其訓說聖言散漫不謹乃至於此亦不能識其何說也呂氏足以免於世之云如張子之說其以罔爲無常則於此章之意無所當矣又疑如綱之下少之無綱三字然亦未見其有無常之意也謝氏以順理爲直生爲生存之生游氏以循理爲直生爲盡生之經其論直字略同而生字少異然以經之本文與程伯子之說推之則皆有所未合蓋生理本直不待人順之而後得直之名若至大至剛以直之直

亦氣之本然不待人以直養之而後得此名也生存之
生已辨於前盡生之經則又所以能保其生存之道也
於經之文亦無所當矣楊氏以生對死則不類以不益
生助長爲直則與本直之云者益相遠矣原聖賢之本
意豈若是其支蔓而無所切於日用之實乎益生不祥
本老氏語吾不知其所謂然其語意似爲養生者發與
孟子助長之云殊不類此又學者所宜別也尹氏蓋發
明程子伯子之意而語亦未瑩然其賢於諸說遠矣蘇
氏之說亦近之蘇氏曰罔不直也天之生物必直其曲必有故非生之理也水之曲也或抑之水之曲也或得之水不得木不抑未嘗不直也凡物皆然而況於人乎故生之理直不直而生者幸也非正也
或問十九章之說曰程子至矣范呂尹氏亦得之而尹氏
爲尤切於文意但其以安訓樂爲未盡其宜揚發暢之

意耳謝氏過高而楊氏以夫婦之愚可以與知爲知之
者則反以卑矣
或問二十章之説曰程子至矣後一説尤佳張子之説則
又備矣范氏中人以下可以入於下愚者殊不可曉其
曰性善以下又有論性不論氣之弊謝楊又各得其一
偏也楊氏所引不失人言亦與程子不類彼蓋汎言應
世接物之事此則專爲引進學者而言也
或問樊遲問知而夫子告之以務民之義敬鬼神而遠之
何也曰人道之所宜近而易知也非達於事理則必忽
而不務而反務其所不當務者矣鬼神之理幽而難測
也非達於事理則其昧者必至於慢惑者必至於瀆矣
誠能專用其力於人道所宜而易知者而不昧不惑於

鬼神之難測者則是所謂智也意者樊遲或有此病故夫子以是警之與曰所謂鬼神者非祀典之正耶則聖人使人敬之何也若以爲祀典之正耶則又使人遠之何也曰聖人所謂鬼神無不正也其曰遠者以其處幽故嚴之而不瀆耳若非其正則聖人豈復謂之鬼神哉在上則明禮以正之在下則守義以絶之固不使人敬而遠之然亦不使人褻而慢之也曰問仁而夫子告之以先難後獲何也曰爲是事者必有是效是亦天理之自然也然或先計其效而後爲其事則其事雖公而意則私雖有成功亦利仁之事而已若夫仁者則先爲其事不計其效惟循天理之自然而無欲利之私心也董子所謂仁人者正其誼不謀其利明其道不計其功正

謂此意爾然正誼未嘗不利明道豈必無功但不自夫功利者而爲之耳樊遲蓋有先獲之病故夫子旣告之以此又嘗以先事後得告之其所以警之者至矣曰諸說如何曰程子之論先難後獲者至矣敬遠鬼神第二三四說亦善第一第五說皆以非鬼神淫祀言之則恐聖人所謂鬼神者初不爲此等也若於此等猶致其敬而於鬼神之正乃或親之而不能遠焉則亦何以爲知之事哉以臧文仲祀爰居作虛器者質之聖人之意可見矣其釋務民之義以民爲人者當矣而其前三說似亦未安也范氏以務民之義爲振民巳無所當又以敬遠鬼神者爲明民則尤無謂矣其論先難後獲似亦未達程子之意若先有心於育德則豈後獲之謂哉呂氏

之說庶幾其近之矣謝氏以義爲利者非此文之意知鬼神之情狀又未見其所以敬而遠之之意亦大謾矣先難後獲意若可觀而亦非程子之旨其曰於此時可以見仁者則尤非夫子之意矣學者之於仁固欲其終身體之而不失豈欲一時見之而遂已耶楊氏以義事而爲二猶有新學之餘習也與其論鬼神之意則固善矣先難後獲雖非程子之意而在熟之之云則優於謝氏也尹氏全用程說無所復論此外則蘇氏曾氏之說亦可觀矣蘇氏曰孔子之言常中弟子之過樊遲問崇德孔子答以先事後得則須也有苟得之意也與其問知也曰務民之義敬鬼神而遠之教之以專脩人事而不求僥倖之福也其問仁也曰仁者先難而後獲教之以修德進業而不貪無故之利也曾氏曰務民之義而不務利敬鬼神而不近之非明智不惑者不能也

或問仁知之說如何曰程子至矣蓋夫子之意正爲仁者之於山知者之於水誠有喜而好之者非但如之而已也故程子以喜好訓之又以氣類相合言之則雖其他說之或略於此者亦可以類推矣張子乃謂特言其成德之後性相類耳非謂仁知者必有所樂則失之矣程子所謂仁者安其常亦言仁者之所以壽者以此非以安常爲壽也以其所謂以靜而壽靜則自壽者觀之則亦可見其意矣張子無戕賊之說蓋亦類此古註范游氏說皆然獨張子一說乃以壽爲安靜長久之象則與呂謝楊氏之說皆若過高而失之矣謝氏若夫以下蕩而無止不類儒者之言所謂其樂有不存焉者文義亦不可曉也曰程子謂樂水樂山與夫動靜皆言其體而

呂氏又以體用分之如何曰程子所謂體者體段之云耳非有體用之分也若其分之則必易置呂氏之說而後可耳曰仁壽之說諸家之得失則固然矣然其失之淺深奈何曰張子之初蓋以仁或不壽而爲是言耳然於聖人之意猶未太遠也及其論顔子之不壽而歸諸天則不壽復有疑於此矣謂澤及萬世者雖粗而猶有實曰盡性而與天爲一則論愈高而病愈深矣

或問二十三章之說曰以地言之則齊險而魯平以財言之則齊厚而魯薄以勢言之則齊强而魯弱以俗言之則齊尚夸詐而魯習禮義蓋其風氣本不同矣而太公治齊尊賢尚功伯禽治魯尊尊親親其治化又不同矣齊自桓公管仲不無變亂太公之法而益趨於薄魯則

雖曰衰弱廢墜而其規模氣象猶有周公之遺意則其舊俗之變又不同也是以自其本而言之則雖太公之盛時已必一變而後可以至於周公伯禽之王道自其末而言之則齊俗益壞之後又必一變而後可以及魯之衰也然當是時非夫子之得邦家亦孰能成此一變之功哉諸家於此蓋各得其一端而遂據以爲說故雖爲說之多而終不能無所遺也而又有避嫌之病益使其說不得不有所遺如避周公太公優劣之嫌則曰非二公遺化之不同而凡史書之言太公就封報政遲速者皆舉而廢之避魯以侯國而行王道之嫌則曰有王者起而取法於魯則王道翕然丕變此其說雖似美然恐其不免於有意之私而非聖言公平正實之本旨也

又或以爲齊一變可比於魯之治時者亦非文義若果其言出於此則魯之治時乃周公之政即王道本末之大備也又何待一變而後至道乎

或問二十四章之說曰夫子之意本爲觚發而推之則天下之物皆然也上觚指其器下觚語其制觚哉觚哉歎器之失其制也諸家推而廣之各得一意但楊氏所謂正名者與此事同而文意不類蓋正名之意就實以正名此章之旨循名而責實其事雖同而不可以相明也

或問宰我井有仁焉之問何也曰孔氏以爲欲以極觀仁者憂樂之所至是已而程子所謂好仁不避難范氏所謂憂爲仁之陷害者亦得之也然諸家有以爲井有仁人當往救之者則凡人墜井亦所當救不必仁人也有

以爲仁人在井當往從之者則豈有仁人無故入井而吾又何爲從之哉有以爲赴井可以爲仁者則亦不待往而後知其詐也惟以爲入井救人可以爲仁者爲近之若吳氏以爲仁當作人者則亦或有此理而未敢以爲必然也曰欺罔之别其詳復有可得而言者乎曰欺者乘人之所不知而詐之也罔者掩人之所能知而愚之也夫人之墜井世有此理而其有無則非君子所能必知雖或未必眞有而可欺使往視之也自入井中而可以救人則其無是理也蓋不待智者而知之矣又安得以此罔之而使陷於井中哉孟子之論舜子産事亦引此語以彼證之則明白矣程子所謂陷以非其所履又謂陷之於不知則不深考於文義之過范氏以逝爲

不見善而去陷謂陷於不義則有人在井未爲不善而入井救人亦未爲陷於不義也大抵諸家之釋陷字皆不爲陷之於井之意故其失至此惟呂氏首尾大槩得之但所謂以施仁術爲未協於文義所謂不能自陷以行救則恐能字之下脱使之二字也而所謂欺以可救亦有所未安耳謝楊皆以逆詐億不信爲言固與此意有相似者然宰予之問不爲此發觀於孔程范氏之説則可見矣謝氏又謂仁者之心正不如是而不言仁者之心竟爲如何卒又歎仁者之難知而已無乃愈疑後人使徒以知仁爲事而不務於爲仁之實也乎曰徃視而井實有人則如之何曰蘇氏之説所以處於輕重緩急之間者密矣蘇氏曰拯溺仁者之所必爲也殺其身無益於人仁者之所必不爲也惟君父

在險則臣子有從之之道猶然挾其具不從從也事迫而無其具雖徒從可也其餘則使人拯之要以窮力所至而已曰此外諸說之異同奈何曰程子下有闕文

或問程子以約之以禮爲約束之意而於顏子之歎則又以約爲知要何也曰愚意二者之訓不異其義亦同皆爲約束之意但在此章則爲學者之分而與顏子所至有不同耳程子於此章之工夫次序地位淺深蓋深得之獨論顏子之說則鄙意有未安耳推孟子說約之云是乃所謂知要者而顏子之歎則恐其指此也曰諸說如何曰張子以文爲禮之文而謂理爲禮之理似與程子兩說皆不同范謝則又以程子之論顏子者而施諸此矣謝氏以學文爲舉而措之之事幾若王氏之徒爲史官者稱其罷相之後方恍然有所得者其失甚矣呂

氏蓋宗張子之説然謂學愈淺則愈約而以博文約禮皆人事之當然而非其至者則是約禮之上又有愈淺之約人事之上又有天道之約恐張子所謂至簡所謂一歸於是者必不如是也楊説似得程子之意然曰逾於中則太密又曰不出於大防則太疎也蓋欲著意影帶形容禮字而不知其重複之中反生此病也

或問孔子之見南子何也曰按史記孔子至衛南子使人謂孔子曰四方之君子不辱欲與寡君爲兄弟者必見寡小君寡小君願見孔子辭謝不得已而見之也曰仕於其國而見其小君禮與曰是於禮無所見穀梁子以爲大夫不見其夫人而何休獨有郊迎執贄之説不知其何所考也然禮家又謂陽侯殺繆侯而竊其夫人故

大饗廢夫人之禮而使人攝焉則是大夫雖或有見小君之禮疑亦久已不行於世而靈公南子特舉之爾曰南子既非正嫡且以淫亂聞於諸侯而是禮也又非當世之所常行者則夫子曷爲而不辭也曰南子之行則醜矣然其願見蓋亦有善意焉且衛君既以爲夫人而已將仕於其國則所謂禮從宜使從俗者其亦有所不得已焉者矣又況聖人道隆德盛雖磨而不磷雖涅而不緇亦何爲拘拘譾譾於此而避一見之嫌乎曰矢之爲誓何也曰矢誓聲相近盤庚所謂矢言亦憤激之言而近於誓者也且所言之爲誓辭也其見於傳者多矣若曰所不與舅氏同心者有如白水所不與崔慶者有如上帝皆是也曰邢氏引蔡謨說訓矢爲陳引欒肇說

讀否爲泰否之否如何曰程子諸家多用此説其義則美顧其文義若有所未安者故范氏獨從舊説而今亦遵用之也曰子路之不悦也不告以可見之理而誓之何也曰曾氏言之得矣曾氏曰見南子過物之行子路不悦非常談所能曉故誓之如此曰楊氏包承小人之説然乎曰易之説亦有云爾者而楊氏獨屢言之若使大人處否而包承乎小人以得亨利則亦不足以爲大人矣是説之行將啓後世爲苟容幸免之弊懼非所以爲訓也

或問二十八章程子二説自相爲異何也曰解之言正也語録則或有記録之差焉曰諸説如何曰久字之意則皆失之然謝楊氏所論至德高明中庸之意皆善但其以高明中庸分體用而謂高明猶所謂至者則未安耳

其曰賢知者多賢字其曰愚不肖者多不肖字亦其小失也侯氏蓋用程子識得則事事物物上皆天然有中之說而失之彼亦曰誠知此理則事事物物皆有自然無過不及之地耳豈曰吾之手舉足履無非中乎其論仁處亦多此類甚矣其不精也

或問博施濟衆必也聖乎此言必聖人而後能之乎曰不然此正謂雖聖人亦有所不能耳必也聖乎蓋以起下文堯舜病諸之意猶曰必也射乎而後言射之有爭也曰仁恕之别何也曰凡巳之欲卽以及人不待推以譬彼而後施之者仁也以巳之欲譬之於人知其亦必欲此而後施之者恕也此其從容勉強故有淺深之不同然其實皆不出乎常人一念之閒學者亦反求諸巳而

足矣豈必博施濟衆務爲聖人之所不能者然後得之乎曰此章之意諸家孰爲得之乎曰程子詳矣然亦未免以博施濟衆不止於仁而爲聖者之事故其辨論仁聖之别雖詳而堯舜病諸之語反無所當其答仁不足以盡之一條尤不可曉蓋旣不與其同於聖旣曰堯舜不能而又曰能博施濟衆則是堯矣然則堯舜獨非聖耶今以吾説通其文義則彼之兩辨仁聖之别固不害於貫通也但仁在事不可爲聖一説亦不可曉耳其他如曰博施濟衆何干仁事似亦太過博施濟衆實仁者之極功但不可謂必如此而後得爲仁耳又如謂聖人之至仁獨能體是心而已此類亦恐記者失之至以博爲厚者則非此字義且與前後數條之意亦不相類而

又出其手筆則或恐其考之未詳也范氏博施濟衆之說得其文義伊尹以下則已緩而不切子貢以下則又遂失其本文之旨矣呂氏分博施濟衆爲仁聖之事殊不可曉子貢有志於仁以下則爲得之謝氏分別仁之功用仁之得名者善矣然謂立人達人爲仁之方而非仁則蓋以爲仁道發用著見之所也此但以章句文義而言已爲失之而能近取譬乃聖人直指子貢用力爲仁之術非但使之知其所在而已也楊氏所引孔子告顔冉者亦要切矣然與此章之旨不類蓋仁之爲仁雖無二致然聖人所以示人求之之術亦各不同不可一槩論也

論語或問卷之六

論語或問卷之七

朱熹著

述而第七 凡三十七章

或問首章之說曰程子之解善矣語錄之說則未安然解之云亦合之以蘇氏之說然後爲善蘇氏曰自生民以來至於孔子作者略備矣特未有折衷者耳故述而不作然猶不敢當折衷之名而自託於傳述此則聖人之謙辭也謝氏以其卑而恥之故必後其說以自高其失聖人之意也遠矣其論老彭則與尹氏之說皆善以爲老聃彭祖者疑未然也楊氏所論作春秋之意亦善大抵此篇聖人之謙辭爲多疑以此類記之也

或問默識二義孰爲得之曰不言而得其理者不待問辨

而無疑也不言而存諸心者拳拳服膺而弗失也二義皆通蓋皆聖人之所不居也但未知當時立言之本意果何所指耳然以得言者程子范尹得之而楊氏過高以存言者呂氏得之而謝氏過高又不可不審也曰何有於我諸說不明而子又自爲一說奈何曰謝楊不解固無可說矣諸說之中呂氏爲差易了然如其說則當增此外復字然後文意乃足恐聖人之言不如是之簡而晦也聖人處此雖爲自貶然其辭氣抑揚之間亦不當如此之夸惟程子范尹共爲一說但言以身處之自以爲有而不言文義之所以然者推其所自蓋皆出於古注所謂人無是行我獨有之者是以但言其意而不復釋其文義也然以經文考之則何下當有人字有下

當有此字乃得如其所說而經固無之則有所不通矣就使果如其說則聖人之所以處此者乃其自貶之意而其所以爲言者乃若自大之辭與夫所謂不如丘之好學則可謂云爾已矣者殊不相似也故竊以爲不若直以不居爲言則於文爲順而無增加矯揉之煩於理爲通而無夸大激揚之弊且第九篇十五章之言意亦類此讀者誠通玩之倫類可見然或者又疑二章所陳皆庸行之常非聖人平日所不居之例此則有未通者姑闕焉以俟知者其亦可也

或問三章之說曰楊尹得之矣謝氏以言道爲易而難於講學則未知其所言者果何道也以四者爲非顯過則無乃又陷於自恕之失耶至謂此非聖人之自憂則又

尊聖人而卹其卑屈之過也

或問四章之說曰程子至矣然其語錄一節字義不精不若其正解及謝楊之說爲愈也而楊氏蓋其心廣體胖以下重複散緩亦異乎程子謝氏之云矣范氏舒遲和樂之云則善至以心體和敬內外而言則不識其何說矣又曰所以進德而不已此又豈所以語大聖人之德哉

或問孔子不夢周公之說程子以爲初實未嘗夢也如何曰孔子自言不夢之久則其前固嘗夢之矣程子之意蓋嫌於因思而夢者故爲此說其爲義則精矣然恐非夫子所言之本意也曰諸說如何曰張子之說有所未喻范氏之意蓋以爲聖人因自覺其衰之久而歎其將

不得復夢見周公之事其以夢非眞夢與程子略相似而其爲說實不同也然夢見之云乃若今人之戲語聖人之言似不如是之不莊也謝氏以爲聖人誠不厭健不息故夢寐不忘周公之事然而又曰然後無意於經世則是誠有時而厭健有時而息也而可乎哉其以巳無意於經世爲天無意於斯文則又推言聖人與天爲一之意亦橫泆而無所止矣楊氏夢見不可復以下似范語而意又不同蓋其正說自如本義而辭有所不足其下乃復以巳意推而言之以及於此耳此外則胡氏說夢亦有可取者焉胡氏曰心爲萬物之至靈非但藏往固能知來凡天地古今之所有無一外乎此者無明幽古今遠邇通塞之閒此人之所以有夢夢之所以多變也然聖人誠存賢人存誠則其夢治若夫思慮紛擾神精不定則所夢雜亂或正或邪亦與日晝之所爲等爾善學者旣謹其言動而又必驗

諸夢森之問

或問道爲義理之總名何也曰道以人所共由而得名若父子之仁君臣之義者是也曰德者己之所自得何也曰若爲父子而得夫仁爲君臣而得夫義者是也曰其志之據之何也曰潛心在是而期於必至者志也既已得之而謹守不失者據也曰不違仁者柰何曰吾於顏子之事既言之矣敢問六藝之目與所以游之之說曰五禮吉凶賓軍嘉也六樂雲門大咸大韶大夏大濩大武也五射白矢參連剡注襄尺井儀也五御鳴和鸞逐水曲過君表舞交衢逐禽左也六書象形會意轉注處事假借諧聲也九數方田粟米差分少廣商功均輸方程贏不足旁要也是其名物度數皆有至理存焉又皆

人所日用而不可無者游心於此則可以盡乎物理周於世用而其雍容涵泳之閒非僻之心亦無自而入之也蓋志據依游人心之所必有而不能無者也道德仁藝人心所當志據依游之地而不可易者也以先後之次言之則志道而後德可據據德而後仁可依依仁而後藝可游以疎密之等言之則志道者未如德之可據據德者未若仁之可依依仁之密乎內又未盡乎游藝之周於外也詳味聖人此語而以身體之則其進爲之序先後疎密皆可循序以進而日用之閒心思動作無復毫髮之隙漏矣曰諸說如何曰程子張子至矣然其語意類皆簡奧未易遂曉今請試論其旨意之大略如曰學者當如是涵泳於其中者統言一章之旨也其曰

兼內外而言之者以上文言依仁止於所行而爲是語以發其未盡之意明所行者非獨事爲可見之行也張子之意大略放此而其得寸守寸得尺守尺之說意味尤深非躬行實踐之至不能爲是言也其一說以爲人能志道則能求至其極而有所進故所據之德不至於中道而止依仁則大者有守故小者可游而不失其和和對理而言則一張一弛之意也其以藝爲日爲之分義者亦指六藝而言其皆日用之品節耳游而不有過而不存云者亦言其當游於此則心存乎此去之則不專係念於此也曰諸說如何曰程張至矣范氏平實而仁字之說未盡呂氏簡約而依字之訓或疏謝氏以志爲趨向亦曰其大槩不倍乎此耳以夫子三軍奪帥之

言質之則所謂志者不應如是之輕且踈也君子有時
不善之云則縱而不謹以啓自恕之門甚矣戴天履地
之譬則幾矣然未知其所謂道者果何物也至於無藝
不害爲君子之語則又慢而不慮矣游氏念念不忘之
說善矣而以其下文所論推之則所指以爲道者則恐
其未免於老佛之餘也志者有息之主而有爲之端也
若之何以無息無爲當之而無息無爲又豈惟精惟一
之謂耶至以精一分管中庸亦無是理堯舜禹皆自誠
而明者而允執厥中乃時中之中也今曰三聖執中皆
志道之效其亦不可曉矣以據德爲止其所而自得亦
於彼此文義皆有所不合蓋此所謂據於德者守其所
得之德耳非以有所據而後有所得也若易所謂止其

所若亦曰止於其所當止之所而已豈固守不動之謂哉以依仁爲不違仁者善矣然謂不仁則皇皇然無所依則非文義也蓋所以依於仁者正謂其未得於仁而欲其依於是耳非謂既仁而後有所依也且其依之亦反諸乎身而去其不仁者而已非若子之依父妻之依夫雖曰至尊至親而猶爲兩物也其曰據德以體道依仁以成德者則亦得之但其所謂道者既差則其二者亦未有所附也其論游於藝以閑邪而守仁者意亦甚善然亦必以張子范氏之說爲正然後可以及此若但如游說而已則是徒爲是物以繫其心而於日爲之分義初無所當也而可乎楊氏大抵皆以其已然之效而言而求其所以用力之地則未之及也尹氏則贊於諸

說遠甚其曰志道以致之者尤爲切當但據德以行之者似稍疎耳

或問七章之說曰諸說無他異惟范氏成人所以成巳者失之遠矣

或問八章之說曰程子至矣范氏亦庶幾焉但所引孟子爲未當耳呂氏之訓釋有功而楊氏引據亦有助也謝氏一槩不識者奪之大過復於王之復乃下告上之辭引以爲說亦非是曰反之爲還以相證何也曰如易所謂原始反終者也

或問九章之說曰程子至矣謝說亦善楊氏舊本仁人有不忍者後改忍爲能蓋用程子之意不忍不能語意之精粗蓋有間矣然終不若程語之完且善也■說有病

聖人之心豈其若是之支哉

或問十章之與不爲許與之與何也曰若爲許與之與文義亦通但以子路之問觀之則所謂與者正謂與之俱耳曰諸說如何曰程張之說無以易矣范謝亦皆得之但知物我之分云者恐非所以言聖人耳吕楊分别孔顔不同處亦有此意蓋此章猶以物我對待而言若孔子之仕止久速則其可否之幾渾然在我而無與於物矣此章之意猶止以一巳之從違而言若孔子之天下文明則風動神化有不知其所以然者矣

或問十一章之說曰程子可求不可求皆決於義謝楊可求不可求皆決於命至於張子尹吕則以可求者爲義而不可求者爲命三說不同然愚意以謝楊之說爲未

安也蓋此本設言以明富之不可求故有執鞭之說若曰命可求則寧屈已以求之則是實有此意矣豈聖人之心哉曰聖人言義而不言命則奈何其言此也曰言義而不言命者聖賢之事也其或爲人言則隨其高下而設教有不同者豈可以一律拘之哉故此章之意亦爲中人而發耳如曰死生有命富貴在天求之有道得之有命者夫豈皆不言命乎魏國韓忠獻公有言貴賤貧富自有定分枉道以求徒喪所守蓋得此章之意中人以下其於義理有未能安者以是曉之庶其易知而有信耳蘇氏之說蓋亦如此其非孟子則失其旨而吾亦已辨之矣蘇氏曰凡物之可求者求則得之不求則不得也仁義是也故曰仁遠乎哉我欲仁斯仁至矣若富貴則有求而不得者有不求而得者是不可求也故曰富而可求也雖執鞭之士吾亦爲之如

不可求從吾所好聖人之於利未嘗有意於求也豈問其可不可哉然將驅人以勿求則人猶有可得之心特迫於聖人而止迫於聖人而止則亦有時而作矣故告之以不可求者以爲高其閑閑固其扃鐍不如開門發篋而示之以無有也

或問十二章之說曰尹說得之曾氏之說亦可觀焉曾氏曰鬼神恍惚戰疾危殆斯須不在焉則失之矣謝楊說亦善楊氏舊說引孔子事甚佳而後復删去之范氏正人之說語意最爲疎濶皆不可曉

或問十三章之文程子改三月爲音字如何曰彼以一日聞樂而三月忘味聖人不當固滯如此故爾然以史記考之則習之三月而忘肉味也既有音字又自有三月字則非合分之誤矣故范氏獨引史文爲正而其爲說亦他說所不及但以爲樂爲學樂則未然耳蘇氏說亦

得之蘇氏曰孔子之於樂習其音知其數得其志知其人而於文王也見其穆然而深思見其高望而遠志見其黝然而黑頎然而長其於舜也可知是以三月不知肉味

或問夫子不爲衛君之説曰程子尹氏盡之矣但程子并引諫伐之事似非此章問答之本意耳謝氏所引王氏之言誇而不實楊氏於此故爲留意所引檀弓之説及以蒯聵處伯夷之地皆得之矣但以郢處叔齊之地而不及輒則於文義之間似失當年答問之本意也至其卒章淺詆善兄弟之讓而惡父子之爭者以爲失旨亦不可曉蓋此章大體正此句檀弓立孫之説乃其間小小曲折耳二子之疑雖由此起而夫子所斷則以其父子之爭而絶之初不復論此曲折也至第二條始以聵輒父子當夷齊兄弟之處然則前此蓋牽於文勢之波

流而自失其所主之正意惋於新說之有據而遂以舊義爲無可是以其言不能無小失耳曰夫子以夷齊爲賢則其不爲衛君之意明矣而子貢復有怨乎之問至聞得仁之語然後知夫子之不爲何耶曰夷齊之賢天下孰不知之子貢蓋不待夫子之言而知之矣然意二子雖賢而其所爲或出激發過中之行而不能無感慨不平之心則衛君之爭猶未爲甚得罪於天理也故問怨乎以審其趣而夫子告之如此則子貢之心曉然知夫二子之爲是非其激發之私而無纖芥之憾矣持是心燭乎衛君父子之間其得罪於天理而見絶於聖人尚何疑哉此其所以必再問而後知所决也

或問十五章之說曰聖人之心無時不樂如元氣流行天

地之間無一處之不到無一時之或息也豈以貧富貴賤之異而有所輕重於其間哉夫子言此蓋卽當時所處以明其樂之未嘗不在乎此而無所慕於彼耳且曰亦在其中則與顏子之不改者又有間矣必曰不義而富貴視如浮雲則是以義得之者視之亦無以異於疏食飲水而其樂亦無以加爾記者列此以繼衛君之事其亦不無意乎曰諸說如何曰程子至矣然金華百萬之語又於張子說中見之不知其何故也以太公云者推之金華百萬之言始有所系或本張說而誤入程語也耶范氏說亦得之謝氏無所樂之云則老佛之談耳又謂聖人視義富貴亦如浮雲則亦過而失乎聖言之旨也楊氏以天爵之貴備萬物之富爲言若將與世之

富貴者校勝負則既病矣然必挾此而後樂又非聖人無所不樂之意也又謂聖人於不義之富貴視其去來如浮雲之輕者亦誤矣聖人於此方言其視之之輕未遽及其去來也且聖人視之之輕亦以自義理而觀之爲不足道耳非以趙孟能賤來去無常而輕之也

或問程氏學易無大過之云何也曰此以爲聖人之未學易也不應嘗有大過其旣學易也不應猶有小過而爲是說矣然以文勢考之恐不如此蓋旣曰謙辭則又何所言而不可耶曰范氏以下如何曰謝尹皆宗程氏者也惟范楊爲小異然范氏眞以聖人爲有過則疑未然楊氏說又過高而無實至所論五十字則皆未知其誤而云爾

或問十七章之説曰程子之言自有不同然其曰雅素云者得之矣正音之説恐未必然諸説大畧皆通范尹雅字之訓甚善執禮之説恐不必然也

或問十八章之説曰程子至矣其次則尹氏得之蘇氏蓋亦得之而不能無病者也曰何也聖人之自言非惡其不讓慮其非實而後爲是含蓄之言也盛德之至横口所言如天地之生物而不自知其功耳曰諸説如何曰張子一説眞以孔子爲發憤而至於聖蓋其平日所論如此恐或未然其一説論樂以忘憂者則盡乎人情矣范氏分好學好道二事得無老氏損益之遺意耶謝氏不悟其爲聖人之謙辭而欲引而極之於無我之事其亦誤矣且發憤忘食樂以忘憂其主意要重在上字今

乃以濟欲累物反之則未知其所主之安在也

或問二十章之說曰程子謝尹得之矣范楊三字之說得之而并以神爲不正亂俗之事則失之呂氏三字之說皆病而獨神字之說近之但此乃鬼神而直以爲妙理亦少過耳若妙理之神則聖人固未易言之然不當列於此四者之間也游說亦佳而未免有所偏也曰孔子於春秋紀災變戰伐篡弒之事於易禮論鬼神者尤詳今曰不語四者何也曰聖人平日之常言蓋不及是其不得已而及之則於三者必有訓戒焉於神則論其理以曉當世之惑非若世人之徒語而反以惑人也然其及之也亦鮮矣

或問二十一章之說曰此無異論獨張子所引顏子之說

乃正蒙所謂達善達不善者恐非易大傳之本意也
或問孔子何以知天之生德於己也曰天之生我而使之
氣質清明義理昭著則是生德於我矣豈其不自知哉
曰諸說如何曰程子之說固如此矣但其連下文而言
則其意若曰天之生德於我者如此其死生禍福固有
不偶然者矣使桓魋得以害己是亦天也而豈魋之所
能爲哉夫其上句之說則善矣而其所論下句爲不自
必之意則予未能不疑也范氏假乎之云則下句蓋用
程說但其分別天命之殊則有不可解者爾謝氏以下
下句皆用程說而謝氏所謂與天合德者恐非生德於
予之文意也尹氏又以天其或者爲言則是并與生德
而不自必矣於孔子程子之意恐皆未有所合也曰子

之有疑於程子之言何也曰聖賢之臨患難有爲不自必之辭者有爲自必之辭者隨事而發固有所不同也爲不自必之辭孔子之於公伯寮孟子之於臧倉是也其爲自必之辭則孔子之於桓魋匡人是也以文考之則彼曰其如命何此曰其如予何固不同矣以事考之則寮倉之爲譖愬利害不過廢興行止之間其說之行世固有是理矣聖賢豈得而自必哉至於桓魋匡人直欲加害於孔子則聖人固有以知其決無是理也故孔子皆以自必之辭處之言各有當不可以此而廢彼也曰聖人之自必如此而又微服以過宋何也曰程子論之詳矣然按史記孔子適宋與弟子習禮大樹之下桓魋伐其樹孔子去之弟子曰可以速矣子曰天生德於

于桓魋其如予何遂之鄭疑孔子旣遭伐樹之厄遂微服而去之弟子欲其速行而孔子告以此語也蓋聖人雖知其不能害已然避患亦未嘗不深避患雖深而處之亦未嘗不間暇也所謂並行而不悖者學者宜深玩於斯焉

或問無隱之說曰程子張子范吕尹氏之說得其實矣游氏亦爲得之謝楊氏爲說雖同然其所以爲說者則恐其過而流於老佛之意也

或問程子所謂誠忠孚信之别奈何曰誠忠以體用而言也孚信以内外而言也曾氏曰忠者心不欺信者言不妄其義亦通曰諸說如何曰范氏之意亦善但所引行有餘力以上云云者乃爲子爲弟之常事四教之云又

自學文以後而言也然要其歸宿卒亦不外乎爲子爲弟之常事也但能博學於文而又約之以禮則行日益修而忠信日益篤耳謝氏三事之說亦善但說有內外之殊則亦不得不合用其力耳尹氏之說又若四事各爲一門而不相須者恐亦未免有病也

或問二十五章之說曰諸說皆善獨楊氏爲太支然其末句之說亦善此外則吳氏曾氏說亦得之吳氏曰君子蓋有賢德而又有作用者特不及聖人耳若善人則粗能嗣守成務不至於爲惡而已非若君子之能有爲也曾氏曰當夫子時聖人固不可得而見豈無君子善人有恒者乎而夫子云然者蓋其人少而思見之也及其見則又從而進之曰君子哉若人凡此類當得意而忘言善人明乎善者也有恒雖未明乎善亦必有一節終身不易者若本無一長而爲有之狀未能充實而爲盈之狀貧約而爲泰之狀此亦妄人而已矣孟子所謂雨集溝澮皆盈其涸可立而待 曰無有虛實約泰之分奈何曰無絕無一也烏能久乎

也虛則未滿之名耳二者兼內外學之所至事之所能而言約之與泰則貧富貴賤之稱耳爲之云者作爲如是之形作爲如是之事者也爲之無以繼則雖欲爲有常不可得矣

或問二十六章之說曰此無他異獨射宿之義小有不同蓋謝楊得之爲多驚衆之云意似廣而實不切暴物之云蓋取田不以禮之意然其取義亦疎矣范氏造次必於是尹氏操於心以往皆非所以言聖人此外則張敬夫所論亦佳張敬夫曰聖人之心天地生物之心也其親親而仁民仁民而愛物皆是心之發也然於物也有祭祀之須有奉養賓客之用則其取之也有不得免焉於是取之有時用之有節若夫子之不絕流不射宿皆仁之至義之盡而天理之公也使夫子之得邦家則王政行焉鳥獸魚鼈咸若矣若夫窮口腹以暴天物者則固人欲之私也而異端之教遂至禁殺茹蔬殞身飼獸而於其天性之親人倫之愛反恝然其無

情也則亦豈得爲天理之公哉故梁武之不以血食祀宗廟與商紂之暴殄天物事雖不同然其咈天理以致亂亡則一而已矣

或問二十七章之說曰諸說大意略同但文義各異至句讀亦有不同者然程子之說無以易矣尹氏發明其意亦爲得之張子說略而義亦正楊氏謝氏胡氏似程子而小不同三家復自有小不同處然皆不若程子之密也胡氏曰聖人生而知之作無非理故無不知而作之者孔子不以生知自居今乃自謂其無不知而作之者又以見聞擇識之知爲次則孔子之知乃生知也夫不爲妄作在聖人爲不足道然味之則無所不知非聖人不能矣若君子有所未知則不作可也多聞多見耳目所受也擇善去不善致知之端也從之效於事爲也識之記而不忘也內外並進利仁之事雖異於生知亦其次矣至於呂氏則以知之屬上句其說以從之識之知之三者爲求道淺深之序則固不得而從之范氏在楊胡之間但以爲聖人有所不

知而闕之則誤矣。

或問二十八章之說曰諸說皆善但謝氏爲小異然大意亦同耳曰不保其往舊說往謂往日之事如何曰此於字義爲得但文勢差倒耳若以錯簡推之則自其潔己而往日之不善亡矣故不保其往日之不善亦不與其退去而爲非取其今日潔己以進之心耳如此則似或本於中心之不能已者而每出於有意計度之私也夫豈然哉

或問三十一章之說所謂聖人謙遜審慎不掩人善何以言之也曰聖人天縱多能其於小藝不待取於人而後足而必欲得其詳如此其謙遜審慎可知也然若不俟其曲終而遽和之則亦幾於伐己之能以掩彼之善矣

故必俟其曲終以盡見其首尾節奏之善然後使人復歌而始和之則既不失其與人取善之意而又不掩其善也然此亦聖人動容周旋自然中禮處非有意於爲之也抑又見其從容不迫不輕信而易悅之意曰諸說如何曰程子以爲善人之歌而遽和之則已之所歌乃幾章耳故必使反之而後和則已之所歌亦全章也此意亦善但未見善字之意耳他說則又并必使反之之意而失之也

或問三十二章之說曰程子之意善矣然曰人於文皆曰吾勝人則莫字之上更有人字下合更有曰字文意乃足又此句吾字設爲衆人自稱之辭而下句吾字乃爲孔子之自稱文勢亦不相屬也如范說則二吾字不相

戾矣然其於文行之間無所輕重則亦未得爲至論其曰進而不已者又非所以言聖人也呂氏莫字之訓善矣其論文意大槩亦皆得之而辭或未瑩至於此非謙辭以下則非此章之旨矣謝氏爲得之但聖人雖不讓於文而猶人之說猶其論聽訟耳亦未嘗自以爲過人也躬行君子對文而言自有虛實難易急緩之殊故不居以勉人非必謂其可以入聖而後不敢當也楊氏似程說而下句語意不足無以審其必然尹氏上范下程尤爲疎濶矣曰然則奈何曰此其文義集註備矣若其所以然者則未可以一言盡也蓋於文言其可以及人足見其不難繼之意言其不能過人又見其不必工之意且合而觀之又見其雖不讓其能而亦不失其謙也

於行言其未之有得則見其實之難焉見其必以得爲效焉見其汲汲於此而不敢有毫髮自足之心焉一言之中而旨意反覆更出互見曲折淵永至於如此非聖人而能若是哉

或問三十三章之說曰程子說子華之意似以爲雖夫子之誨人不倦然已則未能學以承聖人之誨耳如此恐於文義有所不通張子之說善矣范氏專以不自聖不當仁爲能聖且仁者雖若近似張子之言然其意本不同也若不論其實而惟其所不敢當者則與之則世人之不敢自聖當仁者多矣果皆可以爲聖且仁矣乎又以不厭不倦分屬聖仁亦非是若孟子所引子貢之言則可謂云爾矣謝氏謂不厭不倦則聖且仁矣亦未見

其所以學所以誨者果何如也且自始學以至成德其梯級有不若是其易以躐者若之何而遽以仁聖之名加之乎楊氏以功施於人爲仁殊不類其平日之言蓋不可曉又以弟子所不能學者特在於有其實而不居其名之一事其病亦若范氏之類也尹氏最爲得之但不當雜取子貢之言以亂此章之旨耳

或問行禱五祀著於禮經今子路請之而夫子不從何也曰以理言之則聖人之言盡矣諸家之說當矣以事言之則禱者臣子至情迫切之所爲非病者之所與聞也病而與聞於禱則是不安其死而諂於鬼神以苟須臾之生君子豈爲是哉曰然則聖人之言乃不及此而直以爲無事於禱何也曰是蓋有難言者然以理言則既

兼舉之矣蓋所禱卜筮之屬皆聖人之所作至於夫子
而後教人一決諸理而不屑屑於冥漠不可知之間其
所以建立人極之功於是爲備觀諸易之十翼亦可見
矣曰諸說如何曰孔氏得之但其語似有以此合彼未
能爲一人之病類非所以語聖人者若程子則至矣范
氏恐其於禮未得則不考士喪禮之過者又曰不與其
誠則非聖人之事而其語意亦似重複不辭者謝氏以
爲非夫子之不禱乃語子路以禱之理則又甚矣據此
文實夫子之不禱而詳味語意又未嘗告子路以禱之
理也蓋其務爲高奇廢舊文而生新意每每如此至論
鬼神之有無則又其所聞於程子者理則然矣然非此
章之意今不擇其所當出於凡曰鬼神者則舉而一施

之其亦誤矣且言交鬼神之誠意則同必有禱而後用之今夫子未嘗禱則又安得以此而言之耶若曰聖人平日自然之誠則又不當對鬼神而言也楊氏合吉凶之論似矣然所謂合吉凶者言聖人之好善惡惡賞善刑淫如鬼神之禍福無不合於理也豈以一己之吉凶爲言哉尹氏合用程子之語善矣而加以自求多福之云則非所以語聖人也曰子以禱非病者所自爲而程子以禱爲悔過遷善祈神之佑何也曰禱雖臣子之禮而其詞則固述其君父悔過遷善之詞以解謝鬼神之譴怒也夫子初無是也則豈待至此而復有禱哉諸說之外胡張二說亦爲得之胡氏曰禱之爲禮非正禮也而忠臣孝子切至之情有不可廢者故聖人之立制猶盟詛之類爾然君子不自爲也惟君父則可而又必於其鬼焉若非其鬼則是淫祀

而已又安取禍乎子路所謂上下神祇者殆非大夫之所得禱也以此推之後世祀典之失又豈可勝言哉又曰上下神祇與人一理夫子道參天地誠貫幽顯仰無所愧俯無所怍豈疾病而後禱哉生而知之安而行之少而壯壯而老非日月至焉者其何以如之張敬夫曰聖人之心天且弗違而况於鬼神乎而獨曰丘之禱久矣辭氣謙厚所以發子路者深矣

或問三十五章三十六章之說曰程子盡之矣他說皆不能出其規模之內而往往偏主於一事細參考之優劣淺深見矣

或問卒章之說曰程子謝尹之說盡之矣但所謂聖人之時者非是所記程張問答語意尤精至於所以推之則不若前說之善矣范氏以三者爲德之修則非所以語聖人呂氏不言三者之所以然而論其效固已失之而所論之效又不切於本文之義也楊氏所言皆非聖人

之事惟德盛爲庶幾然以上下文推之其爲德也亦或

非其至者矣

論語或問卷之七

論語或問卷之八

朱熹著

泰伯第八凡二十一章

或問曰何以言三讓之爲固讓也曰古人辭讓以三爲節一辭爲禮辭再辭爲固辭三辭爲終辭故古注至是但言三讓而不解其目也今必求其事以實之則亦無所據矣曰何以言其讓於隱微之中也曰泰伯之讓無揖遜授受之迹人但見其逃去不返而已不知其讓也知其讓者見其讓國而已而不知所以使文武有天下者實由於此則是以天下讓也曰其爲至德何也曰讓之爲德既美矣至於三則其讓誠矣以天下讓則其所讓大矣而又能隱晦其迹使民無得而稱焉則其讓也非

有爲名之累矣此其德所以爲至極而不可以有加也
曰太王有廢長立少之意非禮也泰伯又探其邪志而
成之至於父死不赴傷毀髮膚皆非賢者之事就使必
於讓國而爲之則亦過而不合於中庸之德矣其爲至
德何耶曰太王之欲立賢子聖孫爲其道足以濟天下
而非有愛憎之間利欲之私也是以泰伯去之而不爲
狷王季受之而不爲貪父死不赴傷毀髮膚而不爲不
孝蓋處君臣父子之變而不失乎中庸此所以爲至德
也其與魯隱公吳季子之事蓋不同矣曰逃去可矣何
必斷髮文身哉曰先儒論之多矣蘇氏以爲讓國盛德
之事也然存其實而取其名者亂之所由起故泰伯爲
此所以使名實俱亡而亂不作也此以利害言之固不

足以論聖賢之心而其弟黃門又曰子貢言泰伯端委以治吳則固未嘗斷髮文身也且漢東海王以天下授顯宗唐宋王成器以天下授玄宗皆兄弟終身無閒言何必斷髮文身哉此引子貢之言則其事固有不可考者然以漢唐二事例之則亦未足以盡聖賢之心也蓋使王季之心但如顯宗玄宗則可若有叔齊之義則亦不能以一朝居矣使泰伯而不有以深自絕焉則亦何以必致國於王季而安其位哉然顯宗玄宗之心其厚薄又自不同也曰程子既曰泰伯知王季文王必能開基成王業矣又曰不必革命使紂賢文王必為三公何也曰此亦推廣假設之辭耳曰謝氏以為泰伯亦能有天下信乎曰泰伯固為至德然恐非文王之倫也使其

德業果與文王不異則太王之欲立季歷乃邪心矣大
率此爲推本而言楊氏之說得之矣
或問二章之說曰程子張子至矣范呂亦得之謝氏不就
理之云過於高養德之云偏於内楊氏則辭費甚矣
或問三章之說如何曰程子范謝尹氏皆善呂氏所謂得
禮者過之而楊氏以啓手足爲不虧其體戒愼恐懼爲
不辱其身則支矣曰其以易簀爲死生無變於已者諸
說之所不及不其至乎曰昔晁詹事嘗問此義於程子
程子曰禮也晁曰今人蔽於老佛之說則不謂之禮而
謂之達矣程子然之不知楊氏於此其果以禮爲重乎
以達爲重乎是未可知也
或問曾子三言其爲修身之驗奈何曰此程伯子尹氏之

意也夫不莊不敬則其動容貌也非暴即慢惟恭敬有素則動容貌斯能遠暴慢矣內無誠實則其正顏色也色莊而已惟誠實有素則正顏色斯能近信矣涵養不熟則其出辭氣也必至鄙倍惟涵養有素則出辭氣斯能遠鄙倍矣曾氏亦以爲君子於是持養旣久而熟睟面盎背不待施設而自爾也故皆以斯言之此說當矣曰道無精粗本末之間今以籩豆爲末節而獨貴乎此何也曰夫謂道無本末者非無本末也有本末而一以貫之之謂也一以貫之而未嘗無本末也則本在於上末在於下其分守固不同矣故君子所貴貴乎其本而已苟所以本於身者不足道邪而去僞則屑屑於儀章器數之末亦何爲哉曰程叔子之說如何曰容貌莊敬

則可遠暴慢養於中而言自順理者得之矣解中所論正顏色出辭氣二句則與上句之例不同而又各爲一說不知其何故也曰有爲此章之說者曰道之所貴有此三事動容貌以遠暴慢也正顏色以近誠信也出辭氣以遠鄙倍也動也正也出也閑邪而收放心之術也心少不存則動之正之出之者誰歟動容貌矜莊以修之也心一矜莊則輕忽夷易之態自不形於聲正顏色端儼以莊之也心一端儼則僞妄不情之事自不入於念出辭氣審度以發之也心一審愼則僻遠背理之言自不道於口矣子以爲何如曰此本謝氏之說也然經文但曰動曰正曰出而已其動之中否正之眞僞出之得失皆未可知也所貴者乃在其平日莊敬誠實涵養

有素故其動能遠暴慢其正能近信其出能遠鄙倍耳今乃以動爲矜莊出爲審度則其文義自無所當又謂一矜莊便能遠暴慢一端儼便能近信一審度便能遠鄙倍則是其所用其力者止於揚眉瞬目之際而遽責其有睟面盎背之功吾恐其無沈浸醲郁之風而未免於浮躁急迫之病也且一爲端儼之色安知其非色莊也耶此又不但文義之疵而已其始皆自謝氏失之吾不得而不論也曰諸說如何曰呂氏以爲三者皆道之正謝氏亦云三者皆道者皆非是楊氏說將死而言善者得之但以暴慢也信也鄙倍也皆爲人所以施於已者似亦非是而胡氏所考曾子之事則善胡氏曰曾子之疾見於此者二而見於檀弓者一愍當考其事之先後竊意此章最先前章次之而易簀之事最在其後乃垂絕時語也

當是時也氣息奄奄僅在而聲爲律身爲度心即理理即心其視死生猶晝夜然夫豈異敎坐亡幻語不誠不敬者所可彷彿學者誠能盡心於此則可以不惑於彼也

或問能矣而問於不能多矣而問於寡不幾於巧僞以近名乎曰愚嘗聞之於師矣曰顏子深知義理之無窮惟恐一善之不盡故雖能而肯問於不能雖多而肯問於寡以求盡乎義理之無窮者而已非挾其能而故問也但自他人觀之則見其如此耳謝說意蓋如此而洪氏曰吾固能矣然豈不猶有所不能彼固不能矣然或不能於此而能於彼也吾固多矣然豈不猶有所闕彼固寡矣然或失於此而得於彼也是以下問而不以爲難亦此意也曰楊氏視天下無一物之非仁夫誰與之校如何曰過矣其言孟子三自反不如顏子之不校信乎

曰孟子所言學者反身修德之事若顏子則心理渾然不待自反物我一致不見可校者也二者優劣固不待言而喻矣然自學者觀之則隨其所至之淺深而用力各有所當不可以此廢彼而反陷於躐等之失也曰有謂犯而不校非特自反且有包之之意焉有彼之之意焉有愧之之意焉莫非理也其說然乎曰夫犯而不校固不待於自反今曰非特自反則既失之矣且其所謂包之者驕也彼之者狹也愧之者薄也是豈顏子之心哉吳氏曰子貢多聞故於顏子見其聞一知十曾子力行故又見其如此信乎其優入聖域也如何曰即其言足以見三子之氣象亦善也

或問六章楊氏之說然乎曰曾子之稱此正以其非君子

不能故設爲答問之辭以審訂之耳且楊氏又何以知此君子之未仁耶此言一立其流之弊將有排死節而賤正直之意非小失也

或問弋章之說曰程子至矣但毅字之訓恐或未然說文以謂有决者近之矣謝說如何曰謂顔子弘包其毅孟子毅勝其弘可也自任以天下之重爲任重可矣然亦未見道遠之意蓋此二字曾子巳自釋之學者涵泳其言足以識其氣象正不必别下語也楊氏分别最爲有功而或者病之誤矣但擴大作弘之事若曰非弘則不能容納之可也尹氏踈矣

或問古者之教十年學幼儀十三學樂誦詩舞勺成童舞象二十始學禮舞大夏今夫子之言其序如此乃與教

之先後不同何也曰詩者樂之章也故必學樂而後誦詩所謂樂者蓋琴瑟塤篪樂之一物以漸習之而節夫詩之音律者也然詩本於人之情性有美刺諷喻之旨其言近而易曉而從容詠歎之間所以漸漬感動於人者又爲易入故學之所得必先於此而有以發起其仁義之良心也至於禮則有節文度數之詳其經至於三百其儀至於三千其初若甚難强者故其未學詩也先已學幼儀矣蓋禮之小者自爲童子而不可闕焉者也至於成人然後及其大者又必服習之久而有得焉然後內有以固其肌膚之會筋骸之束而德性之守得以堅定而不移外有以行於鄉黨州閭之間達於宗廟朝廷之上而其酬酢之際得以正固而不亂也至於樂則

聲音之高下舞蹈之疾徐尤不可以旦暮而精其所以養其耳目和其心志使人淪肌浹髓而安於仁義禮智之實又有非思勉之所及者必其甚安且久然後有以成其德焉所以學之最早而其見效反在詩禮之後也曰諸說如何曰程子備矣然其間亦有疎密緩急之異詳味而審思焉可也謝氏說亦得之但立禮說諸家多所未備至於楊氏所謂樂非鐘鼓羽籥者則過矣

或問子謂民可使之由於是理之當然而不能使之知其所以然者何也曰理之所當然者所謂民之秉彝百姓所日用者也聖人之爲禮樂刑政皆所以使民由之也其所以然則莫不原於天命之性雖學者有未易得聞者而況於庶民乎其曰不可使知之蓋不能使之知非

不使之知也程子言之切矣曰呂氏之說如何曰此非聖言之本意然亦頗中近世學者之病矣曰謝氏之說如何曰其意則善矣然謂禮樂法度之外自有覺處則所未安易外以中其庶幾乎曰游氏如何曰此其所謂道者老佛之所謂道而已若吾之所謂道者則豈有搏噬毒螫薄惡之患哉其說之病與前篇同學者審擇可也

或問十章之說如何曰諸說皆善但張呂未通耳胡氏上句小異然亦可取胡氏曰好勇而不疾貧則不肯爲亂疾貧而不好勇則不能爲亂自古亂民皆其材力出衆而廹於飢寒者也爲人上者其可不恤制其産厚其生乎抑學者不幸而勇勇又不幸而貧苟無道以持之自行一不義取非其有日長月滋其不流於亂也幾希矣此又學者所當自警也

或問驕吝之說曰程子至矣諸說不同然皆是足以有警

張敬夫論周公事亦善張敬夫曰周公以叔父之尊位上宰握大權勳烈如此其光也而方且握髮吐哺惟恐失天下之賢才思兼三王坐以待旦夫豈有絲毫驕吝存於其間哉

或問十二章之說曰此章文意難明諸儒之說不一孔氏范氏以善爲穀惟楊氏以穀爲祿其以穀爲善者下句又皆不同孔氏范氏以爲無不得乎善言三年學則必無不得善者誘人以學之意也程子侯尹以爲難得乎善言三年學而猶不至乎善則終不足以進於善勉人汲汲於學之意也謝氏引王氏之言則以爲三年學而不至乎善明善非易得之物勉學者自強之意也愚按此三說文義皆不甚通惟楊說爲近之但訓釋有未備耳蓋不易得者歎美之辭若楊說而易至以志頗足其訓釋以明之則文意曉然矣且上章論疾貧驕吝之失

下章記去就出處之方在位謀政之事亦一類也若以穀爲善則胡氏之釋爲善胡氏曰穀善也成也爾雅曰信善爲穀言善之成實也今世方言亦以物之成實者爲穀

或問篤信好學守死善道何也曰此言人當篤於信道而又好學以明乎善然後能守死以善其道也善道猶工欲善其事之善守死善道言寧死而不爲不善以害其道也曰子所謂更相爲用何也曰非篤信則不能好學非守死則無以善道然徒篤信而不能好學徒守死而不足以善道則又君子之所不取也蓋能守死者篤信之功而能善道者好學之力然雖曰篤信而未能至死不變則其信亦不篤矣雖曰好學而不能推以善道則其學亦無用矣此四者之所以更相爲用而不可一有

闕焉者也曰諸說如何曰皆得之而程子所論篤信之意尤宜深味

或問十四章范氏之說如何曰夫子之言無上下之異但爲不在此位則不謀此政耳范氏爲人君言故自上而下然其意終不備更當自下而推如士不可侵大夫之職以至於天子不可過於天道乃爲備耳然不止此又當知左右前後彼此之間各有分守皆不可以相踰乃爲大備而盡得聖人之意胡氏所論亦其一事今附於此胡氏曰東漢季年黨錮禍起潁川杜密去官家居每謁守令多所請託而同郡劉勝亦自蜀還閉門埽軌太守王昱見杜密獨稱季陵清高以箴之密謂昱曰劉勝位爲大夫見禮上賓知善不薦見惡不論隱情惜己自同寒蟬乃罪人也今密舉志義力行之賢糾違道失節之士使明府賞罰得中令聞休暢不亦萬之一乎昱乃慚服以愚觀之昱從善服義固不可訾若密之爲是代昱行事也不在其位而謀其政者大槩如此黨錮諸

賢多陷此失可不戒哉

或問十五章之説曰程子以夫子反魯爲定公時誤矣又説魯樂既正放棄舊工以兩處文義考之恐亦未然師摯適齊當用張子范氏之説但張子洋洋盈耳之義爲未安耳

或問舜禹之有天下而不與程子二説一以爲不與治一以爲不與求諸説雖多皆不出此子之不同何也曰如前説則有宜爲治矣如後説則有宜爲得矣今曰有而不與則愚説雖陋恐或得其文意也楊氏此章用莊生語語既不倫遂不見其旨意之所在然以卒章之説參之則蓋亦如愚説云

或問十九章之説曰諸説皆得之而程子爲尤盡惟天爲

大惟堯則之則范氏尹氏爲得之楊氏說雖密然氣象反狹與不文氣象不相似也

或問舜之臣衆矣而獨稱五人何也曰舜之天下所以治者以此五人而已故孟子亦獨稱之他人不得而與也曰唐虞之際於斯爲盛孔范二說不同何如曰孔氏於文義若不順疑范氏之說得之也曰文王服事商則善矣然以諸侯而有天下之大半得爲順乎曰胡氏嘗言之矣胡氏曰孔子稱武王周公善繼人之志善述人之事蓋文王受命作周大統未集武王嗣爲西伯又十一年而紂益不悛於是武王順天應人繼志述事一服戎衣天下大定此文武之實也而論者乃謂文王無意於伐紂獨武王行之此考之不詳也夫文王之時三分天下既有其二以加倍之力可取而不取猶北面臣節此周之德所以爲至德也言周則文武兼舉矣誠使仲尼有取文王之意曷不曰文王之德以白之乎誠使文王無廣周於天下之心曷不專守分地而取其三分之二乎聖人之動莫非天理當文王時商歷未終文

王安得而取之及武王時受罪貫盈武王安得而不取向若文王享堯舜之壽則夫三分之一亦不待周師而服矣

或問溝洫之制曰見於周禮遂人匠人之職詳矣蓋禹旣平水患又治田間之水道使無水旱之災所謂濬畎澮距川是也曰禹之若是何也曰胡氏嘗論之矣然禹之儉勤乃其常德未必專爲是也然其意亦深矣胡氏曰禹爲天子有常奉矣然以鯀功不就而殛死故心常痛之而不忍享其奉也至豐享祀華黻冕則以奉其先也盡力溝洫則以終其事也古之聖人愛其親有深長之思如此然而不棄天下者不敢以一家之私而害天下之公也若王裒嵇紹則終身不仕可也曰孔子之稱之何也曰洪氏蓋有說焉然夫子亦稱其實而已未必眞爲此也洪氏曰衰周之時禮失其本而奢僭極矣夫子蓋嘗救之然而矯枉又不可以過正也故稱禹爲法焉與墨者之宗禹異矣

論語或問卷之八

論語或問卷之九

朱熹著

子罕第九凡三十章

或問夫子之有罕言何也曰利者義之和也惟合於義則利自至若多言利則人不知義而反害於利矣命者天之令也然人當修己以俟之然後可以立命若多言命則人事不修而反害於命矣仁者性之德也然必忠信篤敬克己復禮然後能至若多言仁則學者憑虛躐等而反害於仁矣三者皆理之正聖人所不能不言而其憂深慮遠則又不可以多言也故罕言而已言利如易之利建侯利有攸往之類是已曰諸說如何曰程子張子之言皆至矣范氏亦得之而以利爲有二則非也蓋

利一而已自義爲之則君子之爲自利爲之則小人之事也謝氏疎而不切楊説亦善但所謂仁則未嘗言者不若程子之説爲孔子但罕言耳豈未嘗言之謂哉所論合而言之道也疑亦非孟子意

或問二章之指曰黨人之意程子盡之矣尹氏所謂慕聖人而不知者亦善范呂以黨人爲知聖人者非是蓋無所成名與無得而名語意之抑揚自不同也但孔子答辭如程子説則亦微著黨人之不知已者恐亦未安但作自言吾將何執御之意乃安爾蓋嘗執御即能鄙事之意也楊氏以爲黨人不知孔子有一以貫之者許黨人語意所疑未遽及此執御成名亦與子非多學之意不同

或問三章之說曰程子范尹得之

或問聖人從容中道而有所絕有所毋何也曰絕非屏絕之絕蓋曰無之盡云爾毋無古蓋通用故論語作毋而史記作無然經傳多以無爲有無之稱毋爲禁止之辭則當以史記爲正曰四者之說其詳奈何曰無意者渾然天理不任私意也無必者隨事順理不先期必也無固者過而不留無所凝滯也無我者大同於物不私一身也四者始於意而行於必留於固而成於我蓋意必常在事前固我常在事後而我復生意循環不窮也曰程子之說問皆有深旨矣獨所謂學者之始須絕四者何也曰此本言聖人之事而程子以爲學者亦所當勉也張子以爲自始學至成德竭兩端之教其說亦然耳曰

諸說如何曰張子前四條皆善而所謂四者有一焉則與天地不相似所謂大理一貫則無四者之鑿其旨尤精范氏意者已之私也以下及呂楊說皆得之

或問五章之說曰孔氏馬氏舊說蓋以將喪未喪相因而爲已決之辭也精義諸說則以爲相對而未定之辭也從馬氏則後死者乃孔子之自名從程子則後死者當從吳氏爲後我而死者言我若當死則後人不得與聞斯道我若未當死則匡人無奈我何也然以文義推之恐當如孔氏馬氏之說七篇三十二章已詳言之矣曰程子聖人自做著天之說如何曰以文義考之則固不然以理而言則亦謂夫與天爲一而不覺其言之若此則可以爲聖人有心以天自處而爲是言則不可讀者

不以辭害意可也

或問何以言太宰或吳或宋也曰當時惟二國有是官也鄭氏以爲吳而邢疏曰左傳魯哀公會於橐皋吳子使太宰嚭請尋盟公使子貢辭焉子貢又嘗適吳此鄭氏所據也洪氏曰宋太宰也列子稱商太宰見孔子曰丘聖者歟宋商後又都商丘是也二說不同未知孰是故兩存之但列子多寓言恐或不足據耳曰舊說訓將爲大今以爲殆何也曰此蘇氏說也將固有訓大者然與此書前後文體不類故從蘇氏說耳曰諸說如何曰諸說皆得之而范氏爲長但論孔子自謂多能處語有未備尹氏謂所以爲君子者在明道而不在於多能故太宰疑夫子果聖則不應多能如此者亦非是太宰豈知

此理正以多能爲聖耳尹氏蓋以己之心言之而未嘗以太宰之心觀之也然既曰聖人則其多能必矣如尹氏說亦有所偏也

或問無知之說曰張子之過則程子言之矣然程子之說於文義亦不甚通也惟以爲謙辭則無二者之嫌矣空空蓋指鄙夫而言張子以爲無知之意文意隔絶恐不然也范尹蓋從程子謝意亦然楊氏獨從張子無知之說而以空空屬之鄙夫蓋欲附其有挾之說耳似亦非是

或問八章之說曰諸說不相遠但謝氏之說原於柳子貞符之論聖人於天人相與之際恐不若是其悫然也

或問九章之說曰古注得之范氏祖其說但謂所以敎民

之云者非聖人自然中禮之謂楊氏以凡此皆自盡而非爲人者亦得之但謂所以廣愛敬者復與此語相戾耳至曰於瞽者非以其不見而加敬焉者似失之過蓋如其說則聖人愛敬之誠心何適不然何獨於此三者而然耶尹氏所謂不欺其不見者亦非是夫見之必作過之必趨蓋實加敬焉非但不欺而已蓋不欺之名由有欺而後得聖人心本無欺則其作其趨固未有不欺之意也

或問顔子之歎諸家之說如何曰程子至矣但章首四言正是顔子得見聖人之道眞實高妙而若未端的處今程子以瞻在前忽在後爲過不及恐其未然而約字之義未安則前已辨之矣得此義理一條尤爲卓絕然讀

者亦當深造以道而自得之一毫之差則入於老佛之門矣張子之說亦精但其辭艱奧當熟味之乃可曉耳高明博厚言博也中言約也亦以知要而言也其論極大止中亦然范氏之說詳備正當呂氏竭才而進以下失之矣且又以此章首尾皆爲善誘之事亦非也所謂善誘但博文約禮二事而已謝氏謂求於所性之中似亦贅語大天下之事莫非所性之內者故聖人謂學但有爲已爲人之異而無性內性外之殊也吳氏之言有曰所謂卓爾亦在乎日用行事之間非所謂窈冥昏默者此言得之矣謝氏又以張子正容謹節之學爲外面威儀非禮之本故其學無傳之者此亦不然考諸程子之言則正取其以禮教人使人有所據守其所病者乃

在於淸虛一大之云使人向別處走耳謝氏之言大率未免好高之弊也楊氏所立卓爾一句未安他皆得之侯說博約二字甚善諸家所不及自顏子自得下則有不可曉者矣豈以博文爲感通天下之故而脫守邪此外則胡說最爲完備但歸功聖人一句未安蓋此非有所歸功但叙其所學之本末而歎其未能遽至聖人之地耳

或問十一章之說曰范楊最善謝氏所原子路之意亦得之矣則胡氏言之爲詳今附於此胡氏曰此必夫子失司寇之後未致其事而之前也若夢奠則子路死於衛久矣大夫老而致事而得復從其列無家臣者無祿故也孔子初未嘗知爲臣之事而曰吾誰欺者引咎歸己以深責子路也或曰如使夫子疾病不聞非禮之臣遂以奉終豈不仰累聖德乎曰夫子備至大故耳目所接有異必遂正之矣聖人病則不能無若其方寸爽不以病而惛也

或問十二章之說曰范說至矣但人君不致敬盡禮則不足與有爲一句非此之意耳謝氏道大不容之論蓋原於史記亦其好高之過若楊氏所謂取賤之道則君子初不爲此而後不行也況聖人乎侯氏說亦得之

或問九夷之說曰邢以爲九夷蓋玄菟樂浪高驪之屬而胡氏亦曰君子指箕子也箕子居於遼東九夷之地其敎條風俗至漢猶存夫子之時又當純固此說蓋出於班固然恐非聖人之本意也若洪氏則又以爲書有淮夷徐戎蓋徐州莒魯之間有東夷雜居中國者亦未詳孰是也諸說如何曰程子所謂所居則化何陋之有者聖人之事也今精義失此語張子所謂忠信篤敬蠻貊可行者學者之事也范尹雜之兩失其旨矣明道乘桴

之說則已論之於第五篇矣

或問十四章之說曰范謝游失之楊侯尹得之其詳則洪氏又言之矣洪氏曰季札觀樂以小雅爲周衰以大雅爲文王蓋以正變爲小大也是時王迹息而詩亡其存者謬亂失次孔子自衛反魯復得之他國以歸定著爲三百五篇於是雅頌各得其所

或問十五章之說曰程子之意精矣但失不以何有於我爲聖人之謙辭耳范楊亦然謝氏則過矣

或問川上之歎程子所謂純亦不已者其果聖人之本意乎曰程子之言非以爲聖人之意本如是也亦曰非其心之如是則無以見天理之如是耳其曰其要只在愼獨者何也曰言人欲體此道者當如此也蓋道無時而不然唯愼其獨則可以無所間斷而不虧眞體曰諸說如何曰范謝尹氏之說皆述其所聞者而互有得失楊

氏不逝之說則老佛之云非聖人之意矣曰荀子稱孔子見大水必觀焉而孟子論仲尼亟稱於水特取有本之意其與此意有以異乎曰此未必一時之言也然孟子之言推其極則亦程子意矣

或問十七章之說曰諸說皆善而胡氏詳矣胡氏曰好德而好色是好德而未能發也不好色而不好德焉則其不好色亦何所就也是故色者人之所好好而難疎德亦人所同好好而難親知其病而痛藥之不使稂莠得害嘉穀則志氣清明而獨立乎萬物之表矣

或問十八章之說曰諸說皆善而其論吾止吾往者皆不得其說楊氏進止在我之云則得其文義矣而於其大旨乃反失之惟胡氏爲盡善耳胡氏曰顏淵曰舜何人也予何人也有爲者亦若是此吾往者也冉求曰非不悅子之道力不足也此吾止者也其進其止皆非他人所能與此君子所以自彊不息也

或問十九章之說曰程子范氏得之吕說未安謝說不異蓋又以不惰爲領受之意也亦失之矣

或問二十章之說曰止特謂惰而不進耳諸說以此爲聖人之極致以上下章意考之恐不然也然張子之言自爲一義亦不可不深玩耳

或問二十一章之說曰范侯尹氏得之謝氏踈矣楊氏乃爲苗生義而以孟子宋人之譬言之其支甚矣

或問二十二章之說曰范吕尹氏得之楊氏聖人與人爲善又惡其怠而止之說亦有功

或問二十三章之說曰范謝楊尹得之而楊氏爲尤密胡氏本韓文公宋賈之蘇氏之說又別一意然亦可觀胡氏曰法言者伊尹所謂逆於汝心者也理不可拒故勉而從之然以其逆心也故能改革者鮮矣巽言者伊尹所

謂遜於汝志者是也情無所拂故甘而悅之然以其遜志也故能尋繹者鮮矣改則法言爲有功繹則巽言爲無取此身之修壞國之治亂之所由也

或問二十五章之說曰侯氏得之楊氏遠矣

或問二十六章之說曰范呂尹氏說皆得之但范氏聡不若人疾惡之心之語未安謝氏之意亦佳但不忘其初幾於小成二語不知其所謂後段語意亦偏學者不見可欲未嘗不加存養豈必求見可欲然後用其力邪楊氏以不忮不求爲修德之事而又曰非所以進於日新則其語自反矣夫修德而不能日新則亦何貴於修德也邪曾氏以爲子路尚志而忘物惟其不恥敝衣故能車馬輕裘與朋友共敝之而無憾此意亦善

或問二十七章之說曰范謝得之謝說舊本有欲學者必

周於德一句最能發明此章之意後本削之不識其何
意也
或問二十八章之說曰謝氏得之但辭氣少和平耳
或問二十九章之說曰程子楊氏至矣而程子論權非反
經之意則非先儒所及也然原先儒之爲是說蓋由以
下章合於此章而有唐棣偏反之云遂誤以爲此說耳
夫章句之差初若小失而其說之弊遂至於此章句之
學其亦豈可忽哉程子雖知先儒之失而未及究所以
失者乃在於此故論此章之意雖得之滚而亦不免於
通下章以爲說也諸家論權皆祖程子之說而謝氏爲
尤密然皆并下章爲說故皆有所不通惟范氏始正分
章之失而其所辨夫反經者則亦未知其所以失之之

端也曰程子范氏諸說似皆以爲稱二物而舍輕取重之意謝氏則爲稱一物而進退以權平者也今以諸家皆祖程說而謝尤密何邪曰諸家之說固疑於稱二物而舍輕取重矣而范氏之說爲詳今請以其所别堯舜之說論之蓋天下者物也與賢與子者分兩之所在也當堯舜之時以權加諸與子則天下重與子輕而其權仰矣然加諸與賢而屬之四岳臯陶則未足以勝天下之重而未免於仰也故必歸之舜禹而後適得其平焉此范氏不盡之意而諸家之所同也其於謝氏之說亦何異哉

或問三十章之說曰其意則程子難易之說盡之矣其文義則凡係於上章者皆失之而范氏亦未爲得也曰或

以小雅棠棣之一章而夫子所刪而不取者也信乎曰不然也按爾雅棠棣棣唐棣移則小雅之棠棣與此章之唐棣非一物矣且彼詩文義屬連無刊削之迹必爲所刪則未知以此爲彼之第幾章乎考之無證而驗之不合且又非大義之所存也亦何必曲爲之說而強通之耶曰子何以偏爲翩也曰非獨晉史爲然也角弓之詩固有翩其反矣之句矣而漢武之賦所謂偏何姍姍其來遲說者以姍姍爲行貌則亦以翩爲偏字也

論語或問上卷九

論語或問卷之十

朱熹著

鄉黨第十凡二十一章

或問序篇諸說如何曰是皆原於程子而尹氏約而精矣楊氏詆世儒之說爲有功范氏說在篇中亦明白而切至也

或問恂恂或以爲誠信或以爲溫恭何也曰以詩書訓詁考之宜以爲信實然亦有溫恭之意也曰楊氏便便之說如何曰其說美矣然無所據且下文不屬當從明辨之訓爲得之曰誾誾侃侃之訓不同說文爲得何也曰太史公稱魯道之衰洙泗之間齗齗如也亦作誾誾說者以爲爭辨之意而晉人亦有侃侃正色之語蓋以音

義求之亦宜如此此說文之訓所以爲得也誾誾之爲中正義有不盡衎衎而樂自作此衎字不作侃也後漢書云誾誾衎衎得禮之容寢嘿抑心非朝廷福其意亦以爲爭辨剛直爲是而有此言但侃侃誤作衎耳曰踧踖與與義如何曰此未及夫行也當從楊氏曰與與二義如何曰此未可判兩存可也曰此其先下大夫次上大夫而後及君何也曰由卑以及尊也

或問君召使擯諸說如何曰范說得之謝說誠於所揖恐無此意楊氏躩如之說亦善賓不顧之說則張子善矣儀禮聘禮篇亦有賓不顧之文鄭氏以爲於此君可以反路寢是也襜如之說洪氏以謂非心平體正斂給安詳不能爾者亦爲得之

或問中門之說曰疏門中有闑兩旁有棖中門謂棖闑之中然則門之左右扉各有中所謂闑門左扉立於其中是也曰諸說如何曰言似不足屏氣不息謝氏得之攝齊之說胡氏推之亦善或問升堂攝齊則手無所執與曰古者君臣所執五玉三帛二生一死皆以爲贄而已笏則止用以指畫記事而已不執之以爲儀也字文周復古乃不修贄而執笏於是攝齊鞠躬之禮廢升堂而躡齊者多矣曰趨進翼如何以知進字必爲衍文也曰降而盡階則爲趨而退矣不得復有進字也曾氏以爲音義作退者亦誤

或問所謂命圭者何曰古者諸侯受封天子授之以圭爲瑞節其具見於注疏矣曰上如揖下如授其說不同何也曰儀禮有受如爭承下如送之文應與此同而注疏不類未詳其說今且據此論之若如舊說以下爲下堂則

是時已不執圭而勃如戰色足蹜蹜如有循之文不當系於其下矣禮有執國君之器則平衡之說而左氏記子貢譏哀公邾子執圭高卑容有俛仰故以此但爲奉之平衡不高不卑之意於義爲安也曰享禮注疏與諸說不同何也曰注據儀禮當從之以爲燕享者誤矣且燕享之禮亦自不同不得并舉也曰私覿見於聘禮孔子行之而記禮者以爲非禮何也曰胡氏以爲若聘禮所記孔子所行者正也當時大夫僭於邦君於是有庭實旅百如享禮然則非正矣故記曰庭實旅百何爲乎諸侯之庭此說是也

或問色有正間柰何曰青赤黃白黑五方之正色也以木克土則青黃合而成綠以金克木則白青合而成碧以

火克金則赤白合而成紅以水克火則黑赤合而成紫以土克水則黃黑合而成騮此五方之間色也曰侯氏以紅紫爲上服之飾何也曰此說誤也曰表而出之舊說以爲必加表而後出今說不然何也曰若如舊說則當云加表而後出不得云表而出之矣故諸家雖皆因之而范氏獨謂絺綌出於表表不可以親膚則固已如今之說矣但其語不甚明白故不得不自爲說耳曰寢衣之簡何以知其錯出於此也曰以必有之辭與下章必有明衣者同知其非常日之衣矣且此章褻裘之文本自一類而忽以此儳之又似若不倫者今出之以歸於下章則彼此皆得其適矣曰寢衣其今之被乎曰愚嘗意其非被而曾氏之說亦以爲然也曰楊氏狐貉之

說如何曰是亦誤矣諸侯狐裘以朝何取於善疑哉曰吳氏之說疑如何曰是亦有可疑者姑存其說可也此章之首以君子發之何也吳氏曰此篇雜出弟子所記孑纂集而成必出一人之手故自篇首稱之皆蒙上所言以見之也獨於此章之首又以君子發之不知何謂蓋既謂之君子則不得獨爲夫子之事豈自此之後皆三代典禮而夫子行之不得獨稱夫子耶又不知食不厭精以下亦三代之禮耶彼宗廟朝廷聘享之禮三代行之有異於夫子者故獨稱夫子也耶此愚竊有疑之

或問不時不食諸說皆謂朝夕日中之時何不從也曰食以飢飽爲節聖人與人同耳若朝夕日中既食矣則他時不食自不待言若朝而有故乃終朝不食以俟日中則非循理者之所爲矣惟胡氏以爲王制所謂五穀未成果實未熟漢詔所謂穿掘萌芽鬱養强熟之類最爲得之謝氏說人不爲飢而死雖不食可也此與下章人

死無委餒之理者語氣激揚似少謹厚之意讀者詳之曰割不正奈何曰范氏得之矣邢疏所引解析牲體禮食則然燕居私食恐其未必爾也不得其醬其物則如疏所引其義則亦當以范說為正曰楊氏諸說如何曰色惡臭惡未必如周禮所言但蒙魚餒肉敗而言耳肉不勝食之說亦未必然但食以穀為主范謝之說得之矣其曰治未病者則善而遂謂疾醫施於萬民而君子不與則支矣曰唯酒無量不及亂之說如何曰程子之言雖非聖人之事其所以戒學者至矣若解此文則唯字連上文而言蓋曰肉多則不食而酒無量但不使過醉耳胡氏說得之胡氏曰亂者內昏其心志外喪其威儀甚則班伯所謂淫亂之原皆在於酒聖人飲無定量亦無亂態蓋從心所欲而不踰矩是以如此學者未能然則如晉元帝永嘉初鎮江東以酒

廢事王導以爲言帝命酌引觴而覆之於此遂絕

或問祭肉不出三日出三日不食之矣諸說如何曰范氏所謂寧不食者失其義也謝楊說亦不然蓋不出三日記其事也出三日不食之矣者言其所以然者爲此耳

或問寢食不言語之說如何曰范謝得之而曾氏者尤約曾氏曰食在口非語時寢靜默非言時楊氏亦通然亦抑末矣曰言語有別乎曰食對人寢獨居故即其事而言之也曰瓜之爲必何也曰既曰蔬食菜羹矣而又以瓜繼之則不辭矣曰必祭則明無不祭之食也曰必齊如則明無不敬之祭也其義則諸說皆得之而尹氏爲尤約也曰席不正之說如何曰范謝尹得之注疏楊氏恐未然蓋曰失尊卑之序則不待聖人而不敢坐矣列女傳言古者婦人

姙子寢不側坐不邊立不蹕割不正不食席不正不坐亦此意也

或問儺之爲禮何也曰見於周禮月令詳矣朝服何也曰大夫朝服以祭於禮亦有文也

或問康子饋藥之說曰范氏楊尹之說得之曰旣不敢嘗矣則范氏所謂可飲而飲不可飲而不飲皆在其中何耶曰吳氏以爲古者賜之車則乘以拜賜之衣服則服以拜賜之飲食則嘗而拜也蓋今未達故不敢嘗而拜耳已而達焉則可服而服不可服而不服皆在其中也

或問廐焚而不問馬何也曰退朝聞之一時之間急於問人故未及問馬爾然亦豈終不問哉蓋必將有以告者矣諸說唯尹氏得之范氏每以敎人爲說非也聖人之

動無非至教然以爲是而必以教人則拘矣謝氏推情之說楊氏未離公門侯氏禮敬之說亦皆未然也曰陸氏釋文一讀至不字絕何如曰於理則通然亦不辭矣曾氏又以不字自爲一句亦未安也

或問聖人席不正不坐矣豈必君賜食而後正之耶曰席固正矣將坐而又正焉所以爲禮也曲禮主人既迎賓則請入爲席矣賓既升堂主人則又跪正席夫豈先爲不正之席至此然後正之哉蓋敬愼之至耳諸說如何曰皆得之而楊氏食則或恐餕餘以下又精矣

或問侍食先飯之說曰程子第二說得之然亦注疏之舊也楊氏說則飯字當去聲讀失之矣

或問舊說君視疾則遷居南牖之下於此文何所見耶曰

疾者雖居北牖下亦未嘗不東首此亦本其禮之當然

非爲此文設也

或問君命召不俟駕之說曰孟子之時去聖未遠其言必有據矣范氏之說恐亦有可議者蓋士之未仕雖其國君召之亦不當往但致仕之後或召而往則異他國之君耳謝氏之說雖曰人之大倫不以人廢然實有輕君之心焉學者於此但當觀聖人事君之禮不當更作此意想也楊氏之說尤不可曉夫孟子固曰在國曰市井之臣在野曰草莽之臣矣則固無所適而不爲臣但不傳贄而仕於其朝則不得同於在位之臣耳今曰不得於齊則無適不可故有不爲臣之義則非孟子之意而於義亦益薄矣且天下雖定於一而君子之進退辭受

固未嘗不有義也豈曰率土莫非其臣無召而必往哉
况以外無所逼迫不獲已而後委其身焉非所以明君
臣之義也侯氏說亦疎不俟駕者事君之一事耳豈遽
爲是足以盡臣道哉惟尹氏得之

或問朋友一節如何曰謝說無所歸則在我者得之其餘
激昂奮厲非聖人本意矣楊氏殯而不葬之說恐亦未
然蓋殯者殯於西階之上有子弟親戚而在遠及其月
時而葬之者權也若曰殯而不葬則孔子之家此殯無
時而啓不復可以行吉禮矣夫豈然哉謝楊說不拜之
意亦恐不然獨范尹爲得耳

或問寢不尸諸說皆同而楊氏獨異何也曰諸說正矣楊
氏之云其旁支之小義耳其論食不語寢不言者亦然

或問謝說齊衰如何曰乘衰以見斬耳未必兼功緦而言也曰胡氏以負版爲喪服之在背者此蓋記者釋上文式凶服爲必重服有負版者乃式之也然乎曰未可知也然禮家說大功以下無負版恐亦或有此禮姑存其說以俟知者擇之

或問盛饌之說曰范楊得之謝氏過矣

或問曰胡氏以爲雉之飛也决起其止也下投無翔集之狀足以破此說矣大抵此等處必有闕文自不必强爲之說也

或問車中之容曰禮之所以如此者爲惑人心也聖人則非必爲其惑人心而戒之也楊氏之說得之矣范氏知其非止爲惑人心則善而以爲以禮自防視必以禮則

亦非所以語聖人也此一章在或問色舉之上

論語或問卷之十一

朱熹著

先進第十一 凡二十五章

或問首章之說曰以夫子所以答林放之意考之則似當以程伯子謝氏或范氏楊氏說爲正如何曰彼亦以奢儉對言則儉爲本故與其過而失之奢則寧不及而失之儉則爲得其本耳非正以儉爲法也且安知當世所謂儉者非昔之所謂中耶

或問四科之目何也曰德行者潛心體道默契於中篤志力行不言而信者也言語者善爲辭令者也政事者達於爲國治民之事者也文學者學於詩書禮樂之文而能言其意者也蓋夫子教人使各因其所長以入於道

然其序則必以德行爲先誠以躬行實造具體聖人學之所貴尤在於此非若三者各爲一事之長而已也然程子猶以爲游夏所謂文學固非秉筆學爲詞章者學者尤不可以不知也曰何以知其爲門人所記也曰吳氏例曰凡稱名者夫子之辭弟子師前相謂之辭稱字者弟子自相謂之辭亦或弟子門人之辭得之矣諸說或以此章盡爲夫子之言者考之不審也

或問閔子騫之孝曰吳氏詳矣吳氏曰韓詩外傳子騫早喪母父娶後妻生三子疾惡子騫以蘆花衣之父察知之欲逐後母子騫啟曰母在一子寒母去三子單父善之而止母悔改之後至均平遂成慈母此夫子所以稱之也且夫子於弟子未嘗稱字此或集語者之誤曰然獨取胡氏之說何也曰諸說善矣而於文義皆有未協者唯胡氏爲可通耳

或問六章之旨曰諸說備矣而胡氏所論記言之例亦學者所當知也胡氏曰記言之例君問則稱孔子以對尊君也大夫之問亦然則非禮矣盍稱氏以異乎門人而去對以降於國君者乎

或問以弟子之年考之則顏淵之死先於伯魚故有以鯉死之言爲夫子之設言也諒乎曰以人情考之不應如此且王肅推信家語最爲淺篤而亦以此爲年數之錯誤而未可詳也今亦安得固守而必信之乎曰各言其子之說范氏以爲夫子視顏淵猶子楊氏以引後章視予猶父之言以爲二子之才不同而皆夫子之子侯氏則又以爲己之子與他人之子不同其說孰是曰范楊同而侯異然以文意考之則皆不協然二說之流一則害於分殊之義一則害於理一之仁亦其氣象之偏所

發如此故此何之文惟尹氏爲得之

或問八章之說曰范侯尹氏得之其曰同道則前已辨之矣楊氏直以予指斯文而言意殊迫狹必若尹氏之云然後其言爲有序耳

或問九章之說曰范氏謂哀發於誠心故不知其慟聖人之喜怒哀樂莫非誠心之發何獨於顏子而後發於誠心哉楊氏之說亦爲過之惟尹氏之言爲得其平耳

或問顏淵厚葬之說曰諸說皆善惟楊氏爲詳但其論不得視猶子者若有罪顏路之意恐非聖人忠厚之心也蓋但言我之所以葬顏淵不如葬鯉之得宜者以門人之故耳濮責門人則顏路之失亦自見矣曰邢疏以門人爲顏淵之弟子然乎曰顏淵早死未必開門授徒也

范氏以爲夫子之門人也近是曰謝氏引王氏之説曰不得視猶子者分也如何曰非文意也夫子所謂不得視猶子者乃歎恨之辭耳若以爲分之當然則下文爲無所係也

或問十一章之説曰程子至矣范呂之説亦得之但范以爲孔子不告子路而尹氏深非學不躐等之説則兩失之蓋學固有序而夫子之告子路正以其序告之也曰楊氏以爲通乎晝夜而知則人鬼死生當源源自見後本乃削其所謂當源源自見者何也曰源源自見是張子之言蓋曰以漸而見云耳然張子曰學至於知天則死生鬼神當源源自見爲學者而言故以爲漸而見之耳楊氏因其説以爲此文而以通乎晝夜而知易夫知

天者則是聖人之事而以漸而見不足以言之矣删而去之豈其覺於斯與

或問誾誾侃侃於前篇之訓其亦通矣乎曰誾誾者外和內剛德氣深厚所謂和悅而諍者也侃侃則和順不足而剛直稍見矣前篇之訓固亦如此無不同也曰諸說如何曰是其意亦皆善矣但盡誠不僞之說於文之義未有以見其必然者殆不若謝楊之說爲近也然楊說亦旣雜取諸說之意矣惟其所引英材之語尤深得之不得其死亦二家之說爲勝而楊氏所論爲尤精但以子路之死爲傷勇之故則非孟子之文意耳至侯氏若字之訓其鑿甚矣

或問十三章之說曰謝楊之說各有所偏蓋其情性氣象

之不同如此而楊氏欲使天下之事皆至於極弊而後圖之則其害爲尤甚豈懲於熙豐新政之禍而矯枉過直以至於斯乎此章之說惟范侯尹氏爲善

或問十四章之說曰程子至矣范氏蓋推其意而失之夫程子所謂與已不同以釋夫奚爲於丘之門耳范氏則謂夫子以子路所見與己不同而以不如琴瑟之和者譬之聖人之言豈其若是之迂哉楊氏論子路所以升堂者直以結纓一事言之則古今之勇不懼死者多矣子路之所以得升孔氏之堂恐其未可專以此論之也

或問楊墨之學出於師商信乎曰胡氏論之當矣胡氏曰楊朱即莊周所謂楊子居者與老聃同時墨翟又在楊朱之前宗師大禹而晏嬰學之者也以爲出於二子則其考之不詳甚矣

或問冉求學夫子於門弟子中亦可謂明達者今乃爲季氏聚斂何耶曰冉求之失不待於聚斂而後見自其仕於季氏則已失之矣蓋當是之時達官重任皆爲公族之世官其下則尺地一民皆非國君之有士唯不仕則已仕則未有不仕於大夫者冉求於此豈亦習於衰世之風而不自知其非與然使其仕於季氏而能勸之黜其強僭而忠於公室則庶乎小貞之吉矣今乃反爲之聚斂是使權臣愈強公室愈弱也故孟子以無能改於其德而賦粟倍他日言之蓋不自知其學之未至而謂從仕爲士之常是以漸靡以至此耳曰然則夫子曷爲不於其仕季氏而責之也曰聖人以不仕爲無義而猶望之以小貞之吉也

或問十七章之說曰愚魯之說楊氏得之辟㾑之說呂氏得之

或問屢空之說曰空爲匱乏其說舊矣何晏始以爲虛中受道蓋出老莊之說非聖言本意也諸先生亦或從之誤矣惟范氏不從而胡氏亦論之曰以屢空爲虛中受道聖人之言未嘗如是之僻而晦也屢而有間是頻復耳方其不空之時與庸人亦奚遠哉此得之矣且下文以子貢貨殖方之尤見舊說之不可易也然考程子之說則但爲去夫利欲之私耳雖非文義然理則不差至於呂楊則又過而不知所止矣夫易所謂不遠復者豈若佛氏覺速念止之云哉曰若以呂氏之說言之則貨殖而屢中者正爲虛中受道之反矣曰呂氏之說程子

非之當矣不得復引以爲說也曰程子諸說如何曰所論州舉學試之得失者可以警學者較計之私日用之間所當深察其曰子貢之知亞於顔子則張敬夫以爲夫子嘗問其與回也孰愈至此又並稱焉則所以進之也遠矣亦其言之一驗也其一說以命爲爵命則恐或未安耳

或問善人之說曰此文簡奧有不可知者今考衆說而反之於心唯張子及程子循途守轍之說爲善而楊氏亦爲得之但必以孟子之言合之於此則爲費辭耳聖賢之言各有所止不必强說而牽合之也或以爲善人不循轍迹則亦不能至於聖神或以爲不循善人之迹則亦不能至其閫奧是二說者或引其進或原其初而未

嘗答其所問則未知使之以何爲迹而踐之耶或以爲不踐爲惡之迹則以本文觀之又未見其果爲爲惡之迹也或以爲不蹈古人　已成之迹則古人已成之迹皆聖賢所以垂敎於後世者又安得不蹈哉凡此數說皆有所未安者故特以程張之說爲正耳

或問論篤之說程子兩義不同如何曰是亦皆通然以是字文勢推之疑前說得之爲多尹氏蓋用程子說而上一句用前說下兩句用後說其擇之亦不精矣或連上篇爲說者亦非是蓋子張嘗有堂堂之譏故誤以色莊者繼之耳

或問二十一章之說曰程子楊氏得之矣范氏以稅人爲不可專而爲仁由已則可以不待父兄之命則是夫子

之告子路專以税人之事而告冉有專以爲仁之事也謝氏爲勇者徒行而不必中義則是夫子不爲其有父兄而特救其不合於義也以文意求之恐皆非是蓋夫子之意非論其事特救其心之偏耳子路勇於行而有無父兄之心冉有怠惰退縮而有不勇於行之失故各就其偏而救之夫子之答公西華固已明白豈可舍此而自爲之說乎故惟敬夫之言本末爲備然諸説或引成德達財因其材而篤焉者正與救失之意相戾亦其小失也

或問程子之言顔淵親在不得爲夫子死者如何曰以其下文摶虎之云者推之則不得有是言矣疑記録之或誤徒得其設爲辨詰之辭而不得其所處之正意也且

遺書所記此條之說不止如精義所載者大抵相死之說爲多亦可以考其意之所歸矣此類學者尤當精考蓋大義所係不容於誤也胡氏亦嘗論之乃程子之遺意然其言尤簡約而明白今附見於此可以證程子之說云或曰顏淵若死於夫子之難其如顏路何胡氏曰程子嘗言之矣閭巷之人辭親遠適則同患難有相死之理況朋友乎況弟子之於師乎其可不可當未行而預斷不可臨難而始謀也曰呂氏之說如何曰此章之旨但見師弟子之分臨難有相死之義而顏子之於夫子其恩義爲尤重使夫子遇難則顏子有相死之理耳呂氏之說與楊氏所論天喪予之章其病正同且以顏子志道然後如此又似以計較利害爲言而不見恩義之所存者抑夫子之死道之在夫子者既不幸而喪之矣已又以死從之則道之在已者又

將自滅之也然則其於利害無乃反有所不審乎曰謝氏果敢之說如何是蓋避程夫子所謂遇害不當言敢不敢者然似未察夫文義而過疑之也若以呂氏所謂死謂死戰者言之則敢與不敢胡爲不在我乎至程子之讀死爲先則本韓子之說而胡氏亦以論之矣

或問由求之爲具臣也奈何曰諸說皆善而楊氏尤備然其後本乃悉刪去而直以格君心之非爲說高則高矣恐不如前本之正而慤也又曰一條尤詳弑逆以下或從一事卽不得爲大臣此意尤切也胡氏張敬夫說亦有所發明云胡氏曰亂臣賊子欲動於惡其不從者未有能全其身者也然則夫子此言是以死難不可奪之節許二子矣況使季氏先聞此言則邪謀亂心豈不潛消於冥冥之中乎張敬夫曰弑父與君不必由求而知不從矣然世之順從者其始也惟利之徇而已矣未遽有悖逆作亂之心也履霜堅冰之不戒馴

習踐趼以至於從人而弑逆者多矣此二子所以賢與曰謝氏以由求爲事事非事道者如何曰如此則事道者乃在於事之外而見於事者皆非道也大抵謝氏之說多如此觀其所論四子言志以曾點不著一事而以三子爲未識道體則可見矣且書所謂事事孟子所謂事道者所指各異不當引以爲對而又分别其精粗也

或問子路所謂何必讀書然後爲學夫子不之許也而謝楊尹氏皆以爲不然何哉曰楊氏之說高矣夫三代以上六經雖未具然以書禮考之則舜之教胄子敷五典與夫成周鄉官樂正之法其所以優游涵養而誘掖夫未成之才者蓋有道矣豈遽使之從事於人民社稷之閒以試其未能操刀之手而不慮夫美錦之傷乎范氏

蓋得此意然猶必以讀書爲言則似不足以解諸說之疑者然三代而下既有書矣則事物終始古今得失修己治人之術皆聚於此好學者豈可以不之讀而遽自用乎以此而論則范氏之說正爲不過但讀者樂聞諸說之高故以其說爲卑而不之察耳殊不知好高之弊將使學者恃其聰明率意妄作而無所忌憚則其失不但卑陋而已也侯氏以爲社稷人民固可學而猶謝楊尹之說特其所謂學詩學禮之後者則猶爲有序云爾

或問何以知四子之以齒爲序也曰洪氏以爲子路少孔子九歲曾參少孔子四十六歲而點參之父也則其齒或亞於子路矣曰何以言浴之爲盥濯祓除也曰漢志三月上巳祓除官民潔於東流水上而蔡邕引此爲證

是也韓李疑夫裸身川浴之非禮而改浴爲沿蓋不察乎此耳曰何以言曾點之見道無疑心不累事而氣象從容志尚高遠也曰方三子之競言所志也點獨鼓瑟於其間漠然若無所聞及夫子問之然後瑟音少間乃徐舍瑟而起對焉而悠然遜避若終不肯見所爲者及夫子慰而安之然後不得已而發其言焉而其志之所存又未嘗少出其位蓋澹然若將終身焉者此其氣象之雍容閒暇志尚之清明高遠爲何如而非其見道之分明心不累事則亦何以至於此耶曰何以言其直與天地萬物各得其所也曰夫暮春之日生物暢茂之時也春服既成人體和適之候也冠者五六人童子六七人長少有序而和也沂水舞雩魯國之勝處也既浴而

風又詠而歸樂而得其所也夫以所居之位而言其樂雖若止於一身然以其心而論之則固藹然天地生物之心聖人對時育物之事也夫又安有物我内外之間哉程子以爲與聖人之志同便是堯舜氣象者正謂此耳或曰謝氏以爲曾晳胷中無一毫事列子馭風之事近之其說然乎曰聖賢之心所以異於佛老者正以無意必固我之累而所謂天地生物之心對時育物之事者未始一息之停也若但曰曠然無所倚著而不察乎此則亦何以異於虛無寂滅之學而豈聖人之事哉抑觀其直以異端無實之妄言爲比則其得失亦可見矣曰何以言夫子之許三子也曰此無貶辭固已可見而答孟武伯之言尤足以見其平日之與之也曰惟求非

非以下舊說皆以為孔子之言何也曰彼亦以其不以曰字起之而不察夫前乎此者求爾何如赤爾何如之說皆無曰字也且他書之例其若此者尤多是以晁洪胡氏皆以為問答之辭而今從之也

論語或問卷之十一

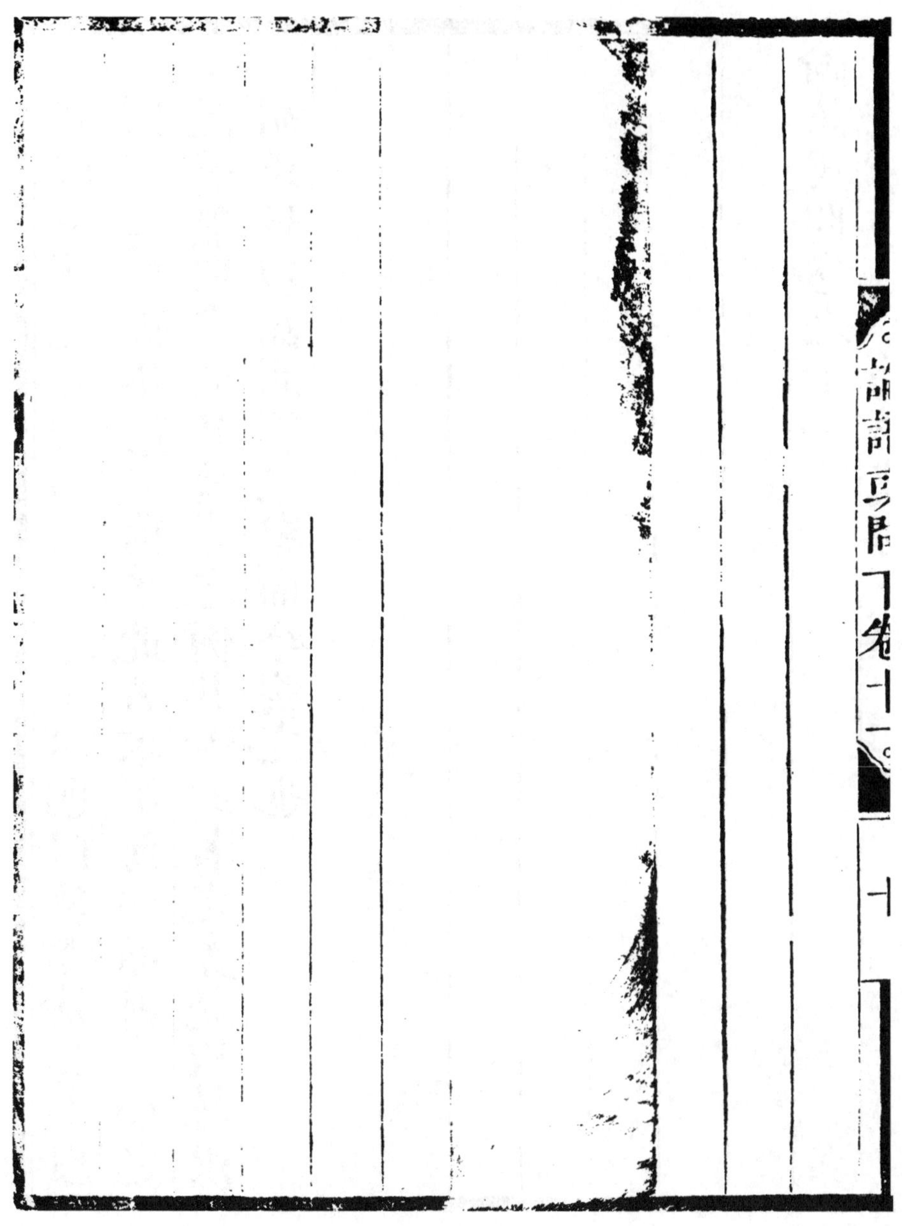

論語或問卷之十二

朱熹著

顔淵第十二 凡二十四章

或問克之爲勝何也曰楊子固曰勝己之私之謂克矣而此書之説自劉炫發之其説曰克勝也己身也身有嗜慾當以禮儀齊之嗜慾與禮儀戰使禮儀勝其嗜慾身得復歸於禮如是乃爲仁也復反也言情爲嗜慾所逼已離禮而更歸復之也克己復禮謂能勝去嗜慾反復於禮也炫言如此雖若有未瑩者然章句之學及此者亦已鮮矣曰顔淵問仁而夫子告之以此何也曰人受天地之中以生而仁義禮智之性具於其心仁雖專主於愛而實爲心體之全德禮則專主於敬而心之所以

爲規矩者也然人有是身則耳目口體之間不能無私欲之累以違於禮而害夫仁人而不仁則自其一身莫適爲主而事物之間顛倒錯亂益無所不至矣此聖門之學所以汲汲於求仁而顔子之問夫子特以克己復禮告之蓋欲其克去有己之私欲而復於規矩之本然則夫本心之全德將不離乎此而無不盡也然人但患於不爲耳誠能一旦用力於此則本心之全德在我而天下之善將無不由是而出天下雖大亦孰有不與其仁者乎然己者人欲之私也禮者天理之公也一心之中二者不容並立而其相去之間不能以毫髮出乎此則入乎彼出於彼則入於此矣是其克與不克復與不復如手反復如臂屈伸誠欲爲之其機固亦在我而已

夫豈他人之所以得與哉顏子之質幾於聖人故其問仁夫子告之爲獨要切而詳盡耳曰然則顏子請問其目而夫子告以四勿之云何也曰顏子聞夫子克己復禮之言蓋已洞然默識仁之爲體矣然夫所謂克己復禮者必有條目而後可以從事於其間也故復問以審之而夫子復以此告之也蓋禮爲心之規矩而其用無所不在以身而言則視聽言動四者足以該之矣四者之間由粗而精由小而大所當爲者皆禮也所不當爲者皆非禮也禮即天之理也非禮則己之私也於是四者謹而察之知其非禮則勿以止焉則是克己之私而復於禮矣且非禮而勿視聽者防其自外入而動於內者也非禮而勿言動者謹其自內出而接於外者也內

外交進爲仁之功不遺餘力矣顏子於是請事斯語而力行之所以三月不違而卒進乎聖人之域也然熟味聖言以求顏子之所用力其幾特在勿與不勿之間而巳自是而反則爲天理自是而流則爲人欲自是而克念則爲聖自是而罔念則爲狂特毫忽之間耳學者可不謹其所操哉曰諸說如何曰程子至矣然記錄所傳不免有難明而似可疑者亦有謬誤而真可疑者如曰公言克巳不是道亦是道也實未嘗離得故曰可離非道此皆言道之無所不在雖言之有失而道則未嘗可離蓋惟道不可離是以知其言之失而不得道耳非以爲道無是非得失言之雖失而不害其爲道也如曰積習儘有功禮在何處者言德盛仁熟自然中禮無所待

於勉強而非爲學者言也如曰視聽言動一於禮之謂仁仁之與禮非有異者言能復於禮則仁心自存有不待他求而得者非以仁與禮爲一物也如曰禮者理也亦言禮之屬乎天理以對己之屬乎人欲非以禮訓理而謂眞可以此易彼也如曰事事皆仁言所行無非仁者而後人得以是稱之非若呂謝游楊之說也如曰克己盡仁克盡己私只有禮時方始是仁處亦若其言仁禮不異之意也此皆其難明而似可疑者也各以是說通之亦可以無疑矣若曰克己自能復禮不必學文若曰有諸中則無不中理愼獨敬義所以爲克己復禮若曰敬立則無妄無妄卽禮若曰敬則便是禮無己可克凡或過而失中或亂而無序是則眞可疑而不可通者

豈其記錄之誤耶惟其所論克己爲道之說偏處自克己之說視聽言動之說心廣體胖之說天下歸仁之說則其所以發明深切無可疑者至於四箴則又精確縝密而無纖芥之可疑其曰制外閑邪而禁躁妄則克己復禮之事也曰内安誠存而内靜專則吾心之德於此其得之矣是固未嘗遽以禮仁爲不異而亦未嘗以爲有待於他求也學者深體而力行之其庶幾乎范氏之說則其疎甚矣呂氏專以同體爲言而謂天下歸仁爲歸吾仁術之中又爲之贊以極言之則不免過高而失聖人之旨抑果如此則夫所謂克己復禮而天下歸仁者乃特在於想象恍惚之中而非有修爲效驗之實矣謝氏以禮爲攝心之規矩善矣然必以理易禮而又有

循理而天（以我視聽以斯視聽）自然合禮之說焉亦未免失之過高而無可持循之實蓋聖人所謂禮者正以禮文而言其所以爲操存持守之地者密矣若曰循理而天自然合理則又何規矩之可言哉其言克己之效則又但曰克己之私則心虛見理則是其所以用力於此者不以爲修身踐履之當然特以求夫知之而已也至於游氏之說以爲視人如已視物如人則其失近於呂氏而無天序天秩之本且謂人與物等則其害於分殊之義爲尤甚以爲非必積日累月而後可至一日反本復常則萬物一體無適而非仁者則又陷於釋氏頓悟之說以啟後學僥倖躐等之心以爲安仁則縱目所視而無亂色縱耳所聽而無姦聲則又生於莊周列禦寇荒唐之

論若以聖人爲恃其中心安仁之故而有意於縱其視聽者至其所論仁聖之辨則又以博施濟衆爲言則於夫子所以告子貢者似有所未察也楊氏以爲先克己而後復禮以閑之則其違聖人之意遠矣惟尹氏庶幾近之然其以理易禮而遂以復禮爲仁則亦失程子之意矣

或問二章之說曰修己以敬則私意無所萌矣推己以恕則私意無所施矣如是則天理流行內外一致而仁在我矣至於在邦在家無怨惡於我者則是敬恕之功而仁之效也夫爲仁非以求是效也而并言之蓋將使之以是自考耳然顏子有王佐之才故以天下歸仁言之仲弓可邦君佐之任故以臨民及物在邦在家之事告

之亦各有當也曰弟子之問多矣獨二子有請事之對何也曰二子蓋度其能踐是言而後對記者亦以其能充是對而記之也曰諸說如何曰程子至矣但無怨之說恐未安張子亦然呂氏則固以怨爲人之怨已矣楊氏所謂仲弓由是守之可以爲仁而已者若有少之之意焉夫聖人之言貫徹上下其所以告人踐修之法猶大匠之規矩羿之彀率也功力之至不至則在其人耳過則聖及則賢不及則亦不失於令名非先以是爲限約之也使仲弓因是言也而盡其力焉至於從容自得而敬恕之名亡亦何害其爲聖豈必克己復禮之云然後爲可充也哉

或問爲之難者不謂仁之難爲耶曰仁者之言無不訒蓋

知事之無不難也豈獨仁之難爲而後難於言耶且必若此則凡事皆可易言而獨於言仁爲不可易矣豈其然乎曰游氏之說如何曰是又自爲一說然本文以仁者爲言則猶立人達人指其人之身而言之也又曰其言也訒則固謂是人之言發之不易也是與孟子浩氣難言之說亦不得而同矣曰謝氏心有所覺謂之仁者信乎曰吾於觀過知仁之章既言之矣而侯氏以爲謂仁者心有所覺則可謂心有所覺謂之仁則不可者亦得之矣且程子以穀種喻心而曰生之性則仁也今直以爲草木五穀之實謂之仁亦失其旨矣其後又以可識知味爲言則又首章之失也

或問四章之旨曰此章本末范氏得之特其所謂先正其

心而後與之入德者其語有未粹耳謝楊不推内省之意而專引仁勇之説以明之其亦無所當矣尹氏雖以内省爲言然其説與章旨向背似不同也

或問司馬之無令兄弟何也曰以傳考之桓魋嘗欲弑宋公而欲殺孔子其惡著矣而其弟子頎子車亦與之同惡此牛之所以爲憂也曰有命在天之不同何也曰張子謝氏言之矣在天之説若不同者然隨其所遇而貧富貴賤當然之理無不在焉則二説亦互相發明也若范尹氏知命樂天之説則其語意疎矣蓋告之以死生有命富貴在天者欲其知此而有以安之耳今但曰當知命而不曰安命則知爲無益曰當樂天則樂天者乃聖人之事人雖知其當然而豈易及耶若曰順天其可

也曰四海兄弟之說如何曰謝氏得之矣胡氏謂意圓者蓋得諸此楊氏歸仁之說首章已辨之今不復論然其施之此章又將有流於墨氏之失學者亦不可以不審也曰程子之言敬而無失者奈何曰此言人能持敬而無間斷則喜怒哀樂渾然在中而無所偏倚也子夏之言本不爲此程子取其有會於吾心耳曰其論張子之說如何曰是亦至言而學者所當守也曰范說他義如何曰其疎之甚亦不待辨而可知矣

或問何以言膚受爲切於身也曰易曰剝牀以膚而象以切近災也釋之且傳亦有瀕[illegible]及膚之言則凡言膚者皆爲切於身無疑矣蓋譖爲毀人之行愬爲伸己之寃若事本非實而譖者有遽然徑言其事愬者泛然不切於身

則亦不足以惑人矣故以此二者之相爲反對而互言之見其事變之不同而明無不照也若以膚受爲微淺之意則與浸潤何以異而其不行不足爲難矣此章之旨唯楊氏爲得而蘇氏之說亦中不明不遠者之病學者所當深戒也蘇氏曰譖愬之言常行於偏暗而臨廹者蓋一有所聞而愁心應之也明且遠者虛以察之則不旋踵而得其情矣

曰諸說如何曰范氏譖愬不至之說欲以高出乎聖人而亦不■堯舜亦惟察之而不行然後能使其有所懲無所售而不至若不能察而辨之則又安能使之不至哉此可以談之以爲高而無可行之實殆不類其平日之言也呂氏譖愬二字得之而又下文所釋於文辭意義皆不可曉謝氏遠字之說亦有可觀然恐

不若蘇氏楊氏之說

或問七章之說其詳可得聞乎曰制其田里薄其賦斂使民有常產而不失其時則倉廩實而足食矣比其什伍時其簡教使民有勇而知方則戒備飭而足於兵矣有是二者則民以信事其上而無欺詐離叛之心所謂民信之者也曰然則兵之可去何也曰食足而民信則民親其上死其長如子弟之衛父兄手足之捍頭目可使制梃以撻秦楚之堅甲利兵矣故必不得已而去則兵或可無也曰食之可去何也曰以序言之則食為先以理言之則信為重蓋死生常理人之所必不免者若民無信則失其所以為民者而無以立乎天地之間是以必有以使民寧無食以死而不失其尊君親上之心則

其政之所以得民心而善民俗者可得而言矣其大義則諸說皆得之而程子爲尤至唯呂氏以去食無信爲均死而不若守信者則恐非聖人之意蓋不得已而去之者則去信所以求不死也今以均死而後不爲不信則固已不免乎謀計之私矣若使其去食者死而不去信者則又將若何而處之乎

或問棘子成之言與夫子之答林放何異而子貢非之若是耶曰夫子之言權衡審密而詞氣和平蓋未始以文爲可盡去也若子成則詞氣矯激而取舍則過中矣其流之弊將必至於棄禮滅法如西晉君子之爲者故子貢惜其言之失而力正之也曰何以言子貢之言之有弊也曰子成之說偏矣而子貢於文質之間又一視之

而無本末輕重緩急之差焉則又矯子成之失而過中
者也蓋立言之難如此自非聖人孰能無所偏倚而常
適其平也哉曰諸說如何曰范楊侯氏爲一說謝氏自
爲一說而尹氏推焉要當以范楊侯說爲正但范以駟
不及舌爲戒人之辭則非是蓋此正爲子成發耳若謝
氏以文質爲不能以相無則善矣然虎豹犬羊之云則
有正相反者不知其何以通之也尹氏既曰不能去而
又曰不可太擇之不精亦何甚耶
或問洪氏以爲哀公之不足非不足也什取其二不歸於
公室而歸於三家也其說如何曰以春秋傳考之是亦
然矣曰然則雖徹而何補於哀公之不足耶曰徹法行
則自一夫百畝等而上之士大有差等以至於

君什卿祿之制皆可以次第而舉蓋不惟野人之井地均而君子之穀祿亦平矣諸說如何曰諸說皆善而范氏楊氏尤爲詳盡但孰與之說侯氏不同今當以侯爲正耳蓋君之所與者民也民足矣則君雖不足亦無與共其不足者民苟不足則君雖自足而誰與共其足哉此蓋告之以君民一體不必厚斂之意若如尹氏之說以爲民足則無人與君以不足民貧則無人與君以足則恐非文勢之所安抑其言不信出於利害之間殆非有若之意也

或問崇德辨惑何以有是目而子張樊遲皆以爲問也曰胡氏以爲或古有是言或世有是名而聖人標而出之使諸弟子隨其所欲知思其所未達以爲入道之門戶

也其説得之矣曰主忠信徙義之所以爲崇德何也曰主忠信則其徙義也有地而可據能徙義則其主忠信也有用而日新內外本末交相培養此德之所以日積而益高也曰愛之欲其生惡之欲其死既欲其生又欲其死所以爲惑者何也曰溺於愛惡之私而以彼之生死定分爲可以隨己之所欲且又不能自定而一生一死交戰於胷中虛用其力於所不能必之地而實無所損益於彼也可不謂之惑乎曰諸説如何曰謝氏爲得之然亦有所未盡聖人言此正欲學者審而戒之以辨其惑而彼專以如之爲言則不盡乎聖人之意

或問景公審能悅夫子之言而繹之則如之何曰舉齊政而授之夫子則君臣父子之倫正之有餘矣惜其不能

此齊所以卒於亂也曰諸說如何曰蓋皆得之但君臣父子兄弟夫婦朋友所謂達道也君君臣臣父父子子則行達道而至其極也今侯氏以四者爲達道則既差矣又以爲先王達此道於天下則又非達道之所得名也

或問片言折獄之爲半言何也曰辭未畢而人已信之也曰宿諾之說以宿爲豫諸先生皆從之蓋嫌於不越一宿以償其諾爲大迫耳然恐當如或說但爲不濡滯遷延之意耳非必謂一宿也諸說如何曰此無他異但范氏宿諾之云語意不密楊氏專以果毅爲言則程子已辨於前矣

或問聽訟之說曰范楊之說當矣范氏兼舉本末而言其

理尤備然楊氏專以本言其得之亦多矣謝氏以訟不待聽而決爲無訟恐非聖人無訟之本意不知其何必爲此衍說也胡氏吳氏說亦可取胡氏曰聖人耳順目徹物無遁情其聽訟豈可及也而曰吾猶人也者將以淡顯夫使人無訟之難也○吳氏曰家語曰孔子爲魯司寇聽訟皆進衆議者而問之何若皆曰云云然後孔子曰當從某子發是大學曰無情者不得盡其辭大畏民志言使民無情實者不得盡其欺誕之辭不敢自欺其心志此所以能使民無訟

或問十六章之說曰各有發明特未完備唯范氏以成爲稱則不盡聖人之意自與君子處以下其推言之意則善然亦亂本文之旨矣

或問十七章之說曰諸說略同惟楊氏以禮樂之者爲贅說耳

或問十八章之說曰惟張子范尹爲異然於文之義則有

所不通楊氏推本不欲之意善矣然以爲使民皆知此而不爲盜則恐其過也此章之意但爲在民上者無所貪欲則民亦安分知耻而不爲盜耳夫巳嘗爲盜之人安能使其皆知有貴於巳者而樂之哉

或問十九章之說曰諸說畧同唯楊氏通三章而序言之爲近於鑿耳侯氏意最詳備然亦大浸此章之意大槩專勉康子以爲政者上之所趨欲善則民善耳未及乎政教法令之施者

或問二十章之說曰以達爲所行通達何也曰其在邦也事上則獲於上治民則得乎民其在家也父母安其孝兄弟悅其友凡吾之見於行者莫不通達而無所繫礙焉斯可以謂之達矣曰程子以明達爲言者非與曰是

於文義若有不通然其論務實而不近名以下則至論也諸說何如曰聞達之辨呂氏最爲得之尹氏次焉謝氏以名聞四達爲言者乃子張之所謂聞而非夫子之所謂達矣范氏論質直好義察言觀色在家之說意象皆正而所指者狹不足以盡聖言之藴其所謂通乎聖者又非此章之意也楊氏以察言觀色爲在己亦非文意夫以己之言爲可察猶可也己之色則又安得而觀之乎慮以下人之說則謝氏尹氏得之而范楊氏之說亦狹而有所未盡况夫謙恭下人者乃理之當然非有爲而然也今必以求益爲仁而後下人則吾之所以下人者非出於誠心之自然而出於較計利害之私耳

或問二十一章之說曰崇德之說范氏大槩得之特所謂

上義下利義字比事字差重蓋曰義所當爲之事耳其以上下二字訓先後則爲切當也謝氏以爲志在於事而不在苟得者亦得之然此所謂得非專爲苟得也凡有得心則於所以崇德者爲有害矣侯氏以爲其進於道則其失爲甚蓋其意若曰先能從事後必有得云爾若果如此則與聖人之本意幾何而不相伐也耶楊氏之病蓋亦類此尹氏所謂不計利者善矣然又不見其事以爲先之意蓋皆不若范氏上下之說之爲全也修慝之說范謝楊氏皆得之而謝尤切侯氏以遠怨爲說似慝爲怨慝之慝如此則是爲畏人之怨已而後不敢攻人之惡也況樊遲所問三者皆在己之事又不應以他人之怨雜之尹氏於攻其惡者得之而於所謂無攻

人之惡之意有不察也辨惑之說范楊侯氏得之謝尹之言亦善但皆以忿之爲害而不能懲爲惑則又未然蓋聖人之意正以其爲忿所蔽而不知利害之所在爲惑欲其懲之於此以辨焉耳蓋夫子告子張者戒其惑於愛惡而告樊遲者戒其惑於忿怒豈各因其有是失而警之耶曰楊氏所謂聖賢之異者如何曰以文考之殆未見其有異也楊氏之意豈以其悠然者爲從容自得而詠歸者猶未免爲有所作爲也耶以是爲言吾恐其淪於老佛之空無也其所謂遊焉息焉無非學者則足以發明言外之意矣但以爲自今觀之可以見其如此則可若以爲記言之人本有此意則恐亦未必然也

或問樊遲之問仁智夫子所以告之者亦明白而易知矣而樊遲猶未達何也曰曾氏之說得之矣曾氏曰樊遲未達者疑二者之相悖也蓋知人則有分辨愛人則無之子曰舉直錯諸枉能使枉者直言二者可以並行而不相悖也遲退而問子夏又以謂夫子所言者答其問智而已子夏曰富哉言乎一言而兼仁智也舉直而民遠於不仁能使枉者直也其餘則諸先生盡之而程子之說爲尤善也曰范氏之說如何曰蓋用程子之說特所謂費而隱者非中庸之旨而富哉之義不若楊氏之爲當也

或問二十三章之說曰此無異說但范氏爭友之云過矣所謂爭者亦忠告而善道但其不可而止則以厚薄爲淺深耳呂氏善術誘掖之似非文意蓋所謂善道云者心平氣和理明意盡或從容深厚或親切簡當使聞者不怍而樂於聽從之謂也若但曰以善道之則所謂忠

告者固已包舉之矣又何爲贅於辭乎尹氏蓋用說知而已以其義合也易其所謂異於君親者則其義加密矣曾氏以爲人有過而告之曰勿爲此則其所謂忠告也道之曰當爲此則所謂善道也亦爲明白然恐亦近於呂氏之說

或問以文會友諸說之不同如何曰以文考之竊以張子范楊之說爲安而范氏所謂文者德之著則未然若謝氏以文爲威儀則失之過矣蓋朋友之會然後有威儀非以威儀而會朋友也況朋友之會亦冀其切磋講習之益苟徒以威儀爲事則賓客而已矣豈朋友之謂哉若侯氏則吾有不知其說者矣 張子說精義印本未詳

論語或問卷之十二

論語或問卷之十三

朱熹著

子路第十三凡二十九章

或問先之勞之人爲一説何以獨取乎蘇氏曰身先之先其義明於左右師保之爲先身勞之勞其事切於佚使勸相之爲勞也故蘇氏云爾而張子亦不約而同焉吾是以取之爾

或問二章程子之説何以言人各親其親然後能不獨親其親也曰此所以明夫人必各舉其所知然後可以得其所不知也然斯語也舊本或誤别以爲一條則全章之旨首尾衡决而皆失之矣程子此章之説廣大精微無所不備學者所宜詳玩也請問諸説孰善曰諸説皆

善而蘇晁〔光〕曾氏之說亦可觀焉蘇氏曰有司既立則責有所歸然常赦其小過則賢才可得而舉也惟庸人與奸人爲無小過張禹胡廣李林甫盧杞是也若小過不赦則賢者避罪不眼而此等出矣○晁氏曰是時魯之侵官濫刑賢才廢棄皆季氏之爲也仲弓正乎季氏季氏正乎魯君則其爲治也何有仲弓不患有司之難爲先小過之未可赦獨患賢才之不知仲弓與可以南面哉○吳氏曰仲弓子貢子路冉有皆事季氏仲弓子貢夫子未嘗責之季路之責又不若冉有之甚此可以見其優劣矣惜乎四子不能如閔子之辭而閔子又不若顔子之賢而康子曾不得而知也嗟乎若淵騫者其孔門之超絕者乎○曾氏曰季氏以閔子騫爲費宰又以仲弓子路冉有爲宰皆取諸孔門德行政事之科亦可謂得人矣然閔子獨去之而不顧此其所以爲顔閔與

或問三章之說曰諸說皆善而程子所論西監中狀之事尤足以驗聖言於日用之間也范吳皆以正名爲盡道者過之此章所謂正名者亦曰姑使事物之名各得其正而不紊未遽及此也然極其言則亦必至於此而後

止爾謝楊氏以爲禮樂不興則無教而廉恥和睦之風衰故刑罰不中亦非也此方自爲政者之身言之至於民無所措手足然後主於民而言耳故獨范氏之説爲得之而其所謂暴慢鄙詐之心入者亦似衍説葢但無序不和而禮樂不興則凡天下之事皆無序不和而其施之刑罰必無自而能中耳

或問四章之説曰諸説皆善但尹氏小體大體之説非孟子之本意爾

或問五章之説曰諸説人情物理風俗盛衰政治得失莫不具於詩誠能誦而通之則授之以政無不達矣楊氏以爲知王政之廢興則不足以盡風人之情謝氏特以爲窮理則又不足以舉事變之實也楊氏又謂得其所

以言斯能專對以楊子雲之本語推之亦似過高矣侯氏以爲詩可興可觀可羣可怨故學之者如此則亦太浸直以可興可觀言之則庶乎其可爾尹氏以爲詩者政之所繫語既倒置以釋此文亦不切矣

或問七章之說曰程子楊尹氏爲一說呂氏爲一說謝侯氏爲一說然各有所偏不若范說之爲備也曰然則其相似也亦有稽乎曰蘇氏言之詳矣蘇氏曰按世家當是時魯哀公之七年衛出公之五年也孔子知二君皆失志無常棄國野死之君故譏之云爾卒之哀公孫邾出公奔宋皆死于越

或問八章之說曰諸說亦同然皆有不事事之意獨胡氏之說爲備爾胡氏曰自合進而完自完進而美非善乎其事不能彌光於前而公子荊如此非所存心者直謂之苟且而已既見其不以殖産自能又見其不以多財自累富而無驕滿而弗溢非賢而能之乎

此可爲居室之法

或問九章之說曰諸說皆善而曾氏尤佳曾氏曰孟子曰雞鳴犬吠相聞達乎四境而齊有其民矣行仁政而王莫之能禦也適衞庶矣之言殆謂是與然人之聞其言也必以謂常談而置之置之則無用之言耳再有獨能再問以究其說然後有所發明庶而不富則無以聚人富而不教則近於禽獸至於教之則不可以有加矣

或問十章之說曰程子至矣諸說亦善但謝氏拔本塞源略法先王之語爲不可曉爾曰孔子之言如此然其爲魯司寇聞政亦久矣而未見其效何也曰胡氏嘗言之矣胡氏曰以春秋考之定公十年會齊于夾谷孔子以中都宰攝行相事以禮折齊齊人歸田魯之國勢已強矣至十二年夏墮三都是孔子行乎季孫三月不違之時也而少正卯已誅男女已別於途商賈已信於市矣郈費既墮圍成弗克於是桓子聽公伯寮之譖受齊女樂之饋至十三年春郊不致膰俎于大夫而孔子去魯矣蓋其明年築圃大蒐若孔子爲政則不爲此可驗也然則孔子爲大司寇纔歷三時又不得專其政而其

功烈已如此使魯舉國以聽而又及於朞月三年之久則其效宜如何哉愚按胡氏所說年數與周公孔子世家皆不合蓋以意言之爾

或問十一章之說曰勝殘去殺云者下之殘虐可勝而上之刑殺可去也勝殘之說程子得之去殺之說謝氏得之忝而取焉可也楊氏以可繼爲言則於聖人之意有未盡者善人雖有可繼之道而無其人以繼之亦安能以成勝殘去殺之功乎程伯子舉進士時嘗有對策論此數節甚詳而精義失之學者蓋詳攷之則聖人之指見矣

或問十二章之說曰所謂仁者以其天理流行融液洞徹而無一物之不體也舉一世而言固無一人不然即一人而言又無一事之不然也求之詩書惟成康之世爲

足以當之范尹并以禹湯爲證則其說無徵而費於辭矣范氏又以漢文帝唐太宗爲言則尤失之文帝太宗能富其民則有之至於教則猶未及也又安能使其化民而一於仁乎二帝之治文帝爲優然以賈誼流涕太息之言觀之則當時之風俗可見而況太宗略無關雎麟趾之意又豈足以庶幾成康之萬一耶謝楊以爲爲當時而言亦未必然蓋通論其理當如是爾

或問十三章之說何以異乎六章而復出之也曰晁氏以爲此專爲爲臣而發理或然也

或問十四章之說程子范氏得之矣而謝尹有不同焉者何也曰公父文伯之母謂季康子曰外朝子將業君之官職焉内朝子將庀季氏之家政焉夫君之官職則所

謂政也季氏之家政則所謂事也冉子之所得聞者季
氏内朝之事耳政則康子必將合諸大夫而謀之外朝
非冉有之所得而與也冉有以家事爲國政故夫子抑
之程范之説可謂無以易也必若謝氏之説則政事之
名以冉子之賢而不能知其辨也魯君大夫又安知其
爲政而以問之孔子乎若楊氏則又但言以事爲政而
不指言其爲何事辭亦大簡略矣其引夫子之言爲政
亦不如吕氏之説爲實也曰或者以爲此季氏與其家
臣謀國政於私朝而不使諸大夫與焉故孔子爲不知
者而微辭以正之如何曰此似於文義得矣然疑其頗
若傷巧者姑存而攷之可也

或問十五章之説曰諸説皆善但范氏聽言納忠之説爲

未足以該聖言之意耳吳氏之說亦有可觀者焉吳氏曰定公之問亦可謂有意於治矣使其能用夫子之言兢兢業業以媚己之人爲可畏三子之徒庶其少懷而魯其或興也惜乎女樂之事公既欲之而桓子又助成之是亦言不善而莫之違之類是以用夫子而不克終也嗟乎魯之衰也豈獨三子之過與抑嘗詳味言不可以若是其幾也及如其善而莫之違以下曲折見聖人之言平正穩密無毫髮偏重處此又言外之意

或問十六章之說曰謝尹兩句各爲一義諸說皆相因爲義皆各得其一端合而論之則善矣然夫子所以告葉公之本意則但如謝尹之說諸說蓋其餘意耳范氏所謂近悅本於親親親者夫子之言未有此意然其所引之詩則當矣楊氏引書殊爲不切尹氏來之二字文勢若有未順云

或問十七章之說曰諸說皆善但楊氏以見利爲言而遺其所謂小者爲未盡聖人之意耳張敬夫之言亦爲得之張敬夫曰欲速則急於成而所爲者必苟故反以不達見小利則徇目前而忘久遠之謀故反以害大事不欲速不見小利則平心易氣正義明道爲其可繼而已矣以子夏之規模近小故夫子以此告之

或問父子相隱之說曰邢氏引律大功以上得相容隱告言父祖者入十惡以爲得此意善乎其推言之也曰諸說如何曰范氏推廣言之甚善至於本章之指則楊氏之說本乎情謝侯氏尹氏之說本乎理皆有所不同也今試以身處之則所謂情者可體而易見所謂理者近於汎而不切然徒徇夫易見之近情而不要之以至正之公理則人情之或邪或正初無準則若之何其必順此而皆可以爲直也邪苟順其情而皆可謂之直則霍

光之夫婦相隱可以爲直而周公之兄弟石碏之父子皆咈其情而反陷於曲矣而可乎哉况孟子所謂情者乃指下文四端之善而言而所謂若者未必其果爲順也讀者詳之

或問十九章之說曰程子至矣讀者宜深味之范尹亦平正有味謝氏屛氣之云則巳奇嶮矣與人忠又與惻隱初無干涉而所謂非不可棄不能棄也者則尤過高而非聖人之本意也楊氏安土敦乎仁之語亦非學者之事

或問二十章之說曰程子小人篤實之說至矣其次呂謝得之而晁氏亦有取焉〔晁氏曰尊義於巳不窮於外士之上也僅能有義於巳而未能不窮於外者士之次也孝弟稱於鄉黨特行巳有恥之事也〕曰行巳有恥爲使不辱

亦何足以爲高而夫子以爲士之上邪曰是二者汎而觀之雖若僅免於羞辱然嘗反諸身而度之則能克其實者正不易得程子所謂篤實自得者正謂此也曰硜硜小人而亦可爲士何也曰彼其識量雖淺而非惡也至其所守則雖規規於信果之小節然與夫誕謾苟賤之人則不可同年而語矣此與不得中行而取狂狷同意故下章言之

或問狂狷之說曰楊氏侯氏以狷爲不及非也狂者過於識狷者過於行謝氏之說得之矣然狂狷猶可取也至於無常則不可知矣故下章次之

或問不占而已矣之義何以闕之曰不通也諸家之說曰易所不占者一也曰不待占而必凶可知者二也曰無

常不可測度者三也曰巫醫不誠則用之者必有凶禍四也曰不玩其占者五也曰無常之人占決亦無所據六也是皆有所不通而不玩其占之說爲庶幾焉然亦未敢信其必然故姑闕之以俟知者耳或曰不占自爲一章亦無來歷不知其何所指也

或問二十三章之說曰尹氏大意得之而辭有未盡謝氏出處語嘿之說似非此文之本旨也呂楊侯氏說皆祖晏子之意然晏子之言乃就事而言而此章之意則直指君子小人之情狀而言似不可引以爲證也蓋此所論君子之和者乃以其同寅協恭而無乖爭忌克之意其不同者乃以其守正循理而無阿諛黨比之風若小人則反是焉此二者外雖相似而內實相反乃君子小

人情狀之隱微自古至今如出一軌非聖人不能究極而發明之也且以本朝諸公論之韓富范公上前議論不同或至失色而未嘗失和氣王呂章曾蔡氏父子兄弟同惡相濟而其隙也無所不至焉此亦足以驗聖言之不可易矣如此說則君子之必無同異可否之私而惟欲必歸於是若晏子之說則是必於立異然後可以爲和而不同也豈非矯枉過直之論哉然其爲齊景公粱丘據發之則亦切中其病耳

或問二十四章之說曰范謝得之雖皆以知人取人爲言然是亦可以爲學者修身之驗矣但范氏所謂審其所好惡者文勢反戾若曰審其好惡云者則於義爲得矣謝氏引孟子以爲證則不類蓋孟子之意以人之善惡

决於好惡之多寡而夫子以人之善惡决於好惡之公私一則救偏聽之失一則核義理之眞言亦各有當也尹氏善惡可知之說疑衍惡字蓋此方論人之善不應以惡而併言之也

或問二十五章之說曰諸說各有發明而皆未盡亦有援據疎濶而不切於文意者洪氏張氏說亦類此洪氏曰君子任理小人任情君子不以己之有餘而責人小人不以己之不足而自責張敬夫曰易事者平恕之心也難悅者正大之情也其所悅者義理而已而非悅人之悅己也故悅之不以其道則不悅與人爲善而取人不求備故使人則器之若小人則徇於一己之私而已故順己則喜而不察其非道也勝己則忌而惟欲責其全也此公私之分也

或問二十六章之說曰諸說得失同於上章惟楊氏爲得之但其立言傷巧不若直以心廣體胖明泰之狀虛驕

盛氣釋驕之形則讀者對互以求其有以自得之矣

或問近仁之說曰程子楊氏曾氏得之曾氏曰剛則必能無欲毅者必能力行木者無令色訥者無巧言天資如此故於仁近之謝氏之說機警有餘然四者本以質言而仁非知覺可訓則亦誤矣

或問切切偲偲之義其詳奈何曰切切者教告懇惻而不揚其過偲偲者勸勉詳盡而不強其從二者皆有忠愛之誠而無勁訐之害子路剛直故夫子以此告之也范尹氏直以切切爲責善偲偲爲進德而謂子路不足於中和則其大槩亦頗得之但於其所以責善而進德之曲折則其言之有未備耳謝氏以爲能使其朋友切切偲偲兄弟怡怡爲修身之效其意雖善然夫子所以告子路其始未及乎朋友兄弟也亦教子路當以如是三

者而已謝氏乃以其下文解釋之詞爲正意恐其考之或未詳也楊氏語意不明然細尋之疑其意蓋亦以切偲爲責善而謂朋友之交既親然後得以施其責善之義爾子路行行則於朋友之交有所不親故孔子告之如此欲其致親親於朋友然後得以施其責善之義也此亦未有見其必然使其果出於此則夫子曷爲不直告子路以致親於朋友而預告之以致親以後之事耶且朋友之交而以致親爲先責善爲後則其始合必有不以正者此說之流恐其弊不止於文義之間也

或問教民之說曰吳氏言之詳矣吳氏曰白虎通曰教民者皆里中之老而有道德者爲右師教里中之子以道藝孝弟行義朝則坐於閭門弟子皆出就農復罷亦如之若既成歲皆入教學立春而就事故無不教之民非謂教之戰也然而三時務農一時講武則金鼓旗物之用坐作進退之節亦有

所致矣

論語或問卷之十四

朱熹著

憲問第十四凡四十七章

或問首章之說曰原憲安貧守道其志卓然能有不爲者也其爲此問固知邦無道而枉道得祿之爲恥矣特欲質諸夫子以言其志耳夫子深知其然而亦知其學之未足以有爲也則恐其或當有道之時雖無枉道之羞而未免於素餐之愧故以是而并告之使因其所已知而推之以及其所未及知者庶乎其有以廣其業而益充其所爲耳吾聞諸師者如此而胡氏亦云故獨以是言之或乃以謂夫子之意止於無道得祿之可恥以憲能安貧而告之然則是徒以其已能者而瀆告焉豈所

以進於日新耶

或問問之說程子以爲聖人開示之深而原憲不能再問敢問使憲也而再問夫子告之宜奈何曰聖人未發之夫孰能測之然以程子之意而言則四者之不行亦制其末而不行於外耳若其本則固著之於心而不能去也譬之木焉不去其根則萌蘖之生自不能已制而不行日力亦不給矣且雖或能制之終身不見於外而其鬱屈不平之意乃日闘進於胷中則夫所謂仁者亦且殫殘蔽害而不能以自存矣必也絶其萌芽麼其根本不使少有毫髮留於心念之間則於仁也其庶幾乎嗚呼非程子之學之至何足以及此然以爲學者苟不能深省而力行之則亦徒爲無肯之大言而已故雖發之

而亦有所不敢盡其言者其旨淺矣楊尹發明不失其旨至於范氏以爲仁之爲道不止於四者則其所謂仁者不知其何所指也呂氏以爲四者不行足以去不仁而未可爲仁亦非也夫道二仁與不仁而已矣出此入彼其閒無地可容髮也誠能去不仁矣則非仁而何哉顧四者之不行方且蓄其念於隱伏之中而未足以去夫不仁耳謝氏所謂四者不行未必不出於仁者以程子之言考之可見其失至謂未足以見仁之本體則又專以知見爲言而不察乎操存踐履之實矣

或問張子懷居之說曰有爲而重遷者有所繫而不去乎此也無爲而輕遷者無所繫而有慕乎彼也有繫乎此者固懷居也有慕乎彼者亦懷居也然夫子之言則亦

謂夫有爲而重遷者爾張子蓋推言之也曰諸說如何

曰范氏言之詳矣其推士而言以及天子者亦廣矣但

以居廣居爲有天下之事則非孟子之本意也謝楊之

論亦爲得之蘇氏引管仲之言曰畏威如疾民之上也

從懷如流民之下也尤學者所宜深念也

或問四章之說曰諸說皆善而尹范所推爲有益於人之

國也洪氏吳氏亦爲得之洪氏曰危非矯激也直道而已孫非阿諛也遠害而已吳氏曰言孫者亦非失其正也特少致其委曲如夫子之對陽貨云爾

或問五章之說曰諸說皆善但仁必有勇未有切當之說

唯侯尹庶幾得之

或問六章之說曰此章之說本若難明今以文意推尋姑

爲此說亦夫子罕言命之意爾或祇從程子范尹之說

亦善謝氏過高不實楊則專以枝葉而言聖人之意亦
必不然也
或問七章之說曰仁與不仁正當以心爲說而范氏皆以
君子之行爲言則於聖人之意有不盡矣呂氏所謂德
心稍懈者得之特所謂公天下私一巳者亦未當也仁
者固公天下不仁者固私一巳然仁不仁之名則不於
此而得也謝氏之說善矣然其曰心不在焉不仁也則
直以心字訓夫仁者恐亦未安若曰心不在焉則不仁
矣其庶幾乎其曰未害爲君子者則亦有以啟學者自
恕之弊尤不可以不察
或問八章之說曰蘇楊尹氏之說皆善然聖人之意正所
以明夫愛而不勞者之不足爲愛忠而不誨者之不足

爲忠則三說者皆未及也如范謝之釋則勞字無所當矣

或問九章之說曰諸說皆善然以春秋傳考之與此有不同者未知孰是其曰子產爲政擇能而使之則能使衆賢各盡其用者子產之功也洪氏說亦善洪氏曰鄭小國也能愼重其辭命而信任於賢者如此爲天下者辭命宜亦重矣而反輕之討論潤色宜益衆也而獨任於一官何哉且古之賢者求辭命之善耳不有其已也故世叔討論而稗諶不以爲歉子產潤色而子羽不以爲羞後世爲命者反是此辭命所以有愧於古也

或問十章之說曰諸說皆通而胡氏子產之說爲詳胡氏曰鄭小國也介乎晉楚子產爲政黜汰侈崇恭儉作封洫鑄刑書惜幣爭承皆以豐財足國禁奸保民其用法雖淡爲政雖嚴而卒歸於愛故夫子以惠人蔽之及其卒也聞之出涕而曰古之遺愛也然孟子以爲惠而不知爲政禮記以爲能食民而不能教者蓋先王之政之教子產誠有所未及也諸家都不論子西

之爲何人然則何以究聖言之旨歸耶此近世好高之弊獨吳氏爲能考而論之爾吳氏曰當時有三子西鄭駟夏楚宜申公子申也駟夏未嘗當國無大可稱宜申謀亂被誅但去又遠宜皆所不論者獨公子申與孔子同時又讓國昭王欲用孔子而子西止之其後又召白公以致楚亂則其爲人可知矣管仲之說則蘇氏爲當但人也二字范氏以爲盡人道恐非管仲所能當楊氏之說則牽於援据而支離甚矣侯氏說亦迂曲而難通吳氏別爲一說未知是否姑存之亦可也吳氏曰荀子論管仲云與之書社三百而貴賤長少秩秩焉莫不從桓公而貴敬之則是桓公奪伯氏之邑以與管仲也秩秩亦無怨言之意

或問十一章之說曰諸說皆善特范氏欲蒙上章伯氏爲說者似非聖人之意蓋上章乃美管仲之功而非美伯氏之安貧也亦不當以是爲說矣謝氏引據迂曲反不

若經文之明白而易曉也張敬夫說亦佳張敬夫曰富而無驕不矜於外物者能之至於貧而無怨非內有所守者不能也或謂世固有處貧賤而無失至於一旦處富貴之地則失其本心然則難易之論有時而不然耶此蓋未知夫無怨之味也所謂處貧賤而無失者特未見其失於外耳又烏能保其中之無怨耶蓋一毫有所不平于其中皆爲怨也故貧無諂易貧而無怨難無怨則進於樂矣曰程子侯氏所論怨諂之不同也孰是曰皆是也蓋諂之病甚於怨而無怨之難則甚於無諂語若相反而其意則各有所主也

或問四子之事曰武仲則春秋傳詳矣公綽他無所見而前章所稱亦可以得其爲人卞莊子事見新序曰莊子養母戰而三北及母死齊伐魯莊子赴鬬三獲甲首以獻曰此塞三北遂赴齊師殺十人而死冉求之藝則夫子固嘗稱之也曰必兼四子之長而又必文之以禮樂

然後可以爲成人何也曰四子各有所長而不能相兼又無禮樂以文之故知者至於要君勇者至於輕死藝者至於聚斂而不欲者又或不能以小國之大夫也亦難以爲成人矣故孔子言必兼此四人之能而又文之以禮樂則集其所長去其所短而後可以爲成人也洪氏以爲特以四子爲言者四子皆魯人而莊子與子路皆卞人冉求又朋友也舉其近而易知者爾胡氏以爲言卞莊子蓋以況子路耳言有是一能而不能兼衆人之長與成於禮樂焉則亦不足爲成人矣恐亦有此意也曰今之成人以下或以爲子路之言何如曰未可知也然姑存之以備參考可也胡氏曰此子路之所已能也夫子方進子路於成人之域豈又取其已能者而重奬之哉蓋子路晚節末路不復聞斯行之之志而有終身誦之之堅是以自鳴其

善而爲此固非之辭耳與未見其止者異矣大率此章之義程子論之已詳而諸說亦不失其旨也

或問公叔文子何以得不言不笑不取之名也曰蘇氏得之矣蘇氏曰凡事之因物而中理者人不知其有是也飲食未嘗無五味也而人不知者以其適宜而中度也飲食而知其有五味必其過者也此文子所以得不言不笑不取之名也夫子之疑之何也曰吳氏得之矣吳氏曰文子請享靈公也史鰌曰子富而君貪禍必及矣觀此則文子之言豈能皆當而其取豈能皆善乎

或問十五章之說曰諸說無大異其小不同者范尹以爲時人以武仲能存祀爲賢故夫子正之竊味本文之意但以時人不知其據邑有請之爲要君爾初不爲能存先祀發也謝氏若以武仲爲恃齊以請者亦非也夫子但言以防求爲後不言以齊求爲後也安得捨其據邑

之顯罪而逆探其挾齊之微意乎侯氏又以求後爲要亦不察夫所以防之文爾

或問齊桓晉文之正譎奈何曰程子之說密矣然以其說求之本文則未見其有以發晉文之本心而能使後世慎所舉者張子以譎爲婉以事實字義求之亦若未安惟胡說爲得之而呂伯恭考之爲尤詳文多不能悉載學者求之左氏之書自可見矣

或問管仲不死之說曰程子至矣但以薄昭之言證桓公之爲兄則荀卿嘗謂桓公殺兄以爭國而其言固出於薄昭之前矣蓋未可以此證其必然但以公穀春秋所書之文爲據而參以此章之言斷之可也蓋聖人之於人有功則稱其功有罪則數其罪雜而兼舉之既不以

罪掩其功亦不以功掩其罪也今於管仲但稱其功不言其罪則可見不死之無害於義而桓公子糾之長少亦從以明矣又況所謂匹夫匹婦之爲諒者正指召忽而言蓋召忽之於子糾猶石乞於白公耳至於程子又謂若使管仲所事者正而不死其難則後雖有大功聖人豈復稱之則愚恐記者之失也蓋曰不與其事桓公則可曰不稱其功則不可記者豈因彼言以爲此而遂失之也與曰管仲生死之是非決於一時之義爾程子又謂管仲不死而無功則是貪生惜死而不若匹夫匹婦之爲諒若未免於先功而後義且管仲又何以自必其後之有功耶曰召忽之失在於輔子糾以爭國而不在於死管仲之得在於九合之功而不在於不死後功

固不可期而其在我者固自可必但其得就此功而免於匹夫匹婦之諒則亦幸而已矣後之君子有不幸而處此者苟自度其無管仲之才是殆不若爲召忽之不失其正也此又程子言外之意讀者不可以不察也曰諸說如何曰范以九合爲仁之大以死節爲義之小是謀利計功之言其害理甚矣若聖人之心果出於此則行一不義殺一不辜而得天下亦何憚而不爲之乎謝氏以管仲於子糾君臣之義未正故可以不死亦非也夫仲之所以不死者正以小白兄而子糾弟爾若使糾兄而當立則齊國之士君臣之義無所逃矣况如管仲策名委質親北面而君之安得幸其未得入國而死乃托於君臣之義未正而不死其難哉楊氏發明程子之

意善矣然不明言小白子糾長幼之序則亦略而失之矣又以忽之死爲傷勇仲之不死爲徒義而夫子與仲之不死恐亦非聖人之意也夫子特以忽之功無足稱而其死不爲過仲之不死未害義而其功有足褒爾固非予仲之生而貶忽之死也曰九之爲糾何也曰春秋傳展喜犒師之詞云爾而糾合宗族之類若此者亦甚衆也說者不考其然乃直以爲九會諸侯至數桓公之會不止於九則又因不以兵車之文而爲之說曰衣裳之會九爾其餘則兵車之會也自公穀以來皆爲是說亦可謂鑿之甚矣

或問十九章之說曰范氏以文爲仁之著文固仁之著也然以人之所難曉而釋其善說經者呂氏得之爲多而

其所謂文者必以物相雜爲據則過矣侯氏亦然謝氏所謂無娼疾上人之心楊氏所謂有禮意皆溢乎本文之意殊不知聖人之於文子特取其唯賢是舉而無今昔貴賤之嫌所謂文者正以其倫理明順粲然而可觀耳

或問二十二章之說曰程子范氏三說意亦皆善然以文義考之則當曰其言之不怍可謂難矣然後其說可通今以則爲之也難繼之則其意或不出於此也謝氏之說恐亦未然蓋本文之意言之爲言正指一事乃其口所謂善而力不能爲者爾今以所言而不怍者爲不善之事而爲之者乃指爲道而言則失之矣楊氏最爲得之但既以不掩釋爲之之義則不必復出之爲也三字削

而讀之則文意明矣尹氏亦善特所謂未必能爲者辭若大緩爾

或問請討陳恆之說曰程子至矣楊氏推明其說亦有助焉至謝氏以爲孔子欲以魯伯諸侯而使大義以卜天意則非聖人之心矣曰當是之時魯之兵柄分屬三家哀公雖欲從夫子之言然不告三子則兵不可出而孔子之意乃不欲往告何哉曰哀公誠能聽孔子以討齊亂則亦召夫三子而以大義詔之耳理明義正雖或不從而孰敢違之哉今無成命而反使孔子往而告之則是可否之權決於三子而不决於公也況魯之三家即齊之陳氏其不欲討之必矣是則不惟名義之不正而事亦豈可得而成哉然夫子以君命之重也故不得已

而一往焉尚冀其萬一之或從也而三子果以爲不可則復正言之以明從違在彼雖不敢必而君臣大倫所繫之重雖欲不告而不敢以已其所以警夫三子者亦深矣曰程子以左氏所記以魯之衆加齊之半爲非夫子之言然則夫子之戰將不復較其力之強弱而獨以大義驅之耶曰程子之言固有是矣然其所謂必有處置謀而後行者則亦非不量力而浪戰也但其意以爲夫子之告魯君又當明君臣之大義以見弒逆之大惡天下所不容人人得而誅之況在鄰國而可以不討之乎而其爲計則必請其君以上告天子下告方伯舉天下之兵以誅之也以天下之兵討天下之賊彼雖衆強亦將奚以爲哉固不當區區獨較齊魯之強弱而以天

下之公義爲一國之私也左氏所記蓋當世傳聞之謬以衆人之腹爲聖人之心者而程氏門人記其師說又不能盡其意之曲折所以啓讀者之疑耳曰程子以爲必告之天子楊氏發明其意且以孟子所謂天子討而不伐爲證而胡氏乃有先發後聞之說其相反若是何耶曰孟子之言謂三不朝而六師移之之等耳胡氏乃特爲弑逆而言考之春秋先王之時疑必自有此法凡弑君者人人得而討之如漢所謂天下共誅之者晉李毅告王濬以爲弑君之賊爲惡尤大當不拘常制者則以當世本無此法而言爾然事非一槩告與不告又在乎時義之如何使其地近於天子而可以告也其事之未至乎迫遽而得以告也其力之不足以敵而不得不

告也則告之而俟命以行甚則或不俟命而遂行皆可也使其地之相去也遠其事機之來也不可以少緩而吾之力又自足以制之而乃區區焉徇請命之小節忘弑逆之大罪使彼得以植其根固其黨或遂奔逸而不可以復得則任其事者亦無以免乎春秋之責矣夫以魯之弱而欲討齊其請於天子理勢固有當然者但楊氏以討之一字而决其必請命焉則亦太拘滯矣

或問二十三章之說曰范楊得之但范說不欺故必犯者爲小戾耳張敬夫之說亦善張敬夫曰盡誠而不欺犯顔而納忠事君之義大要盡是矣然勿欺其本也勿欺矣則誠信充積必不得已有時而犯之則有以感動也若忠信有所不足則於事君之道爲未盡而徒以犯顔爲事亦鮮味矣如內交要譽惡其聲之類一毫之萌皆爲欺也以子路之剛强懼其果於犯焉故告之以勿欺爲主焉尹氏之說以犯爲主蓋謂事君唯能

犯然後足以盡其忠誠而無所欺於本文之意雖若小異然亦可以爲世之雖無邪心而唯知苟且順從以陷於欺君者之戒顧其辭不足以達之讀者所當深考也

或問二十四章之說曰程張呂楊得之范氏上達入於上智以下亦善而前所謂喻利喻義者與謝尹氏皆失其旨矣

或問爲已爲人之别曰程子之解約而盡矣范呂氏次之程子他說乃其議論之間借聖言以明已意非專爲釋此文意發也蓋其一則因古今學者之異以明古今習俗之變非獨一事之不同非以古之仕如今之學今之學如古之仕也其二則因問者之失而姑答其大意未暇正其所謂爲人者之失其本旨也然其大意則固無

所病矣其三曰成物則固非爲人之謂曰喪巳則其爲人也亦非謂其有濟人利物之心也謝氏大意亦善但所謂爲人者乃正以成物而言則失之尹氏所謂爲巳可以及人者亦善而謂爲人非務本之學則亦未免謝氏之失也楊氏蓋本程子成物喪巳之說而推之但專以格物致知者爲爲巳之學則未盡乎學之道而於爲巳之意尤無所發明云

或問二十六章之說曰蘧伯玉使者之言極有味學者所宜熟玩而深省焉者范楊謝尹氏得之胡氏說亦可觀也胡氏曰未能寡過乃伯玉之事而使者知之雖伯玉克巳日新之事著見於外而使者亦可謂知德而能言者矣

或問二十七八章之旨同乎曰大旨雖同而語意所包有

廣狹之異不在其位專指在官者而言不出其位則泛論其理以釋上文之言歟范氏於此得其旨矣楊氏一之其或有未察乎

或問君子恥其言而過其行之説曰諸説皆善矣然以其文義觀之則當作恥其言之過其行乃與諸説意合如今之文則恐其當爲兩事也恥其言者常若有愧而不及其行也過其行者常若勉强而使有餘於言也然亦未敢據舊説姑記以俟考焉耳

或問三十章之説曰范氏所謂責己勉人者當矣他語亦皆善但其曰獨立故不懼則非矣蓋獨立不懼之語亦如遯世無悶之云爾今曰獨立故不懼則將有曰遯世故無悶者矣其可乎哉楊謝侯氏論夫子不居之意不

同似不必然而楊謝語亦有病蓋聖人所不居不必盛德之事其意但欲因責己以勉人耳達德者人人之所同得聖人豈反爲是而不居哉三者雖備所造亦有淺深如孔子所謂成人者有公綽之不欲則亦仁矣有卞莊子之勇則亦不懼矣有臧武仲之智則亦不惑矣豈可以其備此而遂謂聖人哉唯侯氏語近得之然以責己勉人之說推之則又不必以此而後不居耳楊氏謂所自者道而仁智勇之名泯者其老佛之餘乎若如其言則所謂道者爲一物而在三者之上矣夫豈有是哉尹氏以自道爲夫子之事則在於文義亦有所不通也

或問方人之說曰諸說略同而呂謝尹氏得之范謝則疎矣侯氏所謂作聰明者似亦大過蓋方人以窮理者未

必遽有是心也其術之流則或將有此弊耳楊氏說似渾全者然夫子之云三人行必有我師正爲擇其善不善而從違耳非漠然不加較量别白而悉效其所爲也

或問三十二章諸說相類孰爲最優曰侯尹氏得其要矣范氏充實而有光輝以上尤爲詳密但患不强其所不能之患疑衍文耳張敬夫之說亦善張敬夫曰四端五典雖聖人不自以爲能盡也而况於學者其不能之患何有極乎而何所願乎外也若有一毫患人不已知之心萌乎中則其害甚矣

或問三十三章之說曰范氏逆詐億不信之說文意極疎、其所謂先覺之說則得之但爲告君之言故於本文之意有不切耳逆詐億不信乃猜防狡險之意而以爲心之僞亦非也吕氏逆詐億不信之說最爲得之其曰燭

乎事幾之先者亦善但以爲豈容人之見欺而不使詐
與不信加乎已則失之矣君子之先覺也亦燭理之明
自然而覺如謝氏之說耳若如呂氏之云則與逆詐億
不信者亦奚遠哉楊氏之說曲折尤備但必以至誠前
知爲言則亦必於援引之過也夫不逆不億者誠也先
覺者知也二者並行而不相悖曷爲其必一歸於誠而
匿其知之名哉且至誠前知中庸自誠而言耳至於此
文則初不爲至誠發也蓋言人不當預設猜防但又不
可爲人偏於聽而失之若如其說其以抑字更端亦可
見其非事也與子於集註雖錄是說而私以呂氏燭乎
幾先之語易其所謂至誠前知者又易見欺爲見罔亦
據夫子答宰我井有仁焉之語讀者詳之可也侯氏引

舊註爲說尤所未安蓋未審乎抑亦之爲用耳尹氏章首二句亦未曉然恐其文義有未通也而所謂情僞幾微無所逃其明則優於諸說耳

或問范尹疾固之說於微生畝無譏焉無乃厚乎曰是欲故爲厚而不察乎其問答辭意之不相直也夫微生固自以其隱遁忘世爲高謂夫子之委曲憂時爲佞是以夫子即其意而反之使知其所謂高者是乃所謂固而已爾若如范尹之說則夫子之對於微生之問爲何所當哉

或問三十五章之說曰諸說皆善而尹氏尤爲精約謝氏次之若范呂氏以才受乎天德繫乎習則不可謂之知德矣人受天地之中以生是德也固已根於其性之所

有特人不能皆生知而安行故賴學以成之耳非因學
而後有也豈可以其專繫乎習而不受乎天哉若以氣
禀而言則才之與德皆有自然勉強之差又不得專以
才爲天賦德爲人爲也司馬公論智伯以金與竹爲才
以鎔範矯揉爲德其失正與此同至於蘇氏之書又以
才難強而德易勉其失之端不過如此而其末流遂至
於貴才而賤德則其失益甚而其爲天下後世之禍也
益深矣侯氏所謂力奚與焉者則加焉爾則所謂驥者
亦奚以異於駑駘哉聖人之意特以驥雖有力而所稱
者則以其德而不以其力耳若君子則非無用於才也
周公之多才藝夫子之多能鄙事豈非才乎特所以爲
周公孔子者則不以才稱而德稱耳

或問以德報怨亦可謂忠且厚矣而夫子不之許何哉曰是亦私意之所爲而非天理之正也夫有怨有德人情之所不能忘而所以報之各有所當亦天理之不能已也顧德有大小皆所當報而怨則有公私曲直之不同故聖人之教使人以直報怨以德報德以直云者不以私害公不以曲勝直當報則報不當則止一視夫理之當然而不爲已之私意所罔耳是則雖曰報怨而豈害其爲公平忠厚哉然而聖人終不使人忘怨而沒其報復之名者亦以見夫君父之讐有不得不報者而伸夫忠臣孝子之心耳若或人之言則以報怨爲薄而必矯焉以避其名故於其所怨而反報之以德是則誠若忠且厚矣而於其所德又將何以報之耶若等而上之每

欲益致其厚則以德之上無復可加若但如所以報怨
者而已則是所以報德者僅適其平而所以報怨者反
厚於德且雖君父之讐亦將有時而忘之也是豈不亦
逆人情悖天理之甚也哉或曰然則君父之讐亦有當
報不當報之別乎曰周禮有之殺人而義者令勿讐讐
之則死此不當報者也春秋傳曰父不受誅子復讐可
也此當報者也當報而報不當報而止是卽所謂直也
周公之法孔子之言若合符節於此可以見聖人之心
矣曰然則諸說孰爲得之曰是其大旨則皆善矣謝氏
剖判尤爲明白但不言其人之當誅而曰誅之亦可蓋
言有所略而未備其所謂無怨所謂心不在怨者則又
小過於聖人之言而楊氏所謂曲在其中者則辭亦大

緩而不切矣至於侯氏不校之云又與聖人之意有大相反者程子之論不校亦正不如此也尹氏之說似矣然又决於情而不要諸理亦未足以盡聖人之意也曰然則楊氏所謂小加委曲如庾公之斯者如何曰此意善矣而亦有所未盡也蓋天下之事有公義有私恩二者常相得焉則盡其道而不爲私可也不幸而或至於相妨則權重輕而處之使公義行於上而私恩伸於下然後可耳若小加委曲而害夫天下之公焉則亦君子之所不敢爲也

或問不怨不尤下學上達何以人莫之知而天偏知之也曰其不怨不尤也則不責之人而責之巳其下學人事也則又不求之遠而求之近此固無與於人而不駭於

俗矣人亦何自而知之耶及其上達而與天爲一焉則又有非人之所及知者而獨於天理之相關耳此所以人莫之知而天獨知之也曰諸說如何曰程子至矣宜淺味之張子亦庶幾焉但文勢小倒耳范則疎矣呂氏楊氏亦爲得之尹氏蓋祖張子之意謝氏則其過益甚而與夫子之意正相反矣曰下學而上達者言始也下學而卒之上達云爾今程子以爲下學人事便是上達天理何耶曰學者學夫人事形而下者也而其事之理則固天之理也形而上者也學是事而通其理即夫形而下者而得其形而上者焉非達天理而何哉曰然則謝氏以爲下學人理而上達天理者何如曰旣曰理矣則無天人之異不待其學於此而通於彼也

或問公伯寮學於孔門而所爲若是何也曰胡氏以爲寮非孔子弟子特季氏之黨耳若遊於孔門則豈至於陷其朋友哉曰子路非王佐之才家臣非卿相之任其爲用捨無足言矣而孔子以道之興廢繫焉何也曰此隳三都出藏甲之時也道之興廢故於是乎在耳曰侯氏以命爲天理何也曰命者天理流行賦於萬物之謂也然其形而上者謂之理形而下者謂之氣自其理之體而言之則元亨利貞之德具於一時而萬古不易自其氣之運而言之則消息盈虛之變如循環之無端而不可窮也萬物受命於天以生而得其理之體故仁義禮智之德根於心而爲性其既生也則隨其氣之運故廢興厚薄之變唯所遇而莫逃此章之所謂命蓋指氣之所

運爲言而侯氏以天理釋之則於二者之分亦不察矣
或問三十九章之說曰程伯子以事之大小言張子以人之高下言二說之不同奈何曰以古聖賢之迹與隨時之義考之則程子得之而張子又謂聖賢於此迹相似而心不同則亦兼以其時與事言之而不專主於人之優劣也但避世之士或志量宏大而不屑一國之事或智識明達而灼見天下之幾飄然事物之外以沒其身而不悔此則僅能避地辟人之士猶頗有意於當世者或有時而不能爲耳故程叔子所謂遠照而謝氏楊氏又皆發明其說亦爲有理至尹氏之論辟世以舉世不見知爲說則是見棄於人無所自容而後去其辟之之權初不在我而窮迫不得已之意反甚於避地之人矣

豈其然哉

或問張子作者七人之說如何曰是不可知姑存而徐考之可也然以上下推之意其爲隱者而發之意爲多耳

或問四十一章之說曰晨門之言非知夫子者而范氏以爲誠然則失之而諸說亦莫有明其不然者獨楊氏以無不可爲言近爲得之乃不直以己意發明而必於援引殊不知晨門所謂知其不可者時之不可而孔子所謂無不可者已之無不可也以其字之同而不察其意之異蓋不若胡氏之說之爲當也夫以夫子之聖雖極亂之世君苟用之則易危爲安轉禍爲福亦反覆手耳豈知其有不可爲而冒昧以苟爲之哉范氏他語亦有牴牾不合者如旣以可不可爲在天又曰天未嘗遺天

下其亦踈矣

或問荷蕢之說曰諸說之意皆善但程子謝氏楊氏果哉末之難矣之說范氏斯已而已之說呂氏末之難矣之說范氏尹氏果哉之說於文義爲未安楊氏又若以聖人爲無心者則流於老佛之意而以聖之時當其可爲言於此章之意亦無所當矣其論晨門荷蕢之優劣則近得之

或問諒陰之說曰孔氏曰諒信也陰默也邢氏釋之曰信謂信任冢宰胡氏釋之曰謂其信能默而不言也二家皆用孔訓而爲說不同鄭氏於禮記又讀作梁闇言居倚廬大抵古者天子居喪之名如此其義則今古言殊不可曉矣曰諸說如何曰范氏得之楊侯之說相似皆

非子張所疑之意然𠩄爲猶優耳曰尹氏之無說何也曰是或有闕文焉不然則有所諱避於君前不得免乎君子之譏矣

或問四十五章之說曰諸說大意皆善而程子至矣范氏敬身之說非是所論堯舜猶病者意雖近是而語則疎矣謝氏以安人安百姓爲擴而大之楊氏以爲推而至於天下平然後爲至尹氏以爲推而及物皆若近是而實有可議者蓋所謂修己以敬者語雖至約而所以齊家治國平天下之本舉積諸此子路不喻而少其言於是告以安人安百姓之說蓋言修己以敬而極其至則心平氣和靜虛動直而所施爲無不自然各得其理是以其治之所及者羣黎百姓莫不各得其安也是皆本

於修己以敬之一言然所謂敬者非若四端之善始然
始達而可擴由敬而安人安百姓非若由格物致知以
至於正身及物有待夫節節推之也非若老老幼幼由
己及物而待夫舉斯心以加諸彼也亦謂其功效之自
然及物者爲然耳曰然則夫子之言豈其畧無大小遠
近之差乎曰修己以敬貫徹上下包舉遠近而統言之
也安人安百姓則因子路之問而以其功效之及物者
言也然曰安人則修己之餘而敬之至也安百姓則修
己之極而安人之盡也是雖若有小大遠近之差然皆
不離於修己以敬之一言而非有待擴之而後大推之
而後遠也曰程子所謂學至堯舜則自有堯舜之事何
也曰是以爲修己以安人而及於百姓必有政事之施

焉而夫子之言若此則疑若修己於此而徑可及人者蓋舉其本而繫其末以爲施爲之廣狹皆隨其根本之淺深而初無所待於外也曰呂氏之說不亦三子之類乎曰彼曰進之則未有內外之分也若曰進其所以安人安百姓者則失之矣但其語意不明終費辭說又所謂不言而信不怒而威者亦化民之事而非安民之事耳尹氏之說不以修己以敬爲所當然之事乃主以施於人者以爲言而後反之於己以求其本則尤非此章之意也諸說之外胡氏形容修己以敬之義亦爲得之胡氏曰可願莫如善敬立則百善從宜遠莫如邪敬立則百邪息敬也者存心之要法檢身之切務歟欲持敬者奈何曰君子有言主一之謂敬無適之謂一如執六圭如捧盤水如震霆之在上也如淵谷之在下也如師保之在前也如鬼神之在左右也是則持敬之道也

或問四十六章之説曰程子詳矣張子安死賊生之説疑或未安范尹氏皆以爲壤非可言諭者故叩其脛而深責之亦不然也禮六十杖於鄉七十杖於國此蓋孔子自衛反魯之後曳杖而出而適見壤之夷俟也因數其失遂以所曳之杖微擊其脛使斂其足而不踞耳豈其不可以言喻而反可奮然運挺以毆之哉楊氏之説亦然蘇氏以爲聖人責人未有若是之怒者則失愈甚遠矣胡氏以爲原壤之喪母而歌也孔子爲弗聞者矣今乃責其夷俟何舍其重而責其輕也蓋數其母死而歌則壤當絶叩其箕踞之脛則壤猶爲故人耳盛德中禮見乎周旋此亦可見其説亦善楊氏所謂自索以形骸之内不以毁譽經其心者則老莊之餘論也亦異乎程

子之言矣曰然則程子何以知其非莊周之流也曰使其爲莊周之流則夫子必將以理曉之不但直數其罪而已也

或問卒章之說不從諸家何也曰若如諸家之說則孔子坐視童子之踰僭而恬不之正豈聖人之心哉胡氏以爲抑而教之得其旨矣抑家語記叔仲會少孔子五十歲與孔璇年相比每孺子之（此句猶漢書所謂呂后兒子畜之）執筆記事於夫子二人迭侍左右所謂闕黨童子豈卽斯人也歟

論語或問卷之十四

清康熙本四書或問

第三册

宋 朱熹撰

清康熙間禦兒呂氏寶誥堂刻《朱子遺書》本

山東人民出版社·濟南

論語或問卷之十五

朱熹著

衛靈公第十五凡四十一章

或問靈公問陳而夫子遽行何也曰爲國以禮戰陳之事非人君所宜問也况靈公無道夫子固知之矣特以其禮際之善庶幾可與言者是以往來於衛爲日最久而所以啓告之者亦已詳矣乃於夫子之言一無所入至是而猶問陳焉則其志可知矣故對以未學而去之然不徒曰未學而已猶以俎豆之事告之則夫子之去蓋亦未有必然之意也使靈公於此有以發悟於心而改事焉則夫子之行孰謂其不可留哉故史記又云明日與孔子語見蜚鴈仰視之色不在孔子孔子遂行則是

夫子之行又以禮際之不善而决不專於問陳一事也夫子既行而靈公卒衛國大亂俎豆之對其旨遠哉曰諸說如何曰尹氏得之范氏所引知其不可爲而爲之亦前篇之失也謝氏之說亦非夫子去衛之意蓋以兵而言陳固兵之末以治道而言則兵又治道之末也夫子去衛乃以其不問治國安民之事而問軍旅非以其不善戰而問兵之末也楊氏之說亦非是俎豆固有司之事然君子於禮亦未有舍俎豆而能行者況此又孔子之謙辭非以爲禮之末而以對夫軍旅之末也使靈公聞孔子之對而問禮焉則其本末無不舉矣豈必專以其藏於器者而求夫天下之至賾哉且賾雜亂也亦非隱奧之義固窮二說孰是曰以文言之則舊說安以

理言之則程說勝然曰固有窮時而不若小人之濫則程子之意亦在其中矣曰以子路慍見言之則安知其不如程子之說以救子路之失乎曰固有窮時則不必慍也窮斯濫則不可慍也是亦不待必如程子之說而後可以救子路之失矣諸說如何曰范說意善而語不精謝氏不欲以子路之慍爲不能安貧而以惡上下之無交爲言又謂知此則窮達不在我者皆失之過也楊侯氏皆以窮斯濫爲夫子戒子路有以見聖人謹微之意然楊氏委曲詳盡侯氏切直簡當又各有所長也讀者宜深味之

或問二章之說曰聖人生知不待多學子貢以已觀夫子故以爲亦多學也夫子以一貫告之此雖聖人之事然

因已以告子貢使知夫學者雖不可以不多學然亦有所謂一以貫之然後爲至耳蓋子貢之學固博矣然意其特於一事一物之中各有以知其理之當然而未能知夫萬理之爲一而廓然無所不通也若是者雖有以知夫衆理之所在而泯然莫爲之統其處事接物之間有以處其所嘗學者而於其所未嘗學者則不能有以通也故其聞一則止能知二非以億而言則亦不能以屢中而其不中者亦多矣聖人以此告之使之知所謂衆理者本一理也以是而貫通之則天下事物之多皆不外乎是而無不通矣曰子貢之聞是言也亦將何所致力而能一以貫之耶曰子貢之學至是其於衆理之萬殊者固已泛知而洞曉矣其所欠者猶未知是萬之

爲一耳故夫子當其可告而告之使其聞之則亦脫然喻向者之萬殊爲今日之一致而無疑耳豈容至是而復用力以求其所謂一而夫子亦豈不待其可告而浪語之哉其於曾子亦以其隨事力行之巳熟而告之使之知此所行無非一理而曾子以忠恕言之其所謂忠者則一也所謂恕者則一所以貫乎事物之間者也

此章之指蓋亦如此而子貢未能有以明之然所謂一者則理而巳其所以貫則是理之行乎事物之間而無不通者也其所指而言者雖或不同然豈有二致哉諸說皆善但皆有以博爲病之意而侯氏爲尤甚蓋旣謂之聖人則不可以學言旣曰窮理則不可謂何用多學也其語意之間自相牴牾蓋如此是蓋不察乎所謂一

者固所以該乎萬若無所謂萬者則其爲一也亦將何以貫爲哉孟子曰博學而詳說之將以反說約也此正學者之事也楊氏之說則善矣然其引顏子之意爲說不若但引孟子之言之爲當也

或問知德者鮮之說曰史記以此連上章爲一時之語然則以陳蔡之大夫子路之慍見子貢之疑於多學皆爲未知德也與諸說惟范氏近之而其意似專指陳蔡之大夫也諸說多謂知德爲自知其德而以食不知味爲說若是則曰知道可矣何知德之云乎既曰德則乃已之所得也豈有已既得之而反不知者哉侯氏所謂知德則知道者語尤倒置不知其所謂道德者如之何而別之也豈其陷於老子失道而後德之言而不自知也

耶
或問恭己之爲聖人敬德之容何也曰純敬不已無事乎操修自外觀之見其恭己而已爾其無爲而治之道何也曰若是者不言而信不怒而威有不知其所以然者也諸說如何曰范氏以用人爲說呂氏以體信達順與人爲善爲說楊氏以奉天爲說固皆善矣而夫子之言未及乎此也自古帝王之爲治蓋亦莫不然者夫子何獨於舜而稱之乎故詳味夫子之言則此章之說侯尹氏得之爲多而謝氏說又見其所以獨言舜之意雖若與侯氏小異然合二說而觀之則知其時事必迹無一不然而足以見聖人之言蓋非偶然而發矣曰以書傳考之舜之爲治朝覲廵狩封山濬川舉元凱誅四凶非

無事也此其曰無爲而治者何耶曰卽書而考之則舜之所以爲治之迹皆在攝政二十八載之間及其踐天子位則書之所載不過命九官十二牧而已其後無他事也雖書之所記簡古稀濶然亦足以見當時之無事也曰若是則其治也乃時事之適然而非恭已之效也奈何曰因其時事之適然也而舜又恭已以臨之是以其治益以長久而不替也若後世之君當無事之時而不知聖人恭已之道則必怠惰放肆宴安鴆毒而其所謂無事者乃所以爲禍亂多事之媒也

或問五章諸說如何曰程子於此無所解釋而微發明其意或借其語以明學問之大槩故承其說者多所謬誤如此章問答行字之意皆猶曰不行於妻子之行爾范

謝楊氏乃皆以爲身不行道之行者非也范說道無往而不可所見無非道之云亦虛矣又曰使子張從外而入者尤非是夫忠信篤敬豈從外而入者哉獨其論子張之學外有餘而內不足者得之耳謝氏焄蒿悽愴之說亦過之參倚之說與楊氏語雖不同而意實相似也若以爲別有一物恍恍惚惚似有形象而往來乎心目之間蓋源於程子所謂所見何事者然本文之意不過若曰坐則見堯於墻食則見堯於羹爾程子亦姑欲以此發學者之疑而以何事言之則固未離乎忠信篤敬之間而其意初不若是之怪誕駭人也今曰忘之不可不忘不可既出入乎老佛之間其曰正心誠意必有事焉而勿正心不下帶而道存者亦但爲頃刻之間頓整

精神撿攝念慮以博取其所謂似有形象者耳是亦出於近世異端之餘論豈大學孟子與此章之本意哉尹氏比諸說最爲平實然拳拳服膺之說以言其所以至於見其參前倚衡者則可直以是爲參前倚衡之事則不可蓋拳拳服膺者不忘乎忠信篤敬也參前倚衡則服膺之熟而自不能忘乎是耳抑夫子此言正欲發明忠信篤敬必積累久遠而後有成功非可以一朝一夕僥倖倉卒而冀其效也其旨深矣

或問尸諫之說曰按家語衞靈公不用蘧伯玉而任彌子瑕史魚諫不從將卒命其子曰吾生不能正君死無以成禮宜置尸牖下其子從之靈公弔而問之子以父言告公曰是寡人之過也遂命殯於客位而進伯玉退子

瑕此其說也諸說如何曰楊氏至矣然學者亦當知伯玉所以如此蓋其德性渾厚循理而行自然中節初非規規然務爲緘默而預爲可以卷懷之計也范氏大意得之謝氏所謂愛君者善矣然專以明哲保身爲說則亦有所未盡也夫君子之出處一於義而已初非有計較利害之心也然一不中節而失於激訐之過則在已固爲未合於義且雖曰愛君而或反陷其君以殺臣之罪其所以不敢過於爲直亦不專爲保身計也侯氏謂史魚知直而不知權史魚之事於君臣之正亦或小失之非獨不知權而已也

或問七章之說曰諸說多善但范氏以失人爲不得其所處蓋曰我所以處人者不得其所耳而語意不明讀者

不能無疑也楊氏成德達材之分德之與材固有優劣然其中亦自各有小大之差爾不可專以德爲上而可與言才爲下而不可與言也此章之說謝氏庶幾得之但專以教人爲言則亦大拘而於事理亦有所未盡耳

或問殺身成仁之說曰程子至矣尹氏亦爲得之范氏雖不精密而亦寬博有味曰然則此章之旨其詳奈何曰仁者心之德而萬理具焉一有不合於理則心不能安而害其德矣順此理而不違則身雖可殺而此心之全此理之正浩然充塞天地之間夫孰得而亡之哉曰呂氏之說如何曰此其意以爲德者吾身之所有殺其身則是不私至德也然而殺身以成仁則是雖若不私至德而乃所以私至德也其語亦大巧矣曰謝氏之說如

何曰其曰仁人於死生無擇云者蓋以仁人惟仁之安
而於死生不見其有苦樂之異當死則死非不得已而
捨生以取義也然但曰死生無擇則似以仁人之於死
生都無所擇而聽其自然耳如此則與釋氏之說無異而
於聖人此章之旨正相反矣又謂外物亦不足以間之
者則亦有專以心言仁而不兼於事之弊若如此言則老
釋之學亦有外物不足以間之者而遽以彼爲仁可乎
哉曰志士仁人之分何也曰楊氏之説得之若侯氏遂
以志士爲仁人則非矣曰其謂殺身成仁義也非仁也
柰何曰仁義體一而用殊故君子之於事有以仁決者
有以義決者以仁決者此章之言是也以義決者孟子
論欲有甚於生惡有甚於死是也蓋仁人不以所惡傷

所好之體義士不以所賤易所貴之宜

或問九章之說曰程子楊氏得之范氏由巳由人之說疎矣彼仁賢雖外而所以友而事之者獨不由巳乎哉所引中庸誠明明誠亦非是顔淵聞夫子之語而請事焉固不得爲自誠而明矣若舜之事則其本固誠而下兼衆善耳非自明而誠也呂氏以事賢友仁爲達仁則是以巳既有仁而達之非爲仁之事也謝氏專以敬心生爲仁而於觀感切磋之際皆有所略而不道恐未免乎容易輕率之病蓋其平日所以論仁者類如此非聖賢之本意也

或問商周之改正朔何以不如夏時之得其正也曰陽氣雖始於黃鍾而其月爲建子然猶潛於地中而未有以

見其生物之功也歷丑轉寅而三陽始備於是叶風乃至盛德在木而春氣應焉古之聖人以是爲生物之始改歲之端蓋以人之所共見者言之未有知其所出始也至於商周始以征伐定有天下於是更其正朔定爲一代之制以新天下之耳目而有三統之說然以言乎天則生物之功未著以言乎地則改歲之義不明而凡四時五行之序皆不得其中正此孔子所以考論三王之制而必行夏之時也曰周輅爲過侈何也曰夫輅者身之所乘足之所履其爲用也賤矣運行震動任重致遠其爲物也亦勞矣且一器而工聚焉則其爲費也廣矣賤用而貴飾之則不稱物勞而華飾之則易壞費廣而又增費之則傷財周輅之所以爲過侈與曰周冕之

不爲侈奈何曰加之首則體嚴而用約詳其制則等辨而分明此周冕所以雖文而不爲過也夏商之制雖不可考然意其必有未備者矣諸說如何曰程子張子至矣范氏但以爲治天下致太平之事而不察乎夫子所以損益之意則疏矣謝氏非使顔子致戒於斯者猶其論是吾憂也之意楊氏以此爲亦從周之意者蓋以其監二代言之說見第三篇矣若尹氏庶其不失程子之意也歟

或問十一章之說曰范氏詳矣凡前三說皆以事之遠近而言楊氏以地之遠近而言合而觀之則盡矣

或問十二章之說曰范氏之所推言者得之而其所謂自克者不若楊氏所謂無誠心已矣乎之說則楊氏不如

范氏之爲得也

或問十三章之說曰范楊侯得之謝說甚矣文仲之賢蓋不至是也

或問十四章之說曰諸說皆善而范氏尤詳獨謝氏之意若以爲橫逆之來反己而不以咎人者似非此章之指蓋此章之云責者乃求責之責非咎責之責其意則猶所謂責己重以周待人輕以約耳非爲橫逆而發也若以橫逆言之則直無責人之理不應猶以薄責爲言矣其以不能遠怨爲未知自愛者亦不可曉夫子所謂躬自厚而薄責於人者乃理之當然而遠怨者乃其效耳非以自愛而厚薄責於人以求遠怨也洪氏之說亦善洪氏曰雖責善義所當責亦必以自厚爲本

或問十五章之說曰范侯尹氏用舊說謝氏爲一說集註又有兩說而其一近蘇氏蘇氏曰惟謝氏乃莊生過而不悔之論非聖人本意他未知其孰是也讀者求之

或問十六章之說曰君子羣居將以講道義進德業也今終日之間言不及義則放辟邪侈之心滋好行小慧則行險僥倖之機熟皆非所以存養善心而爲造道入德之資也其自暴自棄至於如此聖人得不爲之深憂哉難矣哉者憂其不入於道德而將罹於患害之微辭也諸說之是非推此決之可也曰子以慧爲智而謝氏乃有與智相似而不同之說何也曰慧之爲言固明智之稱也吾之所言字之本意也特所謂小慧者則不本於義理而發於計較利欲之私也謝氏之所譏以其小者

而言之也然曰與智相似而實不同者亦非是所謂智者固亦不能無大小之辨也曰察慧才智之說如何曰察慧蓋謂以察爲明者非此章之意也若曰才智則又質之美而德之正者尹氏不察夫小者之爲病而欲併是絶之其失遠矣

或問十七章之說曰程子謝氏得之楊氏尤密然於孫出信成二句不主於義而主於禮雖其文勢相因有如此者然亦當歸之於義文意始完備矣

或問十九章之說曰程子范呂謝氏得之矣程子又嘗語朱長文引此章之語而發明之其意尤切而精義失之今見文集學者可以考也范氏引名譽以崇之謝氏引列禦寇事則皆若有未安者

或問二十章楊氏之說不大巧乎曰雖巧而有益於學者吾是以著之

或問二十一章之說曰范氏得之謝氏所謂不期於爭不期於黨者語涉新奇無以知其意之所在恐其直謂不欲其至於是耳若然則恐非聖言之本意也楊氏語意亦疎蓋崖異未必皆與人爭其所謂和蓋陰指乎和而不同者言之而未有以別乎知和而和之和也其論古人用字不同之說則得矣

或問二十二章之說曰諸說皆善而范氏尤詳

或問二十四章之說一無所取於諸家何也曰諸說之於此章其意則皆美矣然其始既未察乎毀譽之所以名其卒又未知所謂斯民者爲指今日之民也是以其爲

說也類皆不附經文而直述已意使人讀之但見義理粲然曲有條貫而莫知其果欲置經文本意於何許也故其是非疏密之際若有不可得而校者然熟察之則於經文之本意似皆未有所指是以不得而取耳曰然則毀譽之說奈何曰吾既略言之矣請復詳之蓋曰譽者善未顯而亟稱之也毀者惡未著而遽詆之也試云者亦驗其將然而未見其已然之辭也蓋聖人之心光明正大稱物平施無毫髮之差故於人之善惡稱之未嘗少有過其實者然以欲人之善也故但有試而知其賢則善雖未顯已進而譽之矣不欲人之惡也故惡之未著者雖有以決知其不善而卒未嘗遽詆之也此所以言譽而不及毀蓋非若後世所謂恥言人過而全無

黑白者但有先褒之善而無預詆之惡是則聖人之心耳曰若有譽而無毀則聖人之心爲有所倚矣曰有譽無毀是乃善善速惡惡緩之意正書所謂與其殺不辜寧失不經罪疑惟輕功疑惟重春秋傳所謂善善長惡惡短孔子樂道人之善惡稱人之惡之意而仁包五常元包四德之發見證驗也聖人之心雖至公至平無私好惡然此意則未嘗不存是乃天地生物之心也若以是爲有倚而以夫愁然無情者爲至則恐其高者入於老佛荒唐之說而下者流於申商慘酷之科矣曰斯民之指爲今日之民何也曰此難遽論請先考諸家之意而以經文訂其得失然後此意可得而言矣古注范游氏皆以爲三代之君賞善罰惡皆以直道如夫子之毀

譽不私也此說善矣然如其說則經宜云此三代之治民所以直道而行而不得如今之云也謝侯尹氏皆以爲三代之毁譽於人皆以直道亦如夫子之爲但侯尹不指言其爲民而楊氏又自爲一說亦以民爲言但以毁譽者爲一人直道而行者爲一人耳此其說亦皆可通矣然如其說則經宜云此三代之民所以直道而行而亦不得如今之云也凡此數說既不通矣則以他文推之如伊尹所謂此民是民皆指當日之民而言況今先言斯民而後言三代則是正指今日之民而上推三代以實之之辭也且以斯民對三代之所以直道而行則所謂斯民者乃三代之時則嘗行其直道之民又何疑哉此經意隱微而衆說雜亂是以讀者不暇細讀而

詳考之耳班固漢書贊引此文以明秦漢不易民而化之意亦爲粗得其文意者豈西漢諸儒嘗有是說而何晏失之歟曰或者之一說如何曰是則近於古注范游之說但斯氏則通古今而言耳然其旨味比前說差若淵天讀者擇焉可也

或問二十五章之說曰諸說之義皆有所未通楊氏葢庶幾焉而范氏意謂夫子之見聞猶足以及今日史書之所闕者葢如三豕渡河之類此意亦善但其下所謂闕以示信以下則又可疑恐不若從胡氏而闕之之爲得也

或問二十六章之說曰巧言亂德楊氏所論巧言爲他人之言者得之但以亂德爲疑於有德則與下文亂大謀

二者不類矣范謝氏以爲自爲巧言能亂已德是又務內而略外之失而又欲與下文小不忍者同科蓋不知彼言之巧而我聽之則是我以巧言自亂其德與小不忍而自亂其大謀者無異矣且巧言之人何德之可亂而巧言之害又何止於亂德而已乎若以亂德而言則其所以亂之者又不特巧言而已也尹氏以爲慎言可以成德則亂德者乃多言也非巧言也其說亦不通矣小不忍范謝楊以爲無果斷之才侯氏以爲無含弘之度兼此二說乃爲盡其意耳曰然則婦人之仁匹夫之勇強弱不同而皆爲不忍何也曰忍之爲義有所禁而不發焉爾婦人之仁不能忍其愛也匹夫之勇不能忍其暴也尹氏所謂忍性者蓋亦可以兼此矣

或問二十七章之說曰諸說皆同而楊侯尤善張敬夫又發明之義則益備張敬夫曰天下之善惡有如白黑之易明者衆之好惡固所同也至於事之若善而其情則有害事若不善而其情或可取此衆人之所惑而君子之所察也如孟子於仲子匡章是已故衆人之好惡君子必察焉取於衆而察於獨理斯無蔽矣

或問二十八章之說曰張子之意微而顯矣大率人即道之所在道即所以爲人之理不可殊觀但人有知思則可以大其所有之理道無方體則豈能大其所託之人哉謝說亦善但衒道不求道之云似非本文之意楊尹所引皆與此文不類而楊氏爲尤甚

或問二十九章之說曰諸說皆善然本文正深責不能改過者之辭今諸說乃爲能改則復於無過之說是雖若可以互相發明然一勸一懲意之向背則不同矣

或問三十一章之說曰楊尹之說得之范氏所謂餒存焉祿存焉者得之其曰未必得祿以下則於文勢繚戾而不倫焉其所謂治本而不恤末者雖若得之然　其所以爲說者亦非也呂氏易憂貧以憂道者善矣然亦非本文之意謝氏能處貧之說亦非也君子之於貧賤自不足以動其心非以其來既不可却而吾復有以處之然後不以爲憂也尹侯氏以耕而謀食爲學以進道之譬而不以求祿爲不謀食意亦善但文勢不甚平正此外則胡氏之說亦有所發明也胡氏曰聖人之教小以成小大以成大各因其材而發達之謀食憂貧蓋致之最下者亦必誘掖使不淪陷於卑陋也言雖平常意則高遠矣

或問三十二章之說曰程子備矣宜深玩之范呂氏亦爲得之謝氏養仁之說則又重內而輕外賤物而貴我之

意也楊氏相門之意甚善但動之不以禮以下有所未安蓋動之不以禮乃於化民成俗之具有未盡善者非特爲民之不服而已大抵此章之意發明內外本末之序極爲完備而其要以仁爲重仁能守之則大本已立雖臨民不以莊動民不以禮亦其支節之小失耳然亦不可不自警省以求盡善而全其德也曰程子范氏皆以此章兼臨政處已而言何也曰知及仁守爲學之事也莊涖禮動爲政之事也然爲學者雖未及乎爲政至於接物處家之際亦非莊涖禮動不能也爲政者雖不專於爲學然非智識之明而持守之固則亦無以爲臨政之地矣此章之旨說者所以兩言之也曰周氏之問程子但以爲未能體仁而不及乎他豈皆以當於禮乎

曰周氏所謂莊涖者不知其爲敬心之發而以爲外設藩垣不考曾子之意而誤用其語所謂動之以禮者又不深考於此文之本旨而誤以動爲己之作爲也亦不但未知體仁而已然程子之不辨者蓋姑指其大失而未暇悉及其小疵也

或問三十三章之説曰程子至矣但其所引四十不動心者若可以明大受之意而於小知無所當疑或以孟子之不動心不及告子之早爲言然亦未有以必其然也范氏云君子之道大以下得之但章首四句語意若不倫者其亦疎矣呂氏於文意尤不合蓋其牽於經文可與不可之云欲皆主於君子小人之身而言殊不知若皆主於觀者而言以爲稱量斟酌之語則尤無可疑也

謝氏以大受爲受道固大受之一事然觀本文之意似不指此必以此而言則亦貴理而賤物之意也其他語意不明然細考之似以爲君子之於道得其精而遺其粗故可大受而不可小知小人之於道滯其粗而不及其精故可小知而不可大受若果如此則亦誤矣蓋就其說而論其文義則不可小知者自有所不通以其說而折諸義理則又安有得其精而决不可以兼其粗得其粗而决不可以求其精之理乎其以相馬之說爲喻則吾巳辨於序文矣楊氏養其大體之云亦非此章之意與范氏章首四句其失略同侯氏以君子所爲衆人不識爲不可小知似亦近之而文義亦有小不合者惟尹氏爲庶幾得之然亦未知其所謂不可小知爲如何

要不若范氏之説爲明白而無疑耳此外吳氏張氏之説亦善吳氏曰方舜之耕稼時視之猶人也一旦受堯之天下若素有之小人有立談之間而其材可知者至委以國則未有不敗者張敬夫曰君子而小知則不盡於用小人而大受則必敗於事此其爲任賢使能之異也與

或問三十四章之説曰舊爲此章之説以爲仁與水火皆民之所賴以生者然有內外輕重之殊故仁之急有急於水火者然水火猶或害人而仁則未嘗害人蓋因民之所急而反復其利害以深曉之蓋近於侯氏之説然以今觀之曲折大多似傷巧密殆不若范氏之爲得也但其語雜亂今節而取之曰凡民之情以仁爲難故畏之甚於水火蓋其蹈水火而死者有之而畏仁莫肯爲也故夫子言水火能害人而仁不傷人所以教民爲仁

也如此此則語簡而意明矣若程子之意則其論畏仁甚於水火者猶范氏而以蹈仁而死爲殺身成仁則可疑矣蓋蹈仁者未必皆致死也殺身成仁其亦不幸而萬有一焉耳况聖人之於不肯爲仁之人而遽責之而必死於仁乎其地位亦大遼濶矣謝氏與侯氏略同但以水火能養人而亦能殺人仁能養人而未嘗殺人爲甚於水火則小異耳楊氏首句與侯氏同下二句與程子同但其曰冒利者小不同而又以蹈水火而不蹈仁爲喻利而不知害則是責民之蹈水火而不責其不蹈仁也侯氏於此章之文義則固得之矣但死於仁是義也非仁殺之也以下數語與說殺身成仁處相似所不可曉蓋其意若曰殺身以成仁者非以仁致死也理在當

死必死然後爲仁故君子不欲生以害仁而甘心赴死以成其德非以爲仁之故陷於死地乃不得已而就死也然其辭有未達似欲爲仁解紛歸咎於義之意則失之矣

或問當仁不讓之說曰弟子之於師每事必讓而不敢先者也至於以仁爲己任則當自勉而勇爲之不可以有讓也蓋仁者己之所有而自爲之非奪諸彼而先之也何讓之有所謂不讓者則猶程子所謂不可將第一等事讓與別人做者其事則所謂顏子曰舜何人也予何人也有爲者亦若是者是已大抵此與上章皆勉人爲仁之辭上章爲凡民都不知仁而憚於爲之者發此章爲學者粗知仁之爲美而不知勇於有爲者發各有所

當云爾曰諸說如何曰程子范謝侯尹之說皆善然未有發明夫子勉人勇於爲仁之意者若呂氏則固失之楊氏又以爲得之於已不容有讓高則高矣然未免乎夸夫義理之爲已私得而喜其不可以分人也是亦非聖人之本意矣且於不讓之文亦有所未合云

或問貞諒之别曰處義旣精不期固而自固者貞也不擇邪正惟知必信而不易者諒也諒信之别則程子得之但所引孟子之言爲未安若曰借彼之執以甚此之固執則可耳范尹之說亦善但范直以信爲諒尹以諒當信則爲未密至於楊侯或以貞爲正而不及於固或以貞爲固而不本於正亦胥失之謝氏非以正行之說似若過高然亦不失本文之意但以解釋文義爲不切耳

或問敬事後食之說曰夫子之意蓋曰敬於其事而後其求祿之心耳今諸說於敬其事之說皆得之而皆以爲先敬其事而後可以受祿則失之試以范說考之集註則可見矣而謝氏之意又以爲敬其事然後可以得祿則其病有甚焉者學者於此毫釐之間尤所當察也其爲貧而仕之疑則張敬夫嘗辨之亦可取也張敬夫曰事君者主於敬其事而已後其食猶後獲之意然則爲貧而仕則奈何孔子嘗爲委吏矣亦曰會計當而已矣蓋亦敬其事以爲士也若曰爲貧而仕食焉而已遂郵其事則失其義矣楊氏又以庶官代天不可不敬爲說亦不然但事自當敬耳豈必爲代天而後敬乎其曰矯誣而不可禱者又因代天而遂支蔓以及此耳

或問有教無類之說曰諸說文義皆疎而侯氏尤不可曉

惟范氏以人性爲言者得之但以爲有教之以惡者則非矣教之得名本以修道化民爲義孰謂導人於惡而可謂之教乎張敬夫説則詳且盡矣然其於文義則不若范氏之爲得也張敬夫曰所禀之資雖有不同然善惡之類未有一定而不可變者蓋均是人也原其降衷何莫而不善故聖人有教焉所以反之於善也教之行愚者可使之明柔者可使之强豈有氣類之不可變者乎然堯之子不肖舜之子亦不肖則氣類又若有異何也蓋氣有可反之理人有能反之道而教有善反之功其卒莫能反者則以其自暴自棄而已也

或問道不同之説曰張子兼上章而言善矣范亦得之楊侯之説失之矣三仁所處不同而未嘗不相爲謀也蓋歸苟同矣則何害其爲謀哉雖或有如伯夷之於太公者然非如君子小人決無一事之可相爲謀者也

或問卒章之説曰范尹得之但范尹教人不傳鰥寡云者

非是若曰聖人之仁忍於是可見則可矣謝氏不欺之說恐非所以語聖人楊氏之說則張敬夫推之尤詳矣張敬夫曰道無往而不存聖人之動靜語默無往而非道蓋各止於其所而已師冕之見及階則告之階及席則告之席既坐則歷告之以在坐者蓋待瞽者之道當然耳子張竊竊而有問焉夫子以爲固相師之道辭則近而意亦無不盡矣事事物物莫不有其道蓋所當然者天之所爲也夫以一日之間起居則有起居之道飲食則有飲食之道見是人則有待是人之道遇是事則有處是事之道道不可須臾離也一失所宜則有廢是道矣是故君子戰兢自持顛沛必於是造次必於是懼其失之也夫惟天下之至誠一以貫之道之所在如影之隨形蓋無往而非是也侯氏以爲聖人之仁者尤善但聖人之意告之階席者慮其不見而或至於覆跌告之以在坐之人者恐其不知所爲而抑鬱無聊也不專爲不使至於有過而已然使不至於有過固亦在其中也

論語或問卷之十五

論語或問卷之十六

朱熹著

季氏第十六 凡一十四章

或問首章之說曰諸家之說皆隨文釋義而未嘗考其事實故其言若有無所當者惟謝氏以爲罪二子之瘠魯以肥三家者得之但虎兕龜玉之譬未然而蘇氏所推兩條考之尤密蘇氏曰上富而下貧則不均矣君臣相忌則不和矣民不信其上則不安矣有無相通謂之均君臣相悅謂之和上下相保謂之安又曰舊說以蕭牆之憂爲陽虎之難以吾考之定公五年陽虎始專季氏四桓子至九年欲殺桓子不克而出奔齊前此者季氏之所爲惟虎之聽非二子之罪也定公五年孔子年四十有七冉有少孔子二十有九歲蓋年十八而已未能相季氏也定公十二年子路爲季氏宰哀公十一年冉求爲季氏宰皆見於春秋則伐顓臾非陽虎出奔之前其在季康子之世歟哀公七年季康子伐邾以召吳寇故曰遠人不服而不能來也十五年公孫宿以成叛故曰邦分崩離析而不能守也公患三桓

之修也而欲以越去之故曰吾恐季孫之憂不在顓臾而在蕭墻之內也但均無貧安無傾遠人不服等說亦爲不然耳蕭墻之禍亦本泛言非預知哀公以越伐魯之事也曰然則所謂均無貧和無寡安無傾者奈何曰是時季氏據魯之半而公室無尺地一民之勢不均甚矣是時四分魯國季氏取其二而二家各有其一不均則臣疑其君而以貧爲憂矣憂貧而求富不已則君疑其臣而至於不和矣不和則臣益自疑而常懼於衆少矣憂寡而求衆愈甚則君益疑之而至於不安矣以臣亢君而不安至此則雖欲長保其祭祀而無傾危之患其可得哉必也痛自貶損以復於諸侯千乘大夫百乘之制則均而不患於貧矣君臣輯睦則和而不患於寡矣子孫長久世守職業則安而不至於傾矣此在當時蓋有

難顯言者故夫子微辭以告之語雖略而意則詳也曰然則諸說雖不當其事實其得失亦有可論者乎曰范氏所謂至誠前知與鬼神合其吉凶者過矣孔子之言乃據其事之已然者言之豈前知之謂哉其曰疑冉求教季氏者亦非也求相季氏而以其家事來問此其與謀必矣何疑之有其引億不信者尤無謂也呂氏之云乃爲季氏畫策以傾魯者其考之亦太不詳矣且季氏臣也魯公君也等富若何而可等耶若曰初不指是而爲言亦未知其若何而爲等也楊氏眞以冉有之所以爲之辭者爲季氏之本謀而不察乎夫子之所以辨而詰之也侯氏器識窄狹之云似以爲季氏之慮不能及顓臾而但在蕭墻之內其於文義愈疏濶矣

或問二章之說曰世數之說呂謝楊尹得之而呂楊又兼理勢而言語尤完備范氏以爲天子十世失其天下諸侯五世失其國大夫三世失其家則於文勢有所不通而又於後章强牽其說以附合之其亦誤矣庶人不議之說唯呂氏得之范氏蓋有所避而迂其說意則善矣而非經之本旨也楊氏之說過高而不實尹說又蒙上句而爲言恐亦不必然也呂謝尹說併在後章

或問三章之說曰范氏之失其大意前已辨之矣其世數之說亦非也祿去公室則政不及於大夫將何之耶蓋牽於前諸侯五世而失其國之說故併與此而失之耳曰蘇氏如何蘇氏曰或謂田常三晉何以不失曰孔子湯武以諸侯用天子之事猶可若田常三晉雖不足言然其所以有國者豈徒然哉非季氏之比也曰不言無其德而用其事者也茍有其德雖

然也孔子所言常理也猶書之言惠廸吉從逆凶易之言積善餘慶不善餘殃者也氣數舛戾則當然而不然者多矣孰得而齊之但儒者之所守則亦知有常理而已矣其成敗得失有非所計者是以雖世故反覆百千萬變而在我者未嘗失其守也況田常三晉傳世亦皆不過五六而胡氏又以後世篡奪之迹考之則如王莽司馬懿高歡楊堅五胡十國南朝四姓五代八氏皆得之非道或止其身或及其子孫遠不過四五傳而極矣唯晉祚爲差永而史謂元帝牛姓猶呂政之紹嬴統也以此論之則所謂常理者又未嘗不驗也天定勝人其此之謂歟

或問三友之說曰張子尹氏得之謝說善矣然猶其論子

貢問仁之意也曰然則此章之旨其盡於集註之說而已乎曰是亦釋其文之正意云爾若推而言之則三者之於人皆有薰陶漸漬之益焉皆有嚴憚敬畏之益焉皆有興起慕效之益焉不但如彼之所言而已也曰損者之友其相反柰何曰便辟則無友善之誠矣善柔則無固守之節矣便佞則無通貫之實也

或問樂節禮樂之說曰諸說皆以爲以禮節樂以樂節禮而不使流離相勝其說美矣然以下文二句例推之則此句未應遽至如是之密也范氏以爲動必以禮樂爲節雖與諸說不同然亦未免於大重而文勢又不順亦不能使人無疑也惟呂氏說爲近之而復有所未盡故竊獨以爲此但爲講明禮樂之制而裁節之使其是非

不亂而已曰樂道人善之説奈何曰夫子之言以其有益乎已也諸説皆以益於人言之失其旨矣惟呂氏爲小異然亦非經之本意也曰然則三者之爲益何也曰君子之於禮樂也講明不置則存之熟是非不謬則守之正存之熟則内有以養其莊敬和樂之實守之正則外有以善其威儀節奏之文與夫道人善而悦慕勉强之意新多賢友而直諒多聞之士集樂是三者而不已焉雖欲不收其放心以進於善亦不可得矣其爲益豈不大哉損者之樂則范氏得之矣曰然則其相反奈何曰驕樂則不敬不和矣佚遊則棄人之善矣宴樂則憚親勝已也

或問三愆之説曰范氏之説善矣然各有所偏兼而用之

可也不然則或無以節乎内或無以齊乎外而不免於
愆矣吕楊説過之此章所戒以其理察不精而或蔽於
氣質之偏以失言語之節耳非有不忠餂人之意也未
見顔色而言亦失言耳未見其所謂失人者侯氏愆字
之義亦非是愆謂過失之過固皆過也但便以過失之
過爲過不及之過則不可

或問三戒之説曰程子盡矣范氏亦爲得之但所引舜曾
子事其意有未盡者舜之血氣雖衰然其志節則未嘗
衰也故薦禹於天而不以天下私厚其不肖之子與常
人之衰而貪得者異矣若夫曾子之將死至於不可以
變必舉扶而後能起則其血氣之衰亦甚矣但其言如
此則其志氣之不衰可知若但如其所言而已則是謂

舜不如曾子也而可乎呂謝尹說亦善但老而戒得之說呂不如楊而楊氏至大至剛以下則務爲過高而非此章之意也侯氏所謂制事制心終日兢兢者是乃所以爲戒也非成德也無終日之閒違仁者成德也非戒也乃反置之其亦不精之甚矣

或問三畏之說曰程子至矣其次尹氏得之然大人聖言亦天命之所當畏也他說語意皆疎如天命之說范謝以爲天賦厚薄之分者非是呂氏吾命之云似亦未當蓋稟之在我則謂之性而不曰命矣大人之說范呂以位言謝楊以德言皆失之偏合之而後備耳凡此數者

下有闕文

或問氣質之說曰程子言之已詳亦具於後篇矣曰其所

以有是四等者何也曰人之生也氣質之禀清明純粹絶無查滓則於天地之性無所間隔而凡義理之當然有不待學而了然於胷中者所謂生而知之聖人也其不及此者則以昏明清濁正偏純駁之多少勝負爲差其或得於清明純粹而不能無少查滓者則雖未免乎小有間隔而其間易達其礙易通故於其所未通者必知學以通之而其學也則亦無不達矣所謂學而知之大賢也或得於昏濁偏駁之多而不能無少清明純粹者則必其窒塞不通然後知學其學又未必無不通也所謂困而學之衆人也至於昏濁偏駁又甚而無復少有清明純粹之氣則雖有不通而懵然莫覺以爲當然終不知學以求其通也此則下民而已矣曰諸說如何

曰范氏之說亦善此與中庸本文之意雖非專爲勸戒而發然其語意上下之勢似亦有此理者謝氏所謂人皆有聖質者亦非也若以資質而論則此章正論其所禀之不齊而非謂其皆有聖質若以性之理而言則此章乃論其不齊之質而非論其一源之性也又謂聖愚之分特在念不念斂不斂耳夫生而知之者豈其氣禀初不異於衆人特以念與斂而得爲聖人耶又謂困而學者勉強以求復其初夫學者固求以復其初也然以上文考之所知者殆爲知此義理而已未遽及乎復其初之事也不止於疎而已也

或問九思曰不是雜然而思當這一件上思這一件下有闕文

或問人當隨事而思若無事而思則是妄想曰若閑時不

思量義理則臨事而思已無及若只塊然守自家箇軀殼直至有事方思閒時却莫思量這却甚易只守此一句足矣聖人說千千萬萬在這裏何用事事雖先理會知得了方做得行得何故中庸却不先說篤行之却先說博學之審問之謹思之明辨之大學何故不先便說正心誠意却先說致知是如何又曰九思固各專其一然隨其所當思而思焉則亦泛然而無統矣苟能以敬義爲主戒懼謹獨而無頃刻之失然後爲能隨其所當思而思之矣此有闕文亦善張敬夫曰見善如不及好義之速也見不善如探湯惡不仁之誠也此篤於自好者能之至於隱居以求其志行義以達其道則其退也所以安其義之所安而其進也所以推其道於天下耳蓋其所達之道卽其所求之志也此大人之事故曰未見其人也

或問陳亢之問曰程子楊氏得之范氏以爲興於詩故可

以言者於文義殊不切而其他說則善謝氏詩禮之說各得其一偏若曰學詩則心氣平而事理明學禮則德性成而分守定則本末兼舉無所遺矣蘇氏之說亦善蘇氏曰不學詩而言則其言皆直情無禮義之文也侯氏之說愚所聞於師者近之但不如是之放肆而慢者耳蓋曰陳亢實以私己之心期孔子故有此問及其聞伯魚之說而又以孔子爲遠其子則以其私意之未忘而以爲聖人故推其子而遠之也殊不知聖人曷嘗有是心哉但其教人之法不過如此而自世人之私厚其子者觀之則亦可以有警云爾此意雖與侯說有相近者然其氣象則不同矣

或問卒章之說曰此當如吳氏說諸家皆以正名爲言過矣當時邦君之妻稱號未嘗不正唯侯氏妾母之說爲

近之然又安知此必爲孔子之言耶

論語或問卷之十六

論語或問卷之十七

朱熹著

陽貨第十七凡二十六章

或問首章之説曰程子尹氏以爲夫子孫辭避禍謝楊氏以爲非苟然諾而無所詘若是不同何也曰觀夫子所以告徵生畝與夫辨長沮桀溺之語則聖人之自言未嘗不正其理而明辨之也至於告陽貨則隨其所問應答如響而略無自明之意則亦見陽貨之暴而不足告而姑孫辭以答之然味其旨則亦無非義理之正與其心中之實然者則是初亦未嘗詘也四家之説各以其一意明之固若有異然實則無不同也曰范尹氏皆以夫子之不絶陽貨也諒乎曰是蓋本程子之説程子之

說不見於他書而獨載於范氏之說豈其所親聞而識之與然程范因聖人之不避陽貨而發則可尹氏乃以夫子本無絶貨之意而貨疑其如此然則欲見而不見往拜而闞亡又何爲哉曰他說如何曰楊氏以不避陽貨爲使知所以闞亡者恐聖人無此意而亦不必如此然後彼知我闞亡也然其辨楊雄之語則當矣侯氏以吾將仕爲仕在我者亦非蓋與人言而及已事無不曰吾者何獨此爲權在我耶此外則胡張之說善矣胡氏曰楊雄謂孔子於陽貨爲詘身以伸道雄之意蓋以身與道爲二物也是以其自爲也黽勉莽賢之間而擬論語周易以自附於夫子豈不謬哉○張敬夫曰聖人之待惡人言雖孫而理未嘗枉若他人孫言則或至於害理在理則或至於危言惟聖人則從容酬酢而自然中道也

或問二章之說所謂氣質之性者何也曰張子有言形而

後有氣質之性善反之則天地之性存焉故氣質之性君子有弗性者焉蓋天地之所以生物者理也其生物者氣與質也人物得是氣質以成形而其理之在是者則謂之性然所謂氣質者有偏正純駁昏明厚薄之不齊故性之在是者其爲品亦不一所謂氣質之性者也告子所謂生之謂性程子所謂生質之性所禀之性所謂才者皆謂是也然其本然之理則純粹至善而已所謂天地之性者也孟子所謂性善程子所謂性之本所謂極本窮原之性皆謂此者也若夫子此章論性而以相近而言則固指其氣質而言之矣故程子以來爲說如此呂氏蓋祖其說而語意有不完者若范尹則失之矣夫既曰善至矣而又何以相近言也謝氏說在後語

意亦放此曰然則夫子不言性之本何也曰於易大傳詳矣曰其習而相遠何也曰自其常者而言之則性之善者習於善而日進乎高明性之惡者習於惡而日流乎汙下自其變者而言之則性之善者或習於惡而失其善性之惡者或習於善而失其惡也凡此四者始皆相近而終則遠矣

或問三章之說曰程子備矣曰然則上知下愚之品不同如此則可謂相近耶曰其品固相絶矣然其稟生之初則亦未嘗不相近也但就其相近之中又自有遠近之殊而此爲甚遠爾曰其不移也則終不以習而有所變耶曰其習於善而日進乎高明習於惡而日流乎汙下者固皆亦有之但善者不習於惡而失其善惡者不習

於善而失其惡耳曰然則終不可移也耶曰以聖人之
言觀之則曰不移而已不曰不可移也以程子之言考
之則曰以其不肯移而後不可移耳蓋聖人之言本皆
以氣質之禀而言其品第未及乎不肯不可之辨也程
子之言則以人責其不可移也而徐究其本焉則以其
禀賦甚異而不肯移非以其禀賦之異而不可移也若
諸家之說張子范謝氏皆以爲習旣相遠而後不移蓋
皆失之至尹氏以才分暴棄而言則固同於程子之說
然又曰非得於有生之初則又雜取謝氏之言而同乎
張范之意矣二說不容相入不知其何以合之也曰游
氏之說如何曰其論聖賢言性之不同曰有探其本者
是矣其曰有姑據人所見而言而以性習遠近惻隱之

心之類當之則非也性之相近以氣質之不同也惻隱之心性之感而發於情者也二者旣不同矣然聖賢亦曷嘗姑據人所見而指是爲性哉若曰道未始有名感於物而出則善之名立托於物而生則性之名立此則老佛之言而分道與善性爲三物矣至於形體保神各有儀則謂之性者雖出於莊周之言然所謂儀則者猶有儒者之意也今引其言以論性而特遺之且獨以出作入息飲食渴飲者爲言則是其所謂性者無復儀則而專用佛老作用是性之言爲主矣是雖欲極其高妙而言而不知其所指以爲性者反滯於精神魂魄之間也此近世言性之大弊學者不可以不辨且所謂托於物而生者是又以爲先有是物而性托之以生如釋氏

受胎奪陰之說也所謂反身而誠者是以成性爲人之所爲也其說亦皆誤矣曰楊氏之說如何曰其大意則善矣然殊不發明所以不移之意而專以可移爲言亦踈矣其一又曰從彥者其門人羅公仲素也所引天地之性人爲貴者得之矣而楊氏所以告之者是以張子之言爲未至特以其有益於學者而存之耳然與上文不可輕議之說不同恐記錄之或誤也

或問四章之說曰范尹氏得之但范氏所謂觀子游之對者恐無此意而尹氏以爲夫子眞笑子游而不知其爲戲也曰諸說如何曰禮樂之用通乎上下無小大之殊一身有一身之禮樂一家有一家之禮樂一邑有一邑之禮樂以至推之天下則有天下之禮樂亦隨其大小

而致其用焉耳不必其功大名顯而後施之也今呂氏以爲孔子笑子游施小而效徼爲未當則是禮樂者尤不可用於修身齊家而必施之於天下然後爲當也豈聖人之意哉又以辨之則反惑不辨則無害而徒受以爲戲則亦皆出於較計之私而非聖人動容周旋中禮之事也謝氏之失蓋亦類此而不至若此之甚但其曰好惡與人同若以孔子爲惡子游之爲者爲不可曉而君子小人之云恐亦非文意也楊氏又以莞爾爲喜聞絃歌而以牛刀喻子游之才其意亦善但衆如此則子游之對似全不領略夫子之言者其說亦不通矣

或問五章之說曰程子之說善矣但東周當從舊註及張子說其頗未盡者蘇氏得之蘇氏曰孔子之不助畔人天下之所知也畔而召孔

子其志必不在於惡矣故孔子因其有善心而收之使不自絶而已弗擾之不能爲東周亦明矣然而用孔子則有可以爲東周之道故子欲往者以其有是道也卒不往者知其必不能也謝氏之失則張敬夫辨之矣張敬夫曰弗擾不稟命於君而叛其大夫逆也欲以是克亂是以亂易亂而又加甚爾後世亂臣賊子所以借虛名而爲篡奪之計者多出於此夫子豈以是而欲往耶尹氏辟咎之說雖易象有之然非所以論孔子范氏忠信篤敬之說亦然已論之於第九篇矣

或問六章之說曰程子至矣然曰一恭而仁道盡者似亦大快恐其記錄之或差也蓋以恭爲得求仁之大本則可以爲盡仁道則未可不侮亦謂不侮人耳范氏之說恐未然也又謂信則不疑人任其事亦非是其曰子張未能守也故告之以五者尤非聖人救偏藥病之意也謝氏以行五者爲所以爲仁是也而遽以五者之效爲

仁之發則亦大急而無序矣至於楊氏之説則又子貢博施濟衆之論也士有居環堵之室而足迹未嘗出於鄉閭者則又若何而得仁乎侯尹以五者爲仁之屬則有非其類者若曰以包四者而言則又豈止於此五者耶侯氏又以爲聖人之仁則失之益甚此夫子所以告子張者豈聖人之事哉其好爲高説而不顧文理類如此

或問七章之説曰程子之説善矣但匏瓜不食之義恐未安而示人以跡之説則已論於第五篇矣楊説亦佳其論子路尊其所聞之説爲尤善尹氏蓋祖程説而所謂不絶人者尤得程子所未發也張子説於文義事理皆所未安范氏歸潔其身之云非所以語聖人張敬夫推

明楊氏之說其意亦善張敬夫曰子路蓋不悅公山之召矣及此而復有言者則以中心所疑雖聞聖人之言而自反終未能安故問以辨之而不敢釋亦可謂善學矣然其不悅者蓋以己觀聖人而未知以聖人觀聖人耳

或問八章之說曰程子至矣范楊侯氏皆以爲眞有六德而不知學故至於蔽以程子之言觀之其失可見謝氏以六者似是而非故有蔽則與范侯說正相反矣而亦非也蓋本其好之之心非好夫六者之僞也但以其不學故不免於有蔽而陷於似是而非之域耳今曰似是而非故有蔽則是所謂蔽者又在於愚亂賊絞蕩狂之外也其所謂明善者則獨爲得之

或問九章之說曰可以興諸說皆得而程子謝氏尤善可以觀則諸說皆未安夫子之意蓋謂詩之所言有四方

之風天下之事今古治亂得失之變以至人情物態之微皆可考而知也而張子以爲觀衆人之志范氏以爲觀衆人之情呂氏以爲察事變楊氏以爲比物象類有以極天下之賾皆各得其一偏而謝尹氏以爲無所底滯而閱理自明則是所以可觀者不在於詩而在於學詩之人明理之後也其失遠矣可以羣可以怨諸說皆得之而呂氏疎矣事父事君之說范氏亦疎忠孝兩人道之大然詩豈獨爲是而已哉呂氏之意則善然詩於君臣父子之際亦不但如此而已也謝楊尹說則大無發明而亦未有過末句之說則張子呂氏得之程子楊氏之說似已過高詳本文之意恐未及是也

或問二南何以爲詩之首篇也曰周南之詩言文王后妃

閨門之化召南之詩言諸侯之國夫人大夫妻被文王后妃之化而成德之事蓋文王治岐而化行於江漢之域自北而南故其樂章以南名之用之鄉人用之邦國以教天下後世誠意正心修身齊家之道蓋詩之正風也曰諸說如何曰程叔子之意善矣但不然以下辭若有所不足疑記者之失之也以尹氏所謂欲身修而家齊苟不爲周南召南則猶面墻而立者足之則其義備矣若程伯子則語雜而范氏意寬皆未有見其端的至張子所謂爲二南之事者則似過之惟其以是爲說是以其所謂正墻面者不以爲不明乎治家之道而以爲不通乎治國之事者也其意欲密而所以爲說者反疏矣呂氏之說意亦同此謝氏止乎禮義之說未足以語

二南其曰盡性至命之事則亦過之蓋盡性至命之事固不外此但語之之序則未當遽及此耳豈亦忽二南之近小而必美其言以至於此然後厭於心歟然則與聖人此章之意正相反矣楊氏以不得其門而入爲言亦借用他語之過此章正爲不能明之於內以達乎外耳豈反欲其自外而入哉此其惡出而喜入之意與前所謂好高而忽下者大略相似恐習於老佛之餘弊也

或問禮樂之說曰程子之言至矣樂記所謂天高地下萬物散殊而禮制行矣流而不息合同而化而樂行焉者正謂此也詳味而淡體之則於禮樂之本其庶幾乎曰范尹之言禮也以敬其異乎程子者何也曰程子以禮言禮之體也二氏以人言禮之用也二說雖殊而各有

所指但此章之旨則當以程子之說爲當

或問十二章之說曰范尹之意同謝氏自爲一說合而觀之其意乃盡楊氏似范氏而小不同侯氏說賊害者非是

或問十三章之說曰范氏得之而蘇氏之說亦當蘇氏曰以其似中庸而非也故曰德之賊孟子曰一鄉皆稱原人無往而不爲原人與中庸相近必與狂狷相遠狂者進取狷者有所不爲鄉原者未嘗進取而無所不爲者也狂狷與中庸相遠而孔子取其志之强可以引而進於道也鄉原與中庸相近而夫子惡之惡其安於陋而不可與有爲也但其所謂安於陋而不可與有爲者未中鄉原之病也呂謝各爲一說與衆說異然皆非是

或問十四章之說曰諸說文義皆不明白今詳其意范楊尤不可曉且當置之而論其餘尹氏似以爲有德者之

所不取謝氏侯氏似以爲自棄其德二者未知其孰是然以二字文勢及上章德字之例觀之則尹氏勝以上下句相求而以上章賊字之例推之則謝侯說似得之而有未盡也蓋以其事言之則固爲棄其德矣然不曰棄夫德而曰德之棄蓋德之所以見棄猶鄉原之賊夫德而以爲德之賊也若如尹氏之說謂其爲有德者之所棄則上章德之賊者亦曰爲有德者之所賊可乎

或問十五章之說曰范侯謝氏得之而蘇氏亦足以驗其事實蘇氏曰患得之當云患不得之闕文也鄙夫止於營私其害至於亡國李斯之立胡亥張禹之右王氏其謀皆始於患失故孔子深畏之曰無所不至者言其必至於亡國也但患得之文義自通不必增字今家語亦作患不得之恐或他論之文耳呂氏以爲憚於任事故患得洪氏以爲患其得之而不

能當亦皆誤矣彼鄙夫者亦志於得而已矣豈憚於任事而患其不能當耶楊說無病而語意頗踈旣曰無所不至則又豈但不能盡忠而已哉

或問十六章之說曰尹氏得之爲多范氏矜字之義得之而謂狂者以進取而肆則不切以愚者爲率其性則與中庸之所謂者不協矣謝氏矜愚之說則得之而以狂爲過中則亦泥而不切蓋狂固過中然行之過中者不止於狂也若以狷而過中則何與於肆哉又以蕩爲自恣則蕩之與肆亦無以異矣楊氏不釋肆字之義而因蕩字以見之於理固有所不足至於廉字之說則尤支離矣大抵肆廉直三字皆具美惡二意如廉者則有分辨而失於峭刻耳至於廉而不劌則是大賢以上全德

之事夔之所以爲教臯陶之所以取人不是過也今以不足通物爲廉則不取其有辨之意而大貶又以不劌者當之則又不見其峭刻之病而大褒進退無所據矣愚字之義亦然其直者本但爲不達事理而不爲姦欺耳未見其可强而善也至其爲詐亦但其疾之不美耳所謂愚者初非下愚之愚也安得遽以不移絶之哉此又牽於援引之失至於如此而不自知耳侯氏肆蕩矜字之義得之特其所謂難與並爲仁者爲未切而於愚之直詐亦有未盡蓋以直爲眞實不隱則未見其爲疾以詐爲直之反則未見其生於愚也愚而詐者豈若史氏所謂塞侯微巧者歟

或問十八章之說曰范尹得之而未盡謝氏覆冒之說鑿

矣楊氏則尤不可曉也蓋凡物之類有邪有正邪之與正不同而必相害此必然之理也然其顯然不同者雖相害而易見唯其實不同而名相似者則害而難知易見之害衆人所能知而避之難知之害則非聖智不能察也是知聖人於此三者深惡而力言之其垂戒遠矣今楊氏乃於三者之中無故各分二等以爲有不能爲害者有能爲害者旣於文義事理有所未協而又曰不能爲害者遠之可也必能爲害然後聖人惡之彼旣不能爲害矣而又何以遠爲哉若必其能爲害者而後惡之則吾恐後之有國家者將有日聽鄭聲親利口而曰此未足以亂雅而覆邦也侯氏章首三句亦楊氏之失而所謂似是而非者則得之惜乎其推之有未盡也所

謂足以悦人而易惑於鄭聲利口之害亦切中於事情矣

或問十九章之説曰程子張子謝氏之言至矣學者宜熟讀而深味之但張子後説非以正解此章之意而其語亦小可疑也曰其曰山河大地之説何也曰釋氏之言此多矣今不知其何指也以上文求之豈亦幻妄之云乎范蜀公有言持國好閉目而坐想大地無寸土蓋信乎其以是爲病矣其曰信是會禪何也曰此亦假借之辭以曉韓公若曰如此則其爲知道而無事乎彼之虚言非真以爲如彼之所謂禪也其卒章數字則疑其闕文誤字而不可曉矣諸説如何曰范氏所謂有言則入於二者莊生之説也以爲夫子未免於有言而方有意

於不言是亦不足以言聖人矣呂氏以爲德孚於人故不言而信者亦非夫子之意若如其說則是孔子以爲德孚於人而欲不言以信之也其廣巳而造大如此聖人氣象其必不然矣楊氏以爲子貢能言而理有言之不能論者故夫子以是發之夫謂夫子因以是發子貢者信矣然理之實形於事物之間而其論不必得於言説之際蓋無不可論之理也聖人於此但以子貢專求之於言語之間而不察諸踐履事爲之實故言此以發之以見夫言之所論者其實在此而非以爲子貢能言而於此有所不能論也故因子貢之未喻而復以四時行百物生曉之夫天之不言而四時行百物生者特不待言而理自著耳豈言不能論之謂耶且其所引以爲

說者如曰默而成之不言而信天道至教聖人至德夫豈言不能論之謂耶且必以爲理有不可論者是亦老佛之意耳夫旣曰理矣則仁義禮智君臣父子之間無不可言者特以爲專求之言而不察其實則爲不可而其實則又有不待言而顯者耳夫豈以爲日用彝倫之外別有一物恍恍惚惚逈脫根塵而不可以言論耶必由是說近則失其文義而不可尋繹遠則乖於天理而流於異端不可以不深察也尹氏謂聖人與天地同德故以是發子貢亦非也夫聖人固與天地同德矣然非自以爲已與天地同德而欲以無言自表也此其爲病又有甚於呂氏者然恐其意不至如是之差特其辭有未達而陷於此耳

或問二十章之說曰其大旨則程子得之矣謝楊各有發明而皆有未盡者蓋禮際不善無所稽考難以指言而以爲不足見者尤非所以言聖人之心也惟吳氏得之爲多故今集註取其文而頗以謝楊之意足之蓋聖人之門來者不拒儻非有故未有却之如此其峻者而其事則不可知耳洪氏胡氏皆以爲學士喪禮乃此後事聖人蓋不終絶之又與吳氏小異云

或問二十一章諸家之說有謂宰我之問蓋聞禮家至親期斷之言故以質之夫子非自執喪而欲短之也如何曰此蓋以宰我爲聖人之徒不應問此而欲爲之文其過也其意則忠且厚矣然三年之喪生於人心非由外至而禮家固亦已有加隆之說矣設使宰我實聞期斷

之說而不能察其是非盡其曲折則其愛親之薄亦可知矣雖非自短其喪然其情亦何以異耶曰又有以宰予爲不察理不知仁而不知愛親之道者信乎曰是其意若曰予非不愛親也特不察理而不知其道也非不仁也特不知仁也是亦爲之文其過之言耳然人之有三年之愛於父母蓋心之不能已者而非有難明之理也是其存焉則爲仁失之則爲不仁其間蓋不容髮而其存不存又不待於知之而後能勉也亦係於吾心之厚薄如何耳宰我食稻衣錦自以爲安則其無愛親之心可見而夫子所以斥之者亦明矣說者乃欲曲爲之諱而未減其不仁不孝之罪是以其說徒爲辭費而不足以掩其實也曰或謂宰我非不知短喪之爲薄直以

有疑故不敢自隱於夫子只此無隱便是聖人作處如何曰言宰我之心雖薄而其不敢自隱者猶有聖門氣象可也謂之無隱而直以聖人作處許之則又激於世俗矯情飾詐之私而不自知其言之過矣然此章正意在於問喪而喪之主於哀者又非自外而至今不論此而摘其旁支瑣細之說以爲已死之人文不可贖之過亦何益哉曰或謂夫子之言女安則爲之爲不與人爲僞者信乎曰是固無隱之說而又失之之甚也夫聖人固不與人爲僞矣然不曰不肖者跂而及之乎其曰安則爲之者乃深責而痛絕之辭也豈使之眞以爲安而遂爲之也哉若如其言則聖人之所以垂世立教者初無一定之則直徇世俗情意之厚薄使人之自爲禮而

不慮夫壞法亂紀之原自我始也其引樂正子春之言則似矣而亦未察乎子春之事乃其不用情而過於禮者故悔而思有以俯就之耳若宰予之情則又烏可用而遂短其喪也曰若以宰我之無所不薄爲不仁如何曰是亦未知其短喪之已爲不仁之甚不待至於無所不薄然後爲不仁也豈習於孝弟爲仁之本之說而失之與然則諸說孰爲得之曰范氏之說爲有當於人心矣謝氏特恐賢者過中以上亦然洪氏所謂禮壞樂崩之意亦善洪氏曰禮樂之實乃自事親從兄而出宰我輕所重而惜其末故夫子推本以告之然亦有所未盡蓋禮樂無所不在喪固有喪之禮矣唯樂爲無所用於喪者然當喪而不樂是乃樂之所以爲樂也若當喪而玉帛陳焉鍾鼓作焉則其壞禮而崩樂也

益以甚矣然其言之失有不待言而喻者故夫子不之答而直以不忍之端告之此章之通義則李氏之說尤爲有功李氏曰宰予於三年之喪自度其有不能免者又聞期斷之論是以疑而問之故夫子先示之以君子之所不安待其出也而後言父母於其子之懷使知以父母之心爲心則安與不安固當自有處矣齊宣王欲短喪孟子謂公孫丑亦教之孝弟而已言非徒告之以短喪之不可當示之以孝弟之眞情使知其所由來也但其以懷爲懷念之懷則於文義爲未當耳推而合於范謝說之善者使相表裏焉則此章之旨庶乎其無所遺矣

或問二十二章之說曰李氏說得之諸說真以博奕爲可爲則失之矣

或問二十三章之說曰程子范謝尹氏得之而尹氏爲尤善呂氏之意以君子爲有德之稱則誤矣若以德言則

豈至於無義而為亂哉彎拳兵諫世或有之然亦鮮矣非聖人之通言也楊氏以君子為有德位之通稱而釋二字之義甚善蓋古者不以不肖治賢不以賢事不肖凡在上者必其賢於所臨所治之人也故後世因以君子為有德之稱蓋其義初不異但所施有不同者如此章言君子者三其上二者以德言之也其對小人者則皆以位言之耳其以守約對守義而言於孟子之文義亦有所未安者為亂之說亦非也為亂之名所包甚廣非必皆後其君者之所為顧亦牽於援據而至此耳

或問二十四章之說曰稱人之惡在己則長浮淺刻薄之心於人則絶勸勉愧恥之意是以君子樂道人之善聞人之過如聞父母之名耳可聞而口不可道也居下流

而訕上使人尊君親上之誼薄悖逆作亂之釁萌是以君子造辟而言詭辭而出居是邦不非其大夫也胡氏以下流爲卑穢之人上謂賢於已者然舉凡在已上者而兼言之則可欲以一說遂廢其餘則偏矣然此兩言者豈亦以救子貢多言方人之失與勇謂材力強猛果敢則其材力未必過人而臨事敢爲者也范氏之說於此二句亦爲得之他則疎矣其以諫爲訕尤害於理訕之得名正其以不告於上而顯言於衆耳謝氏訕上無禮似是而非之說得之然謂特惡其欺上亂俗則未察乎其取名之善而用意之不臧耳楊氏之說則善矣侯氏章首兩句甚善而其下文意若不相屬者若曰但衆人或蔽於私而失惟聖賢則不失其所惡之正所謂惟

仁者能惡人者也如此則得之矣者字蓋指人而言之

尹氏誤以爲在己之事故有二者之别以徼爲伺察蓋

本洪氏之說古註以徼爲抄蘇氏以徼爲僥倖似皆若

不如洪氏之說

或問二十五章之小人何以知其爲僕隸下人也曰若爲

惡之小人則君子遠之惟恐不嚴怨亦非所恤矣諸家

說皆失其旨也

或問卒章之說曰此無異義但其終也已尹氏似以已字

爲重恐非文義侯氏之說尤疎惟楊氏說爲庶幾耳謝

說亦未安無聞特無善可稱耳見惡則又有惡而可惡

焉亦不得爲同矣

論語或問卷之十七

論語或問卷之十八

朱熹著

微子第十八凡十一章

或問三子之心同出於至誠惻怛則可見矣抑何以知其所處之各適其可耶曰按史記殷周紀宋世家所記此事先後皆不同惟殷紀以爲微子先去比干乃諫而死然後箕子佯狂爲奴爲紂所囚者近是蓋微子帝乙元子當以先王宗祀爲重義當早去又決知紂之不可諫也故遂去之而不以爲嫌比干少師義當力諫雖知其不可諫而不可已也故遂以諫死而不以爲悔箕子見比干之死則知已之不可諫且不忍復死以累其上也見微子之去則知已之不必去且不忍復去以背其君

也故佯狂爲奴而不以爲辱此可以見三仁之所當爲易地皆然矣或以爲箕子以天畀九疇未傳而不敢死則其爲説迂矣同謂之仁者以其皆無私而各當理也無私故得心之體而無違當理故得心之用而不失此其所以全心之德而謂之仁與曰然則史記三子之事與夫子之言先後不同何也曰史所書者事之實此所記者以事之難易爲先後耳曰諸説如何曰范氏疎矣三子之仁豈以足以有天下而名之耶呂謝意同而謝密矣但三子之於仁非但知之而已謝氏之論仁多如此蓋不可曉或其章首本有知字故其下文如此蓋謂讀者言之如侯氏之云則可耳游氏所謂仁人之用心惟仁所在則從之不論所以者似非知仁之言蓋仁者

心之德有是心而不失其德則謂之仁人一時如此則一時之仁也一事如此則一事之仁也其時與事雖有不同而所謂仁者則常在此而不在彼也蓋始出乎此而終合乎此耳若如游氏之言則是所謂仁人者與仁自爲二物人常在此仁在彼而以人往從乎仁也其曰彼獨以是求仁焉則又甚矣彼夷齊者亦曰不如是則無以得其心之所安而賊夫德耳豈曰仁在於彼而餓死以求之哉其論宰我之問則予於本章已辨之矣楊尹氏則皆得之而尹氏所謂當爲者則當以予前說通之耳

或問柳下惠仕而屢黜黜而復仕至於三黜而又不去焉何也曰進不隱賢必以其道不以三公易其介所以屢

黜而至於三也降志辱身援而止之而止雖袒裼裸裎於我側不以爲浼所以黜而復仕既三黜遂不去也或曰惠知直道之必黜而不去然則其將枉道以事人乎曰不然也惠之意若曰我但能直道事人則固不必去魯而適他國矣若能枉道以事人則亦不必去魯而適他國也其言汎然若無所指蓋和者之氣象如此而其意則固自信其不能枉道而事人矣是以三黜之後雖不屑去然亦意其遂不復仕故孔子得以列之於逸民之目諸説尹氏得之謝説玩世不恭之意亦善重適他邦以下則非柳下惠之意楊氏以孔子無可無不可爲近於和亦非也夫無可者近於清無不可者近於和是以孔子之於夷惠集其大成而時出之豈曰無可無不

可而反獨近於一偏之和歟蓋爲是說者其立心制行有近於柳下之風者故未察乎孔子之言而并以爲亦若惠之爲也馬援稱漢高祖無可無不可其失夫子之意亦若此耳楊氏發明一篇之旨則善然亦有疑於羣合者侯氏和而介者善矣所謂介之量則不可曉豈放程子清者之量而失之歟若曰和之守其庶幾乎其以降志辱身爲絶其流亦非也閎之師曰柳下惠之直道其自知甚審其自信甚篤所謂確乎其不可拔者也若漆雕開之未能自信豈其自度有未至於斯者歟蓋范尹之意同張敬夫曰其曰焉往而不三黜則亦幾於不恭矣此與謝氏意亦相發

或問三章之說曰程子尹氏得之矣范氏所論折衷之意

亦善楊氏以景公不能致敬有禮又不能行其言而孔子去則有合於孟子之云矣然以文意考之而參以程子尹氏之說則恐未安也夫季氏之專強僭逼夫子所深惡也又何必以是自處而責人之不我從也耶楊說見下章

或問史記載孔子之去魯也有彼婦之口可以出走之歌今尹氏直以爲知魯之君相無敬賢之心而去何耶曰齊人之謀固欲以是沮孔子矣蓋欲以女子爲閒於魯之君相使之先有以熒惑其耳目感移其心志遂乘閒而進說以沮敗其所爲甚則或遂中以不測之禍而不慮孔子之覺之早去之速也然孔子之覺之也直以其無敬賢之心知其不足與有爲耳而其禍之將至者則

固亦不外乎此也尹氏之言不及其他其有得於孔子之初心與范氏所引膰肉事亦得其旨

或問五章之說曰此無他說但侯氏似以鳳德之衰爲孔子之不見用於時恐不如舊說之善也

或問六章之說曰諸說皆善而范尹氏尤詳可熟復也但程子張子誰以易之一句文義微有未安蓋桀溺言天下皆亂夫子將誰與變易之故夫子解之曰若天下有道則我無用與人變易矣是所謂誰者乃指世人而言而所謂易者皆主夫子而言之也今曰誰可以易之又曰誰肯以夫子之道易已所爲則皆不主夫子而言又曰如何變易之則又不見誰字之爲何人也楊氏謂夫子爲非辟人者而以鳥獸不可同羣爲夫子自辨其不

辟人之辭則失之夫子去魯適衞去衞適陳至於微服而過宋以辟桓魋之難則固不免於辟人矣桀溺既以辟世自處故譏孔子之不能辟世而徒辟人也然辟人者特以義去就而未嘗遂與人絶若辟世則遂與人絶直與鳥獸同羣矣故夫子所謂鳥獸不可與同羣者乃所以譏桀溺於辟世而與人絶耳非以自解其不辟人也

或問七章之説曰諸説皆善但范氏所謂名不足以累之者非是丈人之名偶不見於經耳何以知其不累於名而固匿之耶所謂扶世立教者亦非是大抵范氏所論聖人之事多如此巳辨於前者之章矣謝氏以夏商之衰未有辟世之士但偶不見於聖人之經耳書傳所載

固多有之而此篇大旨亦初不在是也又以不知身世之有閒爲聖人之無我恐亦未然所謂無我者但爲無彼我之私耳曷嘗誤以我爲人而認人爲我哉而楊氏論子路丈人處尤得其曲折也侯說疏矣曰然則知道之不行矣而徒仕可乎曰仕所以行義也義則有可不可矣義合而從則道固不患於不行不合而去則道雖不行而義亦未嘗廢也是以君子雖知道之不行而未嘗不仕然亦未嘗懷私徇祿而苟一時之安也由此觀之道義之未嘗相離也亦可見矣曰接輿以下數子尹氏以爲皆素隱者而楊氏獨以丈人爲求志而非素隱何也曰無德而隱無故而隱皆素隱也若楊氏之意則丈人者庶其免於無德之隱矣然其知子路之賢而止

之宿乃未嘗一言以及其所求之志也則又安得而逃夫尹氏之譏哉

或問八章之意曰范謝尹氏得之呂氏中慮之說非是楊氏制行相救之辨於此章發之不若其於孟子第十篇首章論之之當而其所以爲說者亦不若彼之詳且明也侯氏以夷齊爲鄰於仁者與所謂求仁得仁者異矣其論無可無不可者則得之

或問何以知亞飯爲侑食之官也曰白虎通曰王者平旦食晝食餔食莫食凡四飯諸侯三飯大夫再飯故魯之樂官自亞飯以下蓋凡三飯也諸說則張子謝氏得之程子以爲此數人之去由樂正魯不用而放棄之則未知其爲魯不能用正樂而棄賢耶抑以爲魯樂既正而

變亂人也如前之說則與張子不異如後之說則此篇所記皆潔身遯世之士不應以曠官失職淫樂之賸參於其間也其辭大簡無以考其歸趣是以論而闕之范氏以爲記樂所由廢恐初無此意又謂諫不用而去者亦非也此章之說大抵本無所據但其寬平廣博者取數或多此說所指大偏未有以必其然耳楊氏以爲著之以見周公之澤而通其意於下章則又大偏而近於鑿矣

或問施之爲弛何也曰陸氏釋文云爾而吳氏考開元五經文字亦作弛是唐本初未嘗誤也然孔說已訓爲易則漢本已作施而讀如衞縮傳之施易者耳如音移顏音弋豉反此不可曉然作弛者於義爲得故程伯子以三句反復

而言恐其意或出此但其辭簡略未有以驗其必然耳
至於呂氏則固明言之但不引二書爲證豈其暗合也
與曰他說如何曰有以施爲施與之施者言不私其親
暱也然考之於經未見不私之文則疑於不通有無而
恝然無恩者有以謂無失其爲親者則似呂氏之說矣
然其旨不分明則未知其果以何爲說也有以施爲施
報往來之意者則人之所以害其親親之恩者其失在
於望報而不在於施令不責其望報而徒曰不施恐文
勢之輕重不因如此也是皆不考於釋文之過也又有
謂施爲施刑之施而引左傳晉施刑侯漢書成帝欲施
諸舅之語爲證以爲考之於書魯公氣象頗傷嚴急故
周公以此四言者戒之其意美矣然施字之說則恐過

淚君子所以爲親親之道豈但當不殺之而已哉至於四言之序則亦呂氏得之范氏以爲記魯之所由衰者恐亦未必有此意也

論語或問卷之十八

論語或問卷之十九

朱熹著

子張第十九凡二十五章

或問首章之說曰諸說皆善而謝氏尤有力范氏語意繁複蓋不可曉而又以己爲止非子張之意楊氏分別成人與士之別則已支矣曰其可已矣豈不猶首篇之十五章所謂可也者歟曰可之爲可則同然曰可也則其語抑曰其可已矣則其語揚此又有不同者讀者所當辨也

或問弘之爲寬廣奈何曰此以人之量而言也蓋人之所以體道者存乎德而其所以執德者存乎量量有大小之不同故人之所以執德有弘而有不弘也夫總羣言

該衆理而不自以爲博兼百善具衆美而不自以爲得知足以周萬物而於天下之事有不深察才足以濟衆務而於天下之事有不屑爲恢恢乎其胷中常若有餘地爲此非其量之大則其所以執德者孰能如是之寛廣而不廹哉易所謂寛以居之而曾子所謂可以任天下之重者正謂此耳其量之小者一善之得則先爲主而若不可以有所容一事之當則喜自負而若不可以有所加小有知則必欲用其知小有才則必欲試其才所謂執德不弘者蓋如此雖其所守之固若不可奪然亦安能爲有亡哉程子之言雖若與經文小戾然子張以天資之美爲言故以執德弘爲主程子以進學之序爲言故以信道篤爲主也夫既非其資禀之本然而又

信之不篤則其所守何由積累充擴以至於弘哉范氏以爲發强剛毅而後能執德則執字之義反重於弘以有執德然後能信道則於其先後淺深之序又有未得者謝氏所謂心不廣者最爲近之但范氏所謂不足有容則鄙詐入之謝氏所謂物莫能勝則若有不切者然不弘則鄙薄纖巧之心生而是非利害得喪之自外至者足以奪其所守要熟復而深體之乃可見其意耳楊氏所謂大不足以有容侯氏所謂無所容立語旣約而又不若范氏之下文有可考者故未有以知其所以指意者或但爲容物之容乎容物固弘之事然於執德字無所當若以容字指夫所執之德而言則與下句信道不篤者又不相類恐不得以是爲說也曰焉能爲有亡

之說如何曰楊尹得之但言其人不足爲輕重耳其他則張子謝氏爲一說范氏侯氏爲一說似皆未得其旨也曰尹氏所謂一出一入者其於信道不篤不能爲有亡者則得之矣執德不弘則又何以言之耶曰其執德也不弘如前所云者則雖不出不入固守其所而亦無所係於有亡之數矣

或問三章之說古注以二子論交有汎交擇交之異而尹氏亦用其說程子乃以爲有初學成德之不同二說孰是曰人之交際固有親疏厚薄之不同然未有容之於始而拒之於終者也包氏之說於此爲不通矣初學固當從子夏之說然不求諸己而遽以拒人爲心則非急己緩人之道成德固當如子張之說然於是非善惡之間

一無所擇則又非所謂仁者能好惡之心矣以此觀之則程子之說亦若有未安者焉曰然則奈何曰二子之言各有所偏吾既已論之矣折以聖人之中道則初學大略當如子夏之言然於不可者亦疎之而已拒之則害乎交際之道成德大略當如子張之說然於其有大故者亦不得而不絕也以是處之其庶幾乎曰他說如何曰范氏既以爲孔子有所與有所拒以合乎子夏之言而又稱其見互鄉不絕原壤以明子張之道廣首尾衡決殊不可曉蓋其所以病子夏者未有以異乎夫子損益之云者是以其語意不屬而無抑揚之力耳謝既以交際當如子張則是凡人皆當如此而又謂非大賢不能則又若非衆人所及者其亦自相矛盾矣楊氏蓋

用程子之說而似以爲二子之言有相爲先後之意則非當日之本意矣

或問何以言小道之爲農圃醫卜技巧之屬也曰小者對大之名正心修身以治人道之大者也專一家之業以治於人道之小者也然是皆用於世而不可無者其始固皆聖人之作而各有一物之理焉是以必有可觀也然能於此者或不能於彼而皆不可以達於君子之大道是以致遠恐泥而君子不爲也范楊之說蓋本於此若謝氏初意蓋亦謂此而其後乃以莊老釋氏當之則其說將有自矛盾而不可通者矣蓋曰坦途之支別則非異端之謂謂之異端則其所可觀者非眞可觀亦不待致遠而已不可行矣豈可謂其皆坦途之支别而可

由乎侯氏之失近亦類此尹氏雖不明言小道之爲異端然曰足以惑人則猶謝氏之意也

或問五章之說曰尹氏最爲得之范氏之云則於彼此先後之序兩失之矣且以知所亡爲知新者猶可也以無忘所能爲溫故則不可蓋溫故者慮其遺忘而溫習之無忘所能則其見之之明守之之固無待於溫習而自不能忘矣觀尹氏不失之云則可見其得失也謝氏謂學非讀書之謂而以體常盡變爲言則失之過高矣子夏之言所謂知其所亡者正以其講習問辨而有所益耳豈遽若是之大而無當乎夫日用不窮者雖因於應變然其理則初未嘗不素定也不得爲所亡不離大體固所謂體常然非人之智力所及也不得爲所能又曰

非爲人者能之則是凡讀書者皆爲人之學也此蓋懲於玩物喪志之一言而推之過於其分不察乎所謂爲己爲人者蓋以其心而言耳楊侯氏日益之云以之言日知所亡則可而於無忘所能則有所未盡也楊氏又以習察爲言與此殊不相似疑其意以日知所亡爲習以無忘所能爲察也若是則於彼此文義之間皆有所不通矣

或問六章之說以爲心不外馳而事皆有益者何也曰程伯子之言心不外馳之謂也叔子之言事皆有益之謂也心不外馳則仁之體無不存事皆有益則仁之用無不得矣曰兩程子所謂近思其義亦若有不同者奈何曰是亦如其前說之殊也伯子之意蓋曰思之以不遠

乎已耳叔子所謂類推者則以思之有序爲近也伯子之言固亦得其本者然不參以類推之說則將有捐事棄物專以反思默造爲功而不自知其陷於異端者是則二子之說雖殊要之不可以偏廢也曰如子之言凡言在其中者皆爲求此而得彼之辭則此四者亦不爲求仁之事耶曰四者之效雖卒歸於得仁而其言則講學之事初未有求仁之意也聖賢之言求仁必本於實踐而非空言之所可與然於講學之間能如子夏之云則於吾之心有所制而不放於事之理有所當而不差矣志於講學而可以爲仁亦何害其爲求此而得彼哉曰然則視聽言動之必以禮居處執事之必恭且敬與人之必以忠亦其理之所當爲而非有求仁之意也則

亦可以爲求此而得彼乎曰吾固嘗言之矣彼以履踐之實事而告夫問仁之言此以講習爲言而非本有求仁之心也蓋亦不得而同之矣曰諸說如何曰范氏四者之分泛而不切謝氏心不外馳者得之而以博學爲成吾切問近思之理則失之矣蓋四者之序如此若曰切問近思所以成吾博學之功則可矣今方博學則又何以預成乎後日之切問近思哉是蓋惑於博學爲非心不外馳之事而又懲乎玩物喪志之言故曲爲之說如此且獨不聞孟子張子之言乎孟子曰博學而詳說之將以反說約也張子曰書所以維持此心一時放下則一時德性有懈讀書則此心常在觀此二言則玩物喪志心不外馳二說之疑可釋然矣楊氏爲仁由己尹

氏成吾之仁似皆以爲吾之所以講學者爲己有意於求仁非此章之旨也

或問七章之說曰范楊以學爲重謝尹以致道爲重亦各有理然必合而觀之其義始備耳謝氏以學不能致道爲工不信度之比則非也蓋信度在作器之前而致道在爲學之後其取譬亦不精矣又以二者皆爲逸居而無所事亦非也工不信度正謂有事而無法學不致道則爲有事而不要其成耳豈無所事之謂哉侯氏之說亦踈蓋學固所以琢磨其所未中然以琢磨未中爲盡乎學則不可中固所以形道然以中爲盡乎道則不可況本文初無是語而必強加之乎

或問八章之說曰范氏引證甚善謝侯說亦爲得之但亦

五有得失蓋謝氏深得小人之情而所謂昔過今非者殊無傷懼愧恥之意似亦大輕易矣侯說善發君子之意而所謂恥過作非者亦爲未盡必文之事也合而觀之則庶乎兩得矣楊說文意有未盡善者若曰君子自訟故能改過則可今以改過先自訟則倒置矣恥過亦衆人之常情但君子恥而改之小人恥而文之則不同矣今專以恥過爲小人之事亦未安也

或問九章之說曰程子至矣其曰非禮勿言者蓋曰不言云爾而傳者失之以囁嚅形㾓之反尤爲明白所謂合開口者亦曰理之所當然耳樊於期事非理之所得言者蓋取其事之難言而猶言之非以爲理之當言也其曰孔子全之者蓋以孔子明之而或者因以爲子夏之

言正爲孔子發也諸說唯楊謝尹爲得之范氏蓋本程子之說而自敬義以下則其附益之贅也以儼然爲直內則言厲者獨不由直內而出乎以言厲爲方外則儼然者獨非方外之事乎以不孤爲溫則尤無所當豈以孤爲孤特之孤乎其亦誤矣謝氏第二說但以言不輕發爲厲蓋本程子之說然不決於理而徒務於不言似亦未盡其意也

或問十章之說曰程子楊尹氏皆專以信爲在已謝氏專以信爲在人以文勢推之恐皆未盡唯范氏爲有誠意交孚之意斯得之矣謝氏所引晝而後入者恐亦非禮記之本旨也曰然則盤庚之遷比干之諫奈何曰子夏之言亦論其常理耳事或有變則其輕重之間又有所

謂權者不可以執一論也

或問十一章之說曰程子張子至矣但張子之說又相因而爲文耳謝氏以未至於聖爲言正與張子相反若範則出入乃其自恕而不能勉者而非子夏之所可矣范尹之說亦有此病然謝氏學者貴知大體以下則善而楊氏爲得程子之意耳

或問十二章之說程子所謂灑埽應對便是形而上之事何也曰灑埽應對所以習夫形而下之事精義入神所以究夫形而上之理也其事之大小固不同矣然以理言則未嘗有大小之間而無不在也程子之言意蓋如此但方舉灑埽應對之一端未及乎精義入神之云者而通以理無大小結之故其辭若有所不足而意亦難

明耳徐繹其緒而以是說通之則其辭備而意可得矣抑程子之意正謂理無大小故君子之學不可不由其序以盡夫小者近者而後可以進夫遠者大者耳故曰其要只在愼獨此甚言小之不可忽也而說者反以爲理無大小故學者卽是小者而可以并舉其大則失之遠矣其曰便是云者亦曰不離乎是耳非卽以此爲形而上者也曰其曰與佛家默然處合何也曰佛氏以有言有說爲二而以默然無言爲不二法門亦曰有以契夫理之全體云爾然此亦爲世之習乎彼者言之因以彼之言形此之理爾非以爲此之理卽彼之言也蓋吾之所謂灑埽應對者其理則一而是非當否之間毫釐有不可失者彼之所謂默然者則泯然而無是非善惡

之分焉其不同也亦審矣程伯子語多如此如第十七篇子欲無言之說亦爲夫習於彼者而言之耳今讀者類不深察信之過者則遂以爲儒釋之歸實無二致不信之甚者則又直詆以爲竊取釋氏之妙以佐吾學之高二者其向背出入之勢雖殊然其爲失旨均矣曰既以爲理無大小而又以爲教人有序何也曰無大小者理也有序者事也正以理無大小而無不在是以教人者不可以不由其序而有所遺也蓋由其序則事之本末鉅細無不各得其理而理之無大小者莫不隨其所在而無所遺不由其序而舍近求遠處下窺高則不惟其所妄意者不可得而理之全體固已虧於切近細微之中矣此所以理無大小而教人者尤欲必由其序也

子游之說蓋失於此故不知理之無大小則以灑埽應對爲末而無本不知教人之有序故於門人小子而欲直教之精義入神之事以盡夫形而上者之全體也子夏與程子此條之說蓋直以其有序者言之然其所以有序而不可易者則又必以程子先後諸說推之而後得其說也曰其然所以然之說奈何曰灑埽應對之事其然也形而下者也灑埽應對之理所以然也形而上者也自形而下者而言則灑埽應對之與精義入神本末精粗不可同日而語矣自夫形而上者言之則初未嘗以其事之不同而有餘於此不足於彼也曰其曰物有本末而本末不可分者何也曰有本末者其然之事也不可分者以其悉具所以然之理也曰舞射以下三

條之說若皆以即此便爲聖人之事何也曰亦言其理之在是而由是可以至於彼苟習焉而察而又勉焉以造其極則不俟改塗而聖可至爾豈曰一灑埽一應對之不失其節而遂可直以聖人自居也哉曰諸說如何曰張子先傳後倦之說求之文義有所不通其所謂始學之人未必能繼妄以大道教之是誣之也則得之而亦涉中近世學者之失矣范氏於程子爲近但先傳後倦意小不同蓋曰孰有先其可而傳之孰有後其不可而倦教譬諸草木區以別矣亦度其可而已此意亦善更審其去取可也謝說則源於程子之意而失之遠矣夫下學而極其道固上達矣然此方論下學之始爲未遽及夫極其道而上達之意也上達固非師之所能與

然此方論爲師教人之序未遽及夫師無與焉之妙也不吝之心一也而一金天下則其捐之有難易之殊不懼之心一也而平地高臺則其習之有先後之序必如謝氏之說將使學者先獲而後難不安於下學而妄意於上達且謂爲學之道盡於灑埽應對進退之間而無復格物致知修身齊家之事也其與子夏程子之意正相反矣曰程子亦常以理無大小而灑埽應對精義入神者不異何以異於謝氏之意而以爲相反何也曰程子所謂必有所以然者以爲同出於理之自然也謝氏以必正心誠意而後能者則以爲同出於心之使然也程子所謂愼獨者則不敢忽其小者以求其理之所當謝氏獨以着心爲言則又如其論顏子克己曾子貴道

之說初不問理之是非而唯吾心之所欲爲也然此其失之小者耳程子雖以理無大小爲言然其意則以明夫小不謹則將害其大小不盡則不可以進於大而欲使人謹其小者以馴致其大者耳如謝氏之云則反使人恃其小者以自大而謂夫大者之眞不過如此也此豈非相反之尤者哉曰其與子夏相反者又何也曰子夏正以次序爲言而謝氏以爲無次序子夏以草木爲區別而謝氏乃以爲曲直則一子夏以唯聖人爲有始卒而謝氏則無聖人衆人之分此其相反亦可見矣曰楊氏如何曰楊氏先傳後倦之失同於張子聖人所謂性與天道以下數語雖似嚴密然亦有但知小學而無復大學之病尹氏說則善矣而大小本末皆所以爲道

雖有不同而實無草木之别者數語爲未安似亦未免謝氏之失也胡氏論游夏之學其意亦善胡氏曰人之資禀不同故夫子引而進之之術不一味游夏之言子游敏於聞道而覧畧於小物施之武城者一也子夏從事小物而後有得施諸小子者一也曰蘇氏之說若有未醇者子之取焉何也曰是其所言於聖門教學次序之意固未爲知之者然吾亦取其有以淺中近世學者之弊而已彼所謂中有以受之者以吾能推之則亦由其序而漸進至於浹洽貫通而自得之之謂耳又子夏所謂焉可誣者專自教者而言而以師生相欺爲說亦其小疵然教者既欺其徒則受教者以欺應之亦必然之理也

或問十三章之言先仕而後學何也曰仕優則學爲已仕者言也蓋時必有仕而不學如原伯魯者故有是言學

優而仕爲未仕者言也蓋未有以明乎修己治人之道則未可以仕耳子産於子皮有製錦之譏而夫子亦悅漆雕之對惡子路之佞程子以少年登高科席勢爲美官者爲不幸其意亦猶是耳子夏此章以先後之次推之其本意蓋如此而推其餘意則又以明夫仕未優而學則不免有背公徇私之失學已優而不仕則亦不免有愛身忘物之累當時恐或兼有此意也曰諸說如何曰程子學優則仕呂氏仕優則學之旣得其正意程子仕優呂氏學優得其餘意而范氏有餘而後可以及人楊氏念終始典于學皆以學爲主尤爲得其大意侯氏暇時之說亦善蓋非必謂其沛然充足有以過人也謝氏別爲一意亦過高而失子夏之意矣此所謂學亦學

文之意耳

或問十四章之說曰謝楊之說善矣然所引二言皆不得已而去之意今直以爲致哀而止則將有直情徑行之失其弊將有如棘子成之言者矣其脫略小物之驗於此亦可見也范氏之說則又失之子游之言本爲不及其情而過於文飾者耳范氏乃以不敢過其情爲說則於致字之義爲無所當矣

或問十五章之說曰楊氏以爲過之故未仁詞若有未盡者若過於厚則亦何害其爲仁耶且子游之所謂難能者蓋美之之辭而有譏之之意故又曰然而未仁則非直以是爲未仁矣楊氏於其語意之間似亦未盡其曲折也

或問十六章之說曰程子范尹得之曾子堂堂之云亦猶子游難能之意耳謝氏乃以其不害爲仁其失與楊氏前章之說正相反然謝氏辭不謹嚴其失爲尤甚也而楊氏於此章又以莊而難親爲子張之病似亦未然莊不害於自持非仁之病也以是爲病則夫漫然無廉隅之守使人人皆得狎而易之者又可以爲仁乎二家之論皆出於氣象之偏學者不可不審察也難與並爲仁則謝楊皆謂曾子病夫子張之不可輔而爲仁也以文意求之蓋病其疏略簡倨而於已無切偲之益觀感之助耳蓋曾子之學主於誠身故其意雖病子張之未仁而其言必反於已與子游若小異焉若曰子張之不可輔而爲仁又何與於我而病之耶且曾子之年輩視子

張爲先進亦不應直譏之如此

或問十七章之說曰程子之說本爲孟子養生送死之義而發非正以釋此章之意也蓋曾子之意本以通論常物之大情而非立教喻人之語也其與孟子養生送死之云所指亦不同矣而楊氏乃引以爲說恐亦未安謝氏所謂必信必誠者其失亦然唯尹氏所引親喪自盡之言疑與曾子意合而其下所謂於此不誠惡乎用其誠者則推曾子之意以責夫人之當然而不然者耳非正以此章之意爲反此也

或問鄧氏十八章之說其詳可得聞乎曰鄧氏之言曰獻子歷相三君五十年魯人謂之社稷之臣則其臣必賢其政必善矣莊子年少嗣立又與季孫宿同朝宿父文

子忠於公室宿皆不能守而改之莊子乃獨能不改其父之臣與父之政而終身焉是孔子之所謂難也若父之臣與父之政有不善而不改則是成其父之惡耳惡得爲孝哉曰諸說如何曰范吕蓋嫌於元祐之改熙寧也故不及道其常而遽以變爲正也此雖君子之過然心一有偏而其不可揜者如此學者亦因可以自警省矣謝氏之過已論於首篇矣楊侯說則考其事之未詳而所以爲說亦未免於隱忍遷就之失也蓋其天資簡靜和厚而憚於改作之煩故其言如此吾已論之於長府之章矣尹氏之說以之泛論則善矣然於孟莊子之事則亦考之未詳也

或問十九章之說曰范氏尹氏得之但尹氏所謂不足喜

者其辭若以爲事小而不足乎喜之意則非也曾子之
意正以爲深可哀矜而有所不忍耳今曰不足矜不見
古人怵惕惻隱之意楊侯氏皆引政散民流爲説亦非
是所謂民散特以其生業不厚教化不修内則無尊君
親上之心外則無仰事俯育之賴是以恩疎義薄不相
維繫而日有離散之心耳

或問二十章之説曰范謝尹氏得之然三者之中范氏寛
乎尹氏畏謹而謝氏少覺粗厲矣呂楊之説則尤恐未
安也

或問二十一章之説曰聖賢之責改過如此論語一書蓋
屢致意焉然亦不得已而開其自新之路耳今謝氏乃
謂德性天也過不足以梏亡之過而能改則亦何傷於

全德則使學者之心輕慢放肆而不復有謹於其初之意矣學者宜深察之范楊意亦類此但其說不至如是之甚耳侯尹之說爲善而尹氏尤精約其論人皆見之之意直以其過失暴著有不可揜者最得文意范氏以爲寡過故人皆見之說者又有以爲君子之過顯白易見無文飾揜蔽之私故人皆得而見之恐亦不必如此人皆仰之亦復其常耳范氏以爲改而益光楊氏以成湯之事當之似亦非是

或問二十二章之說范氏於文意不切而氣象平正亦足以見其所存矣楊侯之說則有過之者曰何以言文武之道爲周之禮樂也曰此固好高者之所不樂聞然其文意不過如此以未墜在人之云者考之則可見矣若

曰道無適而非惟所取而得則又何將墜地且何必賢者識其大不賢者識其小而後得師耶此所謂人正謂老聃萇弘郯子師襄之儔耳若入大廟而每事問焉則廟之祝史亦其一師也大率近世學者習於老佛之言皆有厭薄事實貪鶩高遠之意故其說常如此不可以不戒也然彼所謂無適而非者亦豈離於文章禮樂之間哉但子貢本意則正指其事實而言不如是之空虛恍惚而無所據也

或問二十三章之說曰范氏得之唯聖人豈以難知而自表見云者為無所當耳張敬夫說亦善張敬夫曰武叔亦豈真能知子貢者使果知之則於夫子之門當求其所以入者而不服矣

或問二十四章之說曰此無他說惟范氏所謂多設不欲

見者恐非文意而謝氏抗激之弊尤非聖賢之心耳大抵謝說多有此意自首篇之旨已如此矣日月之喻但取其至高范楊說皆非是尹氏以益見解多見以文義考之不若古注之訓祗也且字書說本如此其必有所自矣

或問卒章之說曰程張至矣范楊得矣楊氏論不可階而升者甚善而曰顏子亦見其卓爾而已則其知顏子也亦淺矣

論語或問卷之十九

論語或問卷之二十

朱熹著

堯曰第二十 凡三章

或問堯舜禹之相授皆有歷數之說范氏之意若以治歷明時爲人君之事者而謝氏以歷數有歸而言則又若後世讖緯之學者其論不同奈何曰以文意考之則謝氏得之矣蓋帝王相承其次第之數若歷之歲月日時亦有先後之序也然聖人所以知其序之屬於此人則以其人之德知之非若讖緯之說徒以其姓名見於圖籙而爲言也范氏蓋避此而遷就其說殊不知以德而言則自無後世妖妄之嫌而人君之事豈特治歷明時之一端而已哉曰執中之說程子范游楊氏之說不同

如何曰程子備矣蓋聖賢所言中有二義大本云者喜怒哀樂未發之時之理其氣象如此也中庸云者理之在事而無過不及之地也此曰允執其中蓋以其在事者而言若天下之大本則不可得而執矣且聖人之道時止時行夫豈專以塊然不動者爲是而守之哉故程子以事事物物言之而又曰允執厥中所以行之以是而觀則三家之失亦可見矣游氏自適當其可以下文與程子之說不異而其取譬復兼言之豈其擇之有未精者遂合二者而一之與曰四海困窮范氏蓋推孔氏書傳之意言之子之不從何也曰亦以文考之而知其不然也蓋以爲戒之之辭則辭意連屬初無間斷空闕之處若如孔傳之說則困窮之下便言天祿永終初無

丁寧付囑之意若如范氏之說則所謂各得其所者於書之文初亦未嘗有所見也曰述湯之語諸說不同何也曰以書考之則張子失之而范說爲得矣但以簡在帝心爲以其如此故不敢自私則亦失之蓋此亦謂不敢自私而聽天所命耳曰周有大賚之說如何曰詩之序曰賚大封於廟也賚予也言所以錫予善人也蓋克商賞功之時樂記所謂將帥之士使爲諸侯者也然則范氏亦得之矣曰周親之說如何曰以書文考之當然范氏之說因上文而以周親爲周室之親其意亦善但於書文爲不合耳曰自謹權量以下謝楊之說孰優曰是亦多相發明者未可以優劣論但民食喪祭謝氏以爲民之三事爲愈於楊而楊引孟子之意亦佳也寬則

得衆以下二說皆善但楊若以爲信則民任其事者任倚仗也恐失文意而公則說之云則亦過矣民任說見第十七篇第六章公則舉措合於人心而人自說服如管仲奪駢邑者蓋亦近之未有王霸之辨也曰謝氏聖人存心之說如何曰是其詞氣有不和者然於學者亦有益矣但以爲夫子歷叙數聖人之語則不若楊氏以爲記者所載以明二十篇之大旨者爲得也蘇氏疑此章有顛倒失次者恐或有之蘇氏曰此章雜取大禹謨湯誥太誓武成之文而顛倒失次不可復考由此推之論語蓋孔子之遺書簡編絶亂有不可知者如周八士周公語魯公邦君夫人之稱非獨載孔子與弟子之言行也曰謝氏所謂固結民心者似未免乎有爲而爲之者如何曰是其言則誠若有病然其下文所謂道當如此而非逆道以下之者足以之自解矣程

子有言以聖人之公言之固至誠求天下之比以安民也以後王之私言之不求下民之附則危亡至矣以此觀之則謝氏之言固爲治者所不廢但非所以語聖人耳

或問五美之説曰惠而不費勞而不怨則謝氏得之矣欲而不貪泰而不驕則胡氏得之矣胡氏曰在人上者大欲爲多不能窒之則其貪無時而已惟反是心以欲仁則求諸己而必得何物足以累其心夫何貪泰者安舒自得之謂近於驕矣然君子之心一主於敬不以彼之衆寡小大而二其心則其自處未嘗不安而何驕之有威而不猛非作威也蓋作威而欲人之畏巳則必至於猛正其衣冠尊其瞻視以自修而巳矣非欲人之畏巳也然百姓望其容貌顔色之儼然而知其不可慢也則何猛之有哉他説亦無大可論者但謝氏所謂泰而不驕者則未

見其泰而反不免於驕耳問四惡曰虐也暴也賊也謝說得之但所謂賊仁者非是有司之説則楊氏爲當曾氏以爲如項羽刻印刓忍不能予之類張敬夫以爲人上而爲有司之事失人心而召禍亂未必不由此亦皆得之然張氏之説則唐德宗其當之乎謝氏之説於文義允有所不通云曰謝氏之總論奈何曰彼以世俗無道之政言之固有如是者矣然若此之流蓋已不在可論之域况言之至於如此則吾之辭氣得無亦有未平者乎

或問卒章之説曰程子之言其大旨然矣然以樂天知命爲通上下而言則有不可曉者蓋通上而言則是聖人亦知命也而又以爲聖人不須言知命通下而言則是

衆人亦樂天也夫樂天之事豈衆人之所及哉第二說以聖人言命爲中人以上者設夫中人以上固與上智者有間然限以中人以上而不通乎下則中人以下者豈可以其終不及此而棄絶之哉第三說謂有諸已然後知言則能格物窮理語意倒置亦不可曉蓋以序言則曰格物窮理然後能知言知言而踐履以實之然後能有諸已其可也今其言乃如此皆與平日之言不類豈亦一時議論之間記錄者偶失其眞而致此與姑論而闕之可也范氏所謂知命事天之事者似以命爲天理之所賦命固天理之所賦也然有指理而言者有指氣而言者吾於公伯寮章已辨之矣縱以此章所謂知命爲知理則亦知天之事而未及乎事天也又謂知言所

以治人亦非本文之意謝氏知命之說得之至以知禮爲知理則非也蓋此章所謂禮止指禮文而言耳若推本言之以爲理在其中則可今乃厭其所謂禮文之爲淺近而慕夫高遠之理遂至於以理易禮而不復徵於履踐之實則亦使人何所據而能立耶知言之說亦爲得之但所謂係其所養者則亦近於程子有諸巳之謂者楊氏知命之說其過甚於范氏知禮之說則得之至於知言之說則又甚矣夫此章所謂知人者亦兼乎古今賢不肖而言今乃言古而不及今言聖賢而不及乎愚不肖蓋欲牽夫三句之說而一之又欲專乎內而不分乎外且必欲即夫論語之書而爲之說故其失至此耳尹氏事大之說似范氏動不違於理似謝氏然曰窮

達得喪無所動其心則范氏有所不及謂知禮則不達於理者亦非使以禮訓理如謝氏之甚也章末數句則於讀此書者深有所警不可以不熟察而深念之也此外則胡氏之說亦善蓋合韓公蘇公之說而爲言耳胡氏曰一定而不可易者命也人不知命常求其所不可得避其所不可免斯所以徒喪所守而爲小人也

論語或問卷之二十

孟子或問卷之一

朱熹著

或問孟子不見諸侯此其不見梁惠王何也曰不見諸侯者不先往見也見梁惠王者答其禮也蓋先王之禮未仕者不得見於諸侯戰國之時士鮮自重而孟子獨守先王之禮故其所居之國而不仕焉則必其君先就見也然後往見之若異國之君不得越境而來則必以禮貌先焉然後往答其禮耳故史記以爲梁惠王卑禮厚幣以招賢者而孟子至梁得其事之實矣曰仁義之說奈何曰程子至矣而予於論語之首篇論之亦詳矣曰人之所以爲性者五而獨舉仁義何也曰天地之所以生物者不過乎陰陽五行而五行實一陰陽也故人之所

以爲性者雖有仁義禮智信之殊然曰仁義則其大端已舉矣蓋以陰陽五行而言則木火皆陽金水皆陰而土無不在以性而言則禮者仁之餘智者義之歸而信亦無不在也曰然則其或主於愛或主於宜而所施亦有君親之不同何也曰仁者人也其發則專主於愛而愛莫切於愛親故人仁則必不遺其親義者宜也其發則事皆得其宜而所宜者莫大於尊君故人義則必不後其君矣曰然則其必爲體用而不可混者何也曰仁存諸心性之所以爲體也義制夫事性之所以爲用也是豈可以混而無別哉然又有一說焉以其性而言之則皆體也以其情而言之則皆用也以陰陽言之則義體而仁用也以存心制事言之則仁體而義用也錯

綜交羅惟其所當而莫不各有條理焉程子之言蓋特舉其一爾曰義以制事而言則固外矣而程子非之奈何曰義之爲用則固施於外矣若其施者則又安得而外之乎此其所以有體用之殊而無内外之别學者所宜明辨而熟察之也曰子謂仁義未嘗不利則是所謂仁義者乃所以爲求利之資乎曰不然也仁義天理之自然也居仁由義循天理而不得不然者也然仁義得於此則君臣父子之間以至於天下之事自無一物不得其所者而初非有求利之心也易所謂利者義之和正謂此爾曰然則孟子何不以是爲言也曰仁義固無不利矣然以是爲言則人之爲仁義也不免有求利之心焉一有求利之心則利不可得而其害至矣此孟子

所以拔本塞源而救其弊也且夫利者義之和固聖人之言矣然或不明其意而妄爲之說顧有以爲義無利則不和故必以利濟義然後合於人情者雖其未聞大道又有陷溺其心而失聖言之本旨然亦可見利之難言矣曰太史公之歎其果知孟子之學耶曰未必知也以其言之偶得其要是以謹而著之耳使其誠知孟子之學也則豈其崇勢利羞賤貧而不自知其非耶曰諸說如何曰程子取字之訓恐不若舊說之爲安其他則皆善矣而其所謂欲之甚則昏蔽而忘義理求之極則侵奪而致仇怨者則尤切於事情學者所宜日滨省也張子以謀之遠近分主仁義似亦未安然其所謂爾爲爾我爲我各定其分則得爲義之要矣范氏之言明白

條暢雖雜引經傳之文而無遷就牽合之病其體與大學傳文相似所以告君者當如此矣然其所謂利物之利卽所謂義之和耳蓋未有不仁不義而能利物者亦未有能利於物而不享其利者也楊尹之言則知此矣

或問二章之說曰張子不保其樂之說尚矣其引顏子之樂非孟子之本旨也其曰聖賢言極婉順未嘗咈人情者亦施於此章則可彼或出於人情之不正者又安可以不咈乎楊氏樂民之樂之說亦非本旨合與下文通爲一條但引起下文之意耳曰其以利害難易爲言者果聖賢之心乎曰此非謂敎君以求利而苟幸其言之易行也但其理自如此耳然語意之間淺以咈其君之欲爲慮亦若張子之云者殆皆記者之失也與尹氏槩

鹿魚鱉遂性之言則孟子初無此意也亦曰民樂其然則可矣

或問三章之説曰諸説皆善但范氏論王道之始於下文品節之事失於不分先後詳略之序其以狗彘食人食者專爲豐年小民之事恐亦未盡然其意則詳備而有可行之實矣楊氏以王道之始一節爲仁心仁聞似亦未安蓋不違農時以下固已有法度之施但未至於詳密耳尹氏又以一章首末皆爲王道之始則其考之亦不詳也曰旣曰魚鱉不可勝食矣又曰老者然後可以食肉何也曰魚鱉自生之物養其小而食其大老幼之所同也至於芻豢之畜人力所爲則非七十之老不得以食之矣先王制度之節始於略而終於詳大率如此

曰必五十而後衣帛七十而後食肉何也曰此先王品節之意所以教民尊長敬老而節用勤生也若其意則豈不欲少者之皆衣帛而食肉哉顧其財有不贍則老者或反不得其所當得耳賈誼有言古之治天下者至纖至悉故其蓄積足恃亦此意也曰謹庠序以申孝弟之義徐氏之說奈何徐氏曰老者衣帛食肉而少者不子則民固已知尊長養老之義矣蓋方其養之而教固已行其間然猶以爲未也故又爲之庠序以申之而致其詳焉曰孟子之意未必然然其爲說亦密矣

或問五章之說曰二說皆善但楊氏仁者無敵之言爲過耳

或問孟子以梁襄王不似人君不見所畏而譏之然則必以勢位自高而厲威嚴以待物然後得爲賢耶曰不然

也夫有諸中者必形諸外有人君之德則必有人君之
容有人君之容則不必作威而自有可畏之威矣苟無
其德而欲矜勢位以厲威嚴是乃所以益見其盈滿而
妄作耳曰言之急遽亦何譏耶曰艮之六五以中正而
言有序而呂氏之言亦曰志定者其言重以舒不定者
其言輕以疾然則言貌固皆内德之符不惟可以觀人
學者雖以自省可也曰孔子居是邦不非其大夫而孟
子訟言其君之失如此何耶曰聖賢之分固不同矣且
孔子仕於諸侯而孟子爲之賓師其地又不同也抑七
篇之中無復與襄王言者豈孟子自是而不復久於梁
耶曰或謂孟子蓋美襄王之能謙以下人而悦其所問
之大爾非譏之也信乎曰若然則孟子之言當有贊美

之意不若是其略而易也且果如此曷不遂輔之以有爲耶

或問王霸之辨曰董子程子范氏楊氏之言備矣然推其意則猶有可言者古之聖人致誠心以順天理而天下自服王者之道也後之君子能行其道則不必有其位而固已有其德矣故用之則爲王者之佐伊尹太公是也不用則爲王者之學孔孟是也若夫齊桓晉文則假仁義以濟私欲而已設使僥倖於一時遂得王者之位而居之然其所由則固霸者之道也故漢宣帝自言漢家雜用王霸其自知也明矣但遂以爲制度之當然而斥儒者爲不可用則其見之謬耳若尹氏直以本末爲言則固有所不盡也曰齊王不忍一牛之死其事微矣

而孟子遽以是心爲足以王者何也曰不忍者心之發而仁者天地生物之心而人之所得以爲心者也是心之存則其於親也必知所以親之於民也必知所以仁之於物也必知所以愛之矣然人或蔽於物欲之私而失其本心之正故其所發有不然者然其根於天地之性者則終不可得而亡也故間而值其不蔽之時則必隨事而發見焉若齊王之興兵結怨而急於戰伐之功則其所蔽爲不淺矣然其不忍一牛之死則不可不謂之惻隱之發而仁之端也古之聖王所以博施濟衆而仁覆天下亦即是心以推之而已豈自外至哉王既不能自知而反以桓文爲問則孟子安得不指此而開示之耶然戰國之時舉世沒於功利而不知仁義之固有

齊之百姓又未見王之所以及民之功是以疑其貪一牛之利非孟子得其本心之正而有以通天下之志盡人物之情亦孰知此爲本心之發而足以王於天下哉曰然則孟子既告之矣而王猶不能自得其說何也曰固也是其蔽之極淺是以暫明而遽昧也曰君子之遠庖厨何也曰禽獸之生雖與人異然原其禀氣賦形之所自而察其悅生惡死之大情則亦未始不與人同也故君子嘗見其生則不忍見其死嘗聞其聲則不忍食其肉蓋本心之發自有不能已者非有所爲而爲之也曰然則曷爲不若浮屠之止殺而徹肉也曰人物並生於天地之間本同一理而禀氣有異焉禀其清明純粹則爲人禀其昏濁偏駁則爲物故人之與人自爲同類

而物莫得以班焉乃天理人心之自然非有所造作而故爲是等差也故君子之於民則仁之雖其有罪猶不得已然後斷以義而殺之於物則愛之而已食之以時用之以禮不身翦不暴殄而既足以盡於吾心矣其愛之者仁也其殺之者義也人物異等仁義不偏此先王之道所以爲正非異端之比也彼浮屠之於物則固仁之過矣而於其親乃反㦡然其無情也其錯亂顛倒乃如此而又何足法哉曰器成而釁之禮也今以小不忍而易以羊牲可乎曰釁鐘禮之小者失之未足以病夫大體而不忍之心仁之端也由是充之則仁有不可勝用者其大小輕重之際蓋有分矣孟子所以急於此而緩於彼豈無意哉曰所謂見牛未見羊者豈必見之而

後有是心耶曰心體渾然無内外動靜始終之間未見之時此心固自若也但未感而無自以發耳然齊王之不忍施於見聞之所及又正合乎愛物淺深之宜若仁民之心則豈爲其不見之故而忍以無罪殺之哉且觀齊王聞孟子之言而心復有戚戚焉則此心之未嘗亡而感之無不應者又可見矣曰老吾老以及人之老幼吾幼以及人之幼而天下可運於掌何也曰天地之間人物之衆其理本一而分未嘗不殊也以其理一故推已可以及人以其分殊故立愛必自親始爲天下者誠能以其心而不失其序則雖天下之大而親疏遠邇無一物不得其所焉其治豈不易哉曰諸説如何曰程子張子之言皆至矣但張子論孟子獨不言易者則孟子

於禮猶有所未學者恐未必如此說也范氏諸說皆善但以齊王不能推其所爲不能舉斯心加諸彼則孟子此言正謂推近及遠者發以明齊王能遠遺近之失欲其於此淺識其本而善推之非欲其反推愛物之心以及於仁民也其曰心有輕重長短而又曰當以心爲權度試稱量之語若有病然輕重長短之當然固本心之正理其爲權度而稱量之者亦以此心之用而反求之耳曰有以齊王愛牛之說明學者求仁之事者曰此心之發在人不同能察識存養而擴充之則可以至於仁矣曰此心之發固當審察存養而擴充之矣然其明暗通塞之幾乃存乎平日所以涵養之厚薄若曰必待其發見之已然而後始用力焉則喜怒哀樂未發之時學

者爲無所用其力可乎

孟子或問卷之一

孟子或問卷之二

朱熹著

或問首章范楊之說不同何也曰非不同也范氏以孟子之言爲救時之急務而楊氏亦以爲姑正其本則其意固皆以爲使孟子得政於齊則夫所謂世俗之樂者必將以漸而去之矣但二公之說皆有所未竟故使人不能無疑然從范氏之說而失之不過爲失孟子之微意而未害乎爲邦之正道從楊氏之說而失之則是古樂終不必復今樂終不必廢而於孟子之意爲邦之道將兩失之此不可以不審也

或問樂天畏天之說其詳復有可得而聞者乎曰予聞之亡友何叔京曰仁者以天下爲度一視而同仁惟欲使

人各得其所不復計彼此強弱之勢故以大事小而不以爲難如葛與昆夷之無道湯文慇懃而厚䘏之及夫終不可化而禍及於人然後不得已而征伐之仁之至也智者達於事變而知理之當然故以小事大而不敢忽然而必自強於政治期於有以自立功如獯鬻與吳之方強太王勾踐外卑躬而事之內則治其國家利其民人終焉或興王業或刷其恥此智之明也使湯文保養夷葛惡極而不能去是不仁而縱亂也使太王勾踐惟敵人之畏而終不能自強是無恥而苟安也又何取於仁智哉其說當矣曰畏天之威于時保之此周頌之言保天下之事也而以畏天爲言何哉曰聖賢之言各有攸當彼以成王而言則固以畏天而能保文武之天

下矣且古人引詩斷章取義固不如是之拘也曰孟子之引詩書文多與今本不同當以何者爲正曰古者詩書簡冊重大學者不能人有其藏師弟子閒類皆口相授受故其傳多不同要亦互有得失不可以一槩論也

諸說如何曰程子至矣呂氏亦得之尹氏論智者之心以爲用謀而狹隘則貶之過矣

或問楊氏徵招角招之說如何曰巧矣然未有以知其說之爲然也

或問說者或謂明堂者齊王僭禮之所爲信乎曰不然也漢書猶言泰山東北阯古時有明堂處則趙氏之說不誣矣曰范氏楊氏貨色之說不同奈何曰范氏之說正矣其愛君之切而欲窒其利欲之原其意亦巳深矣然

於孟子因機納諫之權剖析毫釐之妙則有所未察也蓋謂公劉齊王同爲好貨特以公私之異而有厚民賊民之分則其勢不甚相遠而不難於矯革若直謂此爲厚民而彼爲好貨則其勢隔絕而不復可以相移矣然此猶特爲守正而不變之一論耳至謂太王之事爲正家則避難倉皇之際攜其婦子而來何以見其所謂正家者哉是愛其君之切欲其言之美而不虞其說之牽強而不足以取也其亦誤矣至於楊氏并前章好勇者爲說則有意乎孟子之權矣然於孟子陳善閉邪之正似亦未察於毫釐之際也蓋齊王之小勇正所以害夫達德故孟子請其無好此勇而大之非欲其反此小勇而大之也好貨好色人情所不免但齊王專於私已而

不恩及民故孟子欲其與民同之非欲因其邪心而利道之也此其爲失特辭義名言之間有所不盡非有甚害然其說恐未免於曲學阿世之譏也易所謂遇主於巷者以程傳考之亦不如此後段所論紹述則善矣然不敢正言熙豐之失則意亦有所未盡將讀者詳之

或問進賢如不得已之說曰楊子之說恐不然楊氏後段之意甚善齊王之所以無臣正坐此耳

或問伐燕之事孟子以爲宣王史記荀子以爲湣王而司馬溫公通鑑從孟子蘇氏古史從史記荀子是孰爲得之邪曰此則無他可考矣然通鑑之例凡前史異同必著其說於考異而此亦無說不知其何據也曰文武之事與齊之取燕若不同者而孟子引之何耶曰張子二

條其言詳矣第深考之則於文武之心孟子之意其庶幾乎

或問十一章之說曰范氏之說深切而詳明矣

或問孟子告滕文公以太王之事何也曰李氏之言得矣

李氏曰孟子數語文公以太王之事蓋以其國小人弱不過能爲善以待子孫其次則效死而已固不以湯文之事望之也然當時諸侯賢而有禮能篤信孟子之言而力行之未有能過之者惜其國小人弱非有湯文之德不能以興起耳故曰雖有知慧不如乘勢雖有鎡基不如待時此之謂也

或問十五章之說曰程子至矣然其曰大賢以上不可以禮法拘者權而得中是亦禮法而已矣但常人未至於此則不可輕效聖賢之所爲寧不盡乎禮法之變而不可失其常也范氏論仁人所以不私其身者不足以議仁人之心至謂天下之得失不足爲憂喜者又失於過

高太王蓋不得已而去其先人之國豈以非憂樂之所係而輕之哉其論去邠世守之際亦不如楊氏之精當尹氏人心向背之云亦非孟子之意也

或問辛章之說曰范氏所言魯侯不可言天者甚善蓋出於李泌君相不可言命之說

孟子或問卷之二

孟子或問卷之三

朱熹著

或問首章諸說如何曰楊氏初說甚善至斥管仲爲徒能救之於巳亂則不足以服其口矣蓋周之衰亂固非一日之積而小雅盡廢又豈桓公管仲之罪哉適當其時起而救之蓋亦仁人君子之所必爲但責其非有至公血誠之心以復於文武規模之盛則管仲無所逃其責而其辭意又若有所遺者豈記者失之與其以專封一事爲不尊周之驗亦未足以見其心術之隱微至論五霸假之管仲知義之說則皆得之矣

或問孟子之不動心何也曰盡心知性無所疑惑動皆合義無所畏怯雖當盛位行大道亦沛然行其所無事而

巳何動心之有易所謂不疑其所行者蓋如此而孔子之不惑亦其事也曰孟施舍之於曾子北宮黝之於子夏奈何曰二人勇力之士耳孟子特以其氣象之所似而明之非以其道爲同乎二子也程子之言得之矣曰孟子既以孟施舍爲守約矣又曰舍之守氣不如曾子之守約何也曰守約云者言其所守之得其要耳非以約爲一物而可守也蓋黝舍皆守氣以養勇然以黝比舍則舍之守爲得其要至以舍而比於曾子則曾子之守尤爲得其要也今謂約爲一物而可守而遂以守氣不如守約爲言則是約者孟子既以與孟施舍矣而可又奪而歸之曾子耶曰如子之言則告子之所不得者巳之言也孟子之所知者他人之言二者亦不同矣而

以一說貫之何耶曰是亦嘗欲一之矣然以告子之所不得爲人之言則與其下文心若氣者爲不類而所謂勿求諸心者與後所謂生於其心者亦復不同以孟子之所知爲已之言則不應無一辭之合理而常自處於詖淫邪遁之間也是以反復推之而得其說如此蓋告子不自知其言之所以失而孟子乃兼貫物我舉天下之言所以失者而知之是以其心正理明而無疑於天下之故至其由是以集義而無不慊於心則非義之義亦不得以入於其間而眞無不慊於心矣曰或者以爲言者名義之云也告子之學先求諸外而後求之於內如此必先得仁之名而後求諸心以爲仁必先得義之名然後求諸心以爲義若孟子則先得諸心而所行自

無不合於仁義不待求之於名義之間也信乎曰是說美矣而未然也夫告子之學他雖無所考證然以孟子此章之言反復求之則亦有曉然可見而無疑者蓋其先引告子之言以張本於前後言已之所長以著明於後今以其同者而比之則告子所不得之言即孟子所知之言告子所勿求之氣即孟子所養之氣也以其異者而反之則凡告子之所以失即孟子之所以得孟子之所以得即告子之所以失也是其彼此之相形前後之相應固有不待安排而不可得移易者若必曰言者名義之云則是說截然橫入於此章之中於前何所承於後何所起乎就如其言則聖賢之教所謂學問思辨而力行之者是亦先得其名義而後求之於心行之於

身也使告子專求名義而不復求之於心則固不可今以其言推之則其已得諸言者固將求之於心也而又何此云乎爲是説者求之文辭義理而驗以躬行之實無一可者若從其説則是變聖門博文約禮之教爲異端坐禪入定之學也豈不誣前哲而誤後來之甚乎抑後篇告子論性數章皆卒然立論而辭窮卽止無復思惟辨論之意是又吾所謂不得於言而不求諸心之一驗而其所謂勿求者二亦文同而意異蓋一以爲無益有損而不可求一以爲理所必無而不必求讀者審之則得其文意而知其所以失矣曰持志養氣之爲交養何也曰持志所以直其内也無暴其氣所以防於外也兩者各致其功而無所偏廢焉則志正而氣自完氣完

而志益正其於存養之功且將無一息之不存矣曰程子所謂志動氣者什九氣動志者什一何也曰此言其多少之分也而孟子所以猶有取於勿求於氣之云者而不盡善之於此亦可見矣曰知言養氣之說如何曰程子謝氏得之矣蓋孟子之不動心知言以開其前故無所疑養氣以培其後故無所懾如智勇之將勝敗之形得失之筭已判然於胷中而熊虎貔貅百萬之衆又皆望其旌麾聽其金鼓故爲之赴湯蹈火有死無二是以千里轉戰所向無前其視告子之不動心正猶勇夫悍卒初無制勝料敵之謀又無蚍蜉蟻子之援徒恃其所養勇而挺身以赴敵也其不爲人擒者特幸而已曰趙氏以至大至剛以直爲句而程子從之有成說矣子

之不從何也曰程子之前固有以至大至剛四字爲句者矣則此讀疑亦有所自來不獨出於近世之俗師也今以直字屬之上句則與剛字語意重複徒爲贅剩而無他發明若以直字屬之下句則既無此病而與上文自反而縮之意首尾相應脉絡貫通是以寧舍趙程而從俗師之說蓋亦有所不獲已耳大抵此章文勢雖若斷絶而意實連貫如告子之不得於言之言勿求於氣之氣與孟子之知言養氣亦是隔數十句而互相發明與此相類若如諸說則間斷隔絶都無干涉未論義理之如何亦不復成文字矣曰諸說固有以直養爲句者矣不取其說何也曰其讀雖同而所以爲說者不本於自反而縮之云則非孟子之意矣若楊氏以勿暴爲直

揠苗爲曲則非惟不得直字之說又并勿㬥揠苗者而亂之也曰何以言氣之配義與道也曰道體也義用也二者皆理也形而上者也氣也者器也形而下者也以本體言之則有是理然後有是氣而理之所以行又必因氣以爲質也以人言之則必明道集義然後能生浩然之氣而義與道也又因是氣而後得以行焉蓋三者雖有上下體用之殊然其渾合而無間也乃如此苟爲不知所以養焉而有以害之則理自理氣自氣其浩然而充者且爲慊然之餒矣或略知道氣之爲貴而欲恃之以有爲亦且散漫蕭索而不能以自振矣曰氣所以配乎道義者也而又曰集義所生何耶曰是則程子金器土山之喻至矣而吾所謂有理然後有氣故必明道

集義然後能生浩然之氣者亦詳且明矣曰孟子深闢義外之說矣而其言曰集義又似有取乎彼而集之於此者何也曰義者心之所以制事而合宜之謂也事物之來無不以義裁之而必合其宜焉是則所謂集義者也豈曰取於彼而集於此哉曰有事勿正勿忘勿助何謂也曰必有事焉言必當有所事乎此也如有事於顓臾有事於上帝之類勿正者言不可預期其效也春秋傳曰師出不正反戰不正勝言其不可期也必勿忘者言不可忘其所有事也勿助長者不可強其所謂充也大抵今人之學或以預爲之期而不爲其事其或能有所爲者則亦必期其功期而不至則或以爲無益而忘之或不勝其欲速而助之此衆人之通患也故孟子言養氣者唯當集義以爲事而不可期於

襲取之功不可以集義爲無益而忘之又不可以其氣未充而助之也然則助長之害甚於舍之何也曰舍之之害特不察乎義之所在無以慊足其心而已助之長則知其不慊而又作爲以張之也較是二者其爲罪之輕重可見矣曰以上下文意推之孟子之所謂有事者集義而已至於程子之論則每以有事於敬爲言何哉曰孟子之學以義爲養氣之本程子之學以敬爲入德之門此其言之所以異也然義非敬則不能以自集故孟子雖言集義而必先之以持志敬非義不能以自行故程子雖言持敬而於其門人有事於敬之問亦未嘗不以集義爲言也曰程子所謂活潑潑地者何也曰此所以形容天理流行自然之妙也蓋無所事而忘則人

欲之私作正焉而助之長則其用心之過亦不免於人
欲之私也故必絕是二者之累而後天理自然之妙得
以流行發見於日用之間若鳶之飛而戾於天也魚之
躍而出於淵也若曾點之浴沂風雩而詠以歸也活潑
潑地者蓋以俗語明之取其易知而已或者乃以此語
爲原於禪學則誤也曰諸說如何曰謝氏仁智心得其
正之說是也他說則多可疑至習忘之說則所以訓其
有事焉而勿正者似或失其文義其曰以天自處者則
失之過高又以上下察爲察見天理亦非字義也或曰
上文兼言志氣而以持志爲主此乃專言養氣而不及
持志何耶曰養氣以集義爲功而集義以居敬爲本此
言集義則固非持志不能矣程子曰志爲之主乃能生

浩然之氣至於浩氣已成則又何者爲志氣之別正謂此也曰范氏知言之說如何曰其論正矣然孟子以知言爲養氣之本而彼以聽言之道在先正心則失其序矣曰張子呂氏四辭之別如何曰詖而不安則必爲淫辭以張其說淫而過實則必有邪辭以離於道邪必有窮故必爲遁辭以自解免凡曰異端無不具此故程子以爲楊墨兼有而張子亦以釋氏爲然張子曰釋氏之言流遁失守窮大則淫難行則詖致曲則邪求之一卷之中此弊數數不必指一人以主一事也曰舊讀夫子既聖以下方爲公孫之問今以竽我以下皆爲問辭何也曰此林氏之說也林氏之書惟此義爲有功耳昔者竊聞以下至具體而微亦然若以舊說讀之則於上文皆有所不屬矣曰六子之不同何也曰聖

人之道大而能博門弟子不能遍觀而盡識也故學焉而各得其性之所近如游夏得其文學子張得其威儀皆一體也惟冉牛閔子顏淵氣質不偏理義完具故其默而識之不言而信者獨能具有聖人之全體但猶役於思勉滯於形迹未若聖人之大而化之無復限量之可言故以爲具體而微爾程子之説蓋已得之或者反之以爲顏子合小大而所微但未彰著之稱者則過矣曰伯夷伊尹之行一不義殺一不辜而得天下有所不爲何以言之也曰以其讓國而逃諫伐而餓非其道義一介不以取予於人觀之則可見矣曰此章之義諸説最詳子之所論止此何耶曰此其同異得失之際蓋有不勝言者虛心以求孟子之意而後徧考而審擇之庶

乎其黑白分矣此固不得而備論之也

或問王霸之别曰以力假仁者不知仁之在己而假之也以德行仁則其仁在我而惟所行矣以執轅濤塗侵曹伐衛之事而觀夫東征西怨虞芮質成者則人心之服與不服可見若七十子之從孔子至於流離飢餓而不去此又非有名位勢力以驅之也孟子眞可謂長於譬喻也

或問國家閒暇及是時明其政刑何也曰國家閒暇人心無事日力有餘可以從容審諦而有所爲之時也然人情安肆則亦易以怠惰是以因循苟且常失其可爲之時以至於蠱弊積而禍敗生則倉皇廹遽雖欲爲之而有所不及矣故惡夫不仁之辱者必及此可爲之時而

爲之則可以無因循之失而有積累之功顧乃不然而欲及此之時肆其荒樂惟恐日之不足其甚者雖明知禍患之來近在朝夕而不暇顧也若高緯楊廣之流是矣其國有不亡哉曰夫子引鴟鴞之詩而歎其知道何也曰孔子誦周公之詩而有感於其言也然聖人之所謂知道者如此而近世陋儒乃有謂釋氏之徒知道而不可以治世者則亦異乎孔子之言矣夫知道矣而不可以治世則彼所謂道者果何物哉

或問孟子專論不忍人之心而後乃及乎四端何也曰不忍之心卽惻隱之心也蓋性之爲德無所不具總之則爲仁義禮智而一以包三者仁也情之所發無所不通總之則惟是四端而一以貫三者惻隱也然則其言之

也又安得而無先後輕重之別耶曰子以四端爲情而孟子皆以心言之何也曰心統性情者也故仁義禮智性也四端情也而皆得以心名之蓋以其所統者言爾曰其不言信者何也曰程子言之詳矣蓋信之於五常猶土之於五行也五行非土不立而土無定位五常非信不有而信非一端故曰誠者物之終始不誠無物此亦可以觀矣曰然則諸說如何曰是皆善矣抑謝顯道身汗面赤實羞惡之發也而程子以爲惻隱之心是亦其貫四端之一驗也與其他如以心爲生道分明仁愛性情之異因其惻隱而知其有仁內外交相養等說其肯綮矣而呂謝楊尹之說亦皆有所發明讀者宜深味之但孟子方以是非之心爲智之端又謂言性者必求

其故而謝乃引去智與故之云以爲之說則失其旨矣

或問大舜之善與人同何也曰善者天下之公理本無在已在人之別但人有身不能無私於已故有物我之分焉惟舜之心無一毫有我之私是以能公天下之善以爲善而不知其孰爲在已孰爲在人所謂善與人同也舍已從人言其不先立已而虛心以聽天下之公蓋不知善之在已也樂取於人以爲善言其見人之善則至誠樂取而行之於身蓋不知善之在人也此二者善與人同之目也然謂之舍已者特言其亡私順理而已非謂其已有不善而舍之也謂之樂取者又以見其心與理一安而行之非有利勉之意也此二句本一事特交互言之以見聖人之心表裏無間如此耳觀其居深

山中聞一善言見一善行則若決江河沛然莫之能禦及其格於文祖則詢於四岳闢四門明四目達四聰則其自始及終無一毫之私一息之間可知所謂自耕稼陶漁以至爲帝無非取於人者豈虛語哉曰諸説皆善但張子之説雖非本文正意而其言有可玩者謝氏尤有警於學者（諸説上下疑有闕文）

或問卒章程張諸説皆以爲隘與不恭非夷惠之過乃其流之弊耳子之説不然何也曰諸先生之意厚矣然以孟子之言考之則恐其意未必果然也

孟子或問卷之四

朱熹著

或問孟子本欲朝王矣王召之則辭而不往何也曰孟子於齊實處賓師之位而未嘗受祿蓋非齊王之所得臣也其相見之節王就而見孟子則可孟子自往而見王則不可王而召之則旣失禮矣而其托疾者又不誠也則若之何而可往哉或曰楊氏之說如何曰以孟子所稱成湯桓公之事觀之則其意不爲是矣且以無所逃而不俟駕有所適而不爲臣尤非所以明君臣之義也

或問比化者無使土親膚舊說以爲及親體變化之前無使土親其膚其於人情合矣曷爲不用而别爲之說乎曰以其辭費而卒有所不協也首篇比死者之云類此

而舊說於彼則以爲比合敢死之士至此則又爲是說而不顧夫倫類之不通也必如集註之云則庶乎其兩得矣曰不以天下儉其親如子之說其有稽乎曰王氏中說記太原府君之言曰一布被三十年不易曰無爲費天下也文意正與此同

或問孟子於沈同之問曷爲不盡其辭以告之也曰沈同固非能伐燕者且其以私來問又不言齊之將伐燕也則直以可伐之理告之足矣若遂探其情而預設辭以待之則是猜防險詖之私爾豈所謂聖賢之心哉且齊雖無道若能拯燕之遺民於水火之中而無殺戮係累之暴則其伐之也亦何爲而不可哉史記亦云孟軻謂齊王曰今伐燕此文武之時不可失也此亦當時傳之

誤而史氏輕信之耳其曰文武之時則前篇所謂燕民悅則取之燕民不悅則勿取之云爾孟子豈直以文武之事許齊王哉

或問周公管叔之事呂游之說不同何也曰呂氏之疑游氏辨之詳矣其原蓋出於程子之說所謂天理人倫之至者學者宜潛味之

或問泄柳申詳無人乎繆公之側則不能安其身二子之賢其心固如是乎曰非謂二子之心爲然也語其勢則然耳若二子之心如此則與世之回面汙行而事君側便嬖之人者何以異乎尹氏之說失之矣

或問去齊出晝諸說如何曰是皆善矣熟玩之可也楊氏齊王猶足爲善之說尤有味且其發於夢寐者如此蓋

可見其所存之正矣

或問孟子旣曰憂天下之憂矣又曰何爲不豫何也曰或問文中子曰聖人有憂乎曰天下皆憂吾獨得不憂聖人有疑乎曰天下皆疑吾獨得不疑或人退文中子曰樂天知命吾何憂窮理盡性吾何疑若孟子不忘天下之憂而亦不害其樂天知命之樂其幾是乎

或問孟子見齊王而有去志矣而其去也則又曰王猶足用爲善何也曰齊王無湯武之姿此孟子所以有去志也然比當時之諸侯則猶有可取者而況孟子居齊之久又當有所啓發而增益於前者且其君臣之義亦略定矣所以將去而不能無眷眷之情也曰張子之說如何曰禮有之曰仕而未有祿者君有饋焉曰獻使焉曰

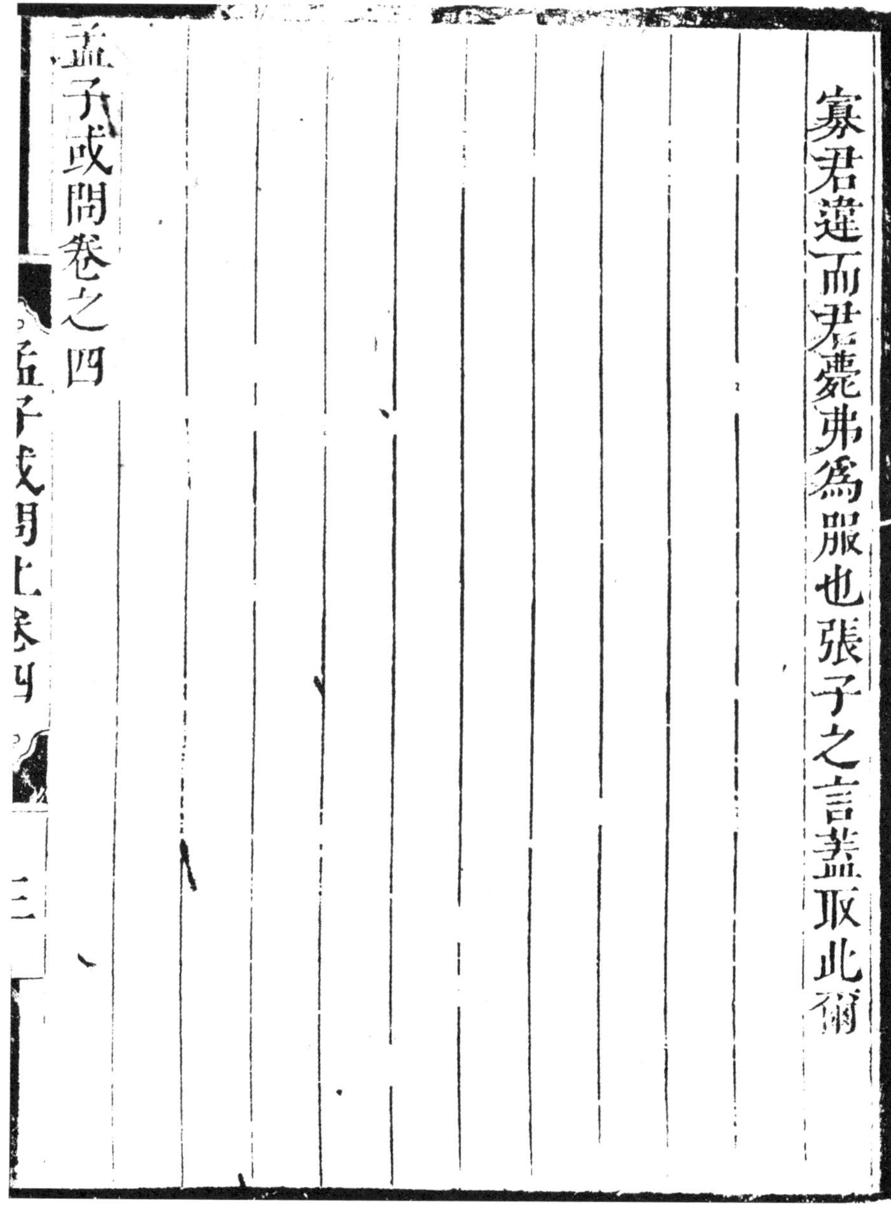

寡君遠而君薨弗爲服也張子之言蓋取此爾

孟子或問卷之四

孟子或問卷之五

朱熹著

或問孟子道性善而言必稱堯舜者何也曰性善者以理言之稱堯舜者質其事以實之所以互相發也其言蓋曰知性善則有以知堯舜之必可爲矣知堯舜之可爲則其於性善也信之益篤而守之益固矣曰夫子之言性與天道子貢猶有不得而聞者而孟子之言性善乃以語夫未嘗學問之人得無陵節之甚耶曰性命之理若究其所以然而論之則誠有不易言者若其大體之已然則學者固不可以不知也蓋必知此然後知天理人欲有賓主之分趨善從惡有順逆之殊董子所謂明於天性知自貴於物然後能知仁義知仁義然後重禮

節重禮節節然後安處善安處善然後樂循理程子所謂知性善以忠信爲本此先立其大者皆謂此也曰世子疑孟子之言而孟子不之拒何也曰孟子之言非常時之所常聞也故聞者非徒不之信也而亦莫之疑也是其漠然如飄風之過耳亦不可復冀其思繹而信從矣世子復來則豈其思之未得而不舍於心與故孟子之言雖若怪之實則喜其能思而將有以進乎此也或曰孟子之言性善非與惡對之善也特贊美之辭耳信乎曰此亦異乎吾所聞矣夫孟子性善之論至矣而荀揚韓氏或以爲惡或以爲混或以爲有三品最後釋氏者出然後復有無善無惡之論焉儒者雖習聞乎孟子之說然或未知性之所以爲性於是惋於彼說之高而反

羞吾說爲不及則牽孟子之說以附焉而造爲是說以文之蓋推性於善惡之前而置孟子於異同之外自以爲得性之眞而有功於孟氏之門矣而不知其實陷於釋氏之餘竟以精神魂魄至麤之質而論仁義禮智至微之理也且又不究秉彝之實德而指爲贊美之咨言不察至善之本然而別立無對之虛位推而言之至以天理人欲爲同體特因其發之中節與否而後有善惡之名焉則亦勞力費辭而無復彷彿孟子之遺意矣惜乎吾不得從事於其門以質其說庶乎其有相長之益也曰諸說如何曰張子絶句之說恐其誤矣尹氏以聞善而從爲信善之證秉彝好德之論也然專以是而信則末矣

或問三年之喪何也曰人子之心無窮也聖人以爲子生三年而後免於父母之懷也故爲之立中制節使賢者不得過不肖者不得不及也齊疏之服飦粥之食何也曰服美不安而食旨不甘也其爲大本大經何也曰自盡其心者喪禮之大本也三年齊疏飦粥喪禮之大經也孟子生於戰國分爭之際不得見先王之全經矣然其學得孔門之正傳而於文武之道則旣識其大者故其考論制度雖若疏濶有如張子之所病者而於大本大經之際則毫釐之間有不可得而亂者以是爲主而酌乎人情世變以文之則禮雖先王未之有者亦可以義起矣後世識禮者不明乎此故常以其節文度數之小不備而不敢爲乎以就乎大不備而後已此劉向所

以深歎之也然無孟子之學而強欲爲之如叔孫通曹
褒之流是又不免乎私意之鑿而已矣
或問所言井地之法以周禮諸說考之亦有未悉合者何
也曰吾於前章固已論之矣大抵孟子之言雖曰推本
三代之遺制然常舉其大而不必盡於其細也師其意
而不必泥於其文也蓋其疏通簡易自成一家乃經綸
之活法而豈拘儒曲士牽制文義者之所能知哉曰三
代授田之多少不同何也曰張子嘗言之矣陳氏徐氏
亦有說焉然皆若有可疑者蓋田制既定則其溝涂畛
域亦必有一定而不可易者今以易代更制每有增加
則其勞民動衆廢壞已成之業使民不得服先疇之田
畝其煩擾亦已甚矣不知孟子之言其所以若此者果

何耶陳氏曰夏時洪水方平可耕之地少至商而寖廣及周而大備也徐氏曰古者民質用約故田少而用足後世彌文而用廣故受田之制亦隨時而加焉曰貢法大禹之遺制而其不善若此何也曰蘇氏林氏嘗言之矣蘇氏曰作法必始於粗終於精古之不爲此非不知也勢未及也方其未有貢也以貢爲善矣及其既貢而後知其有不善也林氏曰禹貢之法九州之賦有錯出於他等者不以爲歲之常數又因遊豫則視其豐凶而補助之周制鄉遂用貢法亦有司稼之官巡野觀稼視年之上下以出斂法則其弊未至如龍子之言乃當時諸侯用貢法之弊耳曰先王之學教民其效如此後世學校固未嘗廢而獨未覩其效何耶曰先王之學以明人倫爲本故自其咏歌絃誦之間灑埽應對之際所以漸摩誘掖勸勵作成之者無非有以養其愛親敬長之心而教之以修已治人之術是以當是之時百姓親睦風俗淳厚而聖賢出焉後世學校雖存而不復此意所以教之者不過趨時干祿之

技而其所以勸勉程督之者又適所以作其躁競無恥之心雖有長材美質可與入於聖賢之域者亦往往反爲俗學頹風驅誘破壞而不得有所成就尚何望其能致化民成俗之效如先王之時哉先生君子蓋有憂之故程夫子兄弟皆嘗建言欲以漸變流俗之繆而復於先王之意顧皆屈於俗儒之陋說而不得有所施行也後之君子有能深考其說而申明之其亦庶幾矣乎

或問許行爲神農之言而有君民並耕市不二賈之說何耶曰程子之言盡矣然以易考之二者皆神農之所爲也當時民淳事簡容或有如許行之說者及乎世變風移至於唐虞之際則雖神農復生亦當隨時以立政而不容固守其舊矣况許行之妄乃欲以是而行戰國之

時乎曰禹之功大矣而孟子以臯陶配之何也曰臯陶之學純粹精密而其陳謨種德明刑弼教爲助尤多故舜欲傳位於禹而禹獨讓之則其德業已盛固聖人之偶矣曰尹氏之説如何曰是其爲説當矣然亦必有所指非徒言也

或問夷之請見者再而孟子不許何也曰孟子雖以闢邪説爲已任然不過講明其説傳之當世使聞者有以發寤於心而自得之耳固不輕援其人交口競辨以屈吾道之尊也譬如蠻夷寇賊之害聖人固欲去之然豈肯被甲執兵而親與之角哉曰天之生物使之一本而夷子二本何也曰天之生物有血氣者本於父母無血氣者本於根荄皆出於一而無二者也惟其本出於一故

其愛亦主於一焉蓋一體而分血氣連屬眷戀之情自不能已固非他人之可比也自是之外則因其分之親疎遠近而所以爲愛者有差焉此儒者之道所以親親仁民以至於愛物而無不各得其所也今夷之乃謂愛無差等則是不知此身之所從出而視其父母無以異於路人也雖其施之先後稍不悖於正理然於親而謂之施焉則亦不知愛之所由立矣是非二本而何哉而說者乃或謂其亦由親始之言暗合於吾儒之一本者愚以爲差之毫釐繆以千里爲是說者亦自不知一本所以爲一本矣又有以愛有差等爲一本者雖無大失而於文義有所未盡蓋謂其一本故愛有差等則可直以愛有差等爲一本則不可也曰夷子之學於墨矣而

必推其說以求合於儒者何也曰天下之理其本有正而無邪其始有順而無逆故天下之勢正而順者常重而無待於外邪而逆者常輕而不得不資諸人此理勢之必然也且胡不以近世之佛學觀之乎夫吾所以拒彼至矣而彼未嘗不求自附於吾儒者也雖其陰陽離合有不可信要不如是則吾知其反側而無以自安也其理之悖說之窮於此亦可槩見惜乎世無孟子無能因其所明以誘之者是以卒於漂蕩而不反也

孟子或問卷之五

孟子或問卷之六

朱熹著

或問大丈夫之說其詳可得聞乎曰廓然大公心不狹隘則所居者眞天下之廣居矣履繩蹈矩身不苟安則所立者必天下之正位矣秉彝循理事不苟從則所行者皆天下之大道矣得志與民由之則出而推此於人也不得志獨行其道則退而樂此於己也如是則富貴豈能誘而淫其心貧賤豈能撓而移其志威武豈能脅而屈其節哉此其下視儀衍之以睢盱側媚得志於一時眞可謂妾婦之爲而所謂大丈夫者其不在彼而在此也决矣然此數言者皆以居廣居立正位行大道爲主而此三言者又以廣居爲主也今資治通鑑之書此語

乃削去廣居之云而尹氏之於此解亦不覺其有遺吾皆不能識其何說必不得已而去則若程子所謂居廣居而行大道者其於本末體用之間庶乎其包舉而無遺也

或問君子之必仕何也曰内則父子外則君臣人之大倫也況君子學先王之道必得君而事之然後有以行其道而及於人使其君爲堯舜之君其民爲堯舜之民是君子之所願欲也退而窮處蓋不得已而然耳

或問孟子之論食志食功之别何也曰食志而不食功則正士日遠而苟賤不廉之人至食功而不審其大小之分則梓匠輪輿得以加諸爲仁義者上矣

或問湯爲童子復讐而四海之内皆知其非富天下何也

曰聖人之心廓然大公表裏洞達故一有所爲則天下信之如雨暘寒暑之無不感而無不通也然書所謂葛伯仇餉者非孟子之言則人孰知其曲折之如此哉陽貨歸豚亦類此

或問孟子之欲息邪說距詖行放淫辭而必以正人心爲先者何也曰此探本之言也以聖道之不明是以人心不正而邪說得以乘間入之也曰然則亦明聖道以正人心而已矣又何必爲此之紛紛而涉於好辨之嫌乎曰邪說既入則人心益以不正聖道益以不明矣此又其末之不可不理者也故孟子之道性善稱堯舜必使天下曉然知仁義之所在者此其所以正人心而爲息邪距詖之本也排爲我斥兼愛必使天下曉然知邪詖

之不可由也此其所以息邪距詖而爲正人心之用也蓋其體用不偏首尾相應如此然後足以撥亂世而反之正此其所以雖得其本而不免於多言也然豈其心之所好哉亦畏天命悲人窮故不得已而然耳昔湯伐桀而誓其衆曰予畏上帝不敢不正武王伐紂而誓其衆曰予弗順天厥罪惟鈞夫豈好戰也哉孟子之心亦若此而已矣豈得以好辨之小嫌而遂輟不言哉曰其曰能言距楊墨者聖人之徒何也曰吾亦旣言之矣然反其言而推之則知不討亂賊而謂人勿討者凶逆之黨也不距楊墨而謂人勿距者禽獸之徒也聖賢立法之嚴至於如此可不畏哉可不畏哉曰諸說如何曰程子論楊墨之源流考之有未精者吾已辨之於論語之

篇矣克己復禮之說分而爲之亦所未曉豈其記錄之差歟若曰佛氏之害甚於楊墨儒者潛心正道不容有差云者則皆至論矣

或問司馬公曰仲子以兄之祿爲不義之祿蓋謂其不以其道事君而得之也以兄之室爲不義之室蓋謂其不以其道取於人而成之也君子之責人當探其情仲子之避兄離母豈所願耶若仲子者誠非中行亦狷者有所不爲也孟子過之何甚與其說奈何曰仲子齊之世家則其祿與室非其兄不義而得之矣設其果以不義得之而非有悖逆作亂之大故則夫母子兄弟之間豈可以是而遂滅天性之恩哉飾小行以妨大倫是乃欺世亂俗之尤先王之所必誅而不以聽者也所謂狷者

則亦言行之間小過乎中而已夫豈出於倫理之外若

是其甚哉

孟子或問卷之七

朱熹著

或問首章之說曰范氏詳且明矣但其曰事善民法與播惡於衆及沓字之訓爲未安耳曰孟子告齊宣王曰是心足以王矣則仁心者固王政之本也今曰有仁心仁聞而不能行先王之道則是所謂仁心者初不足恃而所謂先王之道者又在此心之外也曰是心足以王者言有是心而能擴充之以行先王之道如其篇末所謂制民之産云者則可以王耳非謂專恃此心而直可以王也先王之道固亦由是而推之以爲法耳但其盡心知性而無私意小智之累故其爲法也盡天理合人心雖聖人復起而有所不能易者後之人君當因吾心而擴

充之以盡夫法制之善而充吾心之固有者非謂心外有法而俟於他事也後人雖有是心然或未能無私意小智之累苟不循是而之焉則雖有仁心仁聞而未免於徇私妄作之失譬之蔑棄規矩而欲以手制方圓其器之不至於苦窳也幾希矣曰所謂陳善閉邪者柰何曰君有邪心所當閉也然不知所以用之之道而逆閉之則動有矯拂之患其言不可得而入矣故必爲之開陳善道使之曉然知善道之所在則所謂邪者亦不難乎閉之矣孟子與時君論事多類此其自謂敬上者豈虛語哉

或問二章之說曰人之生也均有是性均有是性故均有是倫均有是倫故均有是道然惟聖人能盡其性故爲

人倫之至而所由無不盡其道焉此堯舜之爲君臣所以各盡其道而爲萬世之法猶規矩之盡夫方圓而天下之爲方圓者莫不出乎此也故法堯舜以盡君臣之道猶用規矩以盡方圓之極一有毫髮之私介乎其間則蔽於人欲而不得盡乎天理之全矣故仁與不仁其間不能以髮一出乎此則入乎彼不可以不審其幾也曰程子道無無對之言奈何曰此雖非正爲孟子之言而發然其所言亦可深味與所謂性善無對之云者異矣予嘗與人論此而問之曰碁局之中一路者孰爲對乎其人曰是所以對夫三百六十路者云爾其言深有會於予意知此則程子之意可以推之而無窮矣

或問七章之旨曰范氏論之詳矣但小國師大國一句似

失本意耳其末所論治天下莫大於仁一節甚善所以告君者正當如此耳

或問十章之說曰程子初說至深切矣第三說却自暴自棄最爲的當皆宜深味也且曠其安宅則必放僻邪侈而安其所不可安之居矣舍其正路則必行險僥倖而由其所不可由之塗矣安宅正路人皆有之而自暴自棄以至於此是可哀也

或問十二章之說曰諸說皆善擇焉可也曰亦有未盡者乎曰獲上信友悅親誠身皆以有道言之則蓋有不由其道以求之者矣若諛說苟容以求獲乎上便佞詭隨以求信乎友阿意曲從以求悅乎親冥行助長而求以誠其身者皆是也孟子之言固已開其所入之塗矣而

其交徑別岐亦不可以弗之表也曰所以擇乎諸說者奈何曰如呂氏之論明善誠身皆有所未盡其於明善直以爲凡在我者皆明其情狀而知所從來殊不知天下事物之理皆有所謂善要當明其當然而識其所以然使吾心曉然真知善之爲善而不可不爲是乃所謂明善者若曰知在我者之所從來而已則恐其狹而未究於理也其於誠身直以爲知有是善於吾身而已是亦未知孟子所謂誠身正謂心思言行之間能實踐其所明之善而有諸身也其以知至爲非思勉之所及亦過高之失其論誠者天道亦有未安者已於中庸論之矣楊氏身不行道所厚者薄責善朋友之道三語發明文意有所未當其論誠身而以忘機言之似亦非孟子

本意其餘則固多可取也

或問十四章之說曰范氏之說詳明而所論重人命者尤善楊氏之言學者亦宜思之而爲之說尹氏分别天理人欲於毫釐之閒尤可深味也

或問十八章之說曰楊氏得之矣徐氏引穀梁子曰羈貫成童不就師傅父之罪也不以不孝爲罪而以不就師傅爲罪亦善引據者

或問十九章之說曰程子至矣所論曾子周公事先儒所不及也

或問二十章之說曰程子張子范楊皆深得之可詳味也但范氏解章首兩句非本文之意

或問樂正子從子敖何也曰予嘗考於孟子之書王驩齊

王之幸臣蓋嘗欲自託於孟子以取重故孟子使滕則王必以驩爲介未嘗與言行事於樂正子之來則又正言以折之至其弔於公行子之家又不與之言焉則所以絶之者深矣樂正子不察乎此而輕身以從之意者特藉其資糧輿馬以見孟子而已故孟子以餔啜罪之而范尹皆以不能改於其德爲樂正子之罪恐非孟子之意也必若其言則孟子曷爲不與之言而使之改與孟子之所以去齊其事雖不可考疑驩以是積憾而去之也

或問二十六章之說曰范氏之說本孟子正意也程子之說又推明其一說尤見聖人所處義理之精然以事理度之但其於未及告而受堯之命耳其後固不容終不

告而遂娶以歸也

或問二十七章之說曰諸說皆得之矣曰實之爲精實何也曰是有數義有以實對虛而言者有以實對僞而言者有以實對華而言者此所謂實則以對華而爲言耳曰何也曰以實對虛而言者曰仁義理也孝弟事也理虛而事實此孝弟所以爲仁義之實也然以事爲實可矣謂理爲虛則理豈虛而無物之謂乎以實對僞而言者曰莫非仁義也惟孝弟發於人心之不僞此孝弟所以爲仁義之實也然謂孝弟爲不僞可矣謂凡惻隱羞惡之發皆人之所僞爲可乎惟以實對華而言則以爲凡仁義之見於日用者惟此爲本根精實之所在必先立乎此而後其光華枝葉有以發見於事業之間此說

爲得之耳

或問二十八章之說曰范呂皆得之而李氏說亦甚善

孟子或問卷之七

孟子或問卷之八

朱熹著

或問首章之說曰范氏博而篤矣楊氏以一事言之固亦舉其大者然恐其未盡孟子之意也曰此以爲舜卒於鳴條則湯與桀戰之地也而竹書有南廵不反禮記有葬於蒼梧之說何邪曰孟子之言必有所據二書駁雜恐難盡信然無他考驗則亦論而闕之可也

或問孔子以子產之惠爲君子之道而子以私恩小利言之何也曰孔子之言通乎巨細故不害其爲君子之道此承上文乘輿濟人而言則私恩小利而已矣曰子產濟人之事有仁人之心焉其惠雖小猶不失乎爲政之本若孟子所謂先王之政者乃獨以時修橋梁而已將

不及爲治之末邪徒謹於此而愛人之心不至吾恐其所以自結於民者或反不若子產之深也曰子產之事可謂有不忍人之心矣然先王則以不忍人之心而行不忍人之政是以其體正大而均平其法精密而詳盡而其利澤之及人如天地之於萬物莫不各足其分而莫知其功之所自苟有是心而無是政則不過能以煦濡姑息苟取悅於目前而結其驩虞之愛顧其耳目之所不及則恩惠之施已不免於有所遺矣況以天下國家之大又安得人人而濟之邪昔諸葛武侯嘗言治世以大德不以小惠而其治蜀也宮府次舍橋梁道路莫不繕理是亦庶幾乎先王之政矣曰子產相鄭能使都鄙有章上下有服田有封洫廬井有伍則非不知爲政

者橋梁之修尤非難事乃獨有關於此何邪曰聞之師曰子產之才之學於先王之政雖有所未盡然其於橋梁之修蓋有餘力而其惠之及人亦有大於乘輿之濟者矣意者此時偶有故而未就又不忍乎冬涉之艱而爲是耳然暴其小惠以悅於人人亦悅而稱之孟子慮夫後之爲政者或又悅而效之則其流必將有廢公道以市私恩違正理而干虛譽者故極語而深譏之以警其微亦拔本塞源之意也此說最爲得之若范氏以爲子產身相小國非深得民心則無以抗大國故其濟人如此其急則恐子產之意不專出於此也

或問三章之說曰諸說皆善但楊說引鄭忽事以詩序而言耳其實未必然予於詩傳論之詳矣

或問六章之說曰諸說皆善而張子所謂眞義理者至矣
其曰守禮未爲失者尤學者之所當知也

或問八章之說曰程子張子之言皆善楊氏引舜及孔明
事意則甚善然亦非孟子此章之本旨也

或問九章所謂後患者謂得罪於其人邪抑恐其亦言己
之不善邪曰是皆有之然斯言必有爲而發今不可知
其所指矣

或問十章之說曰楊氏之說甚善然所謂本分者乃義理
之至當非苟然而已也學者於此宜深察之一有小差
則流而入鄉原之亂德矣

或問十一章之說曰諸說皆善而尹氏尤精然所謂信果
在其中者亦言外之餘意也

或問十二章之說曰程子初說與趙註同恐其論之未定也其後兩說則已密矣曰赤子之心張子呂氏以爲未發而程子以爲已發夫赤子之心固不可爲未發然豈不亦有未發之時乎曰程子之告呂與叔固自以前所謂言心皆指已發者爲未當矣夫赤子之心衆人之心各有未發已發之時但赤子之心未有私意人欲之累故雖其已發而未必中節要亦爲未遠乎中耳曰程子所謂聖人之明鑑止水其所以異於赤子之純一無僞者何也曰赤子之心全未有知然以其未有私意人欲之累也則亦純一無僞而已爾衆人既有所知則雜乎私意人欲而失之聖人則察倫明物酬酢萬變而私意人欲終無所入於其間是以若明鑑止水之湛然不動

而物無不照也曰楊氏之說如何曰程子以爲發而未遠乎中則可而楊氏以爲發而未離乎大本則不可蓋發乎此則離乎此但其離有遠近之間耳未離乎此則豈可謂巳發乎此哉是蓋因程子之言而失學者不可不察且大人云者亦對赤子而言之耳不當限以未化之說也如曰不爲非禮義之禮義言行不必信果格君心之非正巳而物正之類聖人亦豈有以加於此哉曰然則程子亦言聖人之心若以別乎大人者何也曰程子蓋亦通言之以別乎赤子耳非以是爲化與未化之別也

或問君子深造之以道欲其自得之也何也曰學是理則必是理之得於身也不得於身則口耳焉而巳矣然又

不可以強探而力取也必其深造之以道然後有以默識心通而自然得之也蓋造道之不深者用力於皮膚之外而責效於旦夕之間不以其道者從事於虛無之中而妄意於言意之表是皆不足以致夫默識心通之妙而自得之必也多致其力而不急其功必務其方而不躐其等則雖不期於必得而其自然得之將有不可禦者矣若程子所謂篤誠燭理潛心積慮優游涵養栽培深厚皆其所以造之之道而君子之所以自得者其所謂閒淺近事莫非義理有安排布置者皆非自得便雖放開不靠書冊之類則又著夫自得之驗而欲學者有以審之也其曰放開亦非惡其拘而故放使開也曰自得之則居之安何也曰未得之則固無可居之地得

而不出於自然則雖有所居而不安惟自得之則理之在我者吾皆得以居之如人有室廬之安動作起居種種便適自眷戀而不去也曰居之安則資之深何也曰未得其所居則無所藉以爲用居而未安則其所藉以爲用者淺迫而易窮惟居之安則理之在我者吾皆得藉以爲用而無窮如富人蓄積之多金珠穀帛無求不獲見其出而不見其盡也曰資之深則取之左右逢其原何也曰無所資者固無本之可求資之淺者取之輙遠而或值或不值也惟資之深者不待遠求而所取無不得如旣取諸其身之左而値其所資之本又取諸其身之右而復值其所資之本以水譬之苟其源之盛則滔滔汨汨不舍晝夜或泝或沿無不值其來處此君子

所以欲其自得之也曰諸說如何曰程子之說吾已論之矣張子以爲敎人之事蓋以之字其字爲說於理亦若可通然以全章大意論之則此說恐非孟子之本旨也范氏大槩亦善然不親切其本又專以求於心爲言則不足以盡夫所以造之之道要當以是爲本而從事於程子之說焉則庶幾其可耳

或問十五章之說曰所謂約者吾於論語已言之矣此則正以知要而言也然此亦上章之餘意故記者屬之蓋博學詳說者以道深造之謂其曰將以反說約者則欲其自得之深也曰諸說如何曰程子知要之說是也但所引顏子之事則未然耳張子所謂先守至約然後博學以明夫至約之道蓋欲學者先求放心有所存主然

後博約詳說而反乎此耳其指示學者用力之序意則甚善但曰先守至約則與孟子之言相謬而不免於語病必若程子所謂先求放心然後自能推尋向上去者則語意盡善而次序不差矣其曰心之博學者所以爲約亦曰由其先有所守然後能用此心以至其博也呂氏以約爲誠蓋因中庸而發誠固理之實然非約之所以得名也謝氏四旁中央之驗蓋曰不極乎四旁之所至則不足以識中央之所在故必由四旁而識中央如因博以求約也此其意亦善矣然四旁中央終成兩處不若以貫通言之之爲密也范氏初說甚善但自揚雄以下則支離矣楊氏分別孟楊得失意極親切然語亦有未盡使讀者不能無疑蓋所謂博約由孟子之言則

博者所以極夫理之散殊約則舉是散殊之理而一貫
之耳是以既博學之又詳說之而卒有會於約蓋所謂
博且詳者固未嘗出於約之外而所謂約於其博且詳
者又未嘗有所遺也由楊子之言則所謂約者乃博中
之一物方其博也固不知此物之爲約而茫然泛然雜
取乎其外及其約也則又守此一物而於所謂博者之
中僅乃處其千萬之一焉是亦何足以爲約而守之乎
以是推之則楊氏之意得矣
或問十六章之說曰張子得之矣范氏引德力服人之異
以明之則亦非此章之意也蓋彼皆言服人而以德力
分王霸此則皆以德而服人養人又有　公私小大之
不同不當引彼以釋此也其引政在養民者以張子之

言觀之是亦養人之一事然專以此言則亦不盡本文之意矣尹氏之失亦猶范氏之云耳

或問十七章之說曰如張子之意則言無實不祥云者虛引以甚之之詞也而下句實字疊上句如范氏之說則言無實不祥自爲一義而下句實字與上句不相蒙夫此章僅三句耳而首尾衡决遽如此於理有不得而通矣然張子所釋言無實不祥一句亦通暢蓋此或有所爲而言而無以攷所由矣姑存而闕之可也

或問十八章之說曰集註備矣仲尼歎水之旨吾於論語亦嘗言之取而參焉可也曰諸說如何曰張子以止於至善爲有本原似涉倒置蓋止者歸宿之義非本原之義也范氏謂君子以情實爲本名譽爲末亦非孟子之

意孟子之意正以誠心實行爲本而言其有是者所行通達無所不至其無是者雖有聲譽終不能久耳非以情實對名譽爲本末也尹氏自本而往者語雖約而意則周矣

或問十九章之說曰程子張子之言至矣但或人之問有未盡者程子雖以天理告之然不言人之所以異於禽獸者以其稟賦有異於物而得是天理之全也豈或記者方且自主其說雖聞夫子之言而不能盡領其意與若尹氏之說則尤約而盡也曰明物察倫而後能由仁義程子張子之說何如曰是三言者以學言之則有序猶格物致知而後意誠心正也自聖人言之則生知安行不可以先後言矣二夫子言之亦以其始終條理言

之非真以爲有先後也曰張子所引別生分類之說如何曰是亦舉其一耳非謂專此一事也曰旁用之說如何曰是極言之耳非謂不必正用而專欲旁用也

或問二十章之說曰諸說大意皆善但其文義之間不能無可疑者如程子說望道張子說立賢泄邇忘遠恐未可爲定論也曰以而爲如亦有據乎曰而如二字蓋通用之詩曰垂帶而厲鄭箋曰而亦如也此亦以而爲如也春秋星隕如雨左氏曰與雨偕也此以如爲而也他如此類不可殫舉故陸氏釋文序論音讀之訛曰而如靡異則其混讀而互用之久矣曰是則然矣然其曰求道之切者恐非所以言聖人之心也奈何曰爲是說者正以其德爲聖人而心不自足如此是乃所以發明聖

人之心也且子胡不以視民如傷者例而觀之乎夫文王之民固已無凍餒者矣而視之猶若有傷則其於道雖已與之爲一亦何害其望之如未見哉若夫博施濟衆堯舜猶以爲病而君子之道夫子自謂未能其心亦若此而已矣如果聖人也而其心侈然每以聖人自居焉則亦豈所以爲聖哉古今爲說迂回贅附失其文字之本意而於聖人之心又不能有所發明由不察乎此而已然則文字音讀之學豈可忽哉讀者細考乎此而虛心以求之則庶乎其無所疑也曰或者有謂武王之不泄邇不忘遠非仁也勢不得不然也信乎曰此以世俗計較利害之私心窺度聖人者之言也聖人之心所以異於衆人者以其大公至正周流貫徹無所偏倚雖

以天下之大萬物之多而視之無異於一身爾是以其於人之疴癢疾痛無有不知而所以撫摩而抑搔之者無有不及此武王之不泄邇不忘遠所以爲德之盛而仁之至也今曰迫於勢而非仁則不知其視聖人之心爲何如而指所謂仁者爲何物哉蓋其學本出於權謀機變之巧故凡其形於心術之間者莫非計較利害之私因以已心窺測聖人而不自知其非也世之學者始則以其文字之美而悅之及其誦習之久而益嗜其腴則雖端人良士亦且與之俱化而不自覺其心術之移矣可不戒哉吾爲此論久矣近讀陳脩公集有論此者適與鄙意合是固德人之言也夫

或問詩亡而後春秋作有以詩止於陳靈而後孔子作春

秋者何如曰詩之本義不可知矣無以考其得失然恐謂雅亡者或近之也諸説何如曰泛而取之則皆善矣然尹氏之言尤約而盡也

或問私淑之説曰張子前説得之矣張子之文又有自謂私淑祖考遺訓者其用二字正如此亦謂私善其身於其祖考之訓耳若程子之説則於上文之意恐或未通而語勢似亦倒置故竊以張子之説爲安但後説孔子之傳無窮於文意爲小戾不若前説之善也

或問取者貪之屬不取者廉之屬猶與之爲惠不與之爲嗇死之爲勇不死之爲怯也今之過取者爲傷於廉則宜以不與爲傷惠不死爲傷勇矣而反以與爲傷惠死爲傷勇何哉曰過取之傷廉過於此而侵奪於彼者也

過與之傷惠過死之傷勇過於此而反病乎此者也蓋矜乎彼者其失爲易見而病乎此者其失爲難知故孟子舉傷廉以例二者是亦孔子過猶不及之意耳曰然則程子傷惠之説如何曰是其理則至矣然非此章本文之意也蓋本之上文旣不同推之下文又不類必欲以是爲説則傷勇亦爲害其所當勇邪若伯子所謂義無對者則精約有味而楊尹之説亦善但楊説見過死之傷勇也已甚其説之流將有啓正直而排死節之病均之二者皆爲不得其中則與其貪生忍恥終無以有益於斯世則不若捐軀以就死猶或有以爭救於萬一之間也若夫過與之傷惠推之太甚亦恐不能無弊乎於論語子華使齊之事旣言之矣學者詳之

或問二十四章程子之說前後不同何也曰前論讀書之法後論處事之方善讀者融會而貫通焉則亦不見其有異矣

或問二十六章之說程子以爲皆爲智而發今以章首之言推之恐其或爲性發而非智之謂也曰不然章首之言所以發明天下事物莫不各有自然之理而是理又皆有迹而可尋以見智之不必用而不可用其下遂言惡夫鑿智之說詳焉而卒又歸章首之意使其專爲性發則其言之詳畧豈當若是其倒置哉曰日至之說或但以爲日之所躔如何曰是亦可通然非文義所係則亦兼而存之可也曰程子之答張子旁引此文以爲說邪果有以發乎此章之意邪曰是固不主於此章之文

義。然旣通乎此，而後卽其言以推之，則其於造道而入德也，用切而意廣矣。曰：他說如何？曰：其大旨則皆得之，但叔子以利爲本之云，恐未安，而楊氏之言，有不可曉者，其引列禦寇之言以故滅命云者，乃與孟子之意正相反。且若是云，則苟求其故之說，又若何而可通也邪？嘗觀蘇氏以故爲性之所有事，而失其性者，其意亦若此矣，而又以爲性至靜，故不可見。天則有事於運行，故人得以度之。蓋原於佛老之意，而又以就其前說，殊不知天之運行，是乃所爲天之性，使天也而塊然無事於運行，則亦何以爲天也哉？此又失之遠者，聊復論以解學者之惑。

或問二十七章之說。曰：此無異論，然愚嘗聞之師曰：陳司敗譏孔子爲有黨而孔子受之不辭右師以孟子爲簡巳而孟子辯之如此其力聖賢地位固不同也使孟子聞右師之言而曰禮也足矣無巳則曰朝廷不歷位而相與言不踰階而相揖則巳微見圭角矣然猶未也而又必盡其辭焉此所以鋒芒發露而不及孔子之渾然也學者於此宜致察焉

或問古之聖人多矣必言舜爲法於天下何也曰法者人倫而巳他聖人者因其常而處之不失未足以見人道之盡也惟舜極其變而不失其常是以人道之盡於此尤可以見焉故特舉舜而爲言耳然其所謂法者亦豈舜之自爲哉但性天之妙人所難明而舜之所行有以盡發其蘊使天下後世無不見聞故舉舜以見法耳程

子所謂觀乎聖人則見天地者正謂此也曰楊氏以爲孟子三自反不若顏子不校信乎曰自反所以自修學者之事也不校不見可校成德之事也其淺深之序信如楊氏之說矣然自反之說謹嚴精切正學者所當用力處若反之未至而遽欲自以不校爲高則恐其無修省之功而陷於苟且頹惰之域也

或問二十九章之說曰程子至矣張子所謂觀人臨時志如何者尤有以曲盡夫聖賢之心也楊氏答了翁書甚善其論正心誠意者尤切但非孟子本文之意尹氏辭約理明而其後說尤善也

或問三十二章之說曰楊氏所論本章之義得之矣但其論格物而曰反身而誠則舉天下之物在我此則未安

學者詳考大學之序以及此書反身之說則可見矣

孟子或問卷之八

孟子或問卷之九

朱熹著

或問首章之說曰諸說皆善而尹氏盡性之云尤精但張子所謂怨其不我愛恐非舜與孟子之意以舜五十而無父母亦無所考姑從楊氏之說可也

或問二章之說曰不告而娶已見於七篇矣游氏之意亦爲曲盡象欲殺舜事程子之言至矣其曰人情天理於是爲至者尤爲精切學者所宜反復而深思未易草草領略也其所疑萬章之言則林氏論之爲詳然學者止欲識得舜之心耳此亦不足深論也林氏曰司馬公以爲是時堯將以天下辭舜瞽象雖惡亦豈不利其子與兄之爲天下而欲殺之乎借使殺之堯必誅已宜亦有所不敢矣蘇氏以爲舜之側微已能使瞽象之不格姦矣豈至此而猶欲害之哉以此皆疑孟子之誤惟程子以爲此非孟子之

言乃萬章傳聞之說而孟子有不暇辯耳是數說者恐其皆未安也蓋天下之事有不可以常情測度者使瞽象而猶知利害之所在則亦未爲甚頑且傲而舜之所處亦未足爲天下之至難矣不格姦者但能使之不陷於刑戮若家語所謂索而殺之未嘗可得即此焚廪揜井之事也且聖賢於世俗傳聞之事有非實者必辯而明之以曉天下後世豈有知其不然而不暇辯者哉曰張子諸說如何曰張子於過化之帝已失其文義至施之於此尤爲不類其曰與人爲善曰隱惡曰行其所無事亦然蓋此事要切在兄弟天性處今以他事雜之反爲失其指歸若因彼以及此則可耳其曰道無權正之別權與正一者語亦傷快若曰告而娶正也舜不告而娶權也然既是當爲之事則權與正一而無輕重之別如此而言則庶乎其備矣其曰瞽叟不見百官牛羊雖使不見亦恐無全然不知之理其曰備之有素曰在吾術內者似非所以語舜之

心也曰楊氏謂舜惟恐不獲於象者如何曰舜之所以然者不爲是也但其兄弟之愛發於自然不以殺巳而有變耳若曰惟恐不獲於象而後同其憂喜焉則是畏其殺巳而幸其寛巳亦非所以語聖人矣

或問四章之說曰程子說詩之解善矣范氏此數章於文義極疎而大義則啓告君之道所當然也

或問舜禹避位之說或者疑之以爲舜禹之爲相攝行天子之事久矣至此而復往避之有如天下歸之而朱均不順則將從天下而廢其君之子邪抑將奉其君之子而逆天下之心邪是皆事之至逆而由避有以致之也至益不度天命而受位矣避之而天下不從然後不敢爲匹夫猶且恥之而謂益爲之哉是其說也奈何曰愚

骨開之師曰聖人未嘗有取天下之心也舜也禹也益也於其君之老也奉命以行其事而已未嘗攝其位也於其君之終也位冢宰總百官以行方喪之禮而已未嘗繼其統也及夫三年之喪畢則當還政嗣君而告歸之時也於是去而避之亦禮之常而事之宜耳然其避去也其心固惟恐天下之不吾釋也舜禹蓋迫於天命人心而不獲已者若益則求仁而得仁又何恥之有哉論者之學不足以及此而狃於利害權謀之習妄意以爲聖賢之心亦若已之心而已矣蓋以曹操不肯釋兵歸國之心而爲舜禹益謀則宜其以爲不當去　位而避朱均以曹丕累表陳讓之心以爲舜禹益謀則宜其幸舜禹之得之而以益之不得爲可恥也嗚呼學者能

反是心以求之則聖人之心庶乎其可見矣曰程子所論外丙仲壬之年商書固有成湯既沒大甲元年之云矣或以邵子皇極之書考之亦然彼蓋以數推之其不誤矣曰書序之文本非正經未足據也且事之有理者可以驗其有迹者可以證如其不然而又無所繫於大義則亦論而闕之可也數之推吾所未學又安能必其可信而隨人以信之邪且魏惠襄哀之年見於竹書明甚史記蓋失其實邵子之書乃從史記而不取竹書又安知其能不誤邪

或問七章之說曰程子覺字之說至矣特後段所引達可行於天下自與前段文意相反豈其記錄之誤若如前段之說則此所謂天民但言天所生之民耳其曰天民

之先覺蓋曰天生此民之中特爲先覺者而已呂氏以五就桀爲無傷於先覺蓋以論語先覺之說論之非此章之旨也又以五就桀爲孔子所不爲此亦未可知而所論學者之事則正矣楊氏樂堯舜之道之說似亦過之夫田夫野老之所日用固莫非堯舜之道然堯舜之所以爲堯舜者其盛德大業之全體非一端所能盡而伊尹之所樂亦豈其專在於此而已哉此蓋生於禪者之說（昔有以此問某人如何是堯舜之道者某人答云江上一犂春雨）傳者悅其新奇高妙而不深考於其實遂取以爲說而張大之其亦誤矣且如其言則伊尹之耕於野其於堯舜之道固已親見之久矣又何必堯舜其君堯舜其民而後爲親見之邪其論一介千駟之說則善也曰道義一物非其義則

非其道矣一介不妄取予則其大者亦可知矣而旣曰非義又曰非道旣曰一介又曰天下千駟何也曰道義云者兼舉體用而言曰一介千駟極其多少而言也蓋人之氣質不同器識有異或務大而忽小或拘小而遺大故必兼舉而極言之然後足以見其德之全耳夫豈贅於言哉

或問八章之說程子所謂聖人非不知命然於人事不得不盡此說非是者奈何曰人事即天命也人事不盡則禍患乃其自取而天命不立矣故盡人事者是乃所以順夫天命而謹守之此知命所以不立乎巖墻之下也若曰已知命之若彼而姑盡其事之如此則是乃天人義命判然二物且聖人之知命也未嘗審而其行事或

出於苟然矣曰其論無義無命者如何曰處置者求合乎義也放下者順受乎命也曰諸説如何曰義命之際呂密而楊踈而尹氏爲君言之亦可謂得其要矣

或問九章之説曰范氏詳且明矣其論百里奚隱於市井本無干繆公之意又言聖賢未遇不恥鄙賤之事而惡不由其道以得富貴此意甚正宜湲味之所引莊子之言亦甚善其辯史記之失尤佳然按左氏之言則滕秦穆姬者乃井百非百里奚也尹氏之説則切中時俗之弊矣

孟子或問卷之九

孟子或問卷之十

朱熹著

或問三子之偏如此而孟子以聖名之何也曰三子之聖因其氣質之偏而力行以造極卒至乎不息不勉之地而表裏洞然無一毫人欲之私者雖謂之聖然於孔子則有不得而班者矣蓋以孟子之言差之則金玉備而巧力全者孔子也若顏子之博於文而約以禮竭其才而不能及則金聲已備而玉有未振巧足以中而力有未充者與故以所至論之則顏子不若三子之成以所期言之則三子不若顏子之大以學之序而論之則三子皆失其所當先故行愈力而見愈偏而顏子循序以進則其所至未可量也惜乎早死而不及見其成耳然

就三子而論之則伊尹之學又密於夷惠矣曰諸說如何曰程子張子至矣楊氏說亦多得之但聞引知之於賢者爲失其文義又曰大而化之則雖智而忘其智者亦涉老莊之流而楊氏旣不之正又自以智爲聖人從容中道之妙似亦有未安者其攻王氏之失則考之詳而論之備矣若謂伯夷亦將爲伐桀之事則又未必然也尹氏專守師說而此章獨否豈於分晝之間有所未達而然與

或問孟子所論班爵封國之制皆與周禮不同何也曰是不可攷矣蓋自孟子時已無明驗而周禮後出又有不可盡信者是以諸儒之說紛然而卒不能得其正也曰畿內受地之制其有稽乎曰周禮所謂公邑家邑小都

大都者是已而王制亦有天子縣內諸侯之數但其多寡與周禮復不同耳曰陳氏以爲王之子弟及公卿以下其官不少也皆受地如列國之君則千里之畿有所不容疑亦視此以爲差降非必盡如之也此說如何曰以周禮考之其制亦與孟子不同然大都則方百里而小都亦五十里也但王制以爲天子縣內諸侯祿也則國不繼世而食之亦無嫌於不容矣其據土以傳世者殆周禮之末失與

或問孟獻子有友五人之說曰如舊註范氏之論則是五人者爲欲挾其賢以驕人而屈於無資故不得已而友獻子若亦有百乘之家則且又將并其富貴而挾之而不與獻子爲友也是豈賢者之心哉其亦必不然矣至

於張子之說則善矣然詞亦傷巧與孟子他文不類而所謂亦有獻子之家者其亦字亦未通蓋不可考矣姑從張子之說而闕其疑以俟知者可也

或問殷受夏周受殷所不辭也於今爲烈趙氏有成說矣或者又謂若義在可受則三代受人之天下而不辭今禦人者乃爲暴烈不義如此如何而可受其饋乎烈如詩序所謂厲王之烈者暴烈之意云爾或又以爲烈光也三代相受而烈光至今也是三說者擇一而從之可也何至闕而不爲之說乎曰熟讀本文此十四字自與上下文不相屬如趙氏之說則辭受二字與上下文亦不相似或者二說亦覺費力不若從李氏闕之之愈也然此章之文有可疑者不獨此也如獵較簿正之屬皆

所未明是以備論而闕之耳

或問六章之說曰范氏詳矣楊氏引周禮爲說其義尤精也

或問卒章楊氏之說曰是其說則當矣而有所未備也蓋孟子所謂易位者言其理當如是耳若三仁之事則比干箕子固有所不及爲若微子之去亦或其勢之不便也然觀其引身而去以全先王之世則其計慮亦豈苟然者哉若其力之可爲則伊尹霍光固以異姓之卿而行之矣況有骨肉之親者乎然世或疑此言有以起篡奪之禍者則孟子豈不嘗曰有伊尹之志則可無伊尹之志則篡乎曰尹氏後說如何曰如此是初無此理而孟子虛說此言以脅其君也其亦不然矣

孟子或問卷之十

孟子或問卷之十一

朱熹著

或問首章之說曰張子言禮爲安佚之道而不言其爲性之有也然既爲安佚之道則其爲性之有明矣學者必以此意推之然後可以破告子杞柳之說

或問二章之說曰程子以爲湍水即楊子之說其大指固略同矣然告子以善惡皆性之所無而生於習楊子以善惡皆性之所有而成於修此亦有小異也張子以爲性之本原莫非至善是也而曰習而爲惡亦性也飲食男女皆性也則反近於楊雄告子之說其以楊雄爲見末流而未見本原又有取於其修之之說亦有不可解者謝氏以性之爲不善者爲非性之至亦非是其曰水

之激躍者非水之性則善也觀過知仁之說亨於論語已辯之矣

或問子以告子論性數章皆本乎生之謂性之一言何也曰性之爲說吾既詳言之矣告子不知理之爲性乃卽人之身而指其能知覺運動者以當之所謂生者是也始而見其但能知覺運動非教不成故有杞柳之譬既屈於孟子之言而病其說之偏於惡也則又繼而爲湍水之喩以見其但能知覺運動而非有善惡之分又以孟子爲未喩巳之意也則又於此章極其立論之本意而索言之至於孟子折之則其說又窮而終不悟其非也其以食色爲言蓋猶生之云爾而公都子之所引又湍水之餘論也以是考之凡告子之論性其不外乎生

之一字明矣但前此未有深究其弊者往往隨其所向各爲一説以與之辯而不察其所以失之之端獨在於此是以其説雖多而訖無一定之論也曰然則程子之説奈何曰是亦精矣獨生字之義若有未瑩是以吾説不免有小異者知其所論氣質之性理有善惡及人物之性所以不同如隙中日光及以孟子之言爲極本窮源之類則固未嘗敢有所疑也若其曰論性不論氣不備論氣不論性不明者則又極至之言蓋孟子之言性善者前聖所未發也而此言者又孟子所未發也曰然則告子固指氣質而言歟曰告子之所謂性者固不離乎氣質然未嘗知其爲氣質而亦不知其有清濁賢否之分也曰張子諸説如何曰不通晝夜之云已非孟子

所斥之本意其下諸說則皆至論而卒章所謂今之言性者漫無執守所以臨事不精學者先須立人之性學所以學爲人者則尤親切也予嘗以此章之旨問於李先生先生曰孟子之意只恐其昧於人性之善耳此正張子卒章之意也曰楊氏所謂陰陽無不善而人得以生故性無不善如何曰陰陽氣也不能無不善唯所以陰陽者則是所謂道而無不善也今旣以陰陽爲無不善而不能必其無不善則又曰善者其常而亦有時而惡焉則非所以語性之善矣豈其記者之失也歟

或問四章之說曰飲食男女固出於性然告子以生爲性則以性爲止於是矣因此又生仁內義外之說正與今日佛者之言以作用爲性義理爲障者相類然孟子不

攻其食色之云者使彼知義之非外則性之不止於食色其有以察之矣張子之說發明仁義之意亦親切而有味

或問五章之說曰范氏詳矣程子於易傳發明義非在外之意尤爲有功然彼直内之敬與此章敬叔父敬弟之敬若不相似也而楊氏引以爲説何哉

或問公都子問性而孟子以情與才者告之何也曰性之本體理而已矣情則性之動而有爲才則性之具而能爲者也性無形象聲臭之可形容也故以二者言之誠知二者之本善則性之爲善必矣曰然則程子何以言才之有不善也曰此以其稟於氣者言之也蓋性不自立依氣而形故形生質具則性之在是者爲氣所拘而

其理之爲善者終不可得而變但氣之不美者則其情多流於不善才亦有時而偏於不善若其所以爲情與才之本然者則初亦未嘗不善也孟子程子之說所以小異而不害其爲同也曰孟子初未嘗有氣質之說也孔子雖以性之相近而言然亦不明言其爲氣質也程張之說亦何所據而云乎曰孔子雖不言相近之爲氣質然其於易大傳之言性則皆與相近之云者不類是固不無二者之分矣但聖人於此蓋罕言之而弟子有不得而聞者故其傳者止是而無以互相發明耳孟子雖不言氣質之性然於告子生之謂性之辯則亦既微發其端矣但告子辭窮無復問辯故亦不得盡其辭焉孟子既沒學失其傳吾儒之言性者漫不省此而支離

穿鑿之說滿天下學者方且昏迷眩瞀不知所定而爲釋氏者又鼓其荒誕之說而乘之雖其高妙虛無若不可詰然覈其實則所謂蠢動含靈皆有佛性之說所謂作用是性之說皆不過告子生與食色之餘論耳至於性之爲理與其仁義禮智之蘊惻隱羞惡恭敬是非之發則反以爲前程妄想而棄絕之及論智愚善惡之不齊則舉而歸之輪廻宿習不可致詰之地舉世之人亦且崇信而歸往之無有能巽其說者及周子出始復推太極陰陽五行之說以明人物之生其性則同而氣質之所從來其變化錯揉有如此之不齊者至於程子則又始明性之爲理而與張子皆有氣質之說然後性之爲善者無害於氣質之有不善氣質之不善者終亦不

能亂性之必爲善也此其有功於聖門而惠於後學也厚矣子尚安得以其無所據而爲疑耶曰孟子之言性也情也才也皆未嘗不善也而程子以來乃有以才爲有善不善者何也曰以性而言則才與情本非有不善也特氣質之稟不齊是以才有所拘情有所徇而不能一於義理耳至於性則理而已矣其純粹至善之德不以氣質之美而加多不以氣質之惡而爲有損特其蔽之厚薄隨有不同耳曰然則孔子之所罕言者孟子詳言之孟子之所言而不盡者周程張子又詳言之若是何耶曰性學不明異端競起時變事異不得不然也曰程子嘗云佛亦言性本善然則所以異於吾說者何也曰佛之所謂善空而無物之謂也若吾之所謂善者則

彼固以爲塵勞妄想而爲不善之尤矣惜乎問者之不及此而不足以盡發程子之言也若其所謂性卽是理而原其所自未嘗不善者則自孟子以來未有及此者矣曰比其他說如何曰是其得之者固多矣獨以若爲順者恐於文義有所未安而謂孟子不暇分別才情之有不善則亦與所謂言舉天下之才與論一人之才不同皆若有可疑者其曰稱性之善者則前輩固疑其不盡出於夫子之言而所謂動爲心者亦與心有指體指用而言及張子心統性情之說不類疑亦記錄之或差也其他則皆至論而人者一條尤爲精約也曰張子之說如何曰是其爲說多善而所論性情歸處惻隱殘忍之心各自何處而來者尤爲切要但論韓子未當其病

耳曰楊氏諸說如何曰其第一說善矣而辭有未暢第二說則吾已辨於第八篇矣然此論物各有則而曰接於外而不得遁焉者其必有以也則無乃空虛無實而近於佛氏之云乎然其於三經義辨有曰視聽言動必由禮焉此一身之則也爲君而止於仁爲臣而止於敬爲父而止於慈爲子而止於孝此君臣父子之則也夫婦有別長幼有序朋友有信此夫婦長幼朋友之則也則得之矣豈其晚歲之所得有進於前乎然其言亦有未瑩者若曰視聽言動必有禮焉一身之則也君之仁臣之敬子之孝父之慈朋友之信君臣父子朋友之則也則庶乎盡之矣其一說又謂知其體物而不遺則天下之理得物與吾一然後物不能亂吾之知思者蓋以

釋夫大學物格知至意誠之旨也以彼經文考之恐不如是其亦佛氏之餘乎其辨蘇氏之說則善矣然蘇氏性習之云正告子湍水之論也能焚能爇乃其設譬之不善也不攻其本而詰其末使彼而易之曰猶火之能熱而能爍之則又將何以詰之乎蘇氏道不可名之說則謬矣而所以辨之者亦未得其要領也盍詰之曰道未有不可名者也以道爲不可名者是不見道而自誣以欺世之說也其所謂一與中者豈以舜禹授受之言論之乎若是則一者不二其心之謂中者無過不及之名耳皆非前所以命夫不可名之道而寄之也至於子思之言喜怒哀樂之未發謂之中者則所以狀性之德而非允執厥中之中矣然亦正以其無所偏倚而名之

非以其不可名而姑寄之也若孟子之言性善則固謂夫未發之中本無不善耳是則中亦何自而枝乎若其所論孟子引詩之說則深得古人之用心矣曰侯尹如何曰侯氏語約未見其失尹氏謂愚惡非本然則可謂賢而善者亦非本然則爲湍水之說而流於佛老之言矣曰然則荀楊韓子之說孰爲近耶曰是皆不知性之爲理而以氣爲性者荀楊之失蓋不難見獨韓子以仁義禮智信爲言則固必已優於二子而近世諸儒亦未有及之者但亦不察乎其所以不齊者爲氣使之然是以其論有所闕而不完耳

或問程子云既發則可謂之情不可謂之心者如何曰是亦記者之誤耳程子論心惟答呂與叔書最後一篇爲

盡而張子所謂心統性情亦爲切要若前所謂動爲心者則與此正相反而胥失之矣曰他說如何曰程子理義悅心之說程子之意也至矣張子理義全在天以下文考之天當作人其禮文通俗之說則不可曉曰呂氏所謂虛而誠者何也曰此亦張子之意也亦曰形而上者無非實理耳然曰善之所由出又以性可以爲善則亦離善於性而失之矣其論地有肥磽雨露之養人事之不齊者則竊而同然之說與謝氏悅心之說亦皆善也

或問夜氣之說曰程子張子皆至矣楊尹亦無失其旨者曰然則夜氣者特休息之餘氣清明者耳而程子遽以爲良知良能者何哉曰良知良能非指夜氣而言也指

夜氣之所存者而言也蓋此章之說本以仁義之良心爲主以爲雖或流於物慾而其莫夜旣得休息則其氣復清明而有以存夫此心耳及其旦晝而接物也則又梏而亡之是以流於禽獸而不反耳其存其亡蓋皆以心言之初不以爲氣之存亡也故其下文引孔子之言以明心之不可不操者則其意益明矣但日夜所息以下只以好惡相近爲良心之萌蘖不復更着心字故說者反謂氣有存亡而欲致養於氣則此章文意首尾衡決而日用之閒所以用其力者亦且散漫而無可守之要矣非程子以是明之孰能知其旨之爲然哉然其語意亦頗深約予初讀之亦未覺其然也後因諷誦孟子本文忽悟其意然後求於程子之說乃若有契於予心

者耳雖由予之愚暗而然然亦可見讀書之不可不熟而前賢之說其微詞奧義又非一見之所能窺也曰程子以爲心無出入然則其有出入者其無乃非心之正耶曰出而逐物者固非本心之正然不可謂本心之外別有出入之心也但不能操而存之則其出而逐物於外與其偶存於內者皆恍忽無常莫知其定處耳然所謂入者亦非此心既出而復自外入也亦曰逐物之心暫息則此心未嘗不在內耳學者於此苟能操而存之則此心不放而常爲主於內矣易之陽絶於外而生於內者於卦爲復象正如此而其象曰出入無疾朋來無咎則其意亦猶是也曰程子又以范氏不識孟子而能識心何也曰是其氣質之粹美而無逐物之心耳若聖

賢所以通天下之志而盡人物之性者彼固未及知也

或問程子所謂聖人求道之切須求其所以如此者果何謂耶曰聖人之所以如此亦設詞以教人耳然其所以欲人之如此則豈不曰道不可以須臾離而天理未易明人欲未易去幾微之間一有間斷則爲失其本心也耶自此之外則亦無以汲汲爲矣

或問十章之說曰張子呂尹皆得之矣張呂之說有相復者則不知果誰之說然呂氏爲詳也程子外書所謂義無對者意亦通此然孟子所論宮室之美妻妾之奉窮乏之得我此三者或物欲之尤人所易溺或意氣之私人所不能免者自非燭理素明涵養素定而臨事有省察之功未有不以此而易彼者也昔程子之門人有爲不

義者或問之曰是人從學之久盡其全無知識以至是耶程子曰謂之全無知識則不可但義理不能勝私欲之心即至此耳愚謂此言以責人言之則恕以敎人言之則切尤足以發明孟子此章之意

或問十一章之說曰此孟子發明學者用力最緊切處而程伯子之言至矣其言曰下學上達則固不以就於此而已也其論人心之辨析理尤精其以仁爲就事言者猶曰以其理而言爾范氏之言明白詳盡得告君之體楊氏孔子未嘗言仁之說予於論語蓋已辨之其曰仁人心也最爲親切則得之然亦必以程子之說通焉然後毫釐之間無所差謬不然則將直以心字訓仁而不察其名義之所主者亦不能無失矣

或問十二十三十四三章之説曰范氏詳矣雖以人君之事爲言然學則無貴賤大小之間學者反之於身亦未嘗不可用也張子二説恐皆有未安者孟子所謂愛身亦曰不使陷於不善而其所以養之者則又當養其大者而不可唯口腹之養也其論口腹豈尺寸之膚者亦非本文之意

或問十五章之説曰程子泛言非以釋此章之義也尹氏之云則失其序矣大抵孟子此章之要正在夫先立乎其大者之一言耳蓋大者既立則凡動静云爲皆主於息而不隨於物其不中理者鮮矣范氏之箴蓋得其旨未可以晩出而易之也

或問人爵從之有以爲從之者猶言其任之云爾如何曰

是蓋嫌其猶有意於人爵之求耳殊不知此章之意所以爲天理人欲之别者特在乎求與不求之間有意於求則是乃所謂修天爵以要人爵者君子固已斥之矣其或不求自至則是乃理勢之必然者而又何嫌之有哉曰修天爵以要人爵者雖曰修之而實已棄之久矣何待得人爵之後始謂之棄耶曰若是者猶五覇之假仁猶愈於不假而不修耳聖人之心寛宏平正善善惡而惡惡遲不如是之急廹也且若是言則彼直棄而不修者又將何以處之耶

或問十九章之說曰張子敦篤虛靜之云者於學者爲有功然比之孔子之言則有間矣學者審之

孟子或問卷之十一

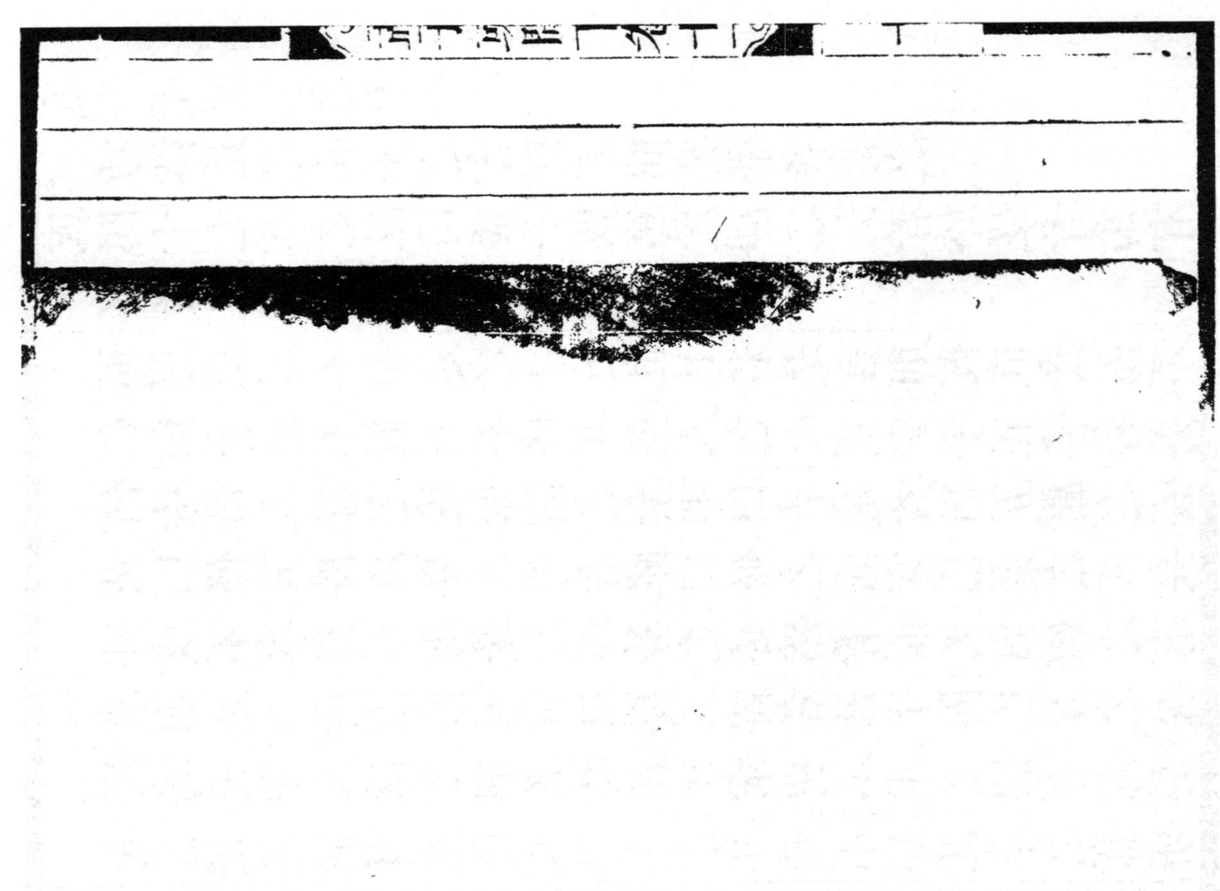

孟子或問卷之十二

朱熹撰

或問首章之說曰禮之大體固重於食色矣然其間事之
大小緩急不同則亦或有反輕於食色者惟理明義精
者爲能權之而不失耳權之不失是乃所以全體之重
而發明食色之輕也觀於寸木鉤金之喻孟子之意亦
可見矣而范尹於此皆若有所回隱遷就而不欲言者
豈所謂未可與權者歟

或問二章之說曰程張至矣張子始舉其易者言之而推
之以至於事無巨細莫不皆然發明言外之旨尤爲有
功楊氏之說亦爲親切但其書又有曰佛者龐蘊有神
通并妙用運水及搬柴之說此自得者之言最爲達理

但其言周遮使便通徹亦須把來做一件事若孟子之
言則無適不然矣愚竊惑之夫釋氏之言偶與聖賢相
似者多矣但其本不同則雖相似而實相反也蓋如此
章孟子之言均是行也而一疾一徐其間便有堯桀之
異是乃物則民彝自然之實理而豈人之所能爲哉若
釋氏之言則但能識此運水搬柴之物則雖倒行逆施
亦無所適而不可矣何必徐行而後可以爲堯哉蓋其
學以空爲眞以理爲障而以縱橫作用爲奇特故與吾
儒之論正相南北至於如此今不察焉而以達理自得
稱之至語其病則以爲特在於周遮著意而已如此則
是凡爲佛者去此二病而遂與吾學不殊也且其所謂
無適不然者亦未見其有以發明孟子之意而異於釋

氏之言者豈其記者之失與不然則始於儒佛語性之
不同亦有所未辨矣程子有言以吾觀於釋氏句句同
事事合然以其本之不正是以卒無一句一事之同正
謂此爾或問於胡文定公曰禪者以拈槌竪拂爲妙用
如何公曰以此爲用用而不妙須是動容周旋中禮方
始是妙用處以此求之楊氏之言其得失可見矣尹氏
推說堯舜孝弟之意亦佳而集義未之載也曰學莫難
於知道故欲修身者必以致知爲先今曰道豈難知而
特患於不爲何哉曰道之精微固難知也然自始學言
之則如是而爲孝如是而爲弟如是而爲不孝如是而
爲不弟其大體向背之間豈不明而易知乎致知云者
亦曰即其已行之知而推致之耳今曹交於此似有所

未知借曰知之亦未必能行之也亦何暇及乎致知之方乎予於大學之序必以爲因小學之成功而後力有所施蓋爲此耳

或問程子論小弁之怨與舜不同何也曰舜之怨曰父母之不我愛於我何哉蓋反諸身以求其所未至之辭小弁之怨曰何辜於天我罪伊何則自以爲無罪矣此其所以不同也歟

或問四章楊氏之說曰是則然矣然其意本非以爲君子欲求勝人而後不言利也疑記者小失之讀者不可不察

或問儲子儀不及物幣可反乎曰始交未容逆料其不誠既受則不可反矣

或問三子之說曰程子張子至矣但張子成性之說有所未安而其曰徒克己而無禮亦何所賴又須反禮然後至者則亦有說焉夫孔子告顏淵以克己復禮而又語其目曰非禮勿視聽言動則是己之與禮更爲消長固未有不以禮爲則而能克己者亦未有旣克己而不復禮者也而張子云爾者豈以有若浮圖之盡屛物欲而卒不合禮者耶然若是者非旣克己而不復禮也乃其克己初不以禮爲則而徒自苦耳其論天民乃若王氏所謂非一國所得容一君所能有者尤不可曉其論孔子五薦五就則得之矣曰楊氏如何曰其論不可易地者未必然其曰聖人無取天下之心則至論矣

或問亮之爲義諸說不同如何曰考之說文古無亮字今

以爲與諒通者得之矣然諒有二訓有止訓信者友諒之類是也有爲必信者貞而不諒是也至於執字則但爲持守之意而未有以爲固滯者如中庸所謂固執者是也今程子以亮爲固執固爲必信之意而讀惡曰烏則其說宜曰不必信則不固滯矣張子亦以諒爲必信而讀惡從去聲則其說宜曰所以不必信者惡其至於固滯也是雖其文勢小有不同然以諒執爲病則同也夫諒有二義從其一焉可也至於執。則無可病之理故吾以是推之而從尹氏之說直以諒爲友諒之諒言君子舍是則無可據守也

或問尹氏去就之說曰三者之去就亦視其所遭之時如何耳孔子皆嘗爲之又可以上下等之耶意者其有所

未達於免死之說故歟

孟子或問卷之十二

孟子或問卷之十三

朱熹著

或問心無限量者也此其言盡心何也曰心之體無所不統而其用無所不周者也今窮理而貫通以至於可以無所不知則固盡其無所不統之體無所不周之用矣是以平居靜處虛明洞達固無毫髮疑慮存於胸中至於事至物來則雖舉天下之物或素所未嘗接於耳目思慮之間者亦無不判然迎刃而解此其所以爲盡心而所謂心者則固未嘗有限量也大槩此章所謂盡心者物格知至之事曾子所以一唯而無疑於夫子之言者是也所謂事天者誠意正心修身之事曾子所以臨深履薄而無日不省其身者是也所謂立命者如是以

沒身焉曾子所以啓手足而知免得正斃而無求者是也以是推之則一章之旨略可見矣曰諸說如何曰程子至矣然其言有難知者當深思之亦有記錄傳寫之誤者當明辨之如曰贊則與養之而已者其誤也與其曰無限量與三者之名義則至矣其曰才數著便不盡者論心之發其大目固不外乎四端然其間支分脈布千差萬別則有不容以四目盡者是以不容遍舉而悉數也其以運用爲意而非心者嫌於不盡其體也呂與叔最後一書觀之可見矣其義張子京師長安之說亦至論但其所譬恐未的若曰猶居開封而識京師則庶矣蓋性只是心之理天即理之自然處初非有二物也其論釋氏有盡心知性而無存養之功者正承上文譏其

無下學非上達不連屬而有間斷之病耳非真以是許之也更以後段答劉質夫之語觀之意尤明白其論直內方外而曰旣無方外則所謂直內者其本亦不是意亦如此學者深考之可也張子之說尤詳其曰大其心者罔善蓋欲人明理以盡心而不梏於聞見之狹如其下段物出於性一條所云者然有大之之意而初無用力之方又以聖人盡性爲言則非孟子之本意其曰有外之心不足以合天心者程子嘗引以明自慊之意甚善而張子之自言則又若有不同者其曰知心之所從來亦未免爲有病其曰盡人道則可以事天又曰性原也心派也此類又皆程子所議京師之說也其曰性大於心尤深可疑若曰修身養性始能盡性則善然其後復

有盡心即記所謂盡巳之性者則又牴牾矣其曰舍此見聞別自立見始謂之心此亦可疑大抵其說不免有強探力取之意不若從事於程子所謂積累貫通之說則不期於大而大不待離舍見聞而心之體用未嘗不在我也其論夭壽不貳之說則善其以魚子喻天命之性則又前原派京師長安之說也且魚子既受大魚之氣則大魚之氣今固巳在是矣不必成魚然後爲反原也今以人性本天而皆是以成天之性則方其未成也天人固不合矣此程子所以每致疑於其說也東見錄中有語張子穿渠引源一條正破前原派之說而曰後來此議必改則其惜之深矣今以此語說者考之書未見其有改也豈記錄之有所遺乎范氏篇首大意最善

至引中庸以後則雜亂多失不可勝論惟曰窮理所以盡心者近之至謂盡心所以窮理則又倒置矣呂氏卽張子之說而後段精密有可觀者謝氏充擴得去者得之然其猶在貫通之後乎其以心專爲發用則吾於綱領之篇巳辨之矣游氏於此章首尾次序大意甚有條理而其所以爲說則皆老佛之餘也如曰心之地無餘藴而性之本體見者如曰守靜後本內觀反聽致一致專者豈儒者之言而孟子之旨乎其曰至大至剛以直則孟子所論乃氣之本體而以爲養性之道尤不可其說也楊氏心不可無性不假修之說善矣至論心之爲物與其所以盡之者則不能使人無疑尹氏存養所以得天理者大意可觀而於孟子之本文又無所與也曰

然則存心養性儒者之說可得聞乎曰存心者氣不逐物而常守其至正也養性者事必循理而不害其本然也以此推之則儒者異端之辨明矣曰然則心之爲物與其盡之之方奈何曰由窮理致知積累其功以至於盡心則心之體用在我不必先事揣量著意想象而別求所以盡之也

或問一章之說曰程子至矣其曰桎梏死者莫非命然聖人却不說是命此最是得其文義者若張子曰命之於人無不正則非文義而又曰順乃受其正則非文辭矣巖墻一段則善而其他大旨教人毋爲不直之求徒以自陷於不正者警戒尤切學者所當深念也范氏說亦得之所引李泌之言於告君之道尤爲有力尹氏之說

出於程子下章詳矣

或問三章之說程子以求在我者爲義求在外者爲命以求在我爲求義乎則下言求在外者非求命也謂以義而求乎則求在外者不可言以命而求也又有聖人有義而無命與下數節之說則義命之云似專爲求在外者設此乃分析內外言之何也曰在我者如仁義禮智之屬皆此理所當爲以其求之得之莫不有義故曰義在外者如富貴利達之類皆命有所制以其求之雖有道而得之則有命故曰命然聖人則力爲我之所當爲而不問彼之所制故曰有義而無命此以所求之內外而言也若專爲在外者言則後段所謂求之有道者義也得之有命者命也是其言各有當意各有指然錯綜

而言則理亦無所不通也曰程子旣曰中人以上不消言命又曰中人以下以義處命矣而又曰聖人而言命蓋爲中人以上者設何也曰以文考之前說兩見皆同而後說無他援據當以前說爲正後說蓋誤以下爲上耳且其後又云聞命而不能安又其每下者則前此固已嘗有下字矣後段之誤蓋無疑也曰最後一說又以在我未盡雖不可以言命然富貴貧賤壽夭是亦前定然則人之所取亦前定耶曰若是者其貧賤而夭固或有非人所取而得之於天者然無以驗其必然則君子固不謂命若其富貴則君子處之固有得天下而不爲者矣亦安得遽謂之命而安之乎此程子言義不言命之說所以有功於學者其亦前聖所未發之一端也張子說

亦皆善而後說尤詳其言義命似專爲求在外者言之

其曰有內有外者是又以求在外者爲自有內外錯綜

而觀亦無不通楊氏所論之人則程子所謂毋下者耳

尹氏以命爲外者亦曰制之在彼云爾

或問四章之說曰萬物皆備之說程子至矣蓋萬物之生

同乎一本其所以生此一物者卽其所以生萬物之理

也故一物之中莫不有萬物之理焉所謂萬物皆備云

者亦曰有其理而已矣反身而誠則張子無不慊於心

作德日休實到實有之說爲實若不責之處心行事之

實而但欲反心以求衆理而想象安排使其備於此焉

則將何所據以爲實而其爲心亦已勞矣尚何樂之可

言哉若程子學者先須識仁一條則其說高矣非所謂

盡心知性不假存養者不能及也其諸程子自道其所以入德之由乎雖非學者之所及然玩而繹之其所以發人者亦深矣强恕而行則亦程子之說得之但以立人達人爲仁之方則吾於論語既言之矣張子既誠而又强恕之說失之其曰誠者自謂之誠亦有誠於惡者則其失又愈遠矣楊氏之說正是想象安排之病尹氏雖約然極有味曰强恕初不言忠無忠何以爲恕耶曰有心爲恕則忠固在其中矣所謂無忠做恕不出兩字不容去一者正謂此也

或問六章七章之說曰舊說皆善矣然六章李氏以爲人而無恥則其爲恥無復可恥矣七章亦猶謂人若不恥其不及人則終不能及人者於義亦通學者擇焉可也

或問九章之說曰范尹之說皆善而范氏所謂孟子言道德必以義配者尤有功

或問十一章之說曰范氏推言聖人一節甚得言外之意

或問十二章之說曰去惡除害固尹氏所引程子之說也而程子又自有救焚拯溺之說二者不同子之去彼取此何也曰救焚拯溺非常有之事所指者狹不當以此爲說若曰去惡除害則正所謂辟以止辟者彼爲惡以害人其罪當死吾求所以生之者不得而後殺之以安衆而厲其餘凡此皆以生道殺之也彼亦何怨之有且或去惡如伐叛除害如救水火往者不幸而死亦無所怨此又足以兼彼之說而彼不足以兼此也

或問過化存神之說程子所說固與張子謝氏不同而其

後說以無我言過化以在已言存神則似又若張謝之說何也曰張謝之說皆疑於老佛之意以此章上文考之恐其指不爲是也故程子直以所過者化爲及物而於易傳又有所過變化如虎豹炳蔚之言其旨明矣蓋言所過者化則凡所經歷物無不化不必久於此而浹洽之然後物從其化也然其曰經歷亦不必爲經行之地凡其身之所臨政之所及風聲氣習之所被皆所經歷也至於無我之說則出於楊氏之篇或者固疑其不皆出於先生之口也所存者神前說既以立之斯立等語明之則其意亦明矣其曰在已者蓋以化者無意而及物此則誠於此而動於彼如所謂從欲以治也但其感應之速如影響形聲之召有不知其所以然者是則

所謂神耳以是推之則程子於此初未嘗有異説也但張子謝氏文意亦少異張子過存字稍輕而化神字實謝氏則過者存者字實而化神字稍輕暢錄所云蓋同謝氏之説以文勢論之爲優於張子者然其决非孟子之意則均但近年學者深愛此説故不可不詳其失耳

或問仁聲之説曰程子得之矣舊説以爲先王之樂張子從之恐不然也

或問十五章之説曰程子至矣張子天下爲度之云恐非孟子此章之正意楊氏説固善然有未盡處蓋既曰惻隱之心仁之端也又曰親親仁也則惻隱親親固仁之發而仁則惻隱親親之未發者也未發者其體也已發者其用也以未發言則仁義禮智渾然在中者非想象

之可得又不見其用之所施也指其發處而言則日用之間莫非要切而其未發之理固未嘗不行乎其間要之體用未嘗相離故孟子因用以明體正欲學者即是而默識之耳尹氏大意得之其曰能不識者則又言外之意也

或問十六章之說曰張子得之矣范氏既曰聰明聖智矣又曰積而成聖無乃自爲矛盾耶又謂及其爲聖人則是舜之初果爲野人而後乃爲聖人也楊氏非正解此章意者尹氏無我之說亦未然也

或問十七十八章之說曰范氏之言如此亦可謂惻怛而懇至矣誨爾諄諄聽我藐藐嗚呼難哉

或問十九章之說曰程子至矣然於天民之名亦少有未

盡處其曰天民大人亦係乎時與不時者蓋天民專指潛隱未得位者大人則其德已著如乾之二五通上下而言之也張子天乎民者尤爲未安而論達可行於天下而後行之則善必先正物之說似亦可疑豈設辭之未決耶呂氏論天民之異者得之其第二說與楊尹說亦皆善也曰然則此其不言聖人何也曰大人蓋亦通言之矣如乾之大人豈必以爲充實光輝而未化者耶

或問二十一章之說曰程子至矣宜深玩之楊氏以仁義禮智根於心爲本來如此者亦曰其所稟者然耳蓋孟子所謂所性猶性之之云也

或問二十三章之說曰范氏極陳堯舜三代養民之法而歸之欲治天下先治其心者可謂至當之言矣

或問二十四章之說曰程子張子至矣其曰無窮又曰有本當合之曰言道之有本而無窮則善其論成章亦然張子大意得失亦與程子相似呂氏難爲言以上得之楊氏所論勝物而小之者王雱之說也其斥之當矣然此章雜取衆理錯比成文以明難明之理猶詩之有比興也登山觀海流水盈科興也觀瀾容光比也學者反復而詳玩之則可以默識於言意之表矣

或問二十五章之說曰諸說皆善而程子未接物時之論尤能發明言外之意學者所當深念也然程子又嘗言不獨財利之利凡有利心便不可如作一事須尋自家穩便處皆利心也如此則善利之間相去毫髮苟辨之不明其不反以利爲善者鮮矣此大學之道所以雖以

誠意正心爲重而必以格物致知爲先也

或問二十六章之說曰程子張子至矣而張子之言尤精且詳其論無忌憚者所以憂後學者至矣可深玩也謝楊之說亦善呂氏論文義處得之但所論正權以下多所未安如曰其體純而不雜而以盡物之性爲權則未見道之所以爲體者而物性又在道體之間其論堯舜無能名以爲不在彼不在此不在中則恐亦非本文之正意而近於釋氏不厲中間與內外之說至謂雖爲我而與天下同其利雖兼愛而立愛自親始則其文義尤不可曉夫既專於爲我則安能與天下同利能與天下同利則不得爲爲我矣既兼愛則安能立愛自親始能立愛自親始則亦不得爲兼愛矣兩者相攻如水火之

不相入乃欲兩取而兼存之推尊孟子而并容楊墨得無亦有不叛聖賢而兼取老佛之微意耶

或問柳下惠不辭小官楊氏既以爲和又以爲介何也曰不辭小官和而介也人知其爲和而不知其爲介焉楊氏之說爲有功矣曰尹氏之訓如何曰詩家固有此訓然施之於此則有不通也

或問三十章之說曰諸說皆善但楊氏以管仲一正天下爲久假不歸孔子以仁許之爲惡知非有則誤而胡氏以爲五霸假之未久而遽歸者亦非是蓋如此說則其所以啓司馬公之疑而來蘇氏之辨者蓋無足怪而予已論於辨惑之篇矣集註二說雖若未有定論然皆庶幾其不悖於孟子之本意云

或問三十一章之說曰程子之說曲折詳盡其處義精矣楊氏以伊尹惟知有忠者亦爲得之然孟子但論在我者有是心則伊尹之事可爲一有毫髮之僞雜乎其間則不免爲簒賊耳不以素行之著不著天下之疑不疑爲可否也其曰中道者則善

或問三十三章之說曰范氏詳而盡矣但孟子之言乃理之當然非有爲而言之也所謂急於救民者非是

或問三十五章之說曰范氏所論得其大意而楊氏之說則又詳矣然桃應之問孟子之答皆非以爲眞有是事也蓋特相與極論聖賢之心以爲皐陶知有法而不知有天子之父舜知有父而不知有天下各盡其道而不相悖焉耳而楊氏以爲舜之於此猶待於權其輕重而

計其不可以忘父也則非所以論聖人之心矣又謂與之執以正法則何以異於楚人之直躬者又謂旣執而後竊負以逃焉則皐陶之獄何以異於灞上棘門之軍哉是皆以辭害意之過是以徒爲紛紛而反病於理也夫孟子之爲此言或者旣不之信矣而信之者其爲說又如此則聖賢之心終亦何自而明哉予於辯惑論之已詳讀者考焉可也曰然則楊氏八議之說如何曰是則然矣而其說施於周世家而不及於舜何哉鄉使皐陶必執而不釋舜必去而不留則朝廷公卿海內臣庶之心吾知其亦必出於此矣蓋法非天降地出亦生於人情而已矣但皐陶必不爲此以私於舜舜亦不以此祈於皐陶此又不可不知耳楊氏後說以爲孟子只是

論舜心者爲愈於前然爲舜慮而不及乎皋陶則其說亦有所未周也尹氏之說雖約然極有味學者宜淡玩之大抵當知必有渾然天理而超然不累於物之心者焉則天下無難處之事矣

或問踐形之說曰人之生於天地之間也莫不有形其有是形也莫不有色而本其所得於天者則是形是色莫不有所以然之故焉莫不有所當然之則焉是則所謂天性者也然衆人梏於氣禀之偏狃於習俗之蔽而不能無人欲之私是以視則不明聽則不聰貌則不恭言則不從蓋不能盡其形色本然之理則雖有是形而無以踐其形也惟聖人能盡其性而無一毫人欲之私雜於其間是以視則極明聽則極聰貌則極恭言則極從

蓋凡形色本然之理無一不盡既有是形而又可以踐其形焉踐云者本有是物而又能脩其實以副之如踐言之踐也程子張子游楊尹氏蓋皆此意但張子第一說爲可疑耳曰楊氏别說有之曰形色天性與釋氏色空之論一也吾聖人以爲天下固然之理而以常事言之故言近而聞者無怛焉異端之學自以爲精微之論故累千萬言而不能竟其義而學者莫知適從此儒釋之辨也子以其言爲如何哉曰予於前篇徐行後長之論既言之矣然天命之性無一理之不具天下之物未有實於此者而以釋氏之所謂空者同之不亦異乎且若其言則是儒釋之妙同出於空彼之所以爲異端者特以其自謂精微而多言以失之耳若是者予竊溪有

疑於其言故不敢以列於集義之書學者誠以程子所謂句句同事事合而卒不同者質之則亦可見其失矣

或問四十一章之說曰范氏失之尹氏所引論語之文亦不類也

或問四十二章之說曰張子初說於文義盡之矣其後一說則所以明雖天下之有道而不求身之必顯也范氏引守死善道得殉字之意矣其論人君用人之法亦甚善至謂以道殉人者雖得之無所用則尤切中於事理矣

或問四十五章之說曰程子張子至矣張氏推明程子所以論西銘之意甚善其答程子書時未及此也豈其晚年所見始益精詣也與尹氏一本無僞之說亦善

孟子或問卷之十三

孟子或問卷之十四

朱熹著

或問武成血流漂杵之云乃紂之前徒倒戈之所爲荀子以爲殺者皆殷人非周人者是也而孟子之不信何哉曰此亦拔本塞源之論蓋雖殺者非我而亦不忍言也程子以爲孟子設爲是言蓋得其微意矣張子教人讀詩書之說亦甚善

或問好名之人能讓國矣而不能忘情於小物何哉曰千乘之國辭受之間十目所視十手所指之地也簞食豆羹得失之際則微矣人亦何暇注其耳目於斯哉此好名之士所以飾情於彼以取美名而不意其鄙吝之真情實態乃發露於所忽易而不虞之地也趙氏舊說不

察乎此使孟子之言爲無所發明警戒而若有所不必言者范氏因之誤矣尹氏之言若有今說之意然失之太簡無以見其必然也

或問民貴君輕之說得不啓後世篡奪之端乎曰以理言之則民貴以分言之則君貴此固兼行而不悖也各於其時視其輕重之所在而已爾若不惟其是而姑借聖賢之說則亦何辭之不可借而所以啓後人之禍者又豈止於斯言乎曰變置社稷程子以爲變其所配之人諒乎曰以湯變夏觀之則固有是事然初不爲水旱也且以水旱之故不自省已而遽廢其配祭之人於理亦有未安者若集註之說則出於彭城陳無已之論曰有爲句容令多盜改置社稷而加禮焉旣而盜止愚竊以

爲此或有合於古人之意故取之以爲說焉庶乎其少安也

或問程子以爲夷惠聖人傳者之誤今考之孟子之言此者非一豈皆誤乎曰未必誤也彼曰聖之清聖之和則固不思不勉而從容自中矣但其所至出於一偏而不若孔子之備所以不得班於孔子耳曰孟子學孔子者也乃屢稱夷惠而深歎仰之何耶曰夷惠之行高矣然偏勝而易能有迹而易見且世人之貪懦鄙薄者衆一聞其風而興起焉則其爲效也速而所及者廣譬如薑桂大黄之劑雖非中和然其於去病之功爲捷而田夫販婦大寒大熱者之所便也若孔子之道則廣大而中正渾然而無跡非深於道者不能庶幾其萬一如參苓

芝术之爲藥平居有養性之益而緩急伐病之功未必優於薑桂大黄非所以施於閭巷之間危急之候也孟子屢稱夷惠而不及於孔子其意殆以此耶

或問十六章之說所謂合而言之者其以人爲仁之謂乎曰楊氏之説如此矣非孟子之意也孟子此章但論仁與道之所以名耳故本文以言之爲説程子亦以率性謂道道是總名釋之也蓋言人而不及仁則血氣物欲之私而已言仁而不卽人之身以明之則又徒爲虚言而無以見天理流行之實故必以仁之理合於人之身而言然後仁之爲道可見蓋仁則性而已矣道則父子之親君臣之分見於人之身而尤著程子所謂公而以人體之亦此意也張子意亦如此而復小異覽者詳之

其曰義生於仁之不得已則其名理當矣游氏以人仁泯而後爲道謝氏以道立而人仁之名亡其皆老氏之餘乎或曰外國別本人也下有義也者宜也禮也者理也智也者知也凡十五字信乎曰不可知也姑記之以俟知者可也

或問張子接淅之説曰如此則未見其去之甚速之意當從舊説

或問發棠之説曰范氏言之詳矣然其所以止爲不可復之故者雖未可以臆説定顧其事勢則或然耳

或問二十四章之説所謂性命者何不同也曰性者人之所受乎天者其體則不過仁義禮智之理而已其發則雖食色意欲之私亦無不本於是焉命則因夫氣之厚

薄而賦於人之名也不惟智愚賢否之所繫雖貧富貴賤之所値亦無不由於是也故君子於食色意欲之私則不謂之性而安於貧富貴賤之有命於智愚賢否之殊則不謂之命而勉於仁義禮智之有性也曰然則此其專爲貧賤愚不肖者言之耶抑其通言之也曰孟子之意似若專爲貧賤愚不肖而言者而其推之則亦無不通矣蓋富且貴者雖所求之必得而亦必有制度之節聖且賢者雖所稟之已厚而亦未嘗不勉其所當勉也曰諸說如何曰程子至矣張子又自爲一說於義亦通惟智之於賢者一句恐未必然其曰付命於天責成於己者則語到而意切矣又不以薄而不修不以淺而不勉者亦善最後一段性也命也以下尤佳范氏以五

者之命皆爲天之所以與我者然君子不以天旣與我而不修此則專主於聖賢而言若前所推說者然以爲推說則可以爲正說則有性爲一句爲不通耳楊氏以性中本有聲色臭味之五者終亦未盡蓋推其所自而本於性則可以爲本有而直謂之性則不可此亦當深察也或問以五者之命皆爲所値之不同如舜之於瞽瞍則仁或不得於父子文王之於紂則義或不得於君臣孔子之於陽貨則禮或不得於賓主子貢不能聞一知十則智或不得於賢者孔子不得堯舜之位則聖人或不得於天道此皆命也然君子當勉其在已者而不歸之命此說與張合但賢者一句不同於義亦可通也

或問二十五章之說曰善者人之所欲惡者人之所惡其

爲人也處心造事行已接物凡其所爲一皆可欲而不可惡則是可謂善人矣然此或其天質之美或其知及而勉慕焉未必其眞以爲然而果能不失也必其用力之久一旦脱然有以眞知其善之在已而不得不然决定眞實而無一毫虚僞之意然後可以謂之信人矣然亦足以自信於心而已未必其行之充足飽滿而無欿於身也然既信之則其行必力其守必固如是而不自已焉則其所有之善充足飽滿於其身雖其隱微曲折之閒亦皆清和淳懿而無不善之雜則是所謂美人者也然亦足以充於其内而已而未必其能發見於外也又如是而不已焉則其善之充於内者彌滿布濩洋溢四出而不可禦其在躬也則睟面盎背而施於四體其

在事也則德盛仁熟而天下文明是則所謂大人者也然大而不化則其所謂大者未能離乎方體形迹之間必其德之盛者日以益盛仁之熟者日以益熟則向之所謂大者且將春融凍解混然無迹而與天地合德日月合明四時合序鬼神合其吉凶矣是則所謂聖人者也至於是則造道入德之功至矣盡矣不可以有加矣是其盛德至善之極無聲無臭之妙必有非耳目所能制心思所能測者是則所謂神者而非聖人之上復有神人也夫自可欲而至於大則思勉之所及也至於聖且神焉則雖非思勉之所及然非思勉之而不已焉則亦未有至焉者也曰如子之說然程子張子之言可欲則皆以其理言之若與子異何也曰固也自理而言則

凡可欲而不可惡者皆善之理也自人而言則亦必其知是理而志之之後得如是之人也二先生之以理言欲學者知是理而志之以求爲如是之人耳有志於學者不可以不熟考而深思之也但如其言則於文義微有不協使可欲一句若無實者故張子又有善信二句離則不可之說蓋推其文義終有所未安也故愚竊獨以人言之庶幾不失其文義而其理則固未嘗有違也抑張子之言又有所謂大能成性之謂聖者有以大而化之爲天道神化之化者有所謂心存無盡性之理則皆不能無可疑者其曰求仁必於未惻隱之前則善必於未可欲之際則欲學者用力於平日涵養之功非欲使人求之恍惚窈冥之際也曰樂正子以善名矣而以

餔歠從子敖先館舍後長者何也曰言在二者之中則有餘於善而不足於信矣此其所以未免於程子所謂受變於俗者歟

或問逃墨逃楊果若是其有序與抑其偶然言之無先後也曰張子之言則固以爲有彼善於此之意然亦未可知也

或問三十章之說曰此無異說但夫子設科以下舊說以爲孟子之言而讀子爲予則失之矣又有以爲此章皆或者與館人問答之詞恐亦或有此理更考之可也

或問三十一章之說曰張子呂氏皆得之但呂氏說爾汝之實與仁略義詳者恐未然[illegible]汝集註已言之仁義之詳略則不忍之心與害人之心易見而羞惡之心穿窬

之類多端故彼畧而此詳欲其於此有以識其推擴之端耳非爲欲其不爲所取者設也吕氏蓋推其説以告君欲其有以審納之耳故其言如此然不先明聖賢之意推説爲士亦非義理之所安也

或問三十二章之説曰不知道者務爲高遠之言則固荒唐而無餘味然欲其近則又鄙淺而無深遠之趣也不知約之可守則固汎濫而少成事然欲其約則又狹隘而無廣博之功也然則所謂善言善道者非有道之君子其孰能知之乎曰諸説如何曰皆得之但張子下帶之説非是

或問三十三章之説曰程子至矣其論堯舜禹湯文武一條尤有功非其學臻聖域則孰能及此乎但以經德不

回爲敎人之語則小失其文義耳然其所謂動容周旋中禮盛德之至者兼夫經德不回以下而言聖人之事也行法俟命朝聞夕死者以言進學之方也此其等級明矣而楊氏乃以爲至盛德之地然後能行法而任夫生死又以哭死而哀皆爲行法之事則正猶尹氏之論純亦不已三月不違之誤也予亦已辨之於論語之篇矣呂侍講說詳實而於章内數語聖賢之分者有所未明又以反之爲反身而誠則此爲復其初彼爲反諸已其所指亦不同矣呂正字說皆精密但前說乃以行法俟命通乎上文而言則亦誤也謝氏所謂當然而爲之及楊氏所謂如惡惡臭如好好色出於誠心之自然非爲人也其說亦善然謝以爲當然而爲之是爲天之道

所謂以此贊夫聖賢則可以此自處則甚乎其廣已而造大矣荀氏不論性之德而專言反之之功其意亦善而語有未到讀者審擇而精思焉可也然是理也三代以降惟董子嘗言之而諸葛武侯言於其君有曰臣鞠躬盡力死而後已至於成敗利鈍非臣之明所能逆睹也程子語其門人有曰今容貌必端言語必正非欲獨善其身以求知於人但天理當然亦曰循之而已矣此三言者所指雖殊要皆行法俟命之意外此則亦寂寥而無聞矣斯道之傳不傳考之於此其亦可見也夫

或問孔子畏大人而孟子藐之何也曰程子以爲記錄之誤或然而未可必也呂侍講敷陳詳實反復懇至尤得告君之體其曰藐之所以敬之則所以發孟子言外之

意者盡矣謝楊以孔孟之分而言則學者所當知也然子嘗以爲後世之畏大人非畏大人也畏其巍巍然而已矣故進而君公之退而爾汝之孟子之藐大人也不視其巍巍然者而已矣故雖不肯枉尺而直尋而齊人之所敬王莫孟子如也特以當世之士以道殉人內無所守故特發此以立其志使其意氣舒展無所拘束勿畏其巍巍然爾若夫君子以禮存心固將無所不用其敬豈特於大人而反藐之哉

或問養心寡慾之說曰程子至矣而其曰不必沉溺者尤密其論荀卿之失者尤精也呂侍講所謂天下之難持者莫如心天下之易染者莫如欲其亦善矣但所謂心者性之用可以成性可以失性則懼其不純儒者之說

也曰周子之言不止於寡而存者奈何曰語其所至則固然矣然未有不由寡慾而能至於無者也語其所至而不由其序則無自而進語由其序而不要其至則或恐其安於小成也是以周子之說於此爲有相發之功焉

或問狂狷鄉原之說曰程子二說皆善張子於反經尤致意焉皆切要之語也其曰正經能久則儘透徹學者當深念之呂范亦詳而文義間有未安者呂正字說反經以事言之固必至此然後爲盡但孟子之意未必遽指此也

或問卒章之說曰范氏所謂七篇大意者得之矣但禹皋陶之徒本皆名世之士伊尹大公又湯文之師非必見

其君而後知之也至於湯文孔子又或生知之聖亦非必聞前聖之道而後得之也此而曰見而知之聞而知之者蓋以同時言之則斯道之統臣當以君爲主以異世言之則斯道之傳後聖當以前聖爲師學者不以辭害意焉可也至於章末二句則孟子之致意深矣觀其所謂然而無有乎爾則雖若託於不居而其自任之實可見觀其所謂則亦無有乎爾則雖若歎其將絶而所以啓夫萬世無窮之傳者又未嘗不在於斯也學者誠能深考其言而自得之則古人雖遠而其志意之所存者蓋無以異乎日相與言而授受於一堂之上也故於此竊以子程子之傳繫焉後之君子其必將有慨然有感於斯者夫